中华人民共和国
新法规汇编

2018
第2辑

国务院法制办公室 编

中国法制出版社

编辑说明

一、《中华人民共和国新法规汇编》是国家出版的法律、行政法规汇编正式版本，是刊登报国务院备案并予以登记的部门规章的指定出版物。

二、本汇编收集的内容包括：上一个月内由全国人民代表大会及其常务委员会通过的法律和有关法律问题的决定，国务院公布的行政法规和国务院文件，报国务院备案并予以登记的部门规章，最高人民法院和最高人民检察院公布的司法解释。另外，还收入了上一个月内报国务院备案并予以登记的地方性法规和地方政府规章目录。

三、本汇编所收的内容，按下列分类顺序编排：法律，行政法规，国务院文件，国务院部门规章，司法解释。每类中按公布的时间顺序排列。报国务院备案并予以登记的地方性法规和地方政府规章目录按 1987 年国务院批准的行政区划顺序排列；同一行政区域报备两件以上者，按公布时间顺序排列。

四、本汇编每年出版 12 辑，每月出版 1 辑。本辑为 2018 年度第 2 辑，收入 2018 年 1 月份内公布的国务院文件 8 件，报国务院备案并经审查予以登记编号的部门规章 34 件，司法解释 1 件，补收 2017 年 12 月份内公布的行政法规 2 件，国务院文件 1 件，司法解释 1 件，共计 47 件。

五、本汇编在编辑出版过程中，得到了国务院有关部门和有关方面以及广大读者的大力支持和协助，在此谨致谢意。

国务院法制办公室

2018 年 2 月

目　录

行政法规

国务院文件

国务院部门规章

司法解释

行政法规

国务院关于修改《行政法规制定程序条例》的决定

（2017 年 12 月 22 日中华人民共和国国务院令第 694 号公布 自 2018 年 5 月 1 日起施行）

国务院决定对《行政法规制定程序条例》作如下修改：

一、将第三条修改为："制定行政法规，应当贯彻落实党的路线方针政策和决策部署，符合宪法和法律的规定，遵循立法法确定的立法原则。"

二、增加一条，作为第四条："制定政治方面法律的配套行政法规，应当按照有关规定及时报告党中央。

"制定经济、文化、社会、生态文明等方面重大体制和重大政策调整的重要行政法规，应当将行政法规草案或者行政法规草案涉及的重大问题按照有关规定及时报告党中央。"

三、将第七条改为第八条，修改为："国务院有关部门认为需要制定行政法规的，应当于国务院编制年度立法工作计划前，向国务院报请立项。

"国务院有关部门报送的行政法规立项申请，应当说明立法项目所要解决的主要问题、依据的党的路线方针政策和决策部署，以及拟确立的主要制度。

"国务院法制机构应当向社会公开征集行政法规制定项目建议。"

四、将第八条改为第九条，第一款修改为："国务院法制机构应当根据国家总体工作部署，对行政法规立项申请和公开征集的行政法规制定项目建议进行评估论证，突出重点，统筹兼顾，拟订国务院年度立法工作计划，报党中央、国务院批准后向社会公布。"

第二款第一项修改为："（一）贯彻落实党的路线方针政策和决策部署，适应改革、发展、稳定的需要"。

五、将第九条改为第十条，第一款修改为："对列入国务院年度立法工作计划的行政法规项目，承担起草任务的部门应当抓紧工作，按照要求上报国务院；上报国务院前，应当与国务院法制机构沟通。”

增加一款，作为第二款：“国务院法制机构应当及时跟踪了解国务院各部门落实国务院年度立法工作计划的情况，加强组织协调和督促指导。”

六、将第十一条改为第十二条，修改为：“起草行政法规，应当符合本条例第三条、第四条的规定，并符合下列要求：

“（一）弘扬社会主义核心价值观；

“（二）体现全面深化改革精神，科学规范行政行为，促进政府职能向宏观调控、市场监管、社会管理、公共服务、环境保护等方面转变；

“（三）符合精简、统一、效能的原则，相同或者相近的职能规定由一个行政机关承担，简化行政管理手续；

“（四）切实保障公民、法人和其他组织的合法权益，在规定其应当履行的义务的同时，应当规定其相应的权利和保障权利实现的途径；

“（五）体现行政机关的职权与责任相统一的原则，在赋予有关行政机关必要的职权的同时，应当规定其行使职权的条件、程序和应承担的责任。”

七、将第十二条改为第十三条，修改为：“起草行政法规，起草部门应当深入调查研究，总结实践经验，广泛听取有关机关、组织和公民的意见。涉及社会公众普遍关注的热点难点问题和经济社会发展遇到的突出矛盾，减损公民、法人和其他组织权利或者增加其义务，对社会公众有重要影响等重大利益调整事项的，应当进行论证咨询。听取意见可以采取召开座谈会、论证会、听证会等多种形式。

“起草行政法规，起草部门应当将行政法规草案及其说明等向社会公布，征求意见，但是经国务院决定不公布的除外。向社会公布征求意见的期限一般不少于30日。

“起草专业性较强的行政法规，起草部门可以吸收相关领域的专家参与起草工作，或者委托有关专家、教学科研单位、社会组织起草。”

八、将第十三条改为第十四条，修改为：“起草行政法规，起草部门应当就涉及其他部门的职责或者与其他部门关系紧密的规定，与有关部门充分协商，涉及部门职责分工、行政许可、财政支持、税收优惠政策的，应当征得机构编制、财政、税务等相关部门同意。”

九、将第十五条改为第十六条，修改为：“起草部门向国务院报送的行政法规草案送审稿（以下简称行政法规送审稿），应当由起草部门主要负责人签署。

“起草行政法规，涉及几个部门共同职责需要共同起草的，应当共同起草，达成一致意见后联合报送行政法规送审稿。几个部门共同起草的行政法规送审稿,应当由该几个部门主要负责人共同签署。”

十、将第十六条改为第十七条,第二款修改为:“行政法规送审稿的说明应当对立法的必要性,主要思路,确立的主要制度,征求有关机关、组织和公民意见的情况,各方面对送审稿主要问题的不同意见及其协调处理情况,拟设定、取消或者调整行政许可、行政强制的情况等作出说明。有关材料主要包括所规范领域的实际情况和相关数据、实践中存在的主要问题、国内外的有关立法资料、调研报告、考察报告等。”

十一、将第十七条改为第十八条,第二款第一项修改为:“是否严格贯彻落实党的路线方针政策和决策部署,是否符合宪法和法律的规定,是否遵循立法法确定的立法原则”。

十二、将第十八条改为第十九条,修改为:“行政法规送审稿有下列情形之一的,国务院法制机构可以缓办或者退回起草部门:

“(一)制定行政法规的基本条件尚不成熟或者发生重大变化的;

“(二)有关部门对送审稿规定的主要制度存在较大争议,起草部门未征得机构编制、财政、税务等相关部门同意的;

“(三)未按照本条例有关规定公开征求意见的;

“(四)上报送审稿不符合本条例第十五条、第十六条、第十七条规定的。”

十三、将第十九条改为第二十条,修改为:“国务院法制机构应当将行政法规送审稿或者行政法规送审稿涉及的主要问题发送国务院有关部门、地方人民政府、有关组织和专家等各方面征求意见。国务院有关部门、地方人民政府应当在规定期限内反馈书面意见,并加盖本单位或者本单位办公厅(室)印章。

“国务院法制机构可以将行政法规送审稿或者修改稿及其说明等向社会公布,征求意见。向社会公布征求意见的期限一般不少于30日。”

十四、将第二十一条、第二十二条合并,作为第二十二条,修改为:“行政法规送审稿涉及重大利益调整的,国务院法制机构应当进行论证咨询,广泛听取有关方面的意见。论证咨询可以采取座谈会、论证会、听证会、委托研究等多种形式。

“行政法规送审稿涉及重大利益调整或者存在重大意见分歧,对公民、法人或者其他组织的权利义务有较大影响,人民群众普遍关注的,国务院法制机构可以举行听证会,听取有关机关、组织和公民的意见。”

十五、将第二十三条修改为:“国务院有关部门对行政法规送审稿涉及的主要制度、方针政策、管理体制、权限分工等有不同意见的,国务院法制机构应当进行协调,力求达成一致意见。对有较大争议的重要立法事项,国务院法制机构可以委托有关专家、教学科研单位、社会组织进行评估。

“经过充分协调不能达成一致意见的，国务院法制机构、起草部门应当将争议的主要问题、有关部门的意见以及国务院法制机构的意见及时报国务院领导协调，或者报国务院决定。”

十六、将第二十八条第一款修改为：“行政法规签署公布后，及时在国务院公报和中国政府法制信息网以及在全国范围内发行的报纸上刊载。国务院法制机构应当及时汇编出版行政法规的国家正式版本。”

十七、将第三十一条第一款修改为：“行政法规有下列情形之一的，由国务院解释：

“（一）行政法规的规定需要进一步明确具体含义的；

“（二）行政法规制定后出现新的情况，需要明确适用行政法规依据的。”

十八、增加一条，作为第三十五条：“国务院可以根据全面深化改革、经济社会发展需要，就行政管理等领域的特定事项，决定在一定期限内在部分地方暂时调整或者暂时停止适用行政法规的部分规定。”

十九、增加一条，作为第三十六条：“国务院法制机构或者国务院有关部门应当根据全面深化改革、经济社会发展需要以及上位法规定，及时组织开展行政法规清理工作。对不适应全面深化改革和经济社会发展要求、不符合上位法规定的行政法规，应当及时修改或者废止。”

二十、增加一条，作为第三十七条：“国务院法制机构或者国务院有关部门可以组织对有关行政法规或者行政法规中的有关规定进行立法后评估，并把评估结果作为修改、废止有关行政法规的重要参考。”

二十一、将第三十五条改为第三十八条，修改为：“行政法规的修改、废止程序适用本条例的有关规定。

“行政法规修改、废止后，应当及时公布。”

此外，对条文顺序和个别文字作相应调整和修改。

本决定自2018年5月1日起施行。

《行政法规制定程序条例》根据本决定作相应修改，重新公布。

行政法规制定程序条例

（2001年11月16日中华人民共和国国务院令第321号公布 根据2017年12月22日《国务院关于修改〈行政法规制定程序条例〉的决定》修订）

第一章 总 则

第一条 为了规范行政法规制定程序，保证行政法规质量，根据宪法、立法法和国务院组织法的有关规定，制定本条例。

第二条 行政法规的立项、起草、审查、决定、公布、解释，适用本条例。

第三条 制定行政法规，应当贯彻落实党的路线方针政策和决策部署，符合宪法和法律的规定，遵循立法法确定的立法原则。

第四条 制定政治方面法律的配套行政法规，应当按照有关规定及时报告党中央。

制定经济、文化、社会、生态文明等方面重大体制和重大政策调整的重要行政法规，应当将行政法规草案或者行政法规草案涉及的重大问题按照有关规定及时报告党中央。

第五条 行政法规的名称一般称"条例"，也可以称"规定"、"办法"等。国务院根据全国人民代表大会及其常务委员会的授权决定制定的行政法规，称"暂行条例"或者"暂行规定"。

国务院各部门和地方人民政府制定的规章不得称"条例"。

第六条 行政法规应当备而不繁，逻辑严密，条文明确、具体，用语准确、简洁，具有可操作性。

行政法规根据内容需要，可以分章、节、条、款、项、目。章、节、条的序号用中文数字依次表述，款不编序号，项的序号用中文数字加括号依次表述，目的序号用阿拉伯数字依次表述。

第二章 立 项

第七条 国务院于每年年初编制本年度的立法工作计划。

第八条 国务院有关部门认为需要制定行政法规的，应当于国务院编制年度立法工作计划前，向国务院报请立项。

国务院有关部门报送的行政法规立项申请，应当说明立法项目所要解决的主要问题、依据的党的路线方针政策和决策部署，以及拟确立的主要制度。

国务院法制机构应当向社会公开征集行政法规制定项目建议。

第九条 国务院法制机构应当根据国家总体工作部署，对行政法规立项申请和公开征集的行政法规制定项目建议进行评估论证，突出重点，统筹兼顾，拟订国务院年度立法工作计划，报党中央、国务院批准后向社会公布。

列入国务院年度立法工作计划的行政法规项目应当符合下列要求：

（一）贯彻落实党的路线方针政策和决策部署，适应改革、发展、稳定的需要；

（二）有关的改革实践经验基本成熟；

（三）所要解决的问题属于国务院职权范围并需要国务院制定行政法规的事项。

第十条 对列入国务院年度立法工作计划的行政法规项目，承担起草任务的部门应当抓紧工作，按照要求上报国务院；上报国务院前，应当与国务院法制机构沟通。

国务院法制机构应当及时跟踪了解国务院各部门落实国务院年度立法工作计划的情况，加强组织协调和督促指导。

国务院年度立法工作计划在执行中可以根据实际情况予以调整。

第三章 起 草

第十一条 行政法规由国务院组织起草。国务院年度立法工作计划确定行政法规由国务院的一个部门或者几个部门具体负责起草工作，也可以确定由国务院法制机构起草或者组织起草。

第十二条 起草行政法规，应当符合本条例第三条、第四条的规定，并符合下列要求：

（一）弘扬社会主义核心价值观；

（二）体现全面深化改革精神，科学规范行政行为，促进政府职能向宏观调控、市场监管、社会管理、公共服务、环境保护等方面转变；

（三）符合精简、统一、效能的原则，相同或者相近的职能规定由一个行政机关承担，简化行政管理手续；

（四）切实保障公民、法人和其他组织的合法权益，在规定其应当履行的义务的同时，应当规定其相应的权利和保障权利实现的途径；

（五）体现行政机关的职权与责任相统一的原则，在赋予有关行政机关必要的职权的同时，应当规定其行使职权的条件、程序和应承担的责任。

第十三条 起草行政法规，起草部门应当深入调查研究，总结实践经验，广泛听取有关机关、组织和公民的意见。涉及社会公众普遍关注的热点难点问题和经济社会发展遇到的突出矛盾，减损公民、法人和其他组织权利或者增加其义务，对社会公众有重要影响等重大利益调整事项的，应当进行论证咨询。听取意见可以采取召开座谈会、论证会、听证会等多种形式。

起草行政法规，起草部门应当将行政法规草案及其说明等向社会公布，征求意见，但是经国务院决定不公布的除外。向社会公布征求意见的期限一般不少于30日。

起草专业性较强的行政法规，起草部门可以吸收相关领域的专家参与起草工作，或者委托有关专家、教学科研单位、社会组织起草。

第十四条 起草行政法规，起草部门应当就涉及其他部门的职责或者与其他部门关系紧密的规定，与有关部门充分协商，涉及部门职责分工、行政许可、财政支持、税收优惠政策的，应当征得机构编制、财政、税务等相关部门同意。

第十五条 起草行政法规，起草部门应当对涉及有关管理体制、方针政策等需要国务院决策的重大问题提出解决方案，报国务院决定。

第十六条 起草部门向国务院报送的行政法规草案送审稿（以下简称行政法规送审稿），应当由起草部门主要负责人签署。

起草行政法规，涉及几个部门共同职责需要共同起草的，应当共同起草，达成一致意见后联合报送行政法规送审稿。几个部门共同起草的行政法规送审稿，应当由该几个部门主要负责人共同签署。

第十七条 起草部门将行政法规送审稿报送国务院审查时，应当一并报送行政法规送审稿的说明和有关材料。

行政法规送审稿的说明应当对立法的必要性，主要思路，确立的主要制度，征求有关机关、组织和公民意见的情况，各方面对送审稿主要问题的不同意见及其协调处理情况，拟设定、取消或者调整行政许可、行政强制的情况等作出说明。有关材料主要包括所规范领域的实际情况和相关数据、实践中存在的主要问题、国内外的有关立法资料、调研报告、考察报告等。

第四章 审 查

第十八条 报送国务院的行政法规送审稿，由国务院法制机构负责审查。

国务院法制机构主要从以下方面对行政法规送审稿进行审查:

(一)是否严格贯彻落实党的路线方针政策和决策部署,是否符合宪法和法律的规定,是否遵循立法法确定的立法原则;

(二)是否符合本条例第十二条的要求;

(三)是否与有关行政法规协调、衔接;

(四)是否正确处理有关机关、组织和公民对送审稿主要问题的意见;

(五)其他需要审查的内容。

第十九条 行政法规送审稿有下列情形之一的,国务院法制机构可以缓办或者退回起草部门:

(一)制定行政法规的基本条件尚不成熟或者发生重大变化的;

(二)有关部门对送审稿规定的主要制度存在较大争议,起草部门未征得机构编制、财政、税务等相关部门同意的;

(三)未按照本条例有关规定公开征求意见的;

(四)上报送审稿不符合本条例第十五条、第十六条、第十七条规定的。

第二十条 国务院法制机构应当将行政法规送审稿或者行政法规送审稿涉及的主要问题发送国务院有关部门、地方人民政府、有关组织和专家等各方面征求意见。国务院有关部门、地方人民政府应当在规定期限内反馈书面意见,并加盖本单位或者本单位办公厅(室)印章。

国务院法制机构可以将行政法规送审稿或者修改稿及其说明等向社会公布,征求意见。向社会公布征求意见的期限一般不少于30日。

第二十一条 国务院法制机构应当就行政法规送审稿涉及的主要问题,深入基层进行实地调查研究,听取基层有关机关、组织和公民的意见。

第二十二条 行政法规送审稿涉及重大利益调整的,国务院法制机构应当进行论证咨询,广泛听取有关方面的意见。论证咨询可以采取座谈会、论证会、听证会、委托研究等多种形式。

行政法规送审稿涉及重大利益调整或者存在重大意见分歧,对公民、法人或者其他组织的权利义务有较大影响,人民群众普遍关注的,国务院法制机构可以举行听证会,听取有关机关、组织和公民的意见。

第二十三条 国务院有关部门对行政法规送审稿涉及的主要制度、方针政策、管理体制、权限分工等有不同意见的,国务院法制机构应当进行协调,力求达成一致意见。对有较大争议的重要立法事项,国务院法制机构可以委托有关专家、教学科研单位、社会组织进行评估。

经过充分协调不能达成一致意见的,国务院法制机构、起草部门应当将争议的主要问题、有关部门的意见以及国务院法制机构的意见及时报国务院领导协调,或者报国务院决定。

第二十四条 国务院法制机构应当认真研究各方面的意见,与起草部门协商后,对行政法规送审稿进行修改,形成行政法规草案和对草案的说明。

第二十五条 行政法规草案由国务院法制机构主要负责人提出提请国务院常务会议审议的建议;对调整范围单一、各方面意见一致或者依据法律制定的配套行政法规草案,可以采取传批方式,由国务院法制机构直接提请国务院审批。

第五章 决定与公布

第二十六条 行政法规草案由国务院常务会议审议,或者由国务院审批。

国务院常务会议审议行政法规草案时,由国务院法制机构或者起草部门作说明。

第二十七条 国务院法制机构应当根据国务院对行政法规草案的审议意见,对行政法规草案进行修改,形成草案修改稿,报请总理签署国务院令公布施行。

签署公布行政法规的国务院令载明该行政法规的施行日期。

第二十八条 行政法规签署公布后,及时在国务院公报和中国政府法制信息网以及在全国范围内发行的报纸上刊载。国务院法制机构应当及时汇编出版行政法规的国家正式版本。

在国务院公报上刊登的行政法规文本为标准文本。

第二十九条 行政法规应当自公布之日起30日后施行;但是,涉及国家安全、外汇汇率、货币政策的确定以及公布后不立即施行将有碍行政法规施行的,可以自公布之日起施行。

第三十条 行政法规在公布后的30日内由国务院办公厅报全国人民代表大会常务委员会备案。

第六章 行政法规解释

第三十一条 行政法规有下列情形之一的,由国务院解释:

(一)行政法规的规定需要进一步明确具体含义的;

(二)行政法规制定后出现新的情况,需要明确适用行政法规依据的。

国务院法制机构研究拟订行政法规解释草案,报国务院同意后,由国务院公布或者由国务院授权国务院有关部门公布。

行政法规的解释与行政法规具有同等效力。

第三十二条 国务院各部门和省、自治区、直辖市人民政府可以向国务院提出行政法规解释要求。

第三十三条 对属于行政工作中具体应用行政法规的问题，省、自治区、直辖市人民政府法制机构以及国务院有关部门法制机构请求国务院法制机构解释的，国务院法制机构可以研究答复；其中涉及重大问题的，由国务院法制机构提出意见，报国务院同意后答复。

第七章　附　　则

第三十四条 拟订国务院提请全国人民代表大会或者全国人民代表大会常务委员会审议的法律草案，参照本条例的有关规定办理。

第三十五条 国务院可以根据全面深化改革、经济社会发展需要，就行政管理等领域的特定事项，决定在一定期限内在部分地方暂时调整或者暂时停止适用行政法规的部分规定。

第三十六条 国务院法制机构或者国务院有关部门应当根据全面深化改革、经济社会发展需要以及上位法规定，及时组织开展行政法规清理工作。对不适应全面深化改革和经济社会发展要求、不符合上位法规定的行政法规，应当及时修改或者废止。

第三十七条 国务院法制机构或者国务院有关部门可以组织对有关行政法规或者行政法规中的有关规定进行立法后评估，并把评估结果作为修改、废止有关行政法规的重要参考。

第三十八条 行政法规的修改、废止程序适用本条例的有关规定。

行政法规修改、废止后，应当及时公布。

第三十九条 行政法规的外文正式译本和民族语言文本，由国务院法制机构审定。

第四十条 本条例自 2002 年 1 月 1 日起施行。1987 年 4 月 21 日国务院批准、国务院办公厅发布的《行政法规制定程序暂行条例》同时废止。

国务院关于修改《规章制定程序条例》的决定

（2017年12月22日中华人民共和国国务院令第695号公布
自2018年5月1日起施行）

国务院决定对《规章制定程序条例》作如下修改：

一、将第三条修改为："制定规章，应当贯彻落实党的路线方针政策和决策部署，遵循立法法确定的立法原则，符合宪法、法律、行政法规和其他上位法的规定。

"没有法律或者国务院的行政法规、决定、命令的依据，部门规章不得设定减损公民、法人和其他组织权利或者增加其义务的规范，不得增加本部门的权力或者减少本部门的法定职责。没有法律、行政法规、地方性法规的依据，地方政府规章不得设定减损公民、法人和其他组织权利或者增加其义务的规范。"

二、增加一条，作为第四条："制定政治方面法律的配套规章，应当按照有关规定及时报告党中央或者同级党委（党组）。

"制定重大经济社会方面的规章，应当按照有关规定及时报告同级党委（党组）。"

三、将第五条改为第六条，第一款修改为："制定规章，应当体现全面深化改革精神，科学规范行政行为，促进政府职能向宏观调控、市场监管、社会管理、公共服务、环境保护等方面转变。"

四、将第九条改为第十条，第二款修改为："省、自治区、直辖市和设区的市、自治州的人民政府所属工作部门或者下级人民政府认为需要制定地方政府规章的，应当向该省、自治区、直辖市或者设区的市、自治州的人民政府报请立项。"

增加一款，作为第三款："国务院部门，省、自治区、直辖市和设区的市、自治州的人民政府，可以向社会公开征集规章制定项目建议。"

五、将第十一条改为第十二条，第一款修改为："国务院部门法制机构，省、自治区、直辖市和设区的市、自治州的人民政府法制机构（以下简称法制机构），应当对制定规章的立项申请和公开征集的规章制定项目建议进行评估论证，拟订本部门、本级人民政府年度规章制定工作计划，报本部门、本级人民政府批准后向社会公布。"

六、将第十二条改为第十三条，第一款修改为："国务院部门，省、自治区、直辖市和设区的市、自治州的人民政府，应当加强对执行年度规章制定工作计划的领导。对列入年度规章制定工作计划的项目，承担起草工作的单位应当抓紧工作，按照要求上报本部门或者本级人民政府决定。"

增加一款，作为第二款："法制机构应当及时跟踪了解本部门、本级人民政府年度规章制定工作计划执行情况，加强组织协调和督促指导。"

七、将第十四条改为第十五条，增加一款，作为第二款："起草规章，除依法需要保密的外，应当将规章草案及其说明等向社会公布，征求意见。向社会公布征求意见的期限一般不少于30日。"

将第十三条第四款改为第十五条第三款，修改为："起草专业性较强的规章，可以吸收相关领域的专家参与起草工作，或者委托有关专家、教学科研单位、社会组织起草。"

八、将第十五条改为第十六条，修改为："起草规章，涉及社会公众普遍关注的热点难点问题和经济社会发展遇到的突出矛盾，减损公民、法人和其他组织权利或者增加其义务，对社会公众有重要影响等重大利益调整事项的，起草单位应当进行论证咨询，广泛听取有关方面的意见。

"起草的规章涉及重大利益调整或者存在重大意见分歧，对公民、法人或者其他组织的权利义务有较大影响，人民群众普遍关注，需要进行听证的，起草单位应当举行听证会听取意见。听证会依照下列程序组织：

"（一）听证会公开举行，起草单位应当在举行听证会的30日前公布听证会的时间、地点和内容；

"（二）参加听证会的有关机关、组织和公民对起草的规章，有权提问和发表意见；

"（三）听证会应当制作笔录，如实记录发言人的主要观点和理由；

"（四）起草单位应当认真研究听证会反映的各种意见，起草的规章在报送审查时，应当说明对听证会意见的处理情况及其理由。"

九、将第十七条改为第十八条，第三款修改为："规章送审稿的说明应当对制定规章的必要性、规定的主要措施、有关方面的意见及其协调处理情况等作出说明。"

第四款修改为："有关材料主要包括所规范领域的实际情况和相关数据、实践中存在的主要问题、汇总的意见、听证会笔录、调研报告、国内外有关立法资料等。"

十、将第十八条改为第十九条，修改为："规章送审稿由法制机构负责统一审查。法制机构主要从以下方面对送审稿进行审查：

“(一)是否符合本条例第三条、第四条、第五条、第六条的规定;

“(二)是否符合社会主义核心价值观的要求;

“(三)是否与有关规章协调、衔接;

“(四)是否正确处理有关机关、组织和公民对规章送审稿主要问题的意见;

“(五)是否符合立法技术要求;

“(六)需要审查的其他内容。”

十一、将第十九条改为第二十条,修改为:“规章送审稿有下列情形之一的,法制机构可以缓办或者退回起草单位:

“(一)制定规章的基本条件尚不成熟或者发生重大变化的;

“(二)有关机构或者部门对规章送审稿规定的主要制度存在较大争议,起草单位未与有关机构或者部门充分协商的;

“(三)未按照本条例有关规定公开征求意见的;

“(四)上报送审稿不符合本条例第十八条规定的。”

十二、将第二十条改为第二十一条,增加一款,作为第二款:“法制机构可以将规章送审稿或者修改稿及其说明等向社会公布,征求意见。向社会公布征求意见的期限一般不少于30日。”

十三、将第二十二条、第二十三条合并,作为第二十三条,修改为:“规章送审稿涉及重大利益调整的,法制机构应当进行论证咨询,广泛听取有关方面的意见。论证咨询可以采取座谈会、论证会、听证会、委托研究等多种形式。

“规章送审稿涉及重大利益调整或者存在重大意见分歧,对公民、法人或者其他组织的权利义务有较大影响,人民群众普遍关注,起草单位在起草过程中未举行听证会的,法制机构经本部门或者本级人民政府批准,可以举行听证会。举行听证会的,应当依照本条例第十六条规定的程序组织。”

十四、将第二十四条修改为:“有关机构或者部门对规章送审稿涉及的主要措施、管理体制、权限分工等问题有不同意见的,法制机构应当进行协调,力求达成一致意见。对有较大争议的重要立法事项,法制机构可以委托有关专家、教学科研单位、社会组织进行评估。

“经过充分协调不能达成一致意见的,法制机构应当将主要问题、有关机构或者部门的意见和法制机构的意见及时报本部门或者本级人民政府领导协调,或者报本部门或者本级人民政府决定。”

十五、将第二十九条修改为:“法制机构应当根据有关会议审议意见对规章草案进行修改,形成草案修改稿,报请本部门首长或者省长、自治区主席、市长、自治州州长签署命令予以公布。”

十六、将第三十一条修改为："部门规章签署公布后，及时在国务院公报或者部门公报和中国政府法制信息网以及在全国范围内发行的报纸上刊载。

"地方政府规章签署公布后，及时在本级人民政府公报和中国政府法制信息网以及在本行政区域范围内发行的报纸上刊载。

"在国务院公报或者部门公报和地方人民政府公报上刊登的规章文本为标准文本。"

十七、将第三十五条修改为："国家机关、社会团体、企业事业组织、公民认为规章同法律、行政法规相抵触的，可以向国务院书面提出审查的建议，由国务院法制机构研究并提出处理意见，按照规定程序处理。

"国家机关、社会团体、企业事业组织、公民认为设区的市、自治州的人民政府规章同法律、行政法规相抵触或者违反其他上位法的规定的，也可以向本省、自治区人民政府书面提出审查的建议，由省、自治区人民政府法制机构研究并提出处理意见，按照规定程序处理。"

十八、将第三十七条修改为："国务院部门，省、自治区、直辖市和设区的市、自治州的人民政府，应当根据全面深化改革、经济社会发展需要以及上位法规定，及时组织开展规章清理工作。对不适应全面深化改革和经济社会发展要求、不符合上位法规定的规章，应当及时修改或者废止。"

十九、增加一条，作为第三十八条："国务院部门，省、自治区、直辖市和设区的市、自治州的人民政府，可以组织对有关规章或者规章中的有关规定进行立法后评估，并把评估结果作为修改、废止有关规章的重要参考。"

二十、将第三十七条第二款改为第三十九条第一款，修改为："规章的修改、废止程序适用本条例的有关规定。"

增加一款，作为第二款："规章修改、废止后，应当及时公布。"

此外，对条文顺序和个别文字作相应调整和修改。

本决定自2018年5月1日起施行。

《规章制定程序条例》根据本决定作相应修改，重新公布。

规章制定程序条例

（2001年11月16日中华人民共和国国务院令第322号公布 根据2017年12月22日《国务院关于修改〈规章制定程序条例〉的决定》修订）

第一章 总 则

第一条 为了规范规章制定程序，保证规章质量，根据立法法的有关规定，制定本条例。

第二条 规章的立项、起草、审查、决定、公布、解释，适用本条例。

违反本条例规定制定的规章无效。

第三条 制定规章，应当贯彻落实党的路线方针政策和决策部署，遵循立法法确定的立法原则，符合宪法、法律、行政法规和其他上位法的规定。

没有法律或者国务院的行政法规、决定、命令的依据，部门规章不得设定减损公民、法人和其他组织权利或者增加其义务的规范，不得增加本部门的权力或者减少本部门的法定职责。没有法律、行政法规、地方性法规的依据，地方政府规章不得设定减损公民、法人和其他组织权利或者增加其义务的规范。

第四条 制定政治方面法律的配套规章，应当按照有关规定及时报告党中央或者同级党委(党组)。

制定重大经济社会方面的规章，应当按照有关规定及时报告同级党委(党组)。

第五条 制定规章，应当切实保障公民、法人和其他组织的合法权益，在规定其应当履行的义务的同时，应当规定其相应的权利和保障权利实现的途径。

制定规章，应当体现行政机关的职权与责任相统一的原则，在赋予有关行政机关必要的职权的同时，应当规定其行使职权的条件、程序和应承担的责任。

第六条 制定规章，应当体现全面深化改革精神，科学规范行政行为，促进政府职能向宏观调控、市场监管、社会管理、公共服务、环境保护等方面转变。

制定规章，应当符合精简、统一、效能的原则，相同或者相近的职能应当规定由一个行政机关承担,简化行政管理手续。

第七条 规章的名称一般称“规定”、“办法”,但不得称“条例”。

第八条 规章用语应当准确、简洁,条文内容应当明确、具体,具有可操作性。

法律、法规已经明确规定的内容,规章原则上不作重复规定。

除内容复杂的外,规章一般不分章、节。

第九条 涉及国务院两个以上部门职权范围的事项,制定行政法规条件尚不成熟,需要制定规章的,国务院有关部门应当联合制定规章。

有前款规定情形的,国务院有关部门单独制定的规章无效。

第二章 立 项

第十条 国务院部门内设机构或者其他机构认为需要制定部门规章的,应当向该部门报请立项。

省、自治区、直辖市和设区的市、自治州的人民政府所属工作部门或者下级人民政府认为需要制定地方政府规章的,应当向该省、自治区、直辖市或者设区的市、自治州的人民政府报请立项。

国务院部门,省、自治区、直辖市和设区的市、自治州的人民政府,可以向社会公开征集规章制定项目建议。

第十一条 报送制定规章的立项申请,应当对制定规章的必要性、所要解决的主要问题、拟确立的主要制度等作出说明。

第十二条 国务院部门法制机构,省、自治区、直辖市和设区的市、自治州的人民政府法制机构(以下简称法制机构),应当对制定规章的立项申请和公开征集的规章制定项目建议进行评估论证,拟订本部门、本级人民政府年度规章制定工作计划,报本部门、本级人民政府批准后向社会公布。

年度规章制定工作计划应当明确规章的名称、起草单位、完成时间等。

第十三条 国务院部门,省、自治区、直辖市和设区的市、自治州的人民政府,应当加强对执行年度规章制定工作计划的领导。对列入年度规章制定工作计划的项目,承担起草工作的单位应当抓紧工作,按照要求上报本部门或者本级人民政府决定。

法制机构应当及时跟踪了解本部门、本级人民政府年度规章制定工作计划执行情况,加强组织协调和督促指导。

年度规章制定工作计划在执行中,可以根据实际情况予以调整,对拟增加的规章项目应当进行补充论证。

第三章 起 草

第十四条 部门规章由国务院部门组织起草，地方政府规章由省、自治区、直辖市和设区的市、自治州的人民政府组织起草。

国务院部门可以确定规章由其一个或者几个内设机构或者其他机构具体负责起草工作，也可以确定由其法制机构起草或者组织起草。

省、自治区、直辖市和设区的市、自治州的人民政府可以确定规章由其一个部门或者几个部门具体负责起草工作，也可以确定由其法制机构起草或者组织起草。

第十五条 起草规章，应当深入调查研究，总结实践经验，广泛听取有关机关、组织和公民的意见。听取意见可以采取书面征求意见、座谈会、论证会、听证会等多种形式。

起草规章，除依法需要保密的外，应当将规章草案及其说明等向社会公布，征求意见。向社会公布征求意见的期限一般不少于30日。

起草专业性较强的规章，可以吸收相关领域的专家参与起草工作，或者委托有关专家、教学科研单位、社会组织起草。

第十六条 起草规章，涉及社会公众普遍关注的热点难点问题和经济社会发展遇到的突出矛盾，减损公民、法人和其他组织权利或者增加其义务，对社会公众有重要影响等重大利益调整事项的，起草单位应当进行论证咨询，广泛听取有关方面的意见。

起草的规章涉及重大利益调整或者存在重大意见分歧，对公民、法人或者其他组织的权利义务有较大影响，人民群众普遍关注，需要进行听证的，起草单位应当举行听证会听取意见。听证会依照下列程序组织：

（一）听证会公开举行，起草单位应当在举行听证会的30日前公布听证会的时间、地点和内容；

（二）参加听证会的有关机关、组织和公民对起草的规章，有权提问和发表意见；

（三）听证会应当制作笔录，如实记录发言人的主要观点和理由；

（四）起草单位应当认真研究听证会反映的各种意见，起草的规章在报送审查时，应当说明对听证会意见的处理情况及其理由。

第十七条 起草部门规章，涉及国务院其他部门的职责或者与国务院其他部门关系紧密的，起草单位应当充分征求国务院其他部门的意见。

起草地方政府规章，涉及本级人民政府其他部门的职责或者与其他部门关系紧密的，起草单位应当充分征求其他部门的意见。起草单位与其他部门有不同意见的，应当充分协商；经过充分协商不能取得一致意见的，起草单位应当在上报规章草案送审稿（以下简称规章送审稿）时说明情况和理由。

第十八条 起草单位应当将规章送审稿及其说明、对规章送审稿主要问题的不同意见和其他有关材料按规定报送审查。

报送审查的规章送审稿，应当由起草单位主要负责人签署；几个起草单位共同起草的规章送审稿，应当由该几个起草单位主要负责人共同签署。

规章送审稿的说明应当对制定规章的必要性、规定的主要措施、有关方面的意见及其协调处理情况等作出说明。

有关材料主要包括所规范领域的实际情况和相关数据、实践中存在的主要问题、汇总的意见、听证会笔录、调研报告、国内外有关立法资料等。

第四章 审 查

第十九条 规章送审稿由法制机构负责统一审查。法制机构主要从以下方面对送审稿进行审查：

（一）是否符合本条例第三条、第四条、第五条、第六条的规定；

（二）是否符合社会主义核心价值观的要求；

（三）是否与有关规章协调、衔接；

（四）是否正确处理有关机关、组织和公民对规章送审稿主要问题的意见；

（五）是否符合立法技术要求；

（六）需要审查的其他内容。

第二十条 规章送审稿有下列情形之一的，法制机构可以缓办或者退回起草单位：

（一）制定规章的基本条件尚不成熟或者发生重大变化的；

（二）有关机构或者部门对规章送审稿规定的主要制度存在较大争议，起草单位未与有关机构或者部门充分协商的；

（三）未按照本条例有关规定公开征求意见的；

（四）上报送审稿不符合本条例第十八条规定的。

第二十一条 法制机构应当将规章送审稿或者规章送审稿涉及的主要问题发送有关机关、组织和专家征求意见。

法制机构可以将规章送审稿或者修改稿及其说明等向社会公布，征求意见。向社会公布征求意见的期限一般不少于30日。

第二十二条　法制机构应当就规章送审稿涉及的主要问题，深入基层进行实地调查研究，听取基层有关机关、组织和公民的意见。

第二十三条　规章送审稿涉及重大利益调整的，法制机构应当进行论证咨询，广泛听取有关方面的意见。论证咨询可以采取座谈会、论证会、听证会、委托研究等多种形式。

规章送审稿涉及重大利益调整或者存在重大意见分歧，对公民、法人或者其他组织的权利义务有较大影响，人民群众普遍关注，起草单位在起草过程中未举行听证会的，法制机构经本部门或者本级人民政府批准，可以举行听证会。举行听证会的，应当依照本条例第十六条规定的程序组织。

第二十四条　有关机构或者部门对规章送审稿涉及的主要措施、管理体制、权限分工等问题有不同意见的，法制机构应当进行协调，力求达成一致意见。对有较大争议的重要立法事项，法制机构可以委托有关专家、教学科研单位、社会组织进行评估。

经过充分协调不能达成一致意见的，法制机构应当将主要问题、有关机构或者部门的意见和法制机构的意见及时报本部门或者本级人民政府领导协调，或者报本部门或者本级人民政府决定。

第二十五条　法制机构应当认真研究各方面的意见，与起草单位协商后，对规章送审稿进行修改，形成规章草案和对草案的说明。说明应当包括制定规章拟解决的主要问题、确立的主要措施以及与有关部门的协调情况等。

规章草案和说明由法制机构主要负责人签署，提出提请本部门或者本级人民政府有关会议审议的建议。

第二十六条　法制机构起草或者组织起草的规章草案，由法制机构主要负责人签署，提出提请本部门或者本级人民政府有关会议审议的建议。

第五章　决定和公布

第二十七条　部门规章应当经部务会议或者委员会会议决定。

地方政府规章应当经政府常务会议或者全体会议决定。

第二十八条　审议规章草案时，由法制机构作说明，也可以由起草单位作说明。

第二十九条　法制机构应当根据有关会议审议意见对规章草案进行修改，形成草案修改稿，报请本部门首长或者省长、自治区主席、市长、自治州州长签署命令予以公布。

第三十条　公布规章的命令应当载明该规章的制定机关、序号、规章名称、通过日期、施行日期、部门首长或者省长、自治区主席、市长、自治州州长署名以及公布日期。

部门联合规章由联合制定的部门首长共同署名公布，使用主办机关的命令序号。

第三十一条 部门规章签署公布后，及时在国务院公报或者部门公报和中国政府法制信息网以及在全国范围内发行的报纸上刊载。

地方政府规章签署公布后，及时在本级人民政府公报和中国政府法制信息网以及在本行政区域范围内发行的报纸上刊载。

在国务院公报或者部门公报和地方人民政府公报上刊登的规章文本为标准文本。

第三十二条 规章应当自公布之日起30日后施行；但是，涉及国家安全、外汇汇率、货币政策的确定以及公布后不立即施行将有碍规章施行的，可以自公布之日起施行。

第六章 解释与备案

第三十三条 规章解释权属于规章制定机关。

规章有下列情形之一的，由制定机关解释：

（一）规章的规定需要进一步明确具体含义的；

（二）规章制定后出现新的情况，需要明确适用规章依据的。

规章解释由规章制定机关的法制机构参照规章送审稿审查程序提出意见，报请制定机关批准后公布。

规章的解释同规章具有同等效力。

第三十四条 规章应当自公布之日起30日内，由法制机构依照立法法和《法规规章备案条例》的规定向有关机关备案。

第三十五条 国家机关、社会团体、企业事业组织、公民认为规章同法律、行政法规相抵触的，可以向国务院书面提出审查的建议，由国务院法制机构研究并提出处理意见，按照规定程序处理。

国家机关、社会团体、企业事业组织、公民认为设区的市、自治州的人民政府规章同法律、行政法规相抵触或者违反其他上位法的规定的，也可以向本省、自治区人民政府书面提出审查的建议，由省、自治区人民政府法制机构研究并提出处理意见，按照规定程序处理。

第七章　附　　则

第三十六条　依法不具有规章制定权的县级以上地方人民政府制定、发布具有普遍约束力的决定、命令,参照本条例规定的程序执行。

第三十七条　国务院部门,省、自治区、直辖市和设区的市、自治州的人民政府,应当根据全面深化改革、经济社会发展需要以及上位法规定,及时组织开展规章清理工作。对不适应全面深化改革和经济社会发展要求、不符合上位法规定的规章,应当及时修改或者废止。

第三十八条　国务院部门,省、自治区、直辖市和设区的市、自治州的人民政府,可以组织对有关规章或者规章中的有关规定进行立法后评估,并把评估结果作为修改、废止有关规章的重要参考。

第三十九条　规章的修改、废止程序适用本条例的有关规定。

规章修改、废止后,应当及时公布。

第四十条　编辑出版正式版本、民族文版、外文版本的规章汇编,由法制机构依照《法规汇编编辑出版管理规定》的有关规定执行。

第四十一条　本条例自 2002 年 1 月 1 日起施行。

国务院文件

国务院关于在自由贸易试验区暂时调整有关行政法规、国务院文件和经国务院批准的部门规章规定的决定

（2017年12月25日　国发〔2017〕57号）

为保障自由贸易试验区有关改革开放措施依法顺利实施，国务院决定，在自由贸易试验区暂时调整《中华人民共和国船舶登记条例》等11部行政法规，《国务院办公厅转发国家计委关于城市轨道交通设备国产化实施意见的通知》、《国务院办公厅关于加强城市快速轨道交通建设管理的通知》2件国务院文件以及《外商投资产业指导目录（2017年修订）》、《外商投资民用航空业规定》2件经国务院批准的部门规章的有关规定（目录附后）。

国务院有关部门和上海市、广东省、天津市、福建省、辽宁省、浙江省、河南省、湖北省、重庆市、四川省、陕西省人民政府要根据有关行政法规、国务院文件和经国务院批准的部门规章的调整情况，及时对本部门、本省市制定的规章和规范性文件作相应调整，建立与试点要求相适应的管理制度。

根据自由贸易试验区改革开放措施的试验情况，本决定内容适时进行调整。

附件：国务院决定在自由贸易试验区暂时调整有关行政法规、国务院文件和经国务院批准的部门规章规定目录

附件

国务院决定在自由贸易试验区暂时调整有关行政法规、国务院文件和经国务院批准的部门规章规定目录

序号	有关行政法规、国务院文件和经国务院批准的部门规章规定	调整情况
1	1.《中华人民共和国船舶登记条例》 第二条第一款：下列船舶应当依照本条例规定进行登记： （一）在中华人民共和国境内有住所或者主要营业所的中国公民的船舶。 （二）依据中华人民共和国法律设立的主要营业所在中华人民共和国境内的企业法人的船舶。但是，在该法人的注册资本中有外商出资的，中方投资人的出资额不得低于50%。 （三）中华人民共和国政府公务船舶和事业法人的船舶。 （四）中华人民共和国港务监督机构认为应当登记的其他船舶。 2.《中华人民共和国船舶和海上设施检验条例》 第十三条：下列中国籍船舶，必须向中国船级社申请入级检验： （一）从事国际航行的船舶； （二）在海上航行的乘客定额100人以上的客船； （三）载重量1000吨以上的油船； （四）滚装船、液化气体运输船和散装化学品运输船； （五）船舶所有人或者经营人要求入级的其他船舶。	暂时停止实施相关内容，加快国际船舶登记制度创新，基于对等原则逐步放开船级准入，由国务院交通运输主管部门制定相关管理办法
2	《印刷业管理条例》 第十四条：国家允许设立中外合资经营印刷企业、中外合作经营印刷企业，允许设立从事包装装潢印刷品印刷经营活动的外资企业。具体办法由国务院出版行政部门会同国务院对外经济贸易主管部门制定。	暂时停止实施相关内容，允许设立从事其他印刷品印刷经营活动的外资企业，由国务院新闻出版主管部门制定相关管理办法

续表

序号	有关行政法规、国务院文件和经国务院批准的部门规章规定	调整情况
3	《外商投资民用航空业规定》 第四条第一款:外商投资方式包括: (一)合资、合作经营(简称"合营"); (二)购买民航企业的股份,包括民航企业在境外发行的股票以及在境内发行的上市外资股; (三)其他经批准的投资方式。 第六条第四款:外商投资飞机维修(有承揽国际维修市场业务的义务)和航空油料项目,由中方控股;货运仓储、地面服务、航空食品、停车场等项目,外商投资比例由中外双方商定。	暂时停止实施相关内容,允许外商以独资形式投资设立航空运输销售代理企业和航空货运仓储、地面服务、航空食品、停车场项目;放宽外商投资通用飞机维修由中方控股的限制;取消外商投资飞机维修承揽国际维修市场业务的义务要求。由国务院民用航空主管部门制定相关管理办法
4	《中华人民共和国认证认可条例》 第十一条第一款:外商投资企业取得认证机构资质,除应当符合本条例第十条规定的条件外,还应当符合下列条件: (一)外方投资者取得其所在国家或者地区认可机构的认可; (二)外方投资者具有3年以上从事认证活动的业务经历。	暂时停止实施外商投资企业取得认证机构资质的特殊要求,由国务院质量监督检验检疫主管部门制定相关管理办法
5	《娱乐场所管理条例》 第六条:外国投资者可以与中国投资者依法设立中外合资经营、中外合作经营的娱乐场所,不得设立外商独资经营的娱乐场所。	暂时停止实施相关内容,允许设立外商独资经营的娱乐场所,在自由贸易试验区内提供服务,由国务院文化主管部门制定相关管理办法

续表

序号	有关行政法规、国务院文件和经国务院批准的部门规章规定	调整情况
6	《中华人民共和国中外合作办学条例》 第六十条：在工商行政管理部门登记注册的经营性的中外合作举办的培训机构的管理办法，由国务院另行规定。	暂时停止实施相关内容，由国务院教育主管部门会同有关部门就经营性的中外合作举办的培训机构制定相关管理办法
7	《旅行社条例》 第二十三条：外商投资旅行社不得经营中国内地居民出国旅游业务以及赴香港特别行政区、澳门特别行政区和台湾地区旅游的业务，但是国务院决定或者我国签署的自由贸易协定和内地与香港、澳门关于建立更紧密经贸关系的安排另有规定的除外。	暂时停止实施相关内容，允许在自由贸易试验区内注册的符合条件的中外合资旅行社经营中国内地居民出境旅游业务（台湾地区除外），由国务院旅游主管部门制定相关管理办法
8	《直销管理条例》 第七条：申请成为直销企业，应当具备下列条件： （一）投资者具有良好的商业信誉，在提出申请前连续5年没有重大违法经营记录；外国投资者还应当有3年以上在中国境外从事直销活动的经验； （二）实缴注册资本不低于人民币8000万元； （三）依照本条例规定在指定银行足额缴纳了保证金； （四）依照规定建立了信息报备和披露制度。	暂时停止实施外国投资者应当有3年以上在中国境外从事直销活动的经验的要求，由国务院商务主管部门制定相关管理办法
9	《外商投资产业指导目录（2017年修订）》 限制外商投资产业目录 24. 加油站（同一外国投资者设立超过30家分店、销售来自多个供应商的不同种类和品牌成品油的连锁加油站，由中方控股）建设、经营	暂时停止实施相关内容，允许外商以独资形式从事加油站建设、经营，由国务院商务主管部门制定相关管理办法

续表

序号	有关行政法规、国务院文件和经国务院批准的部门规章规定	调整情况
10	1.《中华人民共和国国际海运条例》 第二十八条：经国务院交通主管部门批准，外商可以依照有关法律、行政法规以及国家其他有关规定，投资设立中外合资经营企业或者中外合作经营企业，经营国际船舶运输、国际船舶代理、国际船舶管理、国际海运货物装卸、国际海运货物仓储、国际海运集装箱站和堆场业务；并可以投资设立外资企业经营国际海运货物仓储业务。 经营国际船舶运输、国际船舶代理业务的中外合资经营企业，企业中外商的出资比例不得超过49%。 经营国际船舶运输、国际船舶代理业务的中外合作经营企业，企业中外商的投资比例比照适用前款规定。 中外合资国际船舶运输企业和中外合作国际船舶运输企业的董事会主席和总经理，由中外合资、合作双方协商后由中方指定。 2.《外商投资产业指导目录(2017年修订)》 限制外商投资产业目录 17. 国内水上运输公司(中方控股)，国际海上运输公司(限于合资、合作) 23. 船舶代理(中方控股)	暂时停止实施相关内容，允许设立外商独资国际船舶运输、国际船舶管理、国际海运货物装卸、国际海运集装箱站和堆场企业，允许外商以合资、合作形式从事国际船舶代理业务，外方持股比例放宽至51%
11	《外商投资产业指导目录(2017年修订)》 限制外商投资产业目录 22. 稻谷、小麦、玉米收购、批发	暂时停止实施相关内容，取消外商从事稻谷、小麦、玉米收购、批发的限制
12	《外商投资产业指导目录(2017年修订)》 限制外商投资产业目录 9. 干线、支线飞机设计、制造与维修，3吨级及以上直升机设计与制造，地面、水面效应航行器制造及无人机、浮空器设计与制造(中方控股) 10. 通用飞机设计、制造与维修(限于合资、合作)	暂时停止实施相关内容，允许外商以独资形式从事6吨级9座以下通用飞机设计、制造与维修业务；取消3吨级及以上民用直升机设计与制造的投资比例限制

续表

序号	有关行政法规、国务院文件和经国务院批准的部门规章规定	调整情况
13	1.《国务院办公厅转发国家计委关于城市轨道交通设备国产化实施意见的通知》(国办发〔1999〕20号) 第三部分的有关规定:城市轨道交通项目,无论使用何种建设资金,其全部轨道车辆和机电设备的平均国产化率要确保不低于70%。 2.《国务院办公厅关于加强城市快速轨道交通建设管理的通知》(国办发〔2003〕81号) 第六部分的有关规定:要不断提高城轨交通项目设备的国产化比例,对国产化率达不到70%的项目不予审批。	暂时停止实施相关内容,取消外商投资城市轨道交通项目设备国产化比例须达到70%以上的限制
14	《外商投资产业指导目录(2017年修订)》 禁止外商投资产业目录 26.互联网新闻信息服务、网络出版服务、网络视听节目服务、互联网上网服务营业场所、互联网文化经营(音乐除外)、互联网公众发布信息服务	暂时停止实施相关内容,允许外商投资互联网上网服务营业场所
15	《中华人民共和国外资银行管理条例》 第三十四条第一款:外资银行营业性机构经营本条例第二十九条或者第三十一条规定业务范围内的人民币业务的,应当具备下列条件,并经国务院银行业监督管理机构批准: (一)提出申请前在中华人民共和国境内开业1年以上; (二)国务院银行业监督管理机构规定的其他审慎性条件。	暂时停止实施相关内容,取消对外资银行营业性机构经营人民币业务的开业年限限制

续表

序号	有关行政法规、国务院文件和经国务院批准的部门规章规定	调整情况
16	1.《营业性演出管理条例》 第十条第一款、第二款:外国投资者可以与中国投资者依法设立中外合资经营、中外合作经营的演出经纪机构、演出场所经营单位;不得设立中外合资经营、中外合作经营、外资经营的文艺表演团体,不得设立外资经营的演出经纪机构、演出场所经营单位。 设立中外合资经营的演出经纪机构、演出场所经营单位,中国合营者的投资比例应当不低于51%;设立中外合作经营的演出经纪机构、演出场所经营单位,中国合作者应当拥有经营主导权。 第十一条第二款:台湾地区的投资者可以在内地投资设立合资、合作经营的演出经纪机构、演出场所经营单位,但内地合营者的投资比例应当不低于51%,内地合作者应当拥有经营主导权;不得设立合资、合作、独资经营的文艺表演团体和独资经营的演出经纪机构、演出场所经营单位。 2.《外商投资产业指导目录(2017年修订)》 限制外商投资产业目录 35.演出经纪机构(中方控股)	暂时停止实施相关内容,允许外国投资者、台湾地区的投资者设立独资演出经纪机构为设有自由贸易试验区的省、直辖市提供服务,由国务院文化主管部门制定相关管理办法

注:第1项至第9项此前已经在上海、广东、天津、福建自由贸易试验区作了暂时调整,此次暂时调整适用于其他自由贸易试验区。第10项至第16项适用于所有自由贸易试验区。

国务院关于2017年度国家科学技术奖励的决定

（2018年1月1日　国发〔2018〕2号）

为全面贯彻党的十九大精神，深入贯彻落实习近平新时代中国特色社会主义思想，坚定实施科教兴国战略、人才强国战略和创新驱动发展战略，国务院决定，对为我国科学技术进步、经济社会发展、国防现代化建设作出突出贡献的科学技术人员和组织给予奖励。

根据《国家科学技术奖励条例》的规定，经国家科学技术奖励评审委员会评审、国家科学技术奖励委员会审定和科技部审核，国务院批准并报请国家主席习近平签署，授予王泽山院士、侯云德院士国家最高科学技术奖；国务院批准，授予“水稻高产优质性状形成的分子机理及品种设计”等2项成果国家自然科学奖一等奖，授予“华北克拉通破坏”等33项成果国家自然科学奖二等奖，授予“燃煤机组超低排放关键技术研发及应用”等4项成果国家技术发明奖一等奖，授予“水稻精量穴直播技术与机具”等62项成果国家技术发明奖二等奖，授予“特高压±800kV直流输电工程”等3项成果国家科学技术进步奖特等奖，授予“涪陵大型海相页岩气田高效勘探开发”等21项成果国家科学技术进步奖一等奖，授予“多抗广适高产稳产小麦新品种山农20及其选育技术”等146项成果国家科学技术进步奖二等奖，授予厄尔·沃德·普拉默教授等7名外国专家中华人民共和国国际科学技术合作奖。

全国科学技术工作者要向王泽山院士、侯云德院士及全体获奖者学习，不忘初心、牢记使命，继续发扬求真务实、勇于创新的科学精神和服务国家、造福人民的优良传统，主动担当起建设世界科技强国的历史重任，深入实施创新驱动发展战略，坚定不移走中国特色自主创新道路，加快建设创新型国家，为决胜全面建成小康社会、夺取新时代中国特色社会主义伟大胜利、实现“两个一百年”奋斗目标和中华民族伟大复兴的中国梦作出新的更大贡献。

国务院办公厅关于推进电子商务与快递物流协同发展的意见

（2018 年 1 月 2 日　国办发〔2018〕1 号）

近年来，我国电子商务与快递物流协同发展不断加深，推进了快递物流转型升级、提质增效，促进了电子商务快速发展。但是，电子商务与快递物流协同发展仍面临政策法规体系不完善、发展不协调、衔接不顺畅等问题。为全面贯彻党的十九大精神，深入贯彻落实习近平新时代中国特色社会主义思想，落实新发展理念，深入实施“互联网 + 流通”行动计划，提高电子商务与快递物流协同发展水平，经国务院同意，现提出以下意见。

一、强化制度创新，优化协同发展政策法规环境

（一）深化“放管服”改革。简化快递业务经营许可程序，改革快递企业年度报告制度，实施快递末端网点备案管理。优化完善快递业务经营许可管理信息系统，实现许可备案事项网上统一办理。加强事中事后监管，全面推行“双随机、一公开”监管。（国家邮政局负责）

（二）创新产业支持政策。创新价格监管方式，引导电子商务平台逐步实现商品定价与快递服务定价相分离，促进快递企业发展面向消费者的增值服务。（国家发展改革委、商务部、国家邮政局负责）创新公共服务设施管理方式，明确智能快件箱、快递末端综合服务场所的公共属性，为专业化、公共化、平台化、集约化的快递末端网点提供用地保障等配套政策。（国土资源部、住房城乡建设部、国家邮政局负责）

（三）健全企业间数据共享制度。完善电子商务与快递物流数据保护、开放共享规则，建立数据中断等风险评估、提前通知和事先报告制度。在确保消费者个人信息安全的前提下，鼓励和引导电子商务平台与快递物流企业之间开展数据交换共享，共同提升配送效率。（商务部、国家邮政局会同相关部门负责）

（四）健全协同共治管理模式。发挥行业协会自律作用，推动出台行业自律公约，强化企业主体责任，鼓励签署自律承诺书，促进行业健康发展。引导电子商务、物流和快递等平台型企业健全平台服务协议、交易规则和信用评价制度，切实维护公平竞争秩序，保护消费者权益；鼓励开放数据、技术等资源，赋能上下游中小微企业，实现行业间、企业间开放合作、互利共赢。（商务部、交通运输部、国家邮政局会同相关部门负责）

二、强化规划引领，完善电子商务快递物流基础设施

（五）加强规划协同引领。综合考虑地域区位、功能定位、发展水平等因素，统筹规划电子商务与快递物流发展。针对电子商务全渠道、多平台、线上线下融合等特点，科学引导快递物流基础设施建设，构建适应电子商务发展的快递物流服务体系。快递物流相关仓储、分拨、配送等设施用地须符合土地利用总体规划并纳入城乡规划，将智能快件箱、快递末端综合服务场所纳入公共服务设施相关规划。加强相关规划间的有效衔接和统一管理。（各省级人民政府、国土资源部、住房城乡建设部负责）

（六）保障基础设施建设用地。落实好现有相关用地政策，保障电子商务快递物流基础设施建设用地。在不改变用地主体、规划条件的前提下，利用存量房产和土地资源建设电子商务快递物流项目的，可在5年内保持土地原用途和权利类型不变，5年期满后需办理相关用地手续的，可采取协议方式办理。（各省级人民政府、国土资源部负责）

（七）加强基础设施网络建设。引导快递物流企业依托全国性及区域性物流节点城市、国家电子商务示范城市、快递示范城市，完善优化快递物流网络布局，加强快件处理中心、航空及陆运集散中心和基层网点等网络节点建设，构建层级合理、规模适当、匹配需求的电子商务快递物流网络。优化农村快递资源配置，健全以县级物流配送中心、乡镇配送节点、村级公共服务点为支撑的农村配送网络。（国家发展改革委、商务部、国家邮政局负责）

（八）推进园区建设与升级。推动电子商务园区与快递物流园区发展，形成产业集聚效应，提高区域辐射能力。引导国家电子商务示范基地、电子商务产业园区与快递物流园区融合发展。鼓励传统物流园区适应电子商务和快递业发展需求转型升级，提升仓储、运输、配送、信息等综合管理和服务水平。（各省级人民政府、国家发展改革委、商务部、国家邮政局负责）

三、强化规范运营，优化电子商务配送通行管理

（九）推动配送车辆规范运营。鼓励各地对快递服务车辆实施统一编号和标识管理，加强对快递服务车辆驾驶人交通安全教育。支持快递企业为快递服务车辆统一购买交通意外险。规范快递服务车辆运营管理。（各省级人民政府负责）引导企业使用符合标准的配送车型，推动配送车辆标准化、厢式化。（国家邮政局、交通运输部、工业和信息化部、国家标准委、各省级人民政府负责）

（十）便利配送车辆通行。指导各地完善城市配送车辆通行管理政策，合理确定通行区域和时段，对快递服务车辆等城市配送车辆给予通行便利。推动各地完善商业区、居住区、高等院校等区域停靠、装卸、充电等设施，推广分时停车、错时停车，进一步提高停车设施利用率。（各省级人民政府、交通运

输部、国家邮政局、公安部负责）

四、强化服务创新，提升快递末端服务能力

（十一）推广智能投递设施。鼓励将推广智能快件箱纳入便民服务、民生工程等项目，加快社区、高等院校、商务中心、地铁站周边等末端节点布局。支持传统信报箱改造，推动邮政普遍服务与快递服务一体化、智能化。（国家邮政局、各省级人民政府负责）

（十二）鼓励快递末端集约化服务。鼓励快递企业开展投递服务合作，建设快递末端综合服务场所，开展联收联投。促进快递末端配送、服务资源有效组织和统筹利用，鼓励快递物流企业、电子商务企业与连锁商业机构、便利店、物业服务企业、高等院校开展合作，提供集约化配送、网订店取等多样化、个性化服务。（国家邮政局会同相关部门负责）

五、强化标准化智能化，提高协同运行效率

（十三）提高科技应用水平。鼓励快递物流企业采用先进适用技术和装备，提升快递物流装备自动化、专业化水平。（工业和信息化部、国家发展改革委、国家邮政局负责）加强大数据、云计算、机器人等现代信息技术和装备在电子商务与快递物流领域应用，大力推进库存前置、智能分仓、科学配载、线路优化，努力实现信息协同化、服务智能化。（国家发展改革委、商务部、国家邮政局会同相关部门负责）

（十四）鼓励信息互联互通。加强快递物流标准体系建设，推动建立电子商务与快递物流各环节数据接口标准，推进设施设备、作业流程、信息交换一体化。（国家标准委、国家发展改革委、工业和信息化部、商务部、国家邮政局负责）引导电子商务企业与快递物流企业加强系统互联和业务联动，共同提高信息系统安全防护水平。（商务部、国家邮政局负责）鼓励建设快递物流信息综合服务平台，优化资源配置，实现供需信息实时共享和智能匹配。（国家邮政局负责）

（十五）推动供应链协同。鼓励仓储、快递、第三方技术服务企业发展智能仓储，延伸服务链条，优化电子商务企业供应链管理。发展仓配一体化服务，鼓励企业集成应用各类信息技术，整合共享上下游资源，促进商流、物流、信息流、资金流等无缝衔接和高效流动，提高电子商务企业与快递物流企业供应链协同效率。（国家发展改革委、商务部、国家邮政局负责）

六、强化绿色理念，发展绿色生态链

（十六）促进资源集约。鼓励电子商务企业与快递物流企业开展供应链绿色流程再造，提高资源复用率，降低企业成本。加强能源管理，建立绿色节能低碳运营管理流程和机制，在仓库、分拨中心、数据中心、管理中心等场所推广应用节水、节电、节能等新技术新设备，提高能源利用效率。（国家发展改

革委、环境保护部、工业和信息化部负责）

（十七）推广绿色包装。制定实施电子商务绿色包装、减量包装标准，推广应用绿色包装技术和材料，推进快递物流包装物减量化。（商务部、国家邮政局、国家标准委负责）开展绿色包装试点示范，培育绿色发展典型企业，加强政策支持和宣传推广。（国家发展改革委会同相关部门负责）鼓励电子商务平台开展绿色消费活动，提供绿色包装物选择，依不同包装物分类定价，建立积分反馈、绿色信用等机制引导消费者使用绿色包装或减量包装。（商务部会同相关部门负责）探索包装回收和循环利用，建立包装生产者、使用者和消费者等多方协同回收利用体系。（国家发展改革委、环境保护部、商务部、国家邮政局负责）建立健全快递包装生产者责任延伸制度。（国家发展改革委、环境保护部、国家邮政局负责）

（十八）推动绿色运输与配送。加快调整运输结构，逐步提高铁路等清洁运输方式在快递物流领域的应用比例。鼓励企业综合运用电子商务交易、物流配送等信息，优化调度，减少车辆空载和在途时间。（国家邮政局、交通运输部负责）鼓励快递物流领域加快推广使用新能源汽车和满足更高排放标准的燃油汽车，逐步提高新能源汽车使用比例。（各省级人民政府负责）

各地区、各有关部门要充分认识推进电子商务与快递物流协同发展的重要意义，强化组织领导和统筹协调，结合本地区、本部门、本系统实际，落实本意见明确的各项政策措施，加强对新兴服务业态的研究和相关政策储备。各地区要制定具体实施方案，明确任务分工，落实工作责任。商务部、国家邮政局要会同有关部门加强工作指导和监督检查，确保各项措施落实到位。

国务院办公厅关于印发《省级政府耕地保护责任目标考核办法》的通知

（2018 年 1 月 3 日　国办发〔2018〕2 号）

经国务院同意，现将修订后的《省级政府耕地保护责任目标考核办法》印发给你们，请认真贯彻执行。2005 年 10 月 28 日经国务院同意、由国务院办公厅印发的《省级政府耕地保护责任目标考核办法》同时废止。

省级政府耕地保护责任目标考核办法

第一章　总　　则

第一条　为贯彻落实《中共中央 国务院关于加强耕地保护和改进占补平衡的意见》,坚持最严格的耕地保护制度和最严格的节约用地制度,守住耕地保护红线,严格保护永久基本农田,建立健全省级人民政府耕地保护责任目标考核制度,依据《中华人民共和国土地管理法》和《基本农田保护条例》等法律法规的规定,制定本办法。

第二条　各省、自治区、直辖市人民政府对《全国土地利用总体规划纲要》(以下简称《纲要》)确定的本行政区域内的耕地保有量、永久基本农田保护面积以及高标准农田建设任务负责,省长、自治区主席、直辖市市长为第一责任人。

第三条　国务院对各省、自治区、直辖市人民政府耕地保护责任目标履行情况进行考核,由国土资源部会同农业部、国家统计局(以下称考核部门)负责组织开展考核检查工作。

第四条　省级政府耕地保护责任目标考核在耕地占补平衡、高标准农田建设等相关考核评价的基础上综合开展,实行年度自查、期中检查、期末考核相结合的方法。

年度自查每年开展 1 次,由各省、自治区、直辖市自行组织开展;从 2016 年起,每五年为一个规划期,期中检查在每个规划期的第三年开展 1 次,由考核部门组织开展;期末考核在每个规划期结束后的次年开展 1 次,由国务院组织考核部门开展。

第五条　考核部门会同有关部门,根据《纲要》确定的相关指标和高标准农田建设任务、补充耕地国家统筹、生态退耕、灾毁耕地等实际情况,对各省、自治区、直辖市耕地保有量和永久基本农田保护面积等提出考核检查指标建议,经国务院批准后,由考核部门下达,作为省级政府耕地保护责任目标。

第六条　全国土地利用变更调查提供的各省、自治区、直辖市耕地面积、生态退耕面积、永久基本农田面积数据以及耕地质量调查评价与分等定级成果,作为考核依据。

各省、自治区、直辖市人民政府要按照国家统一规范,加强对耕地、永久基本农田保护和高标准农田建设等的动态监测,在考核年向考核部门提交监测调查资料,并对数据的真实性负责。

考核部门依据国土资源遥感监测“一张图”和综合监管平台以及耕地质量监测网络，采用抽样调查和卫星遥感监测等方法和手段，对耕地、永久基本农田保护和高标准农田建设等情况进行核查。

第七条 省级政府耕地保护责任目标考核遵循客观、公开、公正，突出重点、奖惩并重的原则，年度自查、期中检查和期末考核采用定性与定量相结合的综合评价方法，结果采用评分制，满分为100分。考核检查基本评价指标由考核部门依据《中华人民共和国土地管理法》、《基本农田保护条例》等共同制定，并根据实际情况需要适时进行调整完善。

第二章 年度自查

第八条 各省、自治区、直辖市人民政府按照本办法的规定，结合考核部门年度自查工作要求和考核检查基本评价指标，每年组织自查。主要检查所辖市(县)上一年度的耕地数量变化、耕地占补平衡、永久基本农田占用和补划、高标准农田建设、耕地质量保护与提升、耕地动态监测等方面情况，涉及补充耕地国家统筹的省份还应检查该任务落实情况。

第九条 各省、自治区、直辖市人民政府应于每年6月底前向考核部门报送自查情况。考核部门根据自查情况和有关督察检查情况，将有关情况向各省、自治区、直辖市通报，并纳入省级政府耕地保护责任目标期末考核。

第三章 期中检查

第十条 省级政府耕地保护责任目标期中检查按照耕地保护工作任务安排实施，主要检查规划期前两年各地区耕地数量变化、耕地占补平衡、永久基本农田占用和补划、高标准农田建设、耕地质量保护与提升、耕地保护制度建设以及补充耕地国家统筹等方面情况。

第十一条 各省、自治区、直辖市人民政府按照本办法和考核部门期中检查工作要求开展自查，在期中检查年的6月底前向考核部门报送自查报告。考核部门根据情况选取部分省份进行实地抽查，结合各省份省级自查、实地抽查和相关督察检查等对各省耕地保护责任目标落实情况进行综合评价、打分排序，形成期中检查结果报告。

第十二条 期中检查结果由考核部门向各省、自治区、直辖市通报，纳入省级政府耕地保护责任目标期末考核，并向国务院报告。

第四章　期末考核

第十三条　省级政府耕地保护责任目标期末考核内容主要包括耕地保有量、永久基本农田保护面积、耕地数量变化、耕地占补平衡、永久基本农田占用和补划、高标准农田建设、耕地质量保护与提升、耕地保护制度建设等方面情况。涉及补充耕地国家统筹的有关省份，考核部门可以根据国民经济和社会发展规划纲要以及耕地保护工作进展情况，对其耕地保护目标、永久基本农田保护目标等考核指标作相应调整。

第十四条　各省、自治区、直辖市人民政府按照本办法和考核部门期末考核工作要求开展自查，在规划期结束后次年的 6 月底前向国务院报送耕地保护责任目标任务完成情况自查报告，并抄送考核部门。省级人民政府对自查情况及相关数据的真实性、准确性和合法性负责。

第十五条　考核部门对各省、自治区、直辖市人民政府耕地保护责任目标履行情况进行全面抽查，根据省级自查、实地抽查和年度自查、期中检查等对各省份耕地保护责任目标落实情况进行综合评价、打分排序，形成期末考核结果报告。

第十六条　考核部门在规划期结束后次年的 10 月底前将期末考核结果报送国务院，经国务院审定后，向社会公告。

第五章　奖　　惩

第十七条　国务院根据考核结果，对认真履行省级政府耕地保护责任、成效突出的省份给予表扬；有关部门在安排年度土地利用计划、土地整治工作专项资金、耕地提质改造项目和耕地质量提升资金时予以倾斜。考核发现问题突出的省份要明确提出整改措施，限期进行整改；整改期间暂停该省、自治区、直辖市相关市、县农用地转用和土地征收审批。

第十八条　省级政府耕地保护责任目标考核结果，列为省级人民政府主要负责人综合考核评价的重要内容，年度自查、期中检查和期末考核结果抄送中央组织部、国家发展改革委、财政部、审计署、国家粮食局等部门，作为领导干部综合考核评价、生态文明建设目标评价考核、粮食安全省长责任制考核、领导干部问责和领导干部自然资源资产离任审计的重要依据。

第六章　附　　则

第十九条　县级以上地方人民政府应当根据本办法，结合本行政区域实际情况,制定下一级人民政府耕地保护责任目标考核办法。

第二十条 本办法自印发之日起施行。2005 年 10 月 28 日经国务院同意、由国务院办公厅印发的《省级政府耕地保护责任目标考核办法》同时废止。

国务院办公厅关于改革完善全科医生培养与使用激励机制的意见

(2018 年 1 月 14 日 国办发〔2018〕3 号)

全科医生是居民健康和控制医疗费用支出的“守门人”,在基本医疗卫生服务中发挥着重要作用。加快培养大批合格的全科医生,对于加强基层医疗卫生服务体系建设、推进家庭医生签约服务、建立分级诊疗制度、维护和增进人民群众健康,具有重要意义。为贯彻党的十九大和全国卫生与健康大会精神,落实《“健康中国 2030”规划纲要》要求,经国务院同意,现就改革完善全科医生培养与使用激励机制提出如下意见:

一、总体要求

(一)指导思想。以习近平新时代中国特色社会主义思想为指导,按照党的十九大提出的有关战略部署和工作要求,认真落实卫生与健康工作方针,以问题和需求为导向,遵循医疗卫生服务和临床医学人才成长规律,坚持政府主导,发挥市场机制作用,立足基本国情,借鉴国际经验,完善适应行业特点的全科医生培养制度,创新全科医生使用激励机制,为卫生与健康事业发展提供可靠的全科医学人才支撑。

(二)工作目标。到 2020 年,适应行业特点的全科医生培养制度基本建立,适应全科医学人才发展的激励机制基本健全,全科医生职业吸引力显著提高,城乡分布趋于合理,服务能力显著增强,全科医生与城乡居民基本建立比较稳定的服务关系,城乡每万名居民拥有 2 – 3 名合格的全科医生。到 2030 年,适应行业特点的全科医生培养制度更加健全,使用激励机制更加完善,城乡每万名居民拥有 5 名合格的全科医生,全科医生队伍基本满足健康中国建设需求。

二、建立健全适应行业特点的全科医生培养制度

(三)医教协同深化院校全科医学教育改革。高等医学院校要高度重视全科医学学科建设,面向全体医学类专业学生开展全科医学教育和全科临床见习实习。鼓励有条件的高校成立全科医学教研室、全科医学系或全科医学学院，开设全科医学概论等必修课程。依托全科专业住院医师规范化培训基地和助理全科医生培训基地，建设一批全科医学实践教学基地。加强全科医学师资队伍建设，制订建设规划，在人员配备、职称评聘、工作量考核等方面给予支持。鼓励医学院校在全科医学实践教学基地聘请有教学潜质的全科医生承担教学任务，符合条件的可聘任相应的教师专业技术职务。

2018年起，新增临床医学、中医硕士专业学位研究生招生计划重点向全科等紧缺专业倾斜。继续实施农村订单定向医学生免费培养，推进农村基层本地全科人才培养。改革完善高职临床医学、中医学等相关专业人才培养模式，推进教育教学标准与助理全科医生培训标准有机衔接。

（四）建立健全毕业后全科医学教育制度。合理分配各专业住院医师规范化培训招收名额，扩大全科专业住院医师规范化培训招收规模，力争到2020年全科专业招收数量达到当年总招收计划的20%，并逐年增加。将全科专业招收任务完成情况纳入住院医师规范化培训基地考核，并与财政补助资金挂钩。继续开展助理全科医生培训。农村订单定向免费培养的本科医学生毕业后全部纳入全科专业住院医师规范化培训。对于单位委派参加住院医师规范化培训和助理全科医生培训的人员，委派单位应与其签订协议，就培训期间待遇、培训期满后服务年限、违约处理办法等进行约定。

认定为住院医师规范化培训基地的综合医院（含中医、中西医结合、民族医医院，下同）要加强全科专业基地建设，增加全科医疗诊疗科目，独立设置全科医学科，以人才培养为目的，开展全科临床、教学和科研工作，与基层医疗卫生机构联合培养全科医生。在培训基地内部分配中，合理确定全科医学科医务人员绩效工资水平，适当加大倾斜力度，吸引和稳定优秀专业人员。以县级综合医院为重点，加强助理全科医生培训基地建设，完善教育教学设施设备和学员住宿条件。严格培训基地动态管理，将全科专业基地建设和作用发挥情况作为培训基地考核评估的核心指标。

制定全科医学师资培训标准，实行双导师制，遴选建立一批全科医学师资培训基地，加强骨干师资培训，提高带教师资的教学意识和带教能力，将教学业绩纳入绩效考核，带教经历和教学质量作为职称晋升的重要因素。支持具有临床医学或中医硕士专业学位授予资格的高校与住院医师规范化培训基地建立协同教学关系，积极探索和完善全科专业住院医师规范化培训人员取得硕士专业学位的办法。稳妥推进全科专业专科医师规范化培训制度试点工作。

（五）巩固完善全科继续医学教育。制定全科医学继续教育指南，加快网络数字化课程、课件、教材开发，大力发展远程继续教育，普及全科适宜技术，实现全科医生继续医学教育全覆盖。积极开展基层全科医生进修培训和学历提升教育。强化继续医学教育基地建设，充分发挥县级综合医院在农村基层全科医生进修培训中的作用。加强对全科医生的中医药和康复医学知识与技能培训，将中医药作为其继续教育的重要内容，鼓励提供中医诊疗、养生保健康复、健康养老等服务。

扩大全科医生转岗培训实施范围，鼓励二级及以上医院有关专科医师参加全科医生转岗培训，对培训合格的，在原注册执业范围基础上增加全科医学专业执业范围，允许其在培训基地和基层医疗卫生机构提供全科医疗服务。实行乡村医生全员全科基本知识技能培训，并有计划地安排乡村医生到乡镇卫生院、县医院等上级医疗卫生机构进修学习，鼓励具有执业（助理）医师资格的乡村医生参加全科医生转岗培训。

三、全面提高全科医生职业吸引力

（六）改革完善全科医生薪酬制度。推进医疗服务价格改革，体现包括全科医生在内的医务人员技术劳务价值。按照"允许医疗卫生机构突破现行事业单位工资调控水平，允许医疗服务收入扣除成本并按规定提取各项基金后主要用于人员奖励"要求，合理核定政府办基层医疗卫生机构绩效工资总量，提升基层医疗卫生机构全科医生工资水平，使其工资水平与当地县区级综合医院同等条件临床医师工资水平相衔接。鼓励基层医疗卫生机构聘用经住院医师规范化培训合格的全科医生，地方要根据实际，在核定绩效工资总量时给予其进一步倾斜。建立基层医疗卫生机构绩效工资水平正常增长机制。完善绩效工资分配，调动基层医疗卫生机构医务人员工作积极性，内部绩效工资分配可设立全科医生津贴。

推进家庭医生签约服务，签约服务费作为家庭医生团队所在基层医疗卫生机构收入组成部分，可用于人员薪酬分配。将服务对象健康状况和居民满意度纳入考核指标，加强签约服务质量考核，考核结果与家庭医生团队的签约服务收入挂钩，确保签约服务质量。

（七）完善全科医生聘用管理办法。政府办基层医疗卫生机构在核定的编制内要保证全科医生的配备，对本科及以上学历医学毕业生或经住院医师规范化培训合格的全科医生要优先安排，简化招聘程序，可采取面试、组织考察等方式公开招聘。对经住院医师规范化培训合格到农村基层执业的全科医生，可实行"县管乡用"（县级医疗卫生机构聘用管理、乡镇卫生院使用）。对经助理全科医生培训合格到村卫生室工作的助理全科医生，可实行"乡管村用"（乡镇卫生院聘用管理、村卫生室使用）。

（八）拓展全科医生职业发展前景。基层医疗卫生机构在临床医师队伍建设中，对经住院医师规范化培训合格的本科学历全科医生，在人员招聘、职称晋升、岗位聘用等方面，与临床医学、中医硕士专业学位研究生同等对待，落实工资等相关待遇。

增加基层医疗卫生机构的中高级专业技术岗位比例,重点向经全科专业住院医师规范化培训和全科专业专科医师规范化培训合格的全科医生倾斜。本科及以上学历毕业、经全科专业住院医师规范化培训合格并到基层医疗卫生机构工作的,可直接参加中级职称考试,考试通过的直接聘任中级职称。基层全科医生参加中级职称考试或申报高级职称时,外语成绩可不作为申报条件,对论文、科研不作硬性规定,侧重评价临床工作能力,将签约居民数量、接诊量、服务质量、群众满意度等作为职称评审的重要依据;申报高级职称实行单独分组、单独评审。

(九)鼓励社会力量举办全科诊所。落实国家关于促进社会办医加快发展的政策措施,医疗机构相关规划布局不对全科诊所的设置作出限制,实行市场调节。支持符合条件的全科医生个体或合伙在城乡开办全科诊所,为居民就近提供医疗保健服务。鼓励二、三级综合医院与辖区内全科诊所建立双向转诊机制,畅通转诊渠道。加强政府监管、行业自律与社会监督,促进全科诊所规范发展。

对提供基本医疗卫生服务的非营利性全科诊所,在人才培养等方面执行与政府办基层医疗卫生机构同等补助政策,政府通过购买服务的方式,引导其参与当地基本医疗和基本公共卫生服务提供以及承接政府下达的相关任务,并逐步扩大购买范围;对符合条件的,按规定纳入医保定点范围;对具备条件的,可认定为全科医生基层实践基地,承担全科医生培养任务。对全科诊所基本建设和设备购置等发展建设支出,有条件的地方可通过财政补助等方式给予适当支持。

(十)增强全科医生职业荣誉感。坚持精神奖励与物质奖励相结合,实行以政府奖励为导向、单位奖励为主体、社会奖励为补充的全科医生奖励办法,提升全科医生职业荣誉感和社会地位。对长期扎根基层、作出突出贡献的全科医生,按照党和国家有关规定给予表彰奖励。在享受国务院政府特殊津贴人员推选和全国杰出专业技术人才、全国先进工作者、全国五一劳动奖章、全国优秀共产党员等评选工作中,向基层全科医生倾斜。鼓励各地按照有关规定开展全科医生表彰奖励工作。组织开展全科技能竞赛等活动,对优秀全科医生给予适当奖励。

四、加强贫困地区全科医生队伍建设

(十一)加快壮大贫困地区全科医生队伍。对集中连片特困地区县和国家扶贫开发工作重点县(以下统称贫困县)加大农村订单定向医学生免费培养力度。有关省份可结合实际,以贫困县为重点,订单定向免费培养农村高职(专科)医学生,毕业生经助理全科医生培训合格后,重点补充到村卫生室和艰苦边远地区乡镇卫生院。充分利用远程教育等信息化手段,面向贫困县免费实施国家继续医学教育培训项目。各地要加强县级以上医疗卫生机构对口支援农村基层医疗卫生机构力度,县级以上医疗卫生机构要通过远程教育等方式加强对基层的技术指导和培训。

(十二)扩大全科医生特岗计划实施范围。继续推进全科医生特岗计划试点工作,到2020年,逐步将试点范围覆盖到所有贫困县的乡镇卫生院,所需资金由中央和地方财政共同承担并适当提高补助标准。鼓励有条件的地区结合实际实施本地全科医生特岗计划,引导和激励优秀人才到基层工作。

(十三)职称晋升政策向贫困地区进一步倾斜。对长期扎根贫困县农村基层工作的全科医生,可突破学历等限制,破格晋升职称。全科专业住院医师规范化培训合格、取得中级职称后在贫困县农村基层连续工作满10年的,可经职称评审委员会考核认定,直接取得副高级职称,取得的副高级职称原则上应限定在基层医疗卫生机构聘任,由基层医疗卫生机构向上级医疗卫生机构流动时,应取得全省(区、市)统一的高级职称。

五、完善保障措施

(十四)加强组织领导。各地各部门要充分认识改革完善全科医生培养与使用激励机制的重要意义,将其作为深化医药卫生体制改革、建设健康中国的关键环节和重大任务,加强组织领导,强化部门协同,明确任务分工,确保各项改革举措落实到位。2018年3月底前,各省(区、市)要按照本意见精神制定出台实施方案,综合医改试点省(区、市)和有关试点城市要率先落实。

(十五)深化医保支付方式改革。依托基层医疗卫生机构推行门诊统筹按人头付费,有条件的地区可以探索将签约居民的门诊基金按人头支付给基层医疗卫生机构或家庭医生团队,对于经基层向医院转诊的患者,由基层医疗卫生机构或家庭医生团队支付一定的转诊费用。总结推广地方成熟经验,对纵向合作的医疗联合体等分工协作模式可实行医保总额付费,并加强考核,合理引导双向转诊,发挥全科医生和家庭医生团队在医保控费方面的"守门人"作用,推动医疗卫生服务由以治病为中心向以健康为中心转变。

(十六)加强经费保障。各级政府要落实投入责任,通过政府投入、单位和基地自筹、社会支持等多渠道筹资,进一步加大对全科医生培养与使用激励的支持力度,各项补助经费专款专用,不得截留、挪用、挤占。

(十七)强化督导评估。国家卫生计生委、国务院医改办要会同有关部门加强政策培训,强化督导检查和第三方评估,认真总结经验,推广好的做法,推出一批全科医生培养与使用激励机制改革创新典型示范地区和单位。各地要将全科医生培养与使用激励等政策措施落实情况纳入医改目标责任考核,建立定期调研督导机制,及时研究解决实施中出现的问题和困难。

（十八）加强宣传引导。通过多种形式宣传解读全科医生培养与使用工作的重大意义和政策措施，广泛宣传全科医生成长成才典型事例和在基本医疗卫生服务中发挥的重要作用，增进医学生、医务人员、医学教育工作者和社会公众对全科医生的了解，为加快培养大批合格全科医生营造良好舆论环境。

国务院办公厅关于推进农业高新技术产业示范区建设发展的指导意见

（2018年1月16日　国办发〔2018〕4号）

1997年和2015年，国务院分别批准建立杨凌、黄河三角洲农业高新技术产业示范区。在各方共同努力下，我国农业高新技术产业示范区（以下简称示范区）建设取得明显成效，在抢占现代农业科技制高点、引领带动现代农业发展、培育新型农业经营主体等方面发挥了重要作用，但也面临发展不平衡不充分、高新技术产业竞争力有待提高等问题。为加快推进示范区建设发展，提高农业综合效益和竞争力，大力推进农业农村现代化，经国务院同意，现提出以下意见。

一、总体要求

（一）指导思想。全面贯彻党的十九大精神，以习近平新时代中国特色社会主义思想为指导，认真落实党中央、国务院决策部署，统筹推进“五位一体”总体布局和协调推进“四个全面”战略布局，牢固树立和贯彻落实新发展理念，以实施创新驱动发展战略和乡村振兴战略为引领，以深入推进农业供给侧结构性改革为主线，以服务农业增效、农民增收、农村增绿为主攻方向，统筹示范区建设布局，充分发挥创新高地优势，集聚各类要素资源，着力打造农业创新驱动发展的先行区和农业供给侧结构性改革的试验区。

（二）基本原则。

坚持创新驱动。以科技创新为引领，构建以企业为主体的创新体系，促进农业科技成果集成、转化，培育农业高新技术企业、发展农业高新技术产业，通过试验示范将科研成果转化为现实生产力，更好为农业农村发展服务，走质量兴农之路。

深化体制改革。以改革创新为动力，加大科技体制机制改革力度，打造农业科技体制改革“试验田”，进一步整合科研力量，深入推进“放管服”改革，充分调动各方面积极性，着力激发农业科技创新活力。

突出问题导向。以国家战略为指引，主动适应当前农产品供需形势变化，针对制约区域发展的突出问题,围绕农业生产经营需求,加强科研创新,强化协同攻关,坚持差异化、特色化发展,增强农业可持续发展能力。

推动融合发展。以提质增效为重点,推进农村一二三产业融合发展,充分发挥溢出效应,提升农业技术水平,加快构建现代农业产业体系,促进城乡一体化建设,辐射带动农业农村发展,实现农业强、农村美、农民富,为乡村全面振兴提供有力支撑。

(三)主要目标。到 2025 年,布局建设一批国家农业高新技术产业示范区,打造具有国际影响力的现代农业创新高地、人才高地、产业高地。探索农业创新驱动发展路径,显著提高示范区土地产出率、劳动生产率和绿色发展水平。坚持一区一主题,依靠科技创新,着力解决制约我国农业发展的突出问题,形成可复制、可推广的模式,提升农业可持续发展水平,推动农业全面升级、农村全面进步、农民全面发展。

二、重点任务

(一)培育创新主体。研究制定农业创新型企业评价标准,培育一批研发投入大、技术水平高、综合效益好的农业创新型企业。以"星创天地"为载体,推进大众创业、万众创新,鼓励新型职业农民、大学生、返乡农民工、留学归国人员、科技特派员等成为农业创业创新的生力军。支持家庭农场、农民合作社等新型农业经营主体创业创新。

(二)做强主导产业。按照一区一主导产业的定位,加大高新技术研发和推广应用力度,着力提升主导产业技术创新水平,打造具有竞争优势的农业高新技术产业集群。加强特色优势产业关键共性技术攻关,着力培育现代农业发展和经济增长新业态、新模式,增强示范区创新能力和发展后劲。强化"农业科技创新+产业集群"发展路径,提高农业产业竞争力,推动向产业链中高端延伸。

(三)集聚科教资源。推进政产学研用创紧密结合,完善各类研发机构、测试检测中心、新农村发展研究院、现代农业产业科技创新中心等创新服务平台,引导高等学校、科研院所的科技资源和人才向示范区集聚。健全新型农业科技服务体系,创新农技推广服务方式,探索研发与应用无缝对接的有效办法,支持科技成果在示范区内转化、应用和示范。

(四)培训职业农民。加大培训投入,整合培训资源,增强培训能力,创新培训机制,建设具有区域特点的农民培训基地,提升农民职业技能,优化农业从业者结构。鼓励院校、企业和社会力量开展专业化教育,培养更多爱农业、懂技术、善经营的新型职业农民。

(五)促进融合共享。推进农村一二三产业融合发展,加快转变农业发展方式。积极探索农民分享二三产业增值收益的机制,促进农民增收致富,增强农民的获得感。推动城乡融合发展，推进区域协同创新，逐步缩小城乡差距，打造新型"科技+产业+生活"社区，建设美丽乡村。

（六）推动绿色发展。坚持绿色发展理念，发展循环生态农业，推进农业资源高效利用，打造水体洁净、空气清新、土壤安全的绿色环境。加大生态环境保护力度，提高垃圾和污水处理率，正确处理农业绿色发展和生态环境保护、粮食安全、农民增收的关系，实现生产生活生态的有机统一。

（七）强化信息服务。促进信息技术与农业农村全面深度融合，发展智慧农业，建立健全智能化、网络化农业生产经营体系，提高农业生产全过程信息管理服务能力。加快建立健全适应农产品电商发展的标准体系，支持农产品电商平台建设和乡村电商服务示范，推进农业农村信息化建设。

（八）加强国际合作。结合"一带一路"建设和农业"走出去"，统筹利用国际国内两个市场、两种资源，提升示范区国际化水平。加强国际学术交流和技术培训，国家引进的农业先进技术、先进模式优先在示范区转移示范。依托示范区合作交流平台，推动装备、技术、标准、服务"走出去"，提高我国农业产业国际竞争力。

三、政策措施

（一）完善财政支持政策。中央财政通过现有资金和政策渠道，支持公共服务平台建设、农业高新技术企业孵化、成果转移转化等，推动农业高新技术产业发展。各地要按规定统筹支持农业科技研发推广的相关资金并向示范区集聚，采取多种形式支持农业高新技术产业发展。

（二）创新金融扶持政策。综合采取多种方式引导社会资本和地方政府在现行政策框架下设立现代农业领域创业投资基金，支持农业科技成果在示范区转化落地；通过政府和社会资本合作（PPP）等模式，吸引社会资本向示范区集聚，支持示范区基础设施建设；鼓励社会资本在示范区所在县域使用自有资金参与投资组建村镇银行等农村金融机构。创新信贷投放方式，鼓励政策性银行、开发性金融机构和商业性金融机构，根据职能定位和业务范围为符合条件的示范区建设项目和农业高新技术企业提供信贷支持。引导风险投资、保险资金等各类资本为符合条件的农业高新技术企业融资提供支持。

（三）落实土地利用政策。坚持依法供地，在示范区内严禁房地产开发，合理、集约、高效利用土地资源。在土地利用年度计划中，优先安排农业高新技术企业和产业发展用地，明确"规划建设用地"和"科研试验、示范农业用地（不改变土地使用性质）"的具体面积和四至范围（以界址点坐标控制）。支持指导示范区在落实创新平台、公共设施、科研教学、中试示范、创业创新等用地时，用好用足促进新产业新业态发展和大众创业、万众创新的用地支持政策，将示范区建设成为节约集约用地的典范。

（四）优化科技管理政策。在落实好国家高新技术产业开发区支持政策、高新技术企业税收优惠政策等现有政策的基础上，进一步优化科技管理政策，推动农业企业提升创新能力。完善科技成果评价评定制度和农业科技人员报酬激励机制。将示范区列为"创新人才推进计划"推荐渠道，搭建育才引才荐才用才平台。

四、保障机制

（一）加强组织领导。科技部等有关部门要建立沟通协调机制，明确分工，协同配合，形成合力，抓好贯彻落实。各地要根据国务院统一部署，创新示范区管理模式，探索整合集约、精简高效的运行机制，以评促建、以建促管、建管并重，全面提升示范区发展质量和水平。

（二）规范创建流程。坚持高标准、严要求，科学合理布局。由省（区、市）人民政府制定示范区建设发展规划和实施方案并向国务院提出申请，科技部会同有关部门从示范区功能定位、区域代表性等方面对规划和方案进行评估，按程序报国务院审批。

（三）做好监测评价。健全监测评价机制，建立创新驱动导向的评价指标体系，加强对创新能力、高新技术产业培育、绿色可持续发展等方面的考核评价。定期开展建设发展情况监测，建立有进有退的管理机制。加强监督指导，不断完善激励机制，切实保障示范区建设发展质量。

国务院关于加强质量认证体系建设促进全面质量管理的意见

（2018 年 1 月 17 日　国发〔2018〕3 号）

质量认证是市场经济条件下加强质量管理、提高市场效率的基础性制度。近年来，我国质量认证制度不断完善，行业机构蓬勃发展，国际交流合作不断深化。同时，还存在认证服务供给不足、认证评价活动亟需规范、社会认知与应用程度不高等问题。为深入推进供给侧结构性改革和"放管服"改革，全面实施质量强国战略，贯彻落实《中共中央 国务院关于开展质量提升行动的指导意见》，现就加强质量认证体系建设、促进全面质量管理提出以下意见。

一、总体要求

（一）指导思想。

全面贯彻党的十九大精神，以习近平新时代中国特色社会主义思想为指导，按照高质量发展的要求，认真落实党中央、国务院决策部署，统筹推进"五位一体”总体布局和协调推进“四个全面”战略布局，坚持以人民为中心的发展思想，牢固树立和贯彻落实新发展理念，坚持质量第一、效益优先，以推进供给侧结构性改革为主线，按照实施质量强国战略和质量提升行动的总体部署，运用国际先进质量管理标准和方法，构建统一管理、共同实施、权威公信、通用互认的质量认证体系，促进行业发展和改革创新，强化全面质量管理，全面提高产品、工程和服务质量，显著增强我国经济质量优势，推动经济发展进入质量时代。

（二）基本原则。

——统一管理，顶层设计。按照“统一管理，共同实施”的要求，强化对质量认证体系建设的统筹规划和顶层设计，打破行业垄断和市场壁垒，避免多头管理和重复评价，维护质量认证工作的统一性和权威性。

——市场主导，政府引导。发挥市场在资源配置中的决定性作用，以市场需求为导向，突出市场主体地位，完善质量信号传导反馈机制，促进供需对接和结构优化。强化政府规划引导、政策扶持、监管服务等作用，完善公共服务体系，加强全面质量监管，营造良好发展环境。

——深化改革，创新发展。充分发挥认证认可制度的市场化、国际化特性，把质量认证作为推进供给侧结构性改革和“放管服”改革的重要抓手，促进政府职能转变，创新质量发展机制，激发质量提升动能。以改革创新为动力，完善质量认证体系，破解体制机制障碍，提升质量认证供给水平和创新能力。

——激励约束，多元共治。坚持引导和强制相结合，以自愿开展为主、强制实施为辅，对涉及安全、健康、环保等方面的产品依法实施强制性认证，鼓励企业参与自愿性认证，完善激励约束机制，引导社会各方开展质量共治，加强全面质量管理，共享质量发展成果。

（三）主要目标。

通过3－5年努力，我国质量认证制度趋于完备，法律法规体系、标准体系、组织体系、监管体系、公共服务体系和国际合作互认体系基本完善，各类企业组织尤其是中小微企业的质量管理能力明显增强，主要产品、工程、服务尤其是消费品、食品农产品的质量水平明显提升，形成一批具有国际竞争力的质量品牌。

二、大力推广质量管理先进标准和方法

（四）创新质量管理工具。积极采用国际先进质量管理标准，将全面质量管理、六西格玛、精益管理等国际先进质量管理方法结合中国实际加以改造提升，积极开发追溯管理、供应链管理、业务连续性管理等适应新业态需求的质量管理工具，打造中国质量管理“工具箱”。充分发挥行业主管部门作用，鼓励各行业结合行业特点,推动质量管理通用要求与行业特殊要求相结合,积极开发新型质量管理工具,推广质量管理先进行业及企业的成果经验。

（五）推广应用质量管理先进标准和方法。开展百万家企业学习应用新版质量管理体系标准活动,鼓励企业运用质量认证方式加强质量管理,推动质量管理先进标准、方法向一二三产业和社会治理等领域全面延伸。发挥国有企业特别是中央企业的“主力军”作用,开展中央企业质量管理“领跑者”行动,带动各行业质量管理水平整体跃升。针对大中型企业、小微企业以及消费者的不同特点,培训普及质量管理知识。发挥行业协会、专业机构等社会组织的服务职能,开展社会化、群众性质量服务行动。

（六）转变政府质量治理方式。增强各级政府的质量意识,加强质量基础建设,推广质量管理标准和质量认证手段,提升质量治理能力。鼓励各级政府部门特别是行业主管部门建立推行质量管理体系,运用卓越绩效等先进质量管理方法,引入第三方质量治理机制,转变政府职能和管理方式,提高行政效能和政府公信力,推动一个一个行业抓质量提升,直到抓出成效。

三、广泛开展质量管理体系升级行动

（七）打造质量管理体系认证“升级版”。运用新版ISO9001质量管理体系等国际先进标准、方法提升认证要求,以互联网、大数据等新技术改造传统认证模式,通过质量管理体系认证的系统性升级,带动企业质量管理的全面升级。针对不同行业和企业,开展行业特色认证、分级认证、管理体系整合、质量诊断增值服务,推进创新管理、资产管理、业务连续性管理等新型管理体系认证,重点在航空、铁路、汽车、建筑、信息等战略性支柱产业完善适合行业特点的质量管理体系,推动质量管理向全供应链、全产业链、产品全生命周期延伸。支持认证认可检验检测关键技术研究,加强对获证企业的培训服务,全面完成质量管理体系认证升级,为广大企业树立质量提升的示范标杆。

（八）拓展质量认证覆盖面。开展万家企业质量认证现状抽样调查,摸清质量管理状况和认证需求。健全质量认证激励引导机制,鼓励企业参与自愿性认证,推行企业承诺制,接受社会监督,通过认证提升产品质量和品牌信誉,推动在市场采购、行业管理、行政监管、社会治理等领域广泛采信认证结果。支持各部门、各地区建设质量认证示范区（点）。引导各类企业尤其是中西部地区企业、服务型企业、中小微企业获得认证,帮助更多企业提升质量管理水平。

四、深化质量认证制度改革创新

（九）完善强制性认证制度。着力发挥强制性认证“保底线”作用,遵循世界贸易组织规则,按照必要性和最小化原则,对涉及安全、健康、环保等方面的产品依法实施强制性认证。根据产品风险等级和产业成熟度,建立认证目录动态调整机制,将低风险产品逐步调出认证目录,引导产业结构调整。根据企业管理水平和诚信状况,实施分类管理,优化认证程序,引入“自我声明”方式,鼓励企业加快提质升级。

(十)创新自愿性认证制度。发挥自愿性认证“拉高线”作用,创新质量标准管理方式,优化标准体系,对新技术、新产品、新业态实施包容审慎监管,建立新领域研发认证“绿色通道”,促进产业转型升级。大力推行高端品质认证,开展绿色有机、机器人、物联网、城市轨道交通装备等高端产品和健康、教育、体育、金融、电商等领域服务认证,推进内外销产品“同线同标同质”工程,增加优质产品及服务供给,打造质量标杆。支持运用认证手段推进区域品牌建设,培育优势产业和拳头产品,提升区域经济竞争力。

(十一)清理涉及认证、检验检测的行政许可和行业评价制度。清理、整合、规范现有认证事项,取消不合理收费,坚决治理认证乱象。凡已建立国家统一认证制度的,不再设立类似的合格评定项目。面向社会的第三方技术评价活动应遵循通用准则和标准,逐步向国家统一的认证制度转变。全面清理工业产品生产许可证,加快向国际通行的产品认证制度转变。加快建设统一的绿色产品标准、认证、标识体系。清理涉及检验检测能力的行政许可事项,避免重复评价,实施统一的资质认定管理。鼓励认证机构为企业提供检验检测认证“一体化”解决方案和“一站式”服务,降低企业制度性交易成本。

(十二)简化规范认证机构审批、检验检测机构资质认定程序。完善认证机构审批程序,整合检验检测机构资质许可项目,精简整合技术评审事项,积极推动“五减”(减程序、减环节、减时间、减收费、减申请材料),实行申请、审批、发证全流程网上办理,提高便利度和满意度。严格从业机构资质认定标准,建立行政许可和技术评价相结合的资质管理制度,确保从业主体具备相应资质能力。

五、加强认证活动事中事后监管

(十三)完善认证监管体系。完善“法律规范、行政监管、认可约束、行业自律、社会监督”五位一体监管体系。加强认证监管能力建设,充实基层认证监管力量,推进部门联动监管。健全认可约束机制,强化行业自律和社会监督作用,形成多元共治格局。

(十四)创新认证监管和激励约束机制。充分运用大数据技术和信息共享平台,推行“互联网+认证监管”方式,向社会公开产品质量认证信息,建立健全质量认证全过程追溯机制,完善风险预警、快速处置、信息通报、倒查追溯等措施。健全政府、行业、社会等多层面的认证采信机制,完善鼓励企业参与自愿性认证活动的激励措施,出台质量认证责任保险、获证企业授信等政策。

(十五)加大认证监管工作力度。全面推行“双随机、一公开”监管,加强对检验检测认证机构和获证企业、产品的联动监管，严厉打击非法从事检验检测认证活动和伪造、冒用、买卖认证证书或者认证标志等行为，严禁未获强制性认证的产品进入市场，确保认证有效性和公信力。

（十六）严格落实从业机构及人员责任。严格落实从业机构对检验检测认证结果的主体责任、对产品质量的连带责任，健全对参与检验检测认证活动从业人员的全过程责任追究机制，建立出证人对检验检测认证结果负总责制度，落实“谁出证，谁负责；谁签字，谁担责”。推行从业机构公开承诺和信息公示制度，建立从业机构及从业人员的诚信档案，完善永久退出和终身禁入等失信惩戒机制，提高违法失信成本。

六、培育发展检验检测认证服务业

（十七）营造行业发展良好环境。打破部门垄断和行业壁垒，鼓励和支持社会力量开展检验检测认证业务，加大政府购买服务力度，营造各类主体公平竞争的市场环境。制定促进检验检测认证服务业发展的产业政策，对符合条件的检验检测认证机构给予高新技术企业认定。鼓励组建产学研用一体化的检验检测认证联盟，推动检验检测认证与产业经济深度融合。

（十八）促进行业机构改革发展。加快推进检验检测认证机构整合，推动检验检测认证机构转企改制，与政府部门彻底脱钩。强化认证活动的第三方属性，健全市场化运行机制，完善政策保障，打破部门垄断和行业壁垒，尽快实现认证结果的互认通用。加快整合检验检测认证机构，培育一批操作规范、技术能力强、服务水平高、规模效益好、具有一定国际影响力的检验检测认证集团，推动检验检测认证服务业做强做优做大。

（十九）提升行业综合服务能力。充分依托区域型综合检验检测认证公共服务平台和专业型产业检验检测认证公共服务平台，重点提升对食品、农林产品、生物医药、信息安全、智能制造、新能源、碳交易等领域的支撑服务能力，形成以检验检测认证为“连接器”的产业聚合新模式。构建服务军民融合产业发展的通用检验检测认证体系，打造军转民、民参军的能力验证“直通车”。

七、深化质量认证国际合作互认

（二十）构建认证认可国际合作机制。加强政府间、从业机构间多层次合作，拓展合作领域、合作对象和合作渠道，推动合格评定政策沟通、标准协调、制度对接、技术合作和人才交流，制定合作共赢的互认安排，加快可再生资源、绿色低碳、跨境电商等新领域互认进程，推动多双边互信互认协议数量持续增长，促进对外贸易稳定发展。

（二十一）提高国内检验检测认证市场开放度。有序开放检验检测认证市场，鼓励外资机构进入国内检验检测认证市场，积极引入国外先进认证标准、技术和服务，扩大国内短缺急需的检验检测认证服务进口，鼓励引进消化吸收再创新,提高引资引智引技的质量效益。

(二十二)加快我国检验检测认证"走出去"步伐。鼓励支持国内检验检测认证机构拓展国际业务,推动检验检测认证与对外投融资、建设项目配套服务,针对高铁、民用飞机等战略产业面临的国际市场准入壁垒,加快推动国际互认,服务中国企业"走出去"和国际产能合作。

(二十三)提升我国认证认可国际影响力。积极参与和主动引领认证认可国际标准、规则制定,向国际社会提供质量认证"中国方案",培育具有国际影响力的中国认证品牌。加强国际化人才培养和输出,扩大在相关国际组织中的影响力,提升参与全球经济治理的能力。

八、加强组织领导和政策保障

(二十四)加强组织领导。地方各级人民政府要将质量认证体系建设摆到重要议事日程,纳入经济社会发展规划,制定工作方案,完善配套政策,建立健全相应议事协调机构和工作机制,全面加强统筹协调和综合管理。各部门要高度重视,完善全国认证认可工作部际联席会议工作机制,提升协作层次,加强政策衔接、规划引导和工作协调,健全信息互换、监管互认、执法互助机制,提高协作效率。

(二十五)加强综合保障。清理涉及认证认可、检验检测的法律法规和规章,加快制定检验检测管理条例、修订认证认可条例,推动合格评定立法进程。加强质量认证学科教育和专业人才队伍建设,加快培养重点产业、高新领域质量认证紧缺人才,健全认证人员职业资格制度。完善质量认证统计分析机制,加大对质量认证信息共享等公共服务平台建设的财政支持。

(二十六)加强宣传引导。大力弘扬质量文化,传播先进质量管理方法,普及质量认证知识,推广获得质量认证的产品,合理引导生产消费,增强市场信心,激发质量提升动能,提高全社会质量意识和诚信意识,弘扬工匠精神和企业家精神,让追求卓越、崇尚质量成为全社会、全民族的价值导向和时代精神。

(二十七)加强督促落实。推动各级政府将质量认证工作纳入政府绩效考核和质量工作考核,确保加强质量认证体系建设、促进全面质量管理的各项决策部署落地。各地区、各部门要将质量认证工作作为实施质量强国战略、开展质量提升行动的重要举措,加大推进力度,强化督促检查,抓好试点示范,以点带面,全面提升质量管理水平,努力建设质量强国。

国务院关于全面加强基础科学研究的若干意见

（2018 年 1 月 19 日　国发〔2018〕4 号）

强大的基础科学研究是建设世界科技强国的基石。当前，新一轮科技革命和产业变革蓬勃兴起，科学探索加速演进，学科交叉融合更加紧密，一些基本科学问题孕育重大突破。世界主要发达国家普遍强化基础研究战略部署，全球科技竞争不断向基础研究前移。经过多年发展，我国基础科学研究取得长足进步，整体水平显著提高，国际影响力日益提升，支撑引领经济社会发展的作用不断增强。但与建设世界科技强国的要求相比，我国基础科学研究短板依然突出，数学等基础学科仍是最薄弱的环节，重大原创性成果缺乏，基础研究投入不足、结构不合理，顶尖人才和团队匮乏，评价激励制度亟待完善，企业重视不够，全社会支持基础研究的环境需要进一步优化。为进一步加强基础科学研究，大幅提升原始创新能力，夯实建设创新型国家和世界科技强国的基础，现提出以下意见。

一、总体要求

（一）指导思想。

全面贯彻党的十九大精神，以习近平新时代中国特色社会主义思想为指导，贯彻创新、协调、绿色、开放、共享的新发展理念，按照党中央、国务院决策部署，深入实施科教兴国战略、创新驱动发展战略，充分发挥科学技术作为第一生产力的作用，充分发挥创新作为引领发展第一动力的作用，瞄准世界科技前沿，强化基础研究，深化科技体制改革，促进基础研究与应用研究融通创新发展，着力实现前瞻性基础研究、引领性原创成果重大突破，全面提升创新能力，全面推进创新型国家和世界科技强国建设，为加快建设社会主义现代化强国、实现中华民族伟大复兴的中国梦提供强大支撑。

（二）基本原则。

遵循科学规律，坚持分类指导。尊重科学研究灵感瞬间性、方式随意性、路径不确定性的特点，营造有利于创新的环境和文化，鼓励科学家自由畅想、大胆假设、认真求证。推动自由探索和目标导向有机结合，自由探索类基础研究聚焦探索未知的科学问题，勇攀科学高峰；目标导向类基础研究紧密结合经济社会发展需求，加强战略领域前瞻部署。

突出原始创新，促进融通发展。把提升原始创新能力摆在更加突出位置，坚定创新自信，勇于挑战最前沿的科学问题，提出更多原创理论，作出更多原创发现。强化科教融合、军民融合和产学研深度融合，坚持需求牵引，促进基础研究、应用研究与产业化对接融通，推动不同行业和领域创新要素有效对接。

创新体制机制，增强创新活力。突出以人为导向，深化科研项目和经费管理改革，营造宽松科研环境，使科研人员潜心、长期从事基础研究。完善分类评价机制，调动科学家、科研院所、高校、企业等方面的积极性创造性。创新政府管理方式，引导企业加强基础研究，提升市场竞争力。

加强协同创新，扩大开放合作。适应大科学、大数据、互联网时代新要求，积极探索科研活动协同合作、众包众筹等新方式，破解科学难题、共享创新成果。坚持全球视野，创新人才培养机制，多方引才引智。主动融入全球创新网络，加强创新能力开放合作，打造国际合作新平台，共同应对全球关注的重大科学挑战。

强化稳定支持，优化投入结构。加大中央财政对基础研究的稳定支持力度，构建基础研究多元化投入机制，引导鼓励地方、企业和社会力量增加基础研究投入。建立稳定支持和竞争性支持相协调的投入机制，推动科学研究、人才培养与基地建设全面发展。

（三）发展目标。

到 2020 年，我国基础科学研究整体水平和国际影响力显著提升，在若干重要领域跻身世界先进行列，在科学前沿重要方向取得一批重大原创性科学成果，解决一批面向国家战略需求的前瞻性重大科学问题，支撑引领创新驱动发展的源头供给能力显著增强，为全面建成小康社会、进入创新型国家行列提供有力支撑。

到 2035 年，我国基础科学研究整体水平和国际影响力大幅跃升，在更多重要领域引领全球发展，产出一批对世界科技发展和人类文明进步有重要影响的原创性科学成果，为基本实现社会主义现代化、跻身创新型国家前列奠定坚实基础。

到本世纪中叶，把我国建设成为世界主要科学中心和创新高地，涌现出一批重大原创性科学成果和国际顶尖水平的科学大师，为建成富强民主文明和谐美丽的社会主义现代化强国和世界科技强国提供强大的科学支撑。

二、完善基础研究布局

（四）强化基础研究系统部署。坚持从教育抓起，潜心加强基础科学研究，对数学、物理等重点基础学科给予更多倾斜。完善学科布局，推动基础学科与应用学科均衡协调发展，鼓励开展跨学科研究，促进自然科学、人文社会科学等不同学科之间的交叉融合。加强基础前沿科学研究，围绕宇宙演化、物质结构、生命起源、脑与认知等开展探索，加强对量子科学、脑科学、合成生物学、空间科学、深海科学等重大科学问题的超前部署。加强应用基础研究，围绕经济社会发展和国家安全的重大需求，突出关键共性技术、前沿引领技术、现代工程技术、颠覆性技术创新，在农业、材料、能源、网络信息、制造与工程等领域和行业集中力量攻克一批重大科学问题。围绕改善民生和促进可持续发展的迫切需求，进一步加强资源环境、人口健康、新型城镇化、公共安全等领域基础科学研究。聚焦未来可能产生变革性技术的基础科学领域，强化重大原创性研究和前沿交叉研究。

（五）优化国家科技计划基础研究支持体系。发挥国家自然科学基金支持源头创新的重要作用，更加聚焦基础学科和前沿探索，支持人才和团队建设。加强国家科技重大专项与国家其他重大项目和重大工程的衔接，推动基础研究成果共享，发挥好基础研究的基石作用。拓展实施国家重大科技项目，加快实施量子通信与量子计算机、脑科学与类脑研究等“科技创新 2030—重大项目”，推动对其他重大基础前沿和战略必争领域的前瞻部署。加快实施国家重点研发计划，聚焦国家重大战略任务，进一步加强基础研究前瞻部署，从基础前沿、重大关键共性技术到应用示范进行全链条创新设计、一体化组织实施。健全技术创新引导专项（基金）运行机制，引导地方、企业和社会力量加大对基础研究的支持。优化基地和人才专项布局，加快基础研究创新基地建设和能力提升，促进科技资源开放共享。

（六）优化基础研究区域布局。聚焦国家区域发展战略，创新引领率先实现东部地区优化发展，推动中西部地区走差异化和跨越式发展道路，构建各具特色的区域基础研究发展格局。支持北京、上海建设具有全球影响力的科技创新中心，推动粤港澳大湾区打造国际科技创新中心。加强北京怀柔、上海张江、安徽合肥等综合性国家科学中心建设，打造原始创新高地。充分发挥国家自主创新示范区、国家高新区作用，突出已有优势，强化东北和中西部地区基础研究布局，构建跨区域创新网络。

（七）推进国家重大科技基础设施建设。聚焦能源、生命、地球系统与环境、材料、粒子物理和核物理、空间天文、工程技术等领域，依托高校、科研院所等布局建设一批国家重大科技基础设施。鼓励和引导地方、社会力量投资建设重大科技基础设施，加快缓解设施供给不足问题。支持各类创新主体依托重大科技基础设施开展科学前沿问题研究，加快提升科学发现和原始创新能力，支撑重大科技突破。

三、建设高水平研究基地

（八）布局建设国家实验室。聚焦国家目标和战略需求，在有望引领未来发展的战略制高点，统筹部署和建设突破型、引领型、平台型一体的国家实验室，给任务、给机制、给条件、给支持，激发其创新活力。选择最优秀的团队和最有优势的创新单元，整合全国创新资源，聚集国内外一流人才，探索建立符合大科学时代科研规律的科学研究组织形式。建立国家实验室稳定支持机制，开展具有重大引领作用的跨学科、大协同的创新攻关，打造体现国家意志、具有世界一流水平、引领发展的重要战略科技力量。

（九）加强基础研究创新基地建设。优化国家重点实验室布局，在前沿、新兴、交叉、边缘等学科以及布局薄弱学科，依托高校、科研院所和骨干企业等部署建设一批国家重点实验室和国防科技重点实验室，推进学科交叉国家研究中心建设。加强转制科研院所创新能力建设，引导有条件的转制科研院所更多聚焦科学前沿和应用基础研究，打造引领行业发展的原始创新高地。加强企业国家重点实验室建设，支持企业与高校、科研院所等共建研发机构和联合实验室，加强面向行业共性问题的应用基础研究。推进军民共建、省部共建和港澳国家重点实验室建设。加强国家野外科学观测研究站建设，提升野外观测研究示范能力。强化对科技创新基地的定期评估考核和调整，坚持能进能出，提升持续创新活力。

四、壮大基础研究人才队伍

（十）培养造就具有国际水平的战略科技人才和科技领军人才。把握国际发展机遇，围绕国家重大需求，创新人才培养、引进、使用机制，更大力度推进实施国家"千人计划"、"万人计划"等高层次人才引进和培养计划，多方引才引智，广聚天下英才。在我国优势科研领域设立一批科学家工作室，培养一批具有前瞻性和国际眼光的战略科学家群体。建立健全人才流动机制，鼓励人才在高校、科研院所和企业之间合理流动。

（十一）加强中青年和后备科技人才培养。建立国际通行的访问学者制度，完善博士后制度，吸引国内外优秀青年博士在国内从事博士后研究。鼓励科研院所与高校加强协同创新和人才联合培养，加强基础研究后备科技人才队伍建设，支持具有发展潜力的中青年科学家开展探索性、原创性研究。

（十二）稳定高水平实验技术人才队伍。建立健全符合实验技术人才及其岗位特点的评价体系和激励机制，提高实验技术人才的地位和待遇。加大实验技术人才、专职工程技术人才和开放服务人才培养力度，优化科研队伍结构。加强实验技术人员培训，提升技术能力和水平。

（十三）建设高水平创新团队。发挥国家重大科技基础设施、国家重点实验室等研究基地的集聚作用，稳定支持一批优秀创新团队持续从事基础科学研究。聚焦科学前沿，支持高水平研究型大学和科研院所选择优势基础学科建设国家青年英才培养基地，组建跨学科、综合交叉的科研团队，加强协同合作。

五、提高基础研究国际化水平

（十四）组织实施国际大科学计划和大科学工程。继续参与他国发起或多国发起的国际大科学计划和大科学工程，积极承担任务，深度参与运行管理，积累管理经验。立足我国现有基础条件，综合考虑潜在风险，编制我国牵头组织国际大科学计划和大科学工程规划，重点在我国相关优势特色领域选择具有合作潜力的若干项目进行培育，力争发起组织新的国际大科学计划和大科学工程。主动参与国际大科学计划和大科学工程相关规则的起草制定。

（十五）深化基础研究国际合作。加大国家科技计划开放力度，支持海外专家牵头或参与国家科技计划项目，吸引国际高端人才来华开展联合研究，加快提升我国基础科学研究水平和原始创新能力。落实"一带一路"科技创新行动计划，全面提升科技创新合作层次和水平，打造"一带一路"协同创新共同体。深化政府间科技合作，分类制定国别战略，建立国际创新合作平台，联合开展科学前沿问题研究。

六、优化基础研究发展机制和环境

（十六）加强基础研究顶层设计和统筹协调。加强统筹规划，集中资源要素，瞄准世界科技发展前沿，突出原始创新。在国家科技计划（专项、基金等）管理部际联席会议机制下，成立基础研究战略咨询委员会，研判基础研究发展趋势，开展基础研究战略咨询，提出我国基础研究重大需求和工作部署建议。强化中央和地方、中央部门间协调，推进军民基础研究融合发展。结合国际一流科研机构、世界一流大学和一流学科建设，推进基础研究科教融合。

（十七）建立基础研究多元化投入机制。加大中央财政对基础研究的支持力度，完善对高校、科研院所、科学家的长期稳定支持机制。采取政府引导、税收杠杆等方式，落实研发费用加计扣除等政策，探索共建新型研发机构、联合资助、慈善捐赠等措施，激励企业和社会力量加大基础研究投入。探索实施中央和地方共同出资、共同组织国家重大基础研究任务的新机制。地方政府要结合本地区经济社会发展需要，加大对基础研究的支持力度。

（十八）进一步深化科研项目和经费管理改革。完善符合基础研究规律的项目组织、申报、评审与决策机制，遴选基础研究项目时更多注重对研究方向、人才团队及其创新能力的考察。简化基础研究项目任务书和预算书，落实法人单位和科研人员的经费使用自主权，使科研人员有充足时间心无旁骛地开展科学研究，让经费为人的创造性活动服务。探索直接委托国家科技创新基地承担国家科研任务的机制。

（十九）推动基础研究与应用研究融通。在重视原创性、颠覆性发明创造的基础上，大力推进智能制造、信息技术、现代农业、资源环境等重点领域应用技术创新，通过应用研究衔接原始创新与产业化。创新体制机制，推动基础研究、应用研究与产业化对接融通，促进科研院所、高校、企业、创客等各类创新主体协作融通，把国家重大科技项目等打造成为融通创新的重要载体。充分发挥企业特别是转制科研院所在产学研深度融合中的作用，推动基础研究和应用研究工程化，吸引国内外资金、技术，提升产业竞争力。适应互联网时代创新活动开源开放的新趋势，创新基础研究组织形式，探索开展基础研究众包众筹，举办多种形式的创新挑战赛，加强知识产权保护，建立集群思、汇众智、解难题的众创空间。

（二十）促进科技资源开放共享。加强国家科技资源共享服务平台建设和科学数据管理，统筹国家科技创新基地规划布局，推进国家科学数据中心、国家种质资源库、人类遗传资源和实验材料库（馆）建设，促进国防科技资源开放共享。面向重要基础科学问题和重大战略需求，加强基础性、公益性的自然本底数据、种质、标本等科技基础条件资源收集。完善国家科技报告制度，推动更多国家重大科技基础设施、科学数据和仪器设备向各类创新主体开放。强化新购大型科研仪器查重评议，建立健全科研设施与仪器开放共享管理机制和后补助机制。发挥创新券在促进科研设施与仪器开放共享方面的作用，强化法人单位开放共享的主体责任和义务。

（二十一）建立完善符合基础研究特点和规律的评价机制。开展基础研究差别化评价试点，针对不同高校、科研院所实行分类评价，制定相应标准和程序，完善以创新质量和学术贡献为核心的评价机制。自由探索类基础研究主要评价研究的原创性和学术贡献，探索长周期评价和国际同行评价；目标导向类基础研究主要评价解决重大科学问题的效能，加强过程评估，建立长效监管机制，提高创新效率。支持高校与科研院所自主布局基础研究，扩大高校与科研院所学术自主权和个人科研选题选择权。健全完善科技奖励等激励机制，提升科研人员荣誉感；建立鼓励创新、宽容失败的容错机制，鼓励科研人员大胆探索、挑战未知。

（二十二）加强科研诚信建设。坚持科学监督与诚信教育相结合，教育引导科研人员坚守学术诚信、恪守学术道德、完善学术人格、维护学术尊严。指导高校、科研院所等建立完善学术管理制度，对科研人员学术成长轨迹和学术水平进行跟踪评价，对重要学术成果发表加强审核和学术把关。抓紧制定对科研不端行为“零容忍”、树立正确科研评价导向的规定，加大对科研造假行为的打击力度，夯实我国科研诚信基础。

（二十三）推动科学普及，弘扬科学精神和创新文化。充分发挥基础研究对传播科学思想、弘扬科学精神和创新文化的重要作用，鼓励科学家面向社会公众普及科学知识。推动国家重点实验室等创新基地面向社会开展多种形式的科普活动。

中共中央、国务院关于全面深化新时代教师队伍建设改革的意见

（2018年1月20日）

百年大计，教育为本；教育大计，教师为本。为深入贯彻落实党的十九大精神，造就党和人民满意的高素质专业化创新型教师队伍，落实立德树人根本任务，培养德智体美全面发展的社会主义建设者和接班人，全面提升国民素质和人力资源质量，加快教育现代化，建设教育强国，办好人民满意的教育，为决胜全面建成小康社会、夺取新时代中国特色社会主义伟大胜利、实现中华民族伟大复兴的中国梦奠定坚实基础，现就全面深化新时代教师队伍建设改革提出如下意见。

一、坚持兴国必先强师，深刻认识教师队伍建设的重要意义和总体要求

1. 战略意义。教师承担着传播知识、传播思想、传播真理的历史使命，肩负着塑造灵魂、塑造生命、塑造人的时代重任，是教育发展的第一资源，是国家富强、民族振兴、人民幸福的重要基石。党和国家历来高度重视教师工作。党的十八大以来，以习近平同志为核心的党中央将教师队伍建设摆在突出位置，作出一系列重大决策部署，各地区各部门和各级各类学校采取有力措施认真贯彻落实，教师队伍建设取得显著成就。广大教师牢记使命、不忘初衷，爱岗敬业、教书育人，改革创新、服务社会，作出了重要贡献。

当今世界正处在大发展大变革大调整之中，新一轮科技和工业革命正在孕育，新的增长动能不断积聚。中国特色社会主义进入了新时代，开启了全面建设社会主义现代化国家的新征程。我国社会主要矛盾已经转化为人民日益增长的美好生活需要和不平衡不充分的发展之间的矛盾，人民对公平而有质量的教育的向往更加迫切。面对新方位、新征程、新使命，教师队伍建设还不能完全适应。有的地方对教育和教师工作重视不够，在教育事业发展中重硬件轻软件、重外延轻内涵的现象还比较突出，对教师队伍建设的支持力度亟须加大；师范教育体系有所削弱，对师范院校支持不够；有的教师素质能力难以适应新时代人才培养需要，思想政治素质和师德水平需要提升，专业化水平需要提高；教师特别是中小学教师职业吸引力不足，地位待遇有待提高；教师城乡结构、学科结构分布不尽合理，准入、招聘、交流、退出等机制还不够完善，管理体制机制亟须理顺。时代越是向前，知识和人才的重要性就愈发突出，教育和教师的地位和作用就愈发凸显。各级党委和政府要从战略和全局高度充分

认识教师工作的极端重要性,把全面加强教师队伍建设作为一项重大政治任务和根本性民生工程切实抓紧抓好。

2. 指导思想。全面贯彻落实党的十九大精神,以习近平新时代中国特色社会主义思想为指导,紧紧围绕统筹推进“五位一体”总体布局和协调推进“四个全面”战略布局,坚持和加强党的全面领导,坚持以人民为中心的发展思想,坚持全面深化改革,牢固树立新发展理念,全面贯彻党的教育方针,坚持社会主义办学方向,落实立德树人根本任务,遵循教育规律和教师成长发展规律,加强师德师风建设,培养高素质教师队伍,倡导全社会尊师重教,形成优秀人才争相从教、教师人人尽展其才、好教师不断涌现的良好局面。

3. 基本原则

——确保方向。坚持党管干部、党管人才,坚持依法治教、依法执教,坚持严格管理监督与激励关怀相结合,充分发挥党委(党组)的领导和把关作用,确保党牢牢掌握教师队伍建设的领导权,保证教师队伍建设正确的政治方向。

——强化保障。坚持教育优先发展战略,把教师工作置于教育事业发展的重点支持战略领域,优先谋划教师工作,优先保障教师工作投入,优先满足教师队伍建设需要。

——突出师德。把提高教师思想政治素质和职业道德水平摆在首要位置,把社会主义核心价值观贯穿教书育人全过程,突出全员全方位全过程师德养成,推动教师成为先进思想文化的传播者、党执政的坚定支持者、学生健康成长的指导者。

——深化改革。抓住关键环节,优化顶层设计,推动实践探索,破解发展瓶颈,把管理体制改革与机制创新作为突破口,把提高教师地位待遇作为真招实招,增强教师职业吸引力。

——分类施策。立足我国国情,借鉴国际经验,根据各级各类教师的不同特点和发展实际,考虑区域、城乡、校际差异,采取有针对性的政策举措,定向发力,重视专业发展,培养一批教师;加大资源供给,补充一批教师;创新体制机制,激活一批教师;优化队伍结构,调配一批教师。

4. 目标任务。经过5年左右努力,教师培养培训体系基本健全,职业发展通道比较畅通,事权人权财权相统一的教师管理体制普遍建立,待遇提升保障机制更加完善,教师职业吸引力明显增强。教师队伍规模、结构、素质能力基本满足各级各类教育发展需要。

到2035年,教师综合素质、专业化水平和创新能力大幅提升,培养造就数以百万计的骨干教师、数以十万计的卓越教师、数以万计的教育家型教师。教师管理体制机制科学高效,实现教师队伍治理体系和治理能力现代化。教师主动适应信息化、人工智能等新技术变革,积极有效开展教育教学。尊师重教蔚然成风，广大教师在岗位上有幸福感、事业上有成就感、社会上有荣誉感，教师成为让人羡慕的职业。

二、着力提升思想政治素质，全面加强师德师风建设

5. *加强教师党支部和党员队伍建设*。将全面从严治党要求落实到每个教师党支部和教师党员，把党的政治建设摆在首位，用习近平新时代中国特色社会主义思想武装头脑，充分发挥教师党支部教育管理监督党员和宣传引导凝聚师生的战斗堡垒作用，充分发挥党员教师的先锋模范作用。选优配强教师党支部书记，注重选拔党性强、业务精、有威信、肯奉献的优秀党员教师担任教师党支部书记，实施教师党支部书记“双带头人”培育工程，定期开展教师党支部书记轮训。坚持党的组织生活各项制度，创新方式方法，增强党的组织生活活力。健全主题党日活动制度，加强党员教师日常管理监督。推进“两学一做”学习教育常态化制度化，开展“不忘初心、牢记使命”主题教育，引导党员教师增强政治意识、大局意识、核心意识、看齐意识，自觉爱党护党为党，敬业修德，奉献社会，争做“四有”好教师的示范标杆。重视做好在优秀青年教师、海外留学归国教师中发展党员工作。健全把骨干教师培养成党员，把党员教师培养成教学、科研、管理骨干的“双培养”机制。

配齐建强高等学校思想政治工作队伍和党务工作队伍，完善选拔、培养、激励机制，形成一支专职为主、专兼结合、数量充足、素质优良的工作力量。把从事学生思想政治教育计入高等学校思想政治工作兼职教师的工作量，作为职称评审的重要依据，进一步增强开展思想政治工作的积极性和主动性。

6. *提高思想政治素质*。加强理想信念教育，深入学习领会习近平新时代中国特色社会主义思想，引导教师树立正确的历史观、民族观、国家观、文化观，坚定中国特色社会主义道路自信、理论自信、制度自信、文化自信。引导教师准确理解和把握社会主义核心价值观的深刻内涵，增强价值判断、选择、塑造能力，带头践行社会主义核心价值观。引导广大教师充分认识中国教育辉煌成就，扎根中国大地，办好中国教育。

加强中华优秀传统文化和革命文化、社会主义先进文化教育，弘扬爱国主义精神，引导广大教师热爱祖国、奉献祖国。创新教师思想政治工作方式方法，开辟思想政治教育新阵地，利用思想政治教育新载体，强化教师社会实践参与，推动教师充分了解党情、国情、社情、民情，增强思想政治工作的针对性和实效性。要着眼青年教师群体特点，有针对性地加强思想政治教育。落实党的知识分子政策，政治上充分信任，思想上主动引导，工作上创造条件，生活上关心照顾，使思想政治工作接地气、入人心。

7. *弘扬高尚师德*。健全师德建设长效机制，推动师德建设常态化长效化，创新师德教育，完善师德规范，引导广大教师以德立身、以德立学、以德施教、以德育德，坚持教书与育人相统一、言传与身教相统一、潜心问道与关注社会相统一、学术自由与学术规范相统一，争做“四有”好教师，全心全意做学生锤炼品格、学习知识、创新思维、奉献祖国的引路人。

实施师德师风建设工程。开展教师宣传国家重大题材作品立项，推出一批让人喜闻乐见、能够产生广泛影响、展现教师时代风貌的影视作品和文学作品，发掘师德典型、讲好师德故事，加强引领，注重感召，弘扬楷模，形成强大正能量。注重加强对教师思想政治素质、师德师风等的监察监督，强化师德考评，体现奖优罚劣，推行师德考核负面清单制度，建立教师个人信用记录，完善诚信承诺和失信惩戒机制，着力解决师德失范、学术不端等问题。

三、大力振兴教师教育，不断提升教师专业素质能力

8.加大对师范院校支持力度。实施教师教育振兴行动计划，建立以师范院校为主体、高水平非师范院校参与的中国特色师范教育体系，推进地方政府、高等学校、中小学“三位一体”协同育人。研究制定师范院校建设标准和师范类专业办学标准，重点建设一批师范教育基地，整体提升师范院校和师范专业办学水平。鼓励各地结合实际，适时提高师范专业生均拨款标准，提升师范教育保障水平。切实提高生源质量，对符合相关政策规定的，采取到岗退费或公费培养、定向培养等方式，吸引优秀青年踊跃报考师范院校和师范专业。完善教育部直属师范大学师范生公费教育政策，履约任教服务期调整为6年。改革招生制度，鼓励部分办学条件好、教学质量高院校的师范专业实行提前批次录取或采取入校后二次选拔方式，选拔有志于从教的优秀学生进入师范专业。加强教师教育学科建设。教育硕士、教育博士授予单位及授权点向师范院校倾斜。强化教师教育师资队伍建设，在专业发展、职称晋升和岗位聘用等方面予以倾斜支持。师范院校评估要体现师范教育特色，确保师范院校坚持以师范教育为主业，严控师范院校更名为非师范院校。开展师范类专业认证，确保教师培养质量。

9.支持高水平综合大学开展教师教育。创造条件，推动一批有基础的高水平综合大学成立教师教育学院，设立师范专业，积极参与基础教育、职业教育教师培养培训工作。整合优势学科的学术力量，凝聚高水平的教学团队。发挥专业优势，开设厚基础、宽口径、多样化的教师教育课程。创新教师培养形态，突出教师教育特色，重点培养教育硕士，适度培养教育博士，造就学科知识扎实、专业能力突出、教育情怀深厚的高素质复合型教师。

10.全面提高中小学教师质量，建设一支高素质专业化的教师队伍。提高教师培养层次，提升教师培养质量。推进教师培养供给侧结构性改革，为义务教育学校侧重培养素质全面、业务见长的本科层次教师，为高中阶段教育学校侧重培养专业突出、底蕴深厚的研究生层次教师。大力推动研究生层次教师培养，增加教育硕士招生计划，向中西部地区和农村地区倾斜。根据基础教育改革发展需要，以实践为导向优化教师教育课程体系，强化“钢笔字、毛笔字、粉笔字和普通话”等教学基本功和教学技能训练，师范生教育实践不少于半年。加强紧缺薄弱学科教师、特殊教育教师和民族地区双语教师培养。开展中小学教师全员培训，促进教师终身学习和专业发展。转变培训方式，推动信息技术与教师培训的有机融合，实行线上线下相结合的混合式研修。改进培训内容，紧密结合教育教学一线实际，组织高质量培训，使教师静心钻研教学，切实提升教学水平。推行培训自主选学，实行培训学分管理，建立培训学分银行，搭建教师培训与学历教育衔接的“立交桥”。建立健全地方教师发展机构和专业培训者队伍，依托现有资源，结合各地实际，逐步推进县级教师发展机构建设与改革，实现培训、教研、电教、科研部门有机整合。继续实施教师国培计划。鼓励教师海外研修访学。

加强中小学校长队伍建设，努力造就一支政治过硬、品德高尚、业务精湛、治校有方的校长队伍。面向全体中小学校长，加大培训力度，提升校长办学治校能力，打造高品质学校。实施校长国培计划，重点开展乡村中小学骨干校长培训和名校长研修。支持教师和校长大胆探索，创新教育思想、教育模式、教育方法，形成教学特色和办学风格，营造教育家脱颖而出的制度环境。

11. 全面提高幼儿园教师质量，建设一支高素质善保教的教师队伍。办好一批幼儿师范专科学校和若干所幼儿师范学院，支持师范院校设立学前教育专业，培养热爱学前教育事业，幼儿为本、才艺兼备、擅长保教的高水平幼儿园教师。创新幼儿园教师培养模式，前移培养起点，大力培养初中毕业起点的五年制专科层次幼儿园教师。优化幼儿园教师培养课程体系，突出保教融合，科学开设儿童发展、保育活动、教育活动类课程，强化实践性课程，培养学前教育师范生综合能力。

建立幼儿园教师全员培训制度，切实提升幼儿园教师科学保教能力。加大幼儿园园长、乡村幼儿园教师、普惠性民办幼儿园教师的培训力度。创新幼儿园教师培训模式，依托高等学校和优质幼儿园，重点采取集中培训与跟岗实践相结合的方式培训幼儿园教师。鼓励师范院校与幼儿园协同建立幼儿园教师培养培训基地。

12. 全面提高职业院校教师质量，建设一支高素质双师型的教师队伍。继续实施职业院校教师素质提高计划，引领带动各地建立一支技艺精湛、专兼结合的双师型教师队伍。加强职业技术师范院校建设，支持高水平学校和大中型企业共建双师型教师培养培训基地，建立高等学校、行业企业联合培养双师型教师的机制。切实推进职业院校教师定期到企业实践，不断提升实践教学能力。建立企业经营管理者、技术能手与职业院校管理者、骨干教师相互兼职制度。

13. 全面提高高等学校教师质量，建设一支高素质创新型的教师队伍。着力提高教师专业能力，推进高等教育内涵式发展。搭建校级教师发展平台，组织研修活动，开展教学研究与指导，推进教学改革与创新。加强院系教研室等学习共同体建设，建立完善传帮带机制。全面开展高等学校教师教学能力提升培训，重点面向新入职教师和青年教师，为高等学校培养人才培育生力军。重视各级各类学校辅导员专业发展。结合"一带一路"建设和人文交流机制，有序推动国内外教师双向交流。支持孔子学院教师、援外教师成长发展。

服务创新型国家和人才强国建设、世界一流大学和一流学科建设，实施好千人计划、万人计划、长江学者奖励计划等重大人才项目，着力打造创新团队，培养引进一批具有国际影响力的学科领军人才和青年学术英才。加强高端智库建设，依托人文社会科学重点研究基地等，汇聚培养一大批哲学社会科学名家名师。高等学校高层次人才遴选和培育中要突出教书育人，让科学家同时成为教育家。

四、深化教师管理综合改革，切实理顺体制机制

14. 创新和规范中小学教师编制配备。适应加快推进教育现代化的紧迫需求和城乡教育一体化发展改革的新形势，充分考虑新型城镇化、全面二孩政策及高考改革等带来的新情况，根据教育发展需要，在现有编制总量内，统筹考虑、合理核定教职工编制，盘活事业编制存量，优化编制结构，向教师队伍倾斜，采取多种形式增加教师总量，优先保障教育发展需要。落实城乡统一的中小学教职工编制标准，有条件的地方出台公办幼儿园人员配备规范、特殊教育学校教职工编制标准。创新编制管理，加大教职工编制统筹配置和跨区域调整力度，省级统筹、市域调剂、以县为主，动态调配。编制向乡村小规模学校倾斜，按照班师比与生师比相结合的方式核定。加强和规范中小学教职工编制管理，严禁挤占、挪用、截留编制和有编不补。实行教师编制配备和购买工勤服务相结合，满足教育快速发展需求。

15. 优化义务教育教师资源配置。实行义务教育教师"县管校聘"。深入推进县域内义务教育学校教师、校长交流轮岗，实行教师聘期制、校长任期制管理，推动城镇优秀教师、校长向乡村学校、薄弱学校流动。实行学区（乡镇）内走教制度，地方政府可根据实际给予相应补贴。

逐步扩大农村教师特岗计划实施规模，适时提高特岗教师工资性补助标准。鼓励优秀特岗教师攻读教育硕士。鼓励地方政府和相关院校因地制宜采取定向招生、定向培养、定期服务等方式，为乡村学校及教学点培养"一专多能"教师，优先满足老少边穷地区教师补充需要。实施银龄讲学计划，鼓励支持乐于奉献、身体健康的退休优秀教师到乡村和基层学校支教讲学。

16. 完善中小学教师准入和招聘制度。完善教师资格考试政策,逐步将修习教师教育课程、参加教育教学实践作为认定教育教学能力、取得教师资格的必备条件。新入职教师必须取得教师资格。严格教师准入,提高入职标准,重视思想政治素质和业务能力,根据教育行业特点,分区域规划,分类别指导,结合实际,逐步将幼儿园教师学历提升至专科,小学教师学历提升至师范专业专科和非师范专业本科,初中教师学历提升至本科,有条件的地方将普通高中教师学历提升至研究生。建立符合教育行业特点的中小学、幼儿园教师招聘办法,遴选乐教适教善教的优秀人才进入教师队伍。按照中小学校领导人员管理暂行办法,明确任职条件和资格,规范选拔任用工作,激发办学治校活力。

17. 深化中小学教师职称和考核评价制度改革。适当提高中小学中级、高级教师岗位比例,畅通教师职业发展通道。完善符合中小学特点的岗位管理制度,实现职称与教师聘用衔接。将中小学教师到乡村学校、薄弱学校任教 1 年以上的经历作为申报高级教师职称和特级教师的必要条件。推行中小学校长职级制改革,拓展职业发展空间,促进校长队伍专业化建设。

进一步完善职称评价标准,建立符合中小学教师岗位特点的考核评价指标体系,坚持德才兼备、全面考核,突出教育教学实绩,引导教师潜心教书育人。加强聘后管理,激发教师的工作活力。完善相关政策,防止形式主义的考核检查干扰正常教学。不简单用升学率、学生考试成绩等评价教师。实行定期注册制度,建立完善教师退出机制,提升教师队伍整体活力。加强中小学校长考核评价,督促提高素质能力,完善优胜劣汰机制。

18. 健全职业院校教师管理制度。根据职业教育特点,有条件的地方研究制定中等职业学校人员配备规范。完善职业院校教师资格标准,探索将行业企业从业经历作为认定教育教学能力、取得专业课教师资格的必要条件。落实职业院校用人自主权,完善教师招聘办法。推动固定岗和流动岗相结合的职业院校教师人事管理制度改革。支持职业院校专设流动岗位,适应产业发展和参与全球产业竞争需求,大力引进行业企业一流人才,吸引具有创新实践经验的企业家、高科技人才、高技能人才等兼职任教。完善职业院校教师考核评价制度,双师型教师考核评价要充分体现技能水平和专业教学能力。

19. 深化高等学校教师人事制度改革。积极探索实行高等学校人员总量管理。严把高等学校教师选聘入口关,实行思想政治素质和业务能力双重考察。严格教师职业准入,将新入职教师岗前培训和教育实习作为认定教育教学能力、取得高等学校教师资格的必备条件。适应人才培养结构调整需要,优化高等学校教师结构,鼓励高等学校加大聘用具有其他学校学习工作和行业企业工作经历教师的力度。配合外国人永久居留制度改革,健全外籍教师资格认证、服务管理等制度。帮助高等学校青年教师解决住房等困难。

推动高等学校教师职称制度改革，将评审权直接下放至高等学校，由高等学校自主组织职称评审、自主评价、按岗聘任。条件不具备、尚不能独立组织评审的高等学校，可采取联合评审的方式。推行高等学校教师职务聘任制改革，加强聘期考核，准聘与长聘相结合，做到能上能下、能进能出。教育、人力资源社会保障等部门要加强职称评聘事中事后监管。深入推进高等学校教师考核评价制度改革，突出教育教学业绩和师德考核，将教授为本科生上课作为基本制度。坚持正确导向，规范高层次人才合理有序流动。

五、不断提高地位待遇，真正让教师成为令人羡慕的职业

20. 明确教师的特别重要地位。突显教师职业的公共属性，强化教师承担的国家使命和公共教育服务的职责，确立公办中小学教师作为国家公职人员特殊的法律地位，明确中小学教师的权利和义务，强化保障和管理。各级党委和政府要切实负起中小学教师保障责任，提升教师的政治地位、社会地位、职业地位，吸引和稳定优秀人才从教。公办中小学教师要切实履行作为国家公职人员的义务，强化国家责任、政治责任、社会责任和教育责任。

21. 完善中小学教师待遇保障机制。健全中小学教师工资长效联动机制，核定绩效工资总量时统筹考虑当地公务员实际收入水平，确保中小学教师平均工资收入水平不低于或高于当地公务员平均工资收入水平。完善教师收入分配激励机制，有效体现教师工作量和工作绩效，绩效工资分配向班主任和特殊教育教师倾斜。实行中小学校长职级制的地区，根据实际实施相应的校长收入分配办法。

22. 大力提升乡村教师待遇。深入实施乡村教师支持计划，关心乡村教师生活。认真落实艰苦边远地区津贴等政策，全面落实集中连片特困地区乡村教师生活补助政策，依据学校艰苦边远程度实行差别化补助，鼓励有条件的地方提高补助标准，努力惠及更多乡村教师。加强乡村教师周转宿舍建设，按规定将符合条件的教师纳入当地住房保障范围，让乡村教师住有所居。拿出务实举措，帮助乡村青年教师解决困难，关心乡村青年教师工作生活，巩固乡村青年教师队伍。在培训、职称评聘、表彰奖励等方面向乡村青年教师倾斜，优化乡村青年教师发展环境，加快乡村青年教师成长步伐。为乡村教师配备相应设施，丰富精神文化生活。

23. 维护民办学校教师权益。完善学校、个人、政府合理分担的民办学校教师社会保障机制，民办学校应与教师依法签订合同，按时足额支付工资，保障其福利待遇和其他合法权益，并为教师足额缴纳社会保险费和住房公积金。依法保障和落实民办学校教师在业务培训、职务聘任、教龄和工龄计算、表彰奖励、科研立项等方面享有与公办学校教师同等权利。

24. 推进高等学校教师薪酬制度改革。建立体现以增加知识价值为导向的收入分配机制，扩大高等学校收入分配自主权，高等学校在核定的绩效工资总量内自主确定收入分配办法。高等学校教师依法取得的科技成果转化奖励收入，不纳入本单位工资总额基数。完善适应高等学校教学岗位特点的内部激励机制，对专职从事教学的人员，适当提高基础性绩效工资在绩效工资中的比重，加大对教学型名师的岗位激励力度。

25. 提升教师社会地位。加大教师表彰力度。大力宣传教师中的"时代楷模"和"最美教师"。开展国家级教学名师、国家级教学成果奖评选表彰，重点奖励贡献突出的教学一线教师。做好特级教师评选，发挥引领作用。做好乡村学校从教30年教师荣誉证书颁发工作。各地要按照国家有关规定，因地制宜开展多种形式的教师表彰奖励活动，并落实相关优待政策。鼓励社会团体、企事业单位、民间组织对教师出资奖励，开展尊师活动，营造尊师重教良好社会风尚。

建设现代学校制度，体现以人为本，突出教师主体地位，落实教师知情权、参与权、表达权、监督权。建立健全教职工代表大会制度，保障教师参与学校决策的民主权利。推行中国特色大学章程，坚持和完善党委领导下的校长负责制，充分发挥教师在高等学校办学治校中的作用。维护教师职业尊严和合法权益，关心教师身心健康，克服职业倦怠，激发工作热情。

六、切实加强党的领导，全力确保政策举措落地见效

26. 强化组织保障。各级党委和政府要满腔热情关心教师，充分信任、紧紧依靠广大教师。要切实加强领导，实行一把手负责制，紧扣广大教师最关心、最直接、最现实的重大问题，找准教师队伍建设的突破口和着力点，坚持发展抓公平、改革抓机制、整体抓质量、安全抓责任、保证抓党建，把教师工作记在心里、扛在肩上、抓在手中，摆上重要议事日程，细化分工，确定路线图、任务书、时间表和责任人。主要负责同志和相关责任人要切实做到实事求是、求真务实，善始善终、善作善成，把准方向、敢于担当，亲力亲为、抓实工作。

各省、自治区、直辖市党委常委会每年至少研究一次教师队伍建设工作。建立教师工作联席会议制度，解决教师队伍建设重大问题。相关部门要制定切实提高教师待遇的具体措施。研究修订教师法。统筹现有资源，壮大全国教师工作力量，培育一批专业机构，专门研究教师队伍建设重大问题，为重大决策提供支撑。

27. 强化经费保障。各级政府要将教师队伍建设作为教育投入重点予以优先保障，完善支出保障机制，确保党和国家关于教师队伍建设重大决策部署落实到位。优化经费投入结构，优先支持教师队伍建设最薄弱、最紧迫的领域，重点用于按规定提高教师待遇保障、提升教师专业素质能力。加大师范教育投入力度。健全以政府投入为主、多渠道筹集教育经费的体制，充分调动社会力量投入教师队伍建设的积极性。制定严格的经费监管制度,规范经费使用,确保资金使用效益。

各级党委和政府要将教师队伍建设列入督查督导工作重点内容,并将结果作为党政领导班子和有关领导干部综合考核评价、奖惩任免的重要参考,确保各项政策措施全面落实到位,真正取得实效。

国务院部门规章

野生动物收容救护管理办法

（2017年12月1日国家林业局令第47号公布　自2018年1月1日起施行　国法备字[2018000068]）

第一条　为了规范野生动物收容救护行为，依据《中华人民共和国野生动物保护法》等有关法律法规，制定本办法。

第二条　从事野生动物收容救护活动的，应当遵守本办法。

本办法所称野生动物，是指依法受保护的陆生野生动物。

第三条　野生动物收容救护应当遵循及时、就地、就近、科学的原则。

禁止以收容救护为名买卖野生动物及其制品。

第四条　国家林业局负责组织、指导、监督全国野生动物收容救护工作。县级以上地方人民政府林业主管部门负责本行政区域内野生动物收容救护的组织实施、监督和管理工作。

县级以上地方人民政府林业主管部门应当按照有关规定明确野生动物收容救护机构，保障人员和经费，加强收容救护工作。

县级以上地方人民政府林业主管部门依照本办法开展收容救护工作，需要跨行政区域的或者需要其他行政区域予以协助的，双方林业主管部门应当充分协商、积极配合。必要时，可以由共同的上级林业主管部门统一协调。

第五条　野生动物收容救护机构应当按照同级人民政府林业主管部门的要求和野生动物收容救护的实际需要，建立收容救护场所，配备相应的专业技术人员、救护工具、设备和药品等。

县级以上地方人民政府林业主管部门及其野生动物收容救护机构可以根据需要，组织从事野生动物科学研究、人工繁育等活动的组织和个人参与野生动物收容救护工作。

第六条　县级以上地方人民政府林业主管部门应当公布野生动物收容救护机构的名称、地址和联系方式等相关信息。

任何组织和个人发现因受伤、受困等野生动物需要收容救护的，应当及时报告当地林业主管部门及其野生动物收容救护机构。

第七条 有下列情况之一的，野生动物收容救护机构应当进行收容救护：

（一）执法机关、其他组织和个人移送的野生动物；

（二）野外发现的受伤、病弱、饥饿、受困等需要救护的野生动物，经简单治疗后还无法回归野外环境的；

（三）野外发现的可能危害当地生态系统的外来野生动物；

（四）其他需要收容救护的野生动物。

国家或者地方重点保护野生动物受到自然灾害、重大环境污染事故等突发事件威胁时，野生动物收容救护机构应当按照当地人民政府的要求及时采取应急救助措施。

第八条 野生动物收容救护机构接收野生动物时，应当进行登记，记明移送人姓名、地址、联系方式、野生动物种类、数量、接收时间等事项，并向移送人出具接收凭证。

第九条 野生动物收容救护机构对收容救护的野生动物，应当按照有关技术规范进行隔离检查、检疫，对受伤或者患病的野生动物进行治疗。

第十条 野生动物收容救护机构应当按照以下规定处理收容救护的野生动物：

（一）对体况良好、无需再采取治疗措施或者经治疗后体况恢复、具备野外生存能力的野生动物，应当按照有关规定，选择适合该野生动物生存的野外环境放至野外；

（二）对收容救护后死亡的野生动物，应当进行检疫；检疫不合格的，应当采取无害化处理措施；检疫合格且按照规定需要保存的，应当采取妥当措施予以保存；

（三）对经救护治疗但仍不适宜放至野外的野生动物和死亡后经检疫合格、确有利用价值的野生动物及其制品，属于国家重点保护野生动物及其制品的，依照《中华人民共和国野生动物保护法》的规定由具有相应批准权限的省级以上人民政府林业主管部门统一调配；其他野生动物及其制品，由县级以上地方人民政府林业主管部门依照有关规定调配处理。

处理执法机关查扣后移交的野生动物，事先应当征求原执法机关的意见，还应当遵守罚没物品处理的有关规定。

第十一条 野生动物收容救护机构应当建立野生动物收容救护档案，记录收容救护的野生动物种类、数量、措施、状况等信息。

野生动物收容救护机构应当将处理收容救护野生动物的全过程予以记录，制作书面记录材料；必要时，还应当制作全过程音视频记录。

第十二条 野生动物收容救护机构应当将收容救护野生动物的有关情况，按照年度向同级人民政府林业主管部门报告。

县级以上地方人民政府林业主管部门应当将本行政区域内收容救护野生动物总体情况，按照年度向上级林业主管部门报告。

第十三条 从事野生动物收容救护活动成绩显著的组织和个人，按照《中华人民共和国野生动物保护法》有关规定予以奖励。

参与野生动物收容救护的组织和个人按照林业主管部门及其野生动物收容救护机构的规定开展野生动物收容救护工作，县级以上人民政府林业主管部门可以根据有关规定予以适当补助。

第十四条 县级以上人民政府林业主管部门应当加强对本行政区域内收容救护野生动物活动进行监督检查。

第十五条 野生动物收容救护机构或者其他组织和个人以收容救护野生动物为名买卖野生动物及其制品的，按照《中华人民共和国野生动物保护法》规定予以处理。

第十六条 本办法自2018年1月1日起施行。

国家林业局关于修改《湿地保护管理规定》的决定

（2017年12月5日国家林业局令第48号公布　自2018年1月1日起施行　国法备字[2018000069]）

国家林业局决定对《湿地保护管理规定》作如下修改：

一、将第一条修改为："为了加强湿地保护管理，履行《关于特别是作为水禽栖息地的国际重要湿地公约》（以下简称"国际湿地公约"），根据法律法规和有关规定，制定本规定。"。

二、将第二条中"野生植物的原生地"修改为"野生植物原生地"。

三、将第三条中"保护优先、科学恢复"修改为"全面保护、科学修复"。

四、将第五条第一款中的"爱鸟周"修改为"世界野生动植物日、爱鸟周"。

五、将第六条中"县级以上地方人民政府林业主管部门应当鼓励、支持公民、法人和其他组织"修改为："县级以上人民政府林业主管部门应当鼓励和支持公民、法人以及其他组织"。

六、将第十一条修改为："县级以上人民政府林业主管部门可以采取湿地自然保护区、湿地公园、湿地保护小区等方式保护湿地，健全湿地保护管理机构和管理制度，完善湿地保护体系，加强湿地保护。”

七、将第十二条修改为：“湿地按照其生态区位、生态系统功能和生物多样性等重要程度，分为国家重要湿地、地方重要湿地和一般湿地。”

八、将第十三条修改为：“国家林业局会同国务院有关部门制定国家重要湿地认定标准和管理办法，明确相关管理规则和程序，发布国家重要湿地名录。”

九、将第十四条修改为：“省、自治区、直辖市人民政府林业主管部门应当在同级人民政府指导下，会同有关部门制定地方重要湿地和一般湿地认定标准和管理办法，发布地方重要湿地和一般湿地名录。”

十、将第十九条第一款、第二款中的“设立”修改为“建立”。

十一、将第二十一条修改为：“国家湿地公园实行晋升制。符合下列条件的，可以申请晋升为国家湿地公园：

“（一）湿地生态系统在全国或者区域范围内具有典型性，或者湿地区域生态地位重要，或者湿地主体生态功能具有典型示范性，或者湿地生物多样性丰富，或者集中分布有珍贵、濒危的野生生物物种；

“（二）具有重要或者特殊科学研究、宣传教育和文化价值；

“（三）成为省级湿地公园两年以上（含两年）；

“（四）保护管理机构和制度健全；

“（五）省级湿地公园总体规划实施良好；

“（六）土地权属清晰，相关权利主体同意作为国家湿地公园；

“（七）湿地保护、科研监测、科普宣传教育等工作取得显著成效。”

十二、删去第二十二条。

十三、将第二十三条改为第二十二条，修改为：“申请晋升为国家湿地公园的，由省、自治区、直辖市人民政府林业主管部门向国家林业局提出申请。

“国家林业局在收到申请后，组织论证审核，对符合条件的，晋升为国家湿地公园。”

十四、将第二十四条改为第二十三条，将第一款修改为：“省级以上人民政府林业主管部门应当对国家湿地公园的建设和管理进行监督检查和评估。”

将第二款中的“因管理不善”修改为“因自然因素或者管理不善”。

十五、将第二十五条改为第二十四条，将“建立”修改为“设立”。

十六、删去第二十六条。

十七、将第二十八条、第二十九条改为第二十六条、第二十七条，将“县级以上地方人民政府”修改为“县级以上人民政府”。

十八、将第三十一条改为第二十九条，修改为：“除法律法规有特别规定的以外，在湿地内禁止从事下列活动：

“（一）开（围）垦、填埋或者排干湿地；

“（二）永久性截断湿地水源；

“（三）挖沙、采矿；

“（四）倾倒有毒有害物质、废弃物、垃圾；

“（五）破坏野生动物栖息地和迁徙通道、鱼类洄游通道，滥采滥捕野生动植物；

“（六）引进外来物种；

“（七）擅自放牧、捕捞、取土、取水、排污、放生；

“（八）其他破坏湿地及其生态功能的活动。”

十九、将第三十二条改为第三十条，将第一款修改为：“建设项目应当不占或者少占湿地，经批准确需征收、占用湿地并转为其他用途的，用地单位应当按照“先补后占、占补平衡”的原则，依法办理相关手续。”

将第二款中的“进行生态修复”修改为“限期进行生态修复”。

二十、增加一条，作为第三十二条：“县级以上人民政府林业主管部门应当按照有关规定开展湿地防火工作，加强防火基础设施和队伍建设。”

二十一、删去第三十六条。

另外，条文顺序作相应的调整。

本决定自2018年1月1日起施行。

《湿地保护管理规定》根据本决定作相应修改，重新公布。

湿地保护管理规定

（2013年3月28日国家林业局令第32号公布　根据2017年12月5日国家林业局令第48号修订）

第一条　为了加强湿地保护管理，履行《关于特别是作为水禽栖息地的国际重要湿地公约》（以下简称“国际湿地公约”），根据法律法规和有关规定，制定本规定。

第二条　本规定所称湿地，是指常年或者季节性积水地带、水域和低潮时水深不超过6米的海域，包括沼泽湿地、湖泊湿地、河流湿地、滨海湿地等自然湿地,以及重点保护野生动物栖息地或者重点保护野生植物原生地等人工湿地。

第三条 国家对湿地实行全面保护、科学修复、合理利用、持续发展的方针。

第四条 国家林业局负责全国湿地保护工作的组织、协调、指导和监督,并组织、协调有关国际湿地公约的履约工作。

县级以上地方人民政府林业主管部门按照有关规定负责本行政区域内的湿地保护管理工作。

第五条 县级以上人民政府林业主管部门及有关湿地保护管理机构应当加强湿地保护宣传教育和培训,结合世界湿地日、世界野生动植物日、爱鸟周和保护野生动物宣传月等开展宣传教育活动,提高公众湿地保护意识。

县级以上人民政府林业主管部门应当组织开展湿地保护管理的科学研究,应用推广研究成果,提高湿地保护管理水平。

第六条 县级以上人民政府林业主管部门应当鼓励和支持公民、法人以及其他组织,以志愿服务、捐赠等形式参与湿地保护。

第七条 国家林业局会同国务院有关部门编制全国和区域性湿地保护规划,报国务院或者其授权的部门批准。

县级以上地方人民政府林业主管部门会同同级人民政府有关部门,按照有关规定编制本行政区域内的湿地保护规划,报同级人民政府或者其授权的部门批准。

第八条 湿地保护规划应当包括下列内容:

(一)湿地资源分布情况、类型及特点、水资源、野生生物资源状况;

(二)保护和合理利用的指导思想、原则、目标和任务;

(三)湿地生态保护重点建设项目与建设布局;

(四)投资估算和效益分析;

(五)保障措施。

第九条 经批准的湿地保护规划必须严格执行;未经原批准机关批准,不得调整或者修改。

第十条 国家林业局定期组织开展全国湿地资源调查、监测和评估,按照有关规定向社会公布相关情况。

湿地资源调查、监测、评估等技术规程,由国家林业局在征求有关部门和单位意见的基础上制定。

县级以上地方人民政府林业主管部门及有关湿地保护管理机构应当组织开展本行政区域内的湿地资源调查、监测和评估工作,按照有关规定向社会公布相关情况。

第十一条 县级以上人民政府林业主管部门可以采取湿地自然保护区、湿地公园、湿地保护小区等方式保护湿地，健全湿地保护管理机构和管理制度，完善湿地保护体系，加强湿地保护。

第十二条 湿地按照其生态区位、生态系统功能和生物多样性等重要程度，分为国家重要湿地、地方重要湿地和一般湿地。

第十三条 国家林业局会同国务院有关部门制定国家重要湿地认定标准和管理办法，明确相关管理规则和程序，发布国家重要湿地名录。

第十四条 省、自治区、直辖市人民政府林业主管部门应当在同级人民政府指导下，会同有关部门制定地方重要湿地和一般湿地认定标准和管理办法，发布地方重要湿地和一般湿地名录。

第十五条 符合国际湿地公约国际重要湿地标准的，可以申请指定为国际重要湿地。

申请指定国际重要湿地的，由国务院有关部门或者湿地所在地省、自治区、直辖市人民政府林业主管部门向国家林业局提出。国家林业局应当组织论证、审核，对符合国际重要湿地条件的，在征得湿地所在地省、自治区、直辖市人民政府和国务院有关部门同意后，报国际湿地公约秘书处核准列入《国际重要湿地名录》。

第十六条 国家林业局对国际重要湿地的保护管理工作进行指导和监督，定期对国际重要湿地的生态状况开展检查和评估，并向社会公布结果。

国际重要湿地所在地的县级以上地方人民政府林业主管部门应当会同同级人民政府有关部门对国际重要湿地保护管理状况进行检查，指导国际重要湿地保护管理机构维持国际重要湿地的生态特征。

第十七条 国际重要湿地保护管理机构应当建立湿地生态预警机制，制定实施管理计划，开展动态监测，建立数据档案。

第十八条 因气候变化、自然灾害等造成国际重要湿地生态特征退化的，省、自治区、直辖市人民政府林业主管部门应当会同同级人民政府有关部门进行调查，指导国际重要湿地保护管理机构制定实施补救方案，并向同级人民政府和国家林业局报告。

因工程建设等造成国际重要湿地生态特征退化甚至消失的，省、自治区、直辖市人民政府林业主管部门应当会同同级人民政府有关部门督促、指导项目建设单位限期恢复，并向同级人民政府和国家林业局报告；对逾期不予恢复或者确实无法恢复的，由国家林业局会商所在地省、自治区、直辖市人民政府和国务院有关部门后，按照有关规定处理。

第十九条 具备自然保护区建立条件的湿地,应当依法建立自然保护区。自然保护区的建立和管理按照自然保护区管理的有关规定执行。

第二十条 以保护湿地生态系统、合理利用湿地资源、开展湿地宣传教育和科学研究为目的,并可供开展生态旅游等活动的湿地,可以设立湿地公园。

湿地公园分为国家湿地公园和地方湿地公园。

第二十一条 国家湿地公园实行晋升制。符合下列条件的,可以申请晋升为国家湿地公园:

(一)湿地生态系统在全国或者区域范围内具有典型性,或者湿地区域生态地位重要,或者湿地主体生态功能具有典型示范性,或者湿地生物多样性丰富,或者集中分布有珍贵、濒危的野生生物物种;

(二)具有重要或者特殊科学研究、宣传教育和文化价值;

(三)成为省级湿地公园两年以上(含两年);

(四)保护管理机构和制度健全;

(五)省级湿地公园总体规划实施良好;

(六)土地权属清晰,相关权利主体同意作为国家湿地公园;

(七)湿地保护、科研监测、科普宣传教育等工作取得显著成效。

第二十二条 申请晋升为国家湿地公园的,由省、自治区、直辖市人民政府林业主管部门向国家林业局提出申请。

国家林业局在收到申请后,组织论证审核,对符合条件的,晋升为国家湿地公园。

第二十三条 省级以上人民政府林业主管部门应当对国家湿地公园的建设和管理进行监督检查和评估。

因自然因素或者管理不善导致国家湿地公园条件丧失的,或者对存在问题拒不整改或者整改不符合要求的,国家林业局应当撤销国家湿地公园的命名,并向社会公布。

第二十四条 地方湿地公园的设立和管理,按照地方有关规定办理。

第二十五条 因保护湿地给湿地所有者或者经营者合法权益造成损失的,应当按照有关规定予以补偿。

第二十六条 县级以上人民政府林业主管部门及有关湿地保护管理机构应当组织开展退化湿地修复工作,恢复湿地功能或者扩大湿地面积。

第二十七条 县级以上人民政府林业主管部门及有关湿地保护管理机构应当开展湿地动态监测,并在湿地资源调查和监测的基础上,建立和更新湿地资源档案。

第二十八条 县级以上人民政府林业主管部门应当对开展生态旅游等利

用湿地资源的活动进行指导和监督。

第二十九条 除法律法规有特别规定的以外,在湿地内禁止从事下列活动:

(一)开(围)垦、填埋或者排干湿地;

(二)永久性截断湿地水源;

(三)挖沙、采矿;

(四)倾倒有毒有害物质、废弃物、垃圾;

(五)破坏野生动物栖息地和迁徙通道、鱼类洄游通道,滥采滥捕野生动植物;

(六)引进外来物种;

(七)擅自放牧、捕捞、取土、取水、排污、放生;

(八)其他破坏湿地及其生态功能的活动。

第三十条 建设项目应当不占或者少占湿地,经批准确需征收、占用湿地并转为其他用途的,用地单位应当按照"先补后占、占补平衡"的原则,依法办理相关手续。

临时占用湿地的,期限不得超过2年;临时占用期限届满,占用单位应当对所占湿地限期进行生态修复。

第三十一条 县级以上地方人民政府林业主管部门应当会同同级人民政府有关部门,在同级人民政府的组织下建立湿地生态补水协调机制,保障湿地生态用水需求。

第三十二条 县级以上人民政府林业主管部门应当按照有关规定开展湿地防火工作,加强防火基础设施和队伍建设。

第三十三条 县级以上人民政府林业主管部门应当会同同级人民政府有关部门协调、组织、开展湿地有害生物防治工作;湿地保护管理机构应当按照有关规定承担湿地有害生物防治的具体工作。

第三十四条 县级以上人民政府林业主管部门应当会同同级人民政府有关部门开展湿地保护执法活动,对破坏湿地的违法行为依法予以处理。

第三十五条 本规定自2013年5月1日起施行。

中华人民共和国海关暂时进出境货物管理办法

（2017 年 12 月 7 日海关总署令第 233 号公布　自 2018 年 2 月 1 日起施行　国法备字[2018000345]）

第一章　总　　则

第一条　为了规范海关对暂时进出境货物的监管，根据《中华人民共和国海关法》（以下简称《海关法》）、《中华人民共和国进出口关税条例》（以下简称《关税条例》）以及有关法律、行政法规的规定，制定本办法。

第二条　海关对暂时进境、暂时出境并且在规定的期限内复运出境、复运进境货物的管理适用本办法。

第三条　本办法所称暂时进出境货物包括：

（一）在展览会、交易会、会议以及类似活动中展示或者使用的货物；

（二）文化、体育交流活动中使用的表演、比赛用品；

（三）进行新闻报道或者摄制电影、电视节目使用的仪器、设备以及用品；

（四）开展科研、教学、医疗活动使用的仪器、设备和用品；

（五）在本款第（一）项至第（四）项所列活动中使用的交通工具以及特种车辆；

（六）货样；

（七）慈善活动使用的仪器、设备以及用品；

（八）供安装、调试、检测、修理设备时使用的仪器以及工具；

（九）盛装货物的包装材料；

（十）旅游用自驾交通工具及其用品；

（十一）工程施工中使用的设备、仪器以及用品；

（十二）测试用产品、设备、车辆；

（十三）海关总署规定的其他暂时进出境货物。

使用货物暂准进口单证册（以下称“ATA 单证册”）暂时进境的货物限于我国加入的有关货物暂准进口的国际公约中规定的货物。

第四条　暂时进出境货物的税收征管依照《关税条例》的有关规定执行。

第五条　除我国缔结或者参加的国际条约、协定以及国家法律、行政法规和海关总署规章另有规定外,暂时进出境货物免予交验许可证件。

第六条 暂时进出境货物除因正常使用而产生的折旧或者损耗外,应当按照原状复运出境、复运进境。

第二章 暂时进出境货物的监管

第七条 ATA单证册持证人、非ATA单证册项下暂时进出境货物收发货人(以下简称“持证人、收发货人”)可以在申报前向主管地海关提交《暂时进出境货物确认申请书》,申请对有关货物是否属于暂时进出境货物进行审核确认,并且办理相关手续,也可以在申报环节直接向主管地海关办理暂时进出境货物的有关手续。

第八条 ATA单证册持证人应当向海关提交有效的ATA单证册以及相关商业单据或者证明材料。

第九条 ATA单证册项下暂时出境货物,由中国国际贸易促进委员会(中国国际商会)向海关总署提供总担保。

除另有规定外,非ATA单证册项下暂时进出境货物收发货人应当按照有关规定向主管地海关提供担保。

第十条 暂时进出境货物应当在进出境之日起6个月内复运出境或者复运进境。

因特殊情况需要延长期限的,持证人、收发货人应当向主管地海关办理延期手续,延期最多不超过3次,每次延长期限不超过6个月。延长期届满应当复运出境、复运进境或者办理进出口手续。

国家重点工程、国家科研项目使用的暂时进出境货物以及参加展期在24个月以上展览会的展览品,在前款所规定的延长期届满后仍需要延期的,由主管地直属海关批准。

第十一条 暂时进出境货物需要延长复运进境、复运出境期限的,持证人、收发货人应当在规定期限届满前向主管地海关办理延期手续,并且提交《货物暂时进/出境延期办理单》以及相关材料。

第十二条 暂时进出境货物可以异地复运出境、复运进境,由复运出境、复运进境地海关调取原暂时进出境货物报关单电子数据办理有关手续。

ATA单证册持证人应当持ATA单证册向复运出境、复运进境地海关办理有关手续。

第十三条 暂时进出境货物需要进出口的,暂时进出境货物收发货人应当在货物复运出境、复运进境期限届满前向主管地海关办理进出口手续。

第十四条　暂时进出境货物收发货人在货物复运出境、复运进境后,应当向主管地海关办理结案手续。

第十五条　海关通过风险管理、信用管理等方式对暂时进出境业务实施监督管理。

第十六条　暂时进出境货物因不可抗力的原因受损,无法原状复运出境、复运进境的,持证人、收发货人应当及时向主管地海关报告,可以凭有关部门出具的证明材料办理复运出境、复运进境手续;因不可抗力的原因灭失的,经主管地海关核实后可以视为该货物已经复运出境、复运进境。

暂时进出境货物因不可抗力以外其他原因受损或者灭失的,持证人、收发货人应当按照货物进出口的有关规定办理海关手续。

第三章　暂时进出境展览品的监管

第十七条　境内展览会的办展人以及出境举办或者参加展览会的办展人、参展人(以下简称"办展人、参展人")可以在展览品进境或者出境前向主管地海关报告,并且提交展览品清单和展览会证明材料,也可以在展览品进境或者出境时,向主管地海关提交上述材料,办理有关手续。

对于申请海关派员监管的境内展览会,办展人、参展人应当在展览品进境前向主管地海关提交有关材料,办理海关手续。

第十八条　展览会需要在我国境内两个或者两个以上关区内举办的,对于没有向海关提供全程担保的进境展览品应当按照规定办理转关手续。

第十九条　下列在境内展览会期间供消耗、散发的用品(以下简称"展览用品"),由海关根据展览会的性质、参展商的规模、观众人数等情况,对其数量和总值进行核定,在合理范围内的,按照有关规定免征进口关税和进口环节税:

(一)在展览活动中的小件样品,包括原装进口的或者在展览期间用进口的散装原料制成的食品或者饮料的样品;

(二)为展出的机器或者器件进行操作示范被消耗或者损坏的物料;

(三)布置、装饰临时展台消耗的低值货物;

(四)展览期间免费向观众散发的有关宣传品;

(五)供展览会使用的档案、表格以及其他文件。

前款第(一)项所列货物,应当符合以下条件:

(一)由参展人免费提供并且在展览期间专供免费分送给观众使用或者消费的;

(二)单价较低,作广告样品用的;

(三)不适用于商业用途,并且单位容量明显小于最小零售包装容量的;

(四)食品以及饮料的样品虽未按照本款第(三)项规定的包装分发,但是确实在活动中消耗掉的。

第二十条 展览用品中的酒精饮料、烟草制品以及燃料不适用有关免税的规定。

本办法第十九条第一款第(一)项所列展览用品超出限量进口的,超出部分应当依法征税;第一款第(二)项、第(三)项、第(四)项所列展览用品,未使用或者未被消耗完的,应当复运出境,不复运出境的,应当按照规定办理进口手续。

第二十一条 海关派员进驻展览场所的,经主管地海关同意,展览会办展人可以就参展的展览品免予向海关提交担保。

展览会办展人应当提供必要的办公条件,配合海关工作人员执行公务。

第二十二条 未向海关提供担保的进境展览品在非展出期间应当存放在海关监管作业场所。因特殊原因需要移出的,应当经主管地海关同意,并且提供相应担保。

第二十三条 为了举办交易会、会议或者类似活动而暂时进出境的货物,按照本办法对展览品监管的有关规定进行监管。

第四章 ATA 单证册的管理

第二十四条 中国国际贸易促进委员会(中国国际商会)是我国 ATA 单证册的出证和担保机构,负责签发出境 ATA 单证册,向海关报送所签发单证册的中文电子文本,协助海关确认 ATA 单证册的真伪,并且向海关承担 ATA 单证册持证人因违反暂时进出境规定而产生的相关税费、罚款。

第二十五条 海关总署设立 ATA 核销中心,履行以下职责:

(一)对 ATA 单证册进行核销、统计以及追索;

(二)应成员国担保人的要求,依据有关原始凭证,提供 ATA 单证册项下暂时进出境货物已经进境或者从我国复运出境的证明;

(三)对全国海关 ATA 单证册的有关核销业务进行协调和管理。

第二十六条 海关只接受用中文或者英文填写的 ATA 单证册。

第二十七条 ATA 单证册发生损坏、灭失等情况的,ATA 单证册持证人应当持原出证机构补发的 ATA 单证册到主管地海关进行确认。

补发的 ATA 单证册所填项目应当与原 ATA 单证册相同。

第二十八条 ATA 单证册项下暂时进出境货物在境内外停留期限超过 ATA 单证册有效期的,ATA 单证册持证人应当向原出证机构续签 ATA 单证册。续签的 ATA 单证册经主管地海关确认后可以替代原 ATA 单证册。

续签的 ATA 单证册只能变更单证册有效期限和单证册编号,其他项目应当与原单证册一致。续签的 ATA 单证册启用时,原 ATA 单证册失效。

第二十九条 ATA 单证册项下暂时进境货物未能按照规定复运出境或者过境的,ATA 核销中心应当向中国国际贸易促进委员会(中国国际商会)提出追索。自提出追索之日起 9 个月内,中国国际贸易促进委员会(中国国际商会)向海关提供货物已经在规定期限内复运出境或者已经办理进口手续证明的,ATA 核销中心可以撤销追索;9 个月期满后未能提供上述证明的,中国国际贸易促进委员会(中国国际商会)应当向海关支付税费和罚款。

第三十条 ATA 单证册项下暂时进境货物复运出境时,因故未经我国海关核销、签注的,ATA 核销中心凭由另一缔约国海关在 ATA 单证上签注的该批货物从该国进境或者复运进境的证明,或者我国海关认可的能够证明该批货物已经实际离开我国境内的其他文件,作为已经从我国复运出境的证明,对 ATA 单证册予以核销。

第五章 附 则

第三十一条 违反本办法,构成走私行为、违反海关监管规定行为或者其他违反海关法行为的,由海关依照《海关法》和《中华人民共和国海关行政处罚实施条例》的有关规定予以处理;构成犯罪的,依法追究刑事责任。

第三十二条 从境外暂时进境的货物转入海关特殊监管区域和保税监管场所的,不属于复运出境。

第三十三条 对用于装载海关监管货物的进出境集装箱的监管不适用本办法。

第三十四条 暂时进出境物品超出自用合理数量的,参照本办法监管。

第三十五条 本办法有关用语的含义:

展览会、交易会、会议以及类似活动是指:

(一)贸易、工业、农业、工艺展览会,以及交易会、博览会;

(二)因慈善目的而组织的展览会或者会议;

(三)为促进科技、教育、文化、体育交流,开展旅游活动或者民间友谊而组织的展览会或者会议;

(四)国际组织或者国际团体组织代表会议;

（五）政府举办的纪念性代表大会。

在商店或者其他营业场所以销售国外货物为目的而组织的非公共展览会不属于本办法所称展览会、交易会、会议以及类似活动。

展览品是指：

（一）展览会展示的货物；

（二）为了示范展览会展出机器或者器具所使用的货物；

（三）设置临时展台的建筑材料以及装饰材料；

（四）宣传展示货物的电影片、幻灯片、录像带、录音带、说明书、广告、光盘、显示器材等；

（五）其他用于展览会展示的货物。

包装材料，是指按原状用于包装、保护、装填或者分离货物的材料以及用于运输、装卸或者堆放的装置。

主管地海关，是指暂时进出境货物进出境地海关。境内展览会、交易会、会议以及类似活动的主管地海关为其活动所在地海关。

第三十六条 本办法所规定的文书由海关总署另行制定并且发布。

第三十七条 本办法由海关总署负责解释。

第三十八条 本办法自2018年2月1日起施行。2007年3月1日海关总署令第157号公布的《中华人民共和国海关暂时进出境货物管理办法》、2013年12月25日海关总署令第212号公布的《海关总署关于修改〈中华人民共和国海关暂时进出境货物管理办法〉的决定》同时废止。

进口可用作原料的固体废物检验检疫监督管理办法

（2017年12月8日国家质量监督检验检疫总局令第194号公布 自2018年2月1日起施行 国法备字[2018000092]）

第一章 总 则

第一条 为加强进口可用作原料的固体废物检验检疫监督管理，保护环境，根据《中华人民共和国进出口商品检验法》及其实施条例、《中华人民共和国国境卫生检疫法》及其实施细则、《中华人民共和国进出境动植物检疫法》及其实施条例、《中华人民共和国固体废物污染环境防治法》等有关法律法规规定，制定本办法。

第二条 本办法适用于进口可用作原料的固体废物(以下简称废物原料)的检验检疫和监督管理。

进口废物原料应当属于可用作原料的再生资源，具有可利用价值。

进口废物原料应当符合中国法律法规、国家环境保护控制标准和国家技术规范的其他强制性要求。

第三条 国家质量监督检验检疫总局(以下简称质检总局)主管全国进口废物原料的检验检疫和监督管理工作。

质检总局设在各地的出入境检验检疫部门(以下简称检验检疫部门)负责所辖区域进口废物原料的检验检疫和监督管理。

第四条 国家对进口废物原料的国外供货商(以下简称供货商)、国内收货人(以下简称收货人)实行注册登记制度。供货商、收货人在签订对外贸易合同前，应当取得注册登记。

注册登记有效期为5年。

第五条 国家对进口废物原料实行装运前检验制度。进口废物原料在装运前，应当由检验检疫部门或者承担装运前检验的检验机构(以下简称装运前检验机构)实施装运前检验并出具装运前检验证书。

质检总局不予指定检验机构从事进口废物原料装运前检验。

质检总局对装运前检验和装运前检验机构依法实施监督管理。

第六条 进口废物原料到货后，由检验检疫部门依法实施检验检疫监管。

收货人应当在进口废物原料入境口岸向检验检疫部门报检，报检时应当提供本办法第五条规定的装运前检验证书。

第七条 质检总局对进口废物原料实行检验检疫风险预警和快速反应管理。

第八条 质检总局对供货商、收货人、装运前检验机构实施诚信管理。

进口废物原料供货商、收货人、装运前检验机构应当按照中国法律法规规定从事进口废物原料生产经营及装运前检验活动，保证进口废物原料符合中国法律法规规定和相关技术要求。

第二章 供货商注册登记

第九条 质检总局负责进口废物原料供货商注册登记申请的受理、审查、批准和监督管理工作。

第十条 申请供货商注册登记应当符合下列条件：

（一）具有所在国家（地区）合法的经营资质；

（二）在其所在国家（地区）具有固定的办公场所及相应基础设施；

（三）熟悉并遵守中国出入境检验检疫、环境保护、固体废物管理的法律法规及相关标准；

（四）获得 ISO9001 质量管理体系或 RIOS 体系等认证；

（五）具有对所供废物原料进行环保质量控制的措施和能力，保证其所供废物原料符合中国出入境检验检疫、环境保护、固体废物管理的国家技术规范的强制性要求；

（六）具备放射性检测设备、设施及检测能力；

（七）近 3 年内未发生过重大的安全、卫生、环保、欺诈等问题。

第十一条 申请人应当通过进境货物检验检疫监管系统提交注册登记申请，并在网络提交注册登记申请成功后的 30 天内向质检总局提交以下书面材料：

（一）注册登记申请书；

（二）经公证的税务登记文件，有商业登记文件的还需提供经公证的商业登记文件；

（三）组织机构、部门和岗位职责的说明；

（四）标明尺寸的固定办公场所平面图，有加工场地的，还应当提供加工场地平面图，3 张以上能全面展现上述场所和场地实景的照片；

（五）ISO9001 质量管理体系或者 RIOS 体系等认证证书彩色复印件；

（六）委托代理人提出注册登记申请的，应当提交委托书原件以及委托双方身份证明复印件。

提交的文字材料，应当使用中文或者中英文对照文本。

第十二条 质检总局对申请人提出的注册登记申请，应当根据下列情况分别作出处理：

（一）申请材料不齐全或者不符合法定形式的，应当当场或者在收到申请材料后 5 日内一次告知申请人需要补正的全部内容，逾期不告知的，自收到申请材料之日起即为受理；

（二）申请材料齐全、符合法定形式，或者申请人按照质检总局的要求提交全部补正申请材料且补正材料符合法定形式的，应当予以受理；

（三）未在规定期限内补正有关申请材料的，应当终止办理注册登记，并书面告知申请人；

（四）未按照要求全部补正申请材料或者补正后申请材料仍不符合法定形式的，不予受理，并书面告知申请人。

第十三条　质检总局应当自受理注册登记申请之日起10日内组成专家评审组,实施书面评审。专家评审所需时间不计算在审查与决定期限内,但应当书面告知申请人。

评审组应当在评审工作结束后作出评审结论,向质检总局提交评审报告。

第十四条　质检总局自收到评审报告之日起10日内作出是否准予注册登记的决定。

质检总局对审查合格的,准予注册登记并颁发注册登记证书;对审查不合格的,不予注册登记,并书面说明理由,告知申请人享有依法申请行政复议或者提起行政诉讼的权利。

第十五条　供货商注册登记内容发生变化的,应当自变化之日起30天内向质检总局提出变更申请,并按照本办法第十一条规定办理。

涉及注册登记证书内容变更的,供货商申请变更时应当交回原证书。质检总局批准的变更涉及原注册登记证书内容的,应当重新颁发证书。

供货商的名称、商业登记地址、法定代表人三项中累计两项及以上发生变化的,应当重新向质检总局申请注册登记。

第十六条　供货商需要延续注册登记有效期的,应当在注册登记有效期届满90天前向质检总局提出延续申请,并按照本办法第十一条规定办理。

供货商未按规定期限提出延续申请的,质检总局可以认定为不符合注册登记延续的法定条件,不予受理该申请。注册登记有效期届满后,注册登记自动失效。

第十七条　质检总局应当根据供货商的申请,在注册登记有效期届满前作出是否准予延续注册登记的决定;逾期未作出决定的,视为准予延续。

第十八条　质检总局作出不予受理注册登记、终止办理注册登记、不予注册登记决定的,申请人可以向质检总局重新申请注册登记,并按本办法第十一条的规定办理。

第三章　收货人注册登记

第十九条　直属检验检疫局负责所辖区域收货人注册登记申请的受理、审查、批准和监督管理工作。

第二十条　申请收货人注册登记应当符合下列条件:

(一)具有合法进口经营资质的加工利用企业;

(二)具有固定的办公场所及相应基础设施,具备放射性检测设备及检测能力;

（三）熟悉并遵守中国出入境检验检疫、环境保护、固体废物管理的法律法规及相关标准；

（四）具有对废物原料进行环保质量控制及加工利用的措施和能力，并建立相应的管理制度，保证废物原料符合中国出入境检验检疫、环境保护、固体废物管理的国家技术规范的强制性要求。

第二十一条 申请人应当通过进境货物检验检疫监管系统提交注册登记申请，并在网络提交注册登记申请成功后的30天内向直属检验检疫局提交以下书面材料：

（一）注册登记申请书；

（二）营业执照及其复印件；

（三）进口经营资质证明文件及其复印件；

（四）管理制度文件；

（五）环保部门批准从事进口固体废物加工利用的书面证明文件。

第二十二条 直属检验检疫局对申请人提出的收货人注册登记申请，应当根据下列情况分别作出处理：

（一）申请材料不齐全或者不符合法定形式的，应当当场或者在5日内一次告知申请人需要补正的全部内容，逾期不告知的，自收到申请材料之日起即为受理；

（二）申请材料齐全、符合法定形式，或者申请人按照检验检疫部门的要求提交全部补正申请材料且补正材料符合法定形式的，应当予以受理；

（三）未在规定期限内补正有关申请材料的，应当终止办理注册登记，并书面告知申请人；

（四）未按照要求全部补正申请材料或者补正后申请材料仍不符合法定形式的，不予受理该申请。

第二十三条 直属检验检疫局应当自受理申请之日起10日内组成专家评审组，实施书面评审和现场核查。专家评审所需时间不计算在审查与决定期限内，但应当书面告知申请人。

评审组应当在评审工作结束后作出评审结论，向直属检验检疫局提交评审报告。

第二十四条 直属检验检疫局自收到评审报告之日起10日内作出是否准予注册登记的决定。

直属检验检疫局对审查合格的，准予注册登记并颁发注册登记证书；对审查不合格的，不予注册登记，并书面说明理由，告知申请人享有依法申请行政复议或者提起行政诉讼的权利。

第二十五条 收货人注册登记内容发生变化的,应当自变化之日起30天内向批准注册登记的直属检验检疫局提出变更申请,并按本办法第二十一条的规定办理。

涉及注册登记证书内容变更的,收货人申请变更时应当将原证书交回。直属检验检疫局批准的变更涉及原注册登记证书内容的,应当重新颁发证书。

收货人的名称、商业登记地址、法定代表人三项中累计两项及以上发生变化的,应当重新向直属检验检疫局提出注册登记申请。

第二十六条 收货人需要延续注册登记有效期的,应当在注册登记有效期届满90天前向批准注册登记的直属检验检疫局提出延续申请,并按本办法第二十一条的规定办理。

第二十七条 直属检验检疫局应当在注册登记有效期届满前,作出是否准予延续注册登记决定。

收货人未按时提交延续申请的,直属检验检疫局可以认定为不符合注册登记延续的法定条件,不予受理该申请。注册登记有效期届满后,注册登记自动失效。

第二十八条 直属检验检疫局作出不予受理注册登记、终止办理注册登记、不予注册登记决定的,申请人可以重新申请注册登记,并按本办法第二十一条的规定办理。

第四章 装运前检验

第二十九条 质检总局负责开发、维护进口废物原料装运前检验电子管理系统(以下简称装运前检验电子管理系统),实现装运前检验工作信息化管理。

第三十条 供货商应当在废物原料装运前,通过装运前检验电子管理系统申请检验检疫部门或者委托装运前检验机构实施装运前检验。

检验检疫部门、装运前检验机构应当通过进口废物原料装运前检验电子管理系统受理供货商的装运前检验申请、录入装运前检验结果、签发装运前检验证书。

第三十一条 装运前检验机构应当是在所在国家(地区)合法注册的检验机构。

装运前检验机构应当提前将下列信息向质检总局备案:

(一)经公证的所在国家(地区)合法注册的第三方检验机构资质证明;

(二)所在国家(地区)固定的办公和经营场所信息;

（三）通过ISO/IEC17020认可的证明材料；

（四）从事装运前检验的废物原料种类；

（五）装运前检验证书授权签字人信息及印签样式；

（六）公司章程。

提交的信息，应当使用中文或者中英文对照文本。

对提交材料完备的装运前检验机构，由质检总局对外公布。

第三十二条 检验检疫部门、装运前检验机构应当在境外装货地或者发货地，按照中国国家环境保护控制标准、相关技术规范的强制性要求和装运前检验规程实施装运前检验。

第三十三条 检验检疫部门、装运前检验机构对经其检验合格的废物原料签发电子和纸质的装运前检验证书。

检验证书应当符合以下要求：

（一）检验依据准确、检验情况明晰、检验结果真实；

（二）有统一、可追溯的编号；

（三）检验证书应当为中文或者中英文，以中文为准；

（四）检验证书有效期不超过90天。

第三十四条 检验检疫部门在口岸到货检验检疫监管中发现货证不符或者环保项目不合格的，实施装运前检验的检验检疫部门或者装运前检验机构应当向质检总局报告装运前检验情况，并提供记录检验过程等情况的图像和书面资料。

第三十五条 装运前检验机构及其关联机构不能申请或者代理申请供货商注册登记，不能从事废物原料的生产和经营活动。

第三十六条 装运前检验机构备案信息发生变化的，应当自变化之日起30天内向质检总局提交变更材料，并按照本办法第三十一条的规定办理。

第三十七条 质检总局对已备案的装运前检验机构实施分类管理，按照诚信管理的原则将已备案的装运前检验机构分为A、B两类。

符合下列条件的装运前检验机构，按照自愿原则可以申请成为A类装运前检验机构：

（一）从事检验鉴定业务5年以上；

（二）具有与装运前检验业务相适应的检验人员及检测设备；

（三）具备按照中国环境保护、固体废物管理的国家技术规范的强制性要求和质检总局关于进口废物原料装运前检验有关规定开展检验的能力；

（四）遵守法律法规，重视企业信用管理工作，严格履行承诺，具有较健全的质量管理体系，服务质量稳定。

不符合本条前款规定的装运前检验机构，列入 B 类装运前检验机构。

第五章 到货检验检疫

第三十八条 废物原料运抵口岸后，收货人或者其代理人应当向入境口岸检验检疫部门报检，接受检验检疫监管。报检时应当提供以下纸质或者电子材料：

（一）供货商注册登记证书（复印件）；

（二）收货人注册登记证书（复印件）；

（三）装运前检验证书；

（四）限制类的废物原料，应当提供进口许可证明；

（五）合同、发票、装箱单、提/运单等必要的单证。

第三十九条 检验检疫部门应当依照检验检疫相关法律法规和规程、国家环境保护控制标准或者国家技术规范的其他强制性要求在入境口岸对进口废物原料实施检验检疫监管，根据污染程度实施消毒、熏蒸等卫生处理，未经检疫处理，不得放行。

质检总局可以依法指定在其他地点检验检疫。

第四十条 由 B 类装运前检验机构实施装运前检验的进口废物原料，检验检疫部门应当实施全数检验。

第四十一条 检验检疫部门实施进口废物原料检验检疫监管工作的场所应当符合进口废物原料检验检疫场所建设规范的要求。

第四十二条 从事进口废物原料检验检疫监管工作的人员应当经过质检总局的培训并考试合格。

第四十三条 检验检疫部门对经检验检疫未发现不符合国家环境保护控制标准、国家技术规范的其他强制性要求的进口废物原料，出具通关证明并放行；对不符合国家环境保护控制标准、国家技术规范的其他强制性要求的，出具退货处理通知单并书面告知海关；对发现动植物疫情的，要实施有效的检疫除害处理措施，如无有效处理措施则依法作退回或者销毁处理，并实施检疫监管。

第六章 监督管理

第四十四条 供货商和收货人应当依照注册登记的业务范围开展供货、进口等活动。

收货人所进口的废物原料，仅限用于自行加工利用，不得以任何方式交付其他单位、组织或者个人。

供货商、收货人及其关联机构不能从事废物原料装运前检验业务。

第四十五条 质检总局、检验检疫部门可以依照职责对供货商、收货人、装运前检验机构实施现场检查、验证、追踪货物环保质量状况等形式的监督管理。

第四十六条 装运前检验机构应当遵守中国相关法律法规和质检总局的有关规定，以第三方的身份独立、公正地开展进口废物原料装运前检验工作，并对其所出具的装运前检验证书的真实性、准确性负责。

第四十七条 质检总局或者检验检疫部门在进口废物原料检验监管工作中，发现装运前检验机构存在下列情形之一的，质检总局可以发布警示通报并决定在一定时期内不予认可其出具的装运前检验证书，但最长不超过3年：

（一）出具的装运前检验证书存在违反本办法第三十三条规定的；

（二）装运前检验机构存在违反本办法第三十五条、第四十六条、第五十九条规定情形的。

第四十八条 供货商、收货人有下列情形之一的，质检总局、直属检验检疫局依照职权撤销其注册登记：

（一）申请注册登记的地址不存在的；

（二）供货商商业登记文件无效、税务文件无效的；

（三）收货人营业执照无效的；

（四）法定代表人不存在的；

（五）隐瞒有关情况或者提供虚假材料取得注册登记的；

（六）以欺骗、贿赂等不正当手段取得注册登记的。

第四十九条 质检总局、检验检疫部门对供货商、收货人和装运前检验机构实施A、B、C三类风险预警及快速反应管理。

第五十条 对源自特定国家（地区）、特定类别的废物原料，检验检疫部门可以根据不同的风险预警类别采取加严检验、全数检验或者不予受理报检等措施。

第一节 供货商监督管理

第五十一条 供货商发生下列情形之一的，由质检总局实施A类风险预警措施，检验检疫部门1年内不受理其所供废物原料进口报检申请：

（一）废物原料存在严重疫情风险的；

（二）废物原料存在严重货证不符，经查确属供货商责任的；

（三）B 类预警期间再次被检出环保项目不合格或者重大疫情的。

第五十二条　供货商发生下列情形之一的，由质检总局实施 B 类风险预警措施，检验检疫部门对其所供废物原料实施为期不少于 180 天且不少于 100 批的全数检验：

（一）1 年内货证不符或者环保项目不合格累计 3 批及以上的；

（二）检疫不合格并具有较大疫情风险的；

（三）供货商注册登记内容发生变更，未在规定期限内向质检总局办理变更手续的；

（四）注册登记被撤销后重新获得注册登记的；

（五）按本办法第五十一条实施的 A 类风险预警措施解除后，恢复受理进口报检申请的；

（六）现场检查发现质量管理体系存在严重缺陷的。

第五十三条　供货商发生下列情形之一的，由质检总局实施 C 类风险预警措施，检验检疫部门对供货商所供的废物原料实施加严检验：

（一）废物原料环保项目不合格的；

（二）需采取风险管控措施的。

第五十四条　供货商发生下列情形之一的，质检总局撤销其注册登记：

（一）输出的废物原料环保项目严重不合格的；

（二）输出的废物原料应当退运，供货商不配合收货人退运的；

（三）输出的废物原料应当退运，自检验检疫部门出具环保项目不合格证明之日起 6 个月内，因供货商原因未将废物原料退运出境的；

（四）将已退运的不合格废物原料再次运抵中国大陆地区的；

（五）将注册登记证书或者注册登记编号转让其他企业使用的；

（六）提供虚假材料，包括提供虚假入境证明文件的；

（七）输出废物原料时存在弄虚作假等欺诈行为的；

（八）不接受检验检疫机构监督管理，情节严重的；

（九）违反本办法第四十四条第一款规定，超出业务范围供货的；

（十）违反本办法第四十四条第三款规定，供货商或者其关联机构从事装运前检验的；

（十一）不再具备本办法第十条规定的条件的。

第二节　收货人监督管理

第五十五条　收货人发生下列情形之一的，由质检总局实施 A 类风险预警措施，检验检疫部门 1 年内不受理其废物原料进口报检申请：

（一）废物原料存在严重货证不符，经查确属收货人责任的；

（二）B类预警期间再次被检出环保项目不合格或者重大疫情，经查确属收货人责任的。

第五十六条 收货人发生下列情形之一的，质检总局实施B类风险预警措施，检验检疫部门对其报检的废物原料实施为期不少于180天且不少于100批的全数检验：

（一）废物原料存在货证不符、申报不实，经查确属收货人责任的；

（二）收货人注册登记内容发生变更，未在规定期限内向直属检验检疫局办理变更手续的；

（三）1年内货证不符或者环保项目不合格累计3批及以上，经查确属收货人责任的；

（四）注册登记被撤销后重新获得注册登记的；

（五）按本办法第五十五条实施的A类风险预警措施解除后，恢复受理进口报检申请的；

（六）现场检查发现质量控制体系存在缺陷的。

第五十七条 收货人发生下列情形之一的，质检总局实施C类风险预警措施，检验检疫部门对其报检的废物原料实施加严检验：

（一）废物原料环保项目不合格的；

（二）需采取风险管控措施的。

第五十八条 收货人发生下列情形之一的，直属检验检疫局撤销其注册登记：

（一）伪造、变造、买卖或者使用伪造、变造的有关证件的；

（二）提供虚假材料，包括提供虚假入境证明文件的；

（三）将注册登记证书或者注册登记编号转让其他企业使用的；

（四）进口废物原料时存在弄虚作假等欺诈行为的；

（五）进口废物原料不合格拒不退运的；

（六）进口废物原料不合格，检验检疫部门出具环保项目不合格证明后6个月内因收货人原因未将不合格货物退运出境的；

（七）不接受检验检疫机构监督管理，情节严重的；

（八）违反本办法第四十四条规定的；

（九）不再具备本办法第二十条规定的条件的。

第三节 装运前检验机构监督管理

第五十九条 装运前检验机构发生下列情形之一的，质检总局实施A类风险预警措施，检验检疫部门不受理经其实施装运前检验的废物原料进口报检申请：

（一）经其实施装运前检验的废物原料，1个月内被检验检疫部门检出环保项目不合格累计5批及以上且环保项目不合格检出率达0.5%及以上的；

（二）经其实施装运前检验的废物原料，1年内被检验检疫部门检出环保项目严重不合格累计3批及以上的；

（三）给未实施装运前检验的废物原料出具装运前检验证书的；

（四）B类预警期间，经其实施装运前检验的废物原料再次被检验检疫部门检出环保项目不合格的；

（五）不接受监督管理，情节严重的。

第六十条 装运前检验机构发生下列情形之一的，质检总局实施B类风险预警措施，检验检疫部门对经其实施装运前检验的废物原料实施为期不少于180天且不少于1000批的全数检验：

（一）经其实施装运前检验的废物原料，1个月内被检验检疫部门检出环保项目不合格累计3批及以上且环保项目不合格检出率达0.5%以上的；

（二）经其实施装运前检验的废物原料，被检验检疫部门检出环保项目严重不合格的；

（三）经其实施装运前检验的废物原料，被检验检疫部门检出环保项目不合格，装运前检验机构未按照规定向质检总局报告有关情况的；

（四）未按照规定实施装运前检验出具装运前检验证书的；

（五）日常监管中发现质量管理体系存在缺陷的；

（六）按照本办法第五十九条实施的A类风险预警措施解除后，恢复受理进口报检申请的。

第六十一条 装运前检验机构发生下列情形之一的，质检总局实施C类风险预警措施，检验检疫部门对其实施装运前检验的废物原料实施加严检验：

（一）装运前检验机构备案信息发生变化，未按照规定要求提交变更材料的；

（二）经其实施装运前检验的废物原料，被检验检疫部门检出环保项目不合格情况未达到本办法第五十九条、第六十条规定的预警条件的；

（三）需要采取风险管控措施的。

第七章 法律责任

第六十二条 供货商、收货人因隐瞒有关情况或者提供虚假材料被不予受理或者不予注册登记的,质检总局或者直属检验检疫局给予警告;供货商、收货人在1年内不得再次提起申请。

第六十三条 供货商、收货人以欺骗、贿赂等不正当手段取得注册登记后被撤销注册登记的,在3年内不得再次提起申请;构成犯罪的,依法追究刑事责任。

第六十四条 进口可用作原料的固体废物,供货商、收货人未取得注册登记,或者未进行装运前检验的,按照国家有关规定责令退货;情节严重的,由检验检疫部门按照《中华人民共和国进出口商品检验法实施条例》的规定并处10万元以上100万元以下罚款。

第六十五条 进口废物原料的收货人不如实提供进口废物原料的真实情况,取得检验检疫部门有关证单的,由检验检疫部门按照《中华人民共和国进出口商品检验法实施条例》的规定没收违法所得,并处进口废物原料货值金额5%以上20%以下罚款。

第六十六条 收货人违反本办法第四十四条第一款规定超出业务范围开展进口活动的,由检验检疫部门责令改正;情节严重的,处3万元以下罚款。

第六十七条 进口废物原料检验检疫工作人员玩忽职守、徇私舞弊或者滥用职权,依法给予行政处分;构成犯罪的,依法追究其刑事责任。

第八章　附　　则

第六十八条 对从境外进入保税区、出口加工区、自贸区等特殊监管区域的废物原料的管理,依照本办法执行。

第六十九条 通过赠送、出口退运进境、提供样品等方式进境物品属于允许进口的废物原料的,除另有规定外,依照本办法执行。

海关特殊监管区和场所内单位在生产加工过程中产生的废品、残次品、边角料以及受灾货物属于废物原料需出区进入国内的,免于实施进口检验,依据有关规定签发通关证明。

第七十条 对进口废船舶,检验检疫部门依法实施检验检疫,免于提交供货商注册登记证书和装运前检验证书。

第七十一条 对外籍船舶、航空器及器材在境内维修产生的废物原料,检验检疫部门依法实施检验检疫,免于提交供货商注册登记证书、收货人注册登记证书、装运前检验证书和进口许可证明。

第七十二条 本办法中的"日"为工作日,不含法定节假日;"天"为自然日,含法定节假日。

第七十三条 来自中国香港、澳门和台湾地区的废物原料的检验检疫监督管理依照本办法执行。

第七十四条 进口废物原料的供货商、收货人向质检总局或者检验检疫部门提交的所有文件均以中文文本为准。

第七十五条 检验检疫部门根据业务需要,可以聘请相关专业人员辅助现场核查工作。

第七十六条 供货商、收货人注册登记和装运前检验机构管理实施细则,由质检总局另行制定。

第七十七条 本办法由质检总局负责解释。

第七十八条 本办法自2018年2月1日起施行。原国家检验检疫局1999年11月22日发布的《进口废物原料装运前检验机构认可管理办法(试行)》(原国家出入境检验检疫局令第2号)、国家质检总局2009年8月21日发布的《进口可用作原料的固体废物检验检疫监督管理办法》(国家质检总局令第119号)同时废止。

财政部关于废止部分规章和规范性文件的决定

(2017年12月11日财政部令第92号公布 自公布之日起施行 国法备字[2018000331])

为落实简政放权、放管结合、优化服务的改革措施,我部组织开展了规章、规范性文件清理工作。经过清理,决定对以下规章和规范性文件予以废止:

废止的规章和规范性文件目录

	序号	文件名称
规章	1	中外合作经营企业外国合作者先行回收投资审批办法(财政部令第28号)
规章	2	会计从业资格管理办法(财政部令第73号)
规章	3	财政部关于修改《会计从业资格管理办法》的决定(财政部令第82号)

续表

	序号	文件名称
规范性文件	1	财政部关于印发中央在京单位会计从业资格认定职能移交工作实施方案的通知(财会〔2016〕14号)
	2	财政部关于印发《会计从业资格考试管理规定》的通知(财会〔2013〕19号)
	3	财政部关于印发新版会计从业资格证书样式及有关问题的通知(财会〔2013〕9号)
	4	财政部关于贯彻实施《会计从业资格管理办法》的指导意见(财会〔2013〕8号)
	5	财政部关于印发新旧《会计从业资格管理办法》有关衔接规定的通知(财会〔2013〕3号)
	6	财政部关于印发《全国会计从业资格证书信息化调转暂行办法》的通知(财会〔2011〕11号)
	7	财政部关于推进省级会计人员管理系统建设的指导意见(财会〔2009〕13号)
	8	财政部关于推进会计从业资格无纸化考试的指导意见(财会〔2008〕16号)
	9	财政部办公厅关于印发会计从业资格考试大纲(修订)的通知(财办会〔2016〕34号)
	10	财政部办公厅关于印发《会计从业资格信息化调转有关事项的说明》的通知(财办会〔2014〕32号)
	11	财政部办公厅关于加强全国会计从业人员信息数据上报工作的通知(财办会〔2013〕19号)
	12	财政部办公厅关于同意重庆市财政局实施会计从业资格电子证书试点的函(财办会〔2012〕7号)
	13	财政部办公厅关于同意河北省财政厅实施会计从业资格电子证书试点的函(财办会〔2011〕25号)
	14	财政部办公厅关于进行全国会计从业资格无纸化考试题库试点的通知(财办会〔2011〕11号)
	15	财政部办公厅关于采集全国会计从业人员基本信息的通知(财办会〔2010〕18号)
	16	财政部关于印发《境外会计师事务所常驻代表机构管理暂行办法》的通知(财会协字〔1996〕1号)

续表

	序号	文件名称
规范性文件	17	财政部关于印发《外国政府贷款管理规定》的通知(财金[2008]176号)
	18	财政部关于外国政府赠款形成资产管理有关问题的通知(财金[2008]102号)
	19	财政部关于进一步加强外国政府贷款项目和资金管理的通知(财金[2006]59号)
	20	财政部关于开展治理外国政府及国际金融组织贷款领域商业贿赂专项工作的意见(财金[2006]53号)
	21	财政部关于加强外国政府贷款债务统计工作有关问题的通知(财金[2006]39号)
	22	财政部关于外国政府贷款第三类项目管理有关问题的通知(财金[2001]172号)
	23	财政部办公厅关于确定意大利政府贷款转贷银行的通知(财办金[2006]72号)
	24	财政部办公厅关于印发《日本政府贷款项目采购程序》的通知(财办金[2002]71号)
	25	财政部办公厅关于印发《日元贷款植树造林项目特别账户工作规程(试行)》的通知(财办金[2001]132号)
	26	财政部关于下发《国际金融组织贷款债务报表编报及评比办法》的通知(财国际[2002]1号)
	27	财政部关于修改地方财政部门办理世界银行贷款项目出国经费预领和核销办法的通知(财际函字[2000]108号)
	28	财政部关于世界银行贷款专用账户提款报账管理变动的通知(财际函字[2000]107号)
	29	财政部关于地方财政部门办理世界银行贷款项目出国经费预领和核销的通知(财际函字[1999]225号)
	30	财政部关于在省级财政部门设立世行贷款打捆项目外汇周转金的通知(财际函字[1999]107号)
	31	财政部关于由地方财政部门办理世行贷款项目出国手续的通知(财际函字[1998]98号)
	32	财政部关于颁发《国际金融组织贷款债务清偿办法》的通知(财际字[1999]224号)

续表

	序号	文件名称
规范性文件	33	财政部关于将世界银行贷款项目专用账户利息收入纳入预算外资金进行管理的通知(财世字[1998]59号)
	34	财政部关于印发《世界银行贷款项目财务报告暂行规定》的通知(财世字[1997]6号)

本决定自公布之日起施行。

文化部关于废止和修改部分部门规章的决定

(2017年12月15日文化部令第57号公布　自公布之日起施行　国法备字[2018000344])

为落实国务院“放管服”改革工作部署,根据《国务院办公厅关于进一步做好“放管服”改革涉及的规章、规范性文件清理工作的通知》(国办发〔2017〕40号)的要求,文化部对“放管服”改革涉及的部门规章进行了全面清理。经清理,文化部决定:

一、废止3件部门规章

废止《文化科技工作管理办法》(文化部令第1号,1990年3月28日发布)。

废止《文化科学技术成果鉴定办法》(文化部令第2号,1990年7月3日发布)。

废止《文化系统内部审计工作规定》(文化部令第3号,1990年8月25日发布)。

二、修改5件部门规章

修改《社会艺术水平考级管理办法》(文化部令第31号,2004年7月1日发布)

将第四条修改为“文化部负责全国艺术考级的规划、协调和监督管理工作,履行下列职能:

(一)组织制定和贯彻实施艺术考级的政策、法规;

(二)制定全国艺术考级工作规划;

(三)实施和指导实施对全国艺术考级活动的监督检查;

(四)指导艺术考级行业组织开展艺术考级工作;

（五）协调有关部门对艺术考级工作的有关重大事项进行研究并作出决定。”

删除第五条第二款。

删除第六条、第七条。增加以下内容作为新的第六条：“艺术考级行业组织应当依照法律、法规及章程制定行业自律规范，加强职业道德教育，指导、监督成员的艺术考级工作，维护成员的合法权益，促进公平竞争。”

将第十条修改为“申请开办艺术考级活动的单位，应当向所在地省、自治区、直辖市人民政府文化行政部门提出申请，并提交以下材料：

（一）申请书。申请书中应当载明拟开办的艺术考级专业、设置考场范围，考级工作机构及其负责人的基本情况，开办资金的数量和来源，收费项目和标准等内容；申请书由申请单位的法定代表人签署；

（二）法人资格证明文件；

（三）考级工作机构的组成和工作规则；

（四）考级工作机构主要负责人的证明文件；

（五）考级工作机构办公地点和考试场地使用权的证明文件；

（六）自编并正式出版发行的艺术考级教材；

（七）拟聘请的艺术考级考官的材料；

（八）审批机关要求提供的其他有关材料。”

将第十一条第二款修改为“审批机关作出决定前，应当组织专家对申请单位的申请材料进行论证。论证所需时间不计算在审批期限内，但应当将所需时间书面告知申请单位。”

增加以下内容作为新的第十一条：“艺术考级机构主要负责人、办公地点有变动的，应当自变动之日起20日内，报审批机关备案。”

删除第十二条、第十三条。

将第十四条第一款修改为“艺术考级机构连续2年不开展艺术考级活动的，取消开展艺术考级活动资格。”删除第二款。

删除第十五条。

将第十六条修改为“艺术考级考官应具备下列条件：

（一）7年以上专业艺术学习经历或者中级以上（含中级）艺术或者艺术教育专业职称；

（二）5年以上所申请专业的艺术表演、艺术理论研究或艺术教育工作经历；

（三）良好的示范、教学指导及鉴赏能力；

（四）良好的政治素质、道德修养。

艺术考级考官由艺术考级机构聘任。”

将第十八条修改为“艺术考级机构应当在组织艺术考级前向社会发布考级简章。考级简章内容应当包括开考专业、设点范围、考级时间和地点、收费项目和标准等。”

将第二十条修改为“艺术考级机构委托承办单位承办艺术考级活动的，应当自合作协议生效之日起20日内，将承办单位的基本情况和合作协议报审批机关及承办单位所在地县级以上文化行政部门备案，同时抄送文化市场综合执法机构。”

将第二十一条修改为“艺术考级机构应当在开展艺术考级活动5日前，将考级简章、考级时间、考级地点、考生数量、考场安排、考官名单等情况报审批机关和艺术考级活动所在地县级以上文化行政部门备案，同时抄送文化市场综合执法机构。”

将第二十二条中“经审定的艺术考级教学大纲”修改为“本机构教材”。

删除第二十三条第二款、第三款；增加以下内容作为新的第二款：“开展美术专业艺术考级的考级机构在考场内可以只派遣监考人员。”

删除第二十四条中“按照公布的艺术考级标准”。

将第二十六条第二款修改为“艺术考级机构应当自每次艺术考级活动结束之日起60日内将考级结果报审批机关备案。”

删除第二十七条、第二十八条。

将第二十九条修改为“未经批准擅自开办艺术考级活动的，由县级以上文化行政部门或者文化市场综合执法机构责令停止违法活动，并处10000元以上30000元以下罚款。”

将第三十条修改为“艺术考级机构有下列行为之一的，由县级以上文化行政部门或者文化市场综合执法机构予以警告，责令改正并处10000元以下罚款：

（一）组织艺术考级活动前未向社会发布考级简章或考级简章内容不符合规定的；

（二）未按规定将承办单位的基本情况和合作协议备案的；

（三）组织艺术考级活动未按规定将考级简章、考级时间、考级地点、考生数量、考场安排、考官名单等情况备案的；

（四）艺术考级活动结束后未按规定报送考级结果的；

（五）艺术考级机构主要负责人、办公地点有变动未按规定向审批机关备案的。”

删除第三十一条。

将第三十二条修改为“艺术考级机构有下列行为之一的，由文化行政部门或者文化市场综合执法机构予以警告，责令改正并处30000元以下罚款；情节严重的，取消开办艺术考级活动资格：

（一）委托的承办单位不符合规定的；

（二）未按照规定组建常设工作机构并配备专职工作人员的；

（三）未按照本机构教材确定艺术考级内容的；

（四）未按照规定要求实行回避的；

（五）阻挠、抗拒文化行政部门或者文化市场综合执法机构工作人员监督检查的。”

将第三十三条中“文化行政部门”修改为“文化行政部门或者文化市场综合执法机构”。

修改《营业性演出管理条例实施细则》（文化部令第47号，2009年8月28日发布）

将第四条中“《条例》第六条第一款”修改为“《条例》第六条”。

将第五条中“《条例》第六条第二款”修改为“《条例》第六条”。

将第六条中“《条例》第八条”修改为“《条例》第七条”。

将第七条第一款修改为“依法登记的文艺表演团体申请从事营业性演出活动，应当向文化主管部门提交下列文件：

（一）申请书；

（二）营业执照和从事的艺术类型；

（三）法定代表人或者主要负责人的身份证明；

（四）演员的艺术表演能力证明；

（五）与业务相适应的演出器材设备书面声明。”

将第八条修改为“依法登记的演出经纪机构申请从事营业性演出经营活动，应当向文化主管部门提交下列文件：

（一）申请书；

（二）营业执照；

（三）法定代表人或者主要负责人的身份证明；

（四）演出经纪人员的资格证明。

法人或者其他组织申请增设演出经纪机构经营业务的，应当提交前款第（一）项、第（四）项规定的文件。”

将第九条第一款修改为“依法登记的演出场所经营单位，应当自领取证照之日起20日内，持证照和有关消防、卫生批准文件，向所在地县级文化主管部门备案，县级文化主管部门应当出具备案证明。备案证明式样由文化部设计,省级文化主管部门印制。”

将第十条第一款修改为“依法登记的中外合资经营、中外合作经营的演出经纪机构申请从事营业性演出经营活动,除了提交本实施细则第八条规定的文件外,还应当提交下列文件:

(一)可行性研究报告、合同、章程;

(二)外商投资企业批准证书;

(三)合资、合作经营各方协商确定的董事长、副董事长、董事或者联合管理委员会主任、副主任、委员的人选名单及身份证明;

(四)其他依法需要提交的文件。”

将第十一条第一款修改为“依法登记的中外合资经营、中外合作经营的演出场所经营单位申请从事演出场所经营活动,应当提交下列文件:

(一)申请书;

(二)营业执照;

(三)可行性研究报告、合同、章程;

(四)外商投资企业批准证书;

(五)合资、合作经营各方协商确定的董事长、副董事长、董事或者联合管理委员会主任、副主任、委员的人选名单及身份证明;

(六)其他依法需要提交的文件。”

删除第十三条。

将第十四条修改为“香港特别行政区、澳门特别行政区的投资者在内地依法登记的独资经营的演出经纪机构申请从事营业性演出经营活动,除提交本实施细则第八条规定文件外,还应当提交下列文件:

(一)可行性研究报告;

(二)投资者的身份证明;

(三)台港澳侨投资企业批准证书;

(四)其他依法需要提交的文件。”

将第十五条修改为“香港特别行政区、澳门特别行政区的投资者在内地依法登记的独资经营的演出场所经营单位申请从事演出场所经营活动,应当提交下列文件:

(一)申请书;

(二)营业执照;

(三)可行性研究报告、章程;

(四)法定代表人的身份证明;

(五)台港澳侨投资企业批准证书;

（六）其他依法需要提交的文件。”

将第十六条修改为“香港特别行政区、澳门特别行政区投资者在内地依法登记的合资、合作经营的演出经纪机构申请从事营业性演出经营活动，香港特别行政区、澳门特别行政区投资者在内地依法登记的合资、合作经营的演出场所经营单位申请从事演出场所经营活动，参照本实施细则第十条第一款、第十一条第一款的规定办理。

台湾地区的投资者在大陆依法登记的合资、合作经营的演出经纪机构申请从事营业性演出经营活动，台湾地区的投资者在大陆依法登记的合资、合作经营的演出场所经营单位申请从事演出场所经营活动，参照本实施细则第十条、第十一条的规定办理。”

删除第十七条。

将第十九条第一款中“《条例》第十七条”修改为“《条例》第十六条”；将第二款、第三款、第四款、第五款中“《条例》第二十一条”修改为“《条例》第二十条”。

删除第二十条第一款第（一）项；删除第二十条第二款。

删除第二十一条。

将第二十二条修改为“经省级文化主管部门批准的营业性涉外演出，在批准的时间内增加演出地的，举办单位或者与其合作的具有涉外演出资格的演出经纪机构，应当在演出日期10日前，持省级文化主管部门批准文件和本实施细则第十七条规定的文件，到增加地省级文化主管部门备案，省级文化主管部门应当出具备案证明。”

将第二十五条第一款修改为“申请举办含有内地演员和香港特别行政区、澳门特别行政区、台湾地区演员以及外国演员共同参加的营业性演出，可以报演出所在地省级文化主管部门审批，具体办法由省级文化主管部门制定。”

删除第四十二条。

将第四十六条中“《条例》第二十一条”修改为“《条例》第二十条”。

将第四十八条中“文化部”修改为“省级文化主管部门”。

删除第五十七条。

将第五十九条第一款中“依照《条例》的规定”修改为“依照《条例》和本实施细则的规定”。

修改《网络游戏管理暂行办法》（文化部令第49号，2010年6月3日发布）

将第一条修改为“为加强网络游戏管理，规范网络游戏经营秩序，维护网络游戏行业的健康发展,根据《中华人民共和国网络安全法》、《全国人民代表大会常务委员会关于维护互联网安全的决定》和《互联网信息服务管理办法》等国家法律法规有关规定,制定本办法。"

将第二条第一款中"网络游戏上网运营"修改为"网络游戏运营";将第三款修改为"网络游戏运营是指通过信息网络提供网络游戏产品和服务,并取得收益的行为。"

将第六条修改为"申请从事网络游戏运营、网络游戏虚拟货币发行和网络游戏虚拟货币交易服务等网络游戏经营活动,应当具备以下条件,并取得《网络文化经营许可证》:

(一)有单位的名称、住所、组织机构和章程;

(二)有确定的网络游戏经营范围;

(三)有从事网络游戏经营活动所需的必要的专业人员、设备、场所以及管理技术措施;

(四)有确定的域名;

(五)符合法律、行政法规和国家有关规定的其他条件。"

将第八条修改为"获得《网络文化经营许可证》的网络游戏经营单位变更单位名称、域名、法定代表人或者主要负责人、注册地址、经营地址、股权结构以及许可经营范围的,应当自变更之日起20日内向原发证机关办理变更或者备案手续。

网络游戏经营单位应当按照批准的业务范围从事网络游戏经营活动。

网络游戏经营单位应当在企业网站、产品客户端、用户服务中心等显著位置标示《网络文化经营许可证》电子标签等信息。"

将第十条第二款修改为"经有关部门前置审批的网络游戏出版物,国务院文化行政部门不再进行重复审查,允许其运营。"

将第十一条修改为"国务院文化行政部门依法对进口网络游戏进行内容审查。进口网络游戏应当在获得国务院文化行政部门内容审查批准后,方可运营。申请进行内容审查需提交下列材料:

(一)进口网络游戏产品内容说明书(中外文)、产品操作说明书(中外文)、描述性文字、对白、旁白、歌词文本(中外文);

(二)原始著作权证明书(中外文)、原产地分级证明(中外文)、运营协议或者授权书(中外文)原件的扫描件;

(三)申请单位对进口网络游戏的内容自审报告;

(四)申请单位的企业对用户协议书;

(五)内容审查所需的其他文件。"

将第十二条第三款中“批准文号”修改为“批准文号电子标签”。

将第十三条修改为“国产网络游戏运营之日起30日内应当按规定向国务院文化行政部门履行备案手续。

已备案的国产网络游戏应当在其运营网站指定位置及游戏内显著位置标明备案编号电子标签。”

将第十四条修改为“进口网络游戏运营后需要进行内容实质性变动的，网络游戏运营企业应当将拟变更的内容报国务院文化行政部门进行内容审查。”

将第十五条中“运营企业”修改为“经营单位”。

将第二十九条修改为“违反本办法第六条的规定，未经批准，擅自从事网络游戏运营、网络游戏虚拟货币发行或者网络游戏虚拟货币交易服务等网络游戏经营活动的，由县级以上文化行政部门或者文化市场综合执法机构责令停止网络游戏经营活动，予以警告，并处30000元以下罚款；拒不停止经营活动的，依法列入文化市场黑名单，予以信用惩戒。”

将第三十条修改为“网络游戏经营单位有下列情形之一的，由县级以上文化行政部门或者文化市场综合执法机构责令改正，没收违法所得，并处10000元以上30000元以下罚款；情节严重的，责令停业整顿直至吊销《网络文化经营许可证》；构成犯罪的，依法追究刑事责任：

（一）提供含有本办法第九条禁止内容的网络游戏产品和服务的；

（二）违反本办法第八条第一款、第二款规定的；

（三）违反本办法第十一条的规定，运营未获得文化部内容审查批准的进口网络游戏的；

（四）违反本办法第十二条第二款的规定，进口网络游戏变更运营企业未按照要求重新申报的；

（五）违反本办法第十四条的规定，对进口网络游戏进行内容实质性变动未报送审查的。”

将第三十四条修改为“网络游戏运营企业违反本办法第十三条第一款、第十五条、第二十一条、第二十二条、第二十三条第二款规定的，由县级以上文化行政部门或者文化市场综合执法机构责令改正，并可根据情节轻重处20000元以下罚款。”

将第三十五条中“第八条第二款”修改为“第八条第三款”。

修改《互联网文化管理暂行规定》（文化部令第51号，2011年2月17日发布）

将第一条修改为“为了加强对互联网文化的管理，保障互联网文化单位的合法权益,促进我国互联网文化健康、有序地发展,根据《中华人民共和国网络安全法》、《全国人民代表大会常务委员会关于维护互联网安全的决定》和《互联网信息服务管理办法》等国家法律法规有关规定,制定本规定。”

将第七条修改为“申请从事经营性互联网文化活动,应当符合《互联网信息服务管理办法》的有关规定,并具备以下条件:

(一)有单位的名称、住所、组织机构和章程;

(二)有确定的互联网文化活动范围;

(三)有适应互联网文化活动需要的专业人员、设备、工作场所以及相应的经营管理技术措施;

(四)有确定的域名;

(五)符合法律、行政法规和国家有关规定的条件。”

将第八条中“申请设立经营性互联网文化单位”修改为“申请从事经营性互联网文化活动”。

将第九条修改为“申请从事经营性互联网文化活动,应当提交下列文件:

(一)申请表;

(二)营业执照和章程;

(三)法定代表人或者主要负责人的身份证明文件;

(四)业务范围说明;

(五)专业人员、工作场所以及相应经营管理技术措施的说明材料;

(六)域名登记证明;

(七)依法需要提交的其他文件。

对申请从事经营性互联网文化活动的,省、自治区、直辖市人民政府文化行政部门应当自受理申请之日起 20 日内做出批准或者不批准的决定。批准的,核发《网络文化经营许可证》,并向社会公告;不批准的,应当书面通知申请人并说明理由。

《网络文化经营许可证》有效期为 3 年。有效期届满,需继续从事经营的,应当于有效期届满 30 日前申请续办。”

将第十条修改为“非经营性互联网文化单位,应当自设立之日起 60 日内向所在地省、自治区、直辖市人民政府文化行政部门备案,并提交下列文件:

(一)备案表;

(二)章程;

(三)法定代表人或者主要负责人的身份证明文件;

(四)域名登记证明;

(五)依法需要提交的其他文件。”

将第十一条中“申请设立经营性互联网文化单位”修改为“申请从事经营性互联网文化活动”。

将第十三条修改为“经营性互联网文化单位变更单位名称、域名、法定代表人或者主要负责人、注册地址、经营地址、股权结构以及许可经营范围的，应当自变更之日起20日内到所在地省、自治区、直辖市人民政府文化行政部门办理变更或者备案手续。

非经营性互联网文化单位变更名称、地址、域名、法定代表人或者主要负责人、业务范围的，应当自变更之日起60日内到所在地省、自治区、直辖市人民政府文化行政部门办理备案手续。”

将第二十一条中“依据《无照经营查处取缔办法》的规定予以查处”修改为“责令停止经营性互联网文化活动，予以警告，并处30000元以下罚款；拒不停止经营活动的，依法列入文化市场黑名单，予以信用惩戒。”

修改《娱乐场所管理办法》(文化部令第55号，2013年2月4日发布)

将第七条中“设立娱乐场所”修改为“依法登记的娱乐场所申请从事娱乐场所经营活动”。删除第七条第(二)项。

将第八条修改为“省级人民政府文化主管部门可以结合本地区实际，制定本行政区域内娱乐场所使用面积和消费者人均占有使用面积的最低标准。”

将第九条中“设立娱乐场所”修改为“依法登记的娱乐场所申请从事娱乐场所经营活动”。将第九条中“设立中外合资经营、中外合作经营娱乐场所”修改为“依法登记的中外合资经营、中外合作经营娱乐场所申请从事娱乐场所经营活动”。

将第十条修改为“依法登记的娱乐场所申请从事娱乐场所经营活动前，可以向负责审批的文化主管部门提交咨询申请，文化主管部门应当提供行政指导。”

将第十一条修改为：“依法登记的娱乐场所申请从事娱乐场所经营活动，应当提交以下文件：

(一)申请书；

(二)营业执照；

(三)投资人、法定代表人、主要负责人的身份证明以及无《条例》第四条、第五条、第五十三条规定情况的书面声明；

(四)房产权属证书，租赁场地经营的，还应当提交租赁合同或者租赁意向书；

(五)经营场所地理位置图和场所内部结构平面图；

（六）消防、环境保护部门的批准文件或者备案证明。

依法登记的中外合资、中外合作经营娱乐场所申请从事娱乐场所经营活动，还应当提交商务主管部门的批准文件。”

将第十六条“应当报原发证机关核查”修改为“应当符合本办法第七条第（一）项规定”。

删除第十七条中“按照设立条件”。

删除第二十条第（三）项。

将第二十一条修改为“游艺娱乐场所经营应当符合以下规定：

（一）不得设置未经文化主管部门内容核查的游戏游艺设备；

（二）进行有奖经营活动的，奖品目录应当报所在地县级文化主管部门备案；

（三）除国家法定节假日外，设置的电子游戏机不得向未成年人提供。”

将第二十八条修改为“违反《条例》规定，擅自从事娱乐场所经营活动的，由县级以上人民政府文化主管部门责令停止经营活动，依照《条例》第四十一条予以处罚；拒不停止经营活动的，依法列入文化市场黑名单，予以信用惩戒。”

将第二十九条修改为“歌舞娱乐场所违反本办法第二十条规定的，由县级以上人民政府文化主管部门依照《条例》第四十八条予以处罚。”

将第三十条修改为“游艺娱乐场所违反本办法第二十一条第（一）项、第（二）项规定的，由县级以上人民政府文化主管部门责令改正，并处5000元以上1万元以下的罚款；违反本办法第二十一条第（三）项规定的，由县级以上人民政府文化主管部门依照《条例》第四十八条予以处罚。”

将第三十二条中“《条例》第四十九条”修改为“《条例》第五十条”。

以上5件部门规章，根据本决定作相应修改并对条文序号作相应调整，重新公布，自公布之日起施行。

企业年金办法

（2017年12月18日人力资源和社会保障部、财政部令第36号公布　自2018年2月1日起施行　国法备字［2018000332］）

第一章　总　则

第一条　为建立多层次的养老保险制度，推动企业年金发展，更好地保障职工退休后的生活，根据《中华人民共和国劳动法》、《中华人民共和国劳动合同法》、《中华人民共和国社会保险法》、《中华人民共和国信托法》和国务院有关规定，制定本办法。

第二条 本办法所称企业年金，是指企业及其职工在依法参加基本养老保险的基础上，自主建立的补充养老保险制度。国家鼓励企业建立企业年金。建立企业年金，应当按照本办法执行。

第三条 企业年金所需费用由企业和职工个人共同缴纳。企业年金基金实行完全积累，为每个参加企业年金的职工建立个人账户，按照国家有关规定投资运营。企业年金基金投资运营收益并入企业年金基金。

第四条 企业年金有关税收和财务管理，按照国家有关规定执行。

第五条 企业和职工建立企业年金，应当确定企业年金受托人，由企业代表委托人与受托人签订受托管理合同。受托人可以是符合国家规定的法人受托机构，也可以是企业按照国家有关规定成立的企业年金理事会。

第二章 企业年金方案的订立、变更和终止

第六条 企业和职工建立企业年金，应当依法参加基本养老保险并履行缴费义务，企业具有相应的经济负担能力。

第七条 建立企业年金，企业应当与职工一方通过集体协商确定，并制定企业年金方案。企业年金方案应当提交职工代表大会或者全体职工讨论通过。

第八条 企业年金方案应当包括以下内容：

（一）参加人员；

（二）资金筹集与分配的比例和办法；

（三）账户管理；

（四）权益归属；

（五）基金管理；

（六）待遇计发和支付方式；

（七）方案的变更和终止；

（八）组织管理和监督方式；

（九）双方约定的其他事项。

企业年金方案适用于企业试用期满的职工。

第九条 企业应当将企业年金方案报送所在地县级以上人民政府人力资源社会保障行政部门。

中央所属企业的企业年金方案报送人力资源社会保障部。

跨省企业的企业年金方案报送其总部所在地省级人民政府人力资源社会保障行政部门。

省内跨地区企业的企业年金方案报送其总部所在地设区的市级以上人民政府人力资源社会保障行政部门。

第十条 人力资源社会保障行政部门自收到企业年金方案文本之日起15日内未提出异议的,企业年金方案即行生效。

第十一条 企业与职工一方可以根据本企业情况,按照国家政策规定,经协商一致,变更企业年金方案。变更后的企业年金方案应当经职工代表大会或者全体职工讨论通过,并重新报送人力资源社会保障行政部门。

第十二条 有下列情形之一的,企业年金方案终止:

(一)企业因依法解散、被依法撤销或者被依法宣告破产等原因,致使企业年金方案无法履行的;

(二)因不可抗力等原因致使企业年金方案无法履行的;

(三)企业年金方案约定的其他终止条件出现的。

第十三条 企业应当在企业年金方案变更或者终止后10日内报告人力资源社会保障行政部门,并通知受托人。企业应当在企业年金方案终止后,按国家有关规定对企业年金基金进行清算,并按照本办法第四章相关规定处理。

第三章　企业年金基金筹集

第十四条 企业年金基金由下列各项组成:

(一)企业缴费;

(二)职工个人缴费;

(三)企业年金基金投资运营收益。

第十五条 企业缴费每年不超过本企业职工工资总额的8%。企业和职工个人缴费合计不超过本企业职工工资总额的12%。具体所需费用,由企业和职工一方协商确定。

职工个人缴费由企业从职工个人工资中代扣代缴。

第十六条 实行企业年金后,企业如遇到经营亏损、重组并购等当期不能继续缴费的情况,经与职工一方协商,可以中止缴费。不能继续缴费的情况消失后,企业和职工恢复缴费,并可以根据本企业实际情况,按照中止缴费时的企业年金方案予以补缴。补缴的年限和金额不得超过实际中止缴费的年限和金额。

第四章　账户管理

第十七条　企业缴费应当按照企业年金方案确定的比例和办法计入职工企业年金个人账户，职工个人缴费计入本人企业年金个人账户。

第十八条　企业应当合理确定本单位当期缴费计入职工企业年金个人账户的最高额与平均额的差距。企业当期缴费计入职工企业年金个人账户的最高额与平均额不得超过5倍。

第十九条　职工企业年金个人账户中个人缴费及其投资收益自始归属于职工个人。

职工企业年金个人账户中企业缴费及其投资收益，企业可以与职工一方约定其自始归属于职工个人，也可以约定随着职工在本企业工作年限的增加逐步归属于职工个人，完全归属于职工个人的期限最长不超过8年。

第二十条　有下列情形之一的，职工企业年金个人账户中企业缴费及其投资收益完全归属于职工个人：

（一）职工达到法定退休年龄、完全丧失劳动能力或者死亡的；

（二）有本办法第十二条规定的企业年金方案终止情形之一的；

（三）非因职工过错企业解除劳动合同的，或者因企业违反法律规定职工解除劳动合同的；

（四）劳动合同期满，由于企业原因不再续订劳动合同的；

（五）企业年金方案约定的其他情形。

第二十一条　企业年金暂时未分配至职工企业年金个人账户的企业缴费及其投资收益，以及职工企业年金个人账户中未归属于职工个人的企业缴费及其投资收益，计入企业年金企业账户。

企业年金企业账户中的企业缴费及其投资收益应当按照企业年金方案确定的比例和办法计入职工企业年金个人账户。

第二十二条　职工变动工作单位时，新就业单位已经建立企业年金或者职业年金的，原企业年金个人账户权益应当随同转入新就业单位企业年金或者职业年金。

职工新就业单位没有建立企业年金或者职业年金的，或者职工升学、参军、失业期间，原企业年金个人账户可以暂时由原管理机构继续管理，也可以由法人受托机构发起的集合计划设置的保留账户暂时管理；原受托人是企业年金理事会的，由企业与职工协商选择法人受托机构管理。

第二十三条　企业年金方案终止后，职工原企业年金个人账户由法人受托机构发起的集合计划设置的保留账户暂时管理;原受托人是企业年金理事会的,由企业与职工一方协商选择法人受托机构管理。

第五章　企业年金待遇

第二十四条　符合下列条件之一的,可以领取企业年金:

(一)职工在达到国家规定的退休年龄或者完全丧失劳动能力时,可以从本人企业年金个人账户中按月、分次或者一次性领取企业年金,也可以将本人企业年金个人账户资金全部或者部分购买商业养老保险产品,依据保险合同领取待遇并享受相应的继承权;

(二)出国(境)定居人员的企业年金个人账户资金,可以根据本人要求一次性支付给本人;

(三)职工或者退休人员死亡后,其企业年金个人账户余额可以继承。

第二十五条　未达到上述企业年金领取条件之一的,不得从企业年金个人账户中提前提取资金。

第六章　管理监督

第二十六条　企业成立企业年金理事会作为受托人的,企业年金理事会应当由企业和职工代表组成,也可以聘请企业以外的专业人员参加,其中职工代表应不少于三分之一。

企业年金理事会除管理本企业的企业年金事务之外,不得从事其他任何形式的营业性活动。

第二十七条　受托人应当委托具有企业年金管理资格的账户管理人、投资管理人和托管人,负责企业年金基金的账户管理、投资运营和托管。

第二十八条　企业年金基金应当与委托人、受托人、账户管理人、投资管理人、托管人和其他为企业年金基金管理提供服务的自然人、法人或者其他组织的自有资产或者其他资产分开管理,不得挪作其他用途。

企业年金基金管理应当执行国家有关规定。

第二十九条　县级以上人民政府人力资源社会保障行政部门负责对本办法的执行情况进行监督检查。对违反本办法的,由人力资源社会保障行政部门予以警告,责令改正。

第三十条　因订立或者履行企业年金方案发生争议的,按照国家有关集体合同的规定执行。

因履行企业年金基金管理合同发生争议的,当事人可以依法申请仲裁或者提起诉讼。

第七章　附　　则

第三十一条　参加企业职工基本养老保险的其他用人单位及其职工建立补充养老保险的,参照本办法执行。

第三十二条　本办法自2018年2月1日起施行。原劳动和社会保障部2004年1月6日发布的《企业年金试行办法》同时废止。

本办法施行之日已经生效的企业年金方案,与本办法规定不一致的,应当在本办法施行之日起1年内变更。

国内投资民用航空业规定

(2017年12月18日交通运输部令2017年第34号公布　自2018年1月19日起施行　国法备字[2018000337])

第一章　总　　则

第一条　为了规范国内投资主体投资民用航空业,根据《中华人民共和国民用航空法》和国家其他法律、行政法规,制定本规定。

第二条　鼓励、支持国内投资主体投资民用航空业,促进民用航空业快速健康发展。

国内投资主体投资民用航空业,应当有利于巩固和发展公有制经济,有利于鼓励、支持和引导非公有制经济发展,有利于坚持和完善公有制为主体、多种所有制经济共同发展的基本经济制度。

国内投资主体投资民用航空业,应当符合国家和民航产业发展政策,有利于促进公平、有序竞争。

第三条　国内投资主体投资民用航空业适用本规定。

本规定所称国内投资主体包括国有投资主体和非国有投资主体。

国有投资主体是指各级政府及其授权的国有资产投资机构、国有独资或者国有控股企业、其他国有经济组织。

非国有投资主体是指集体企业、私营企业、其他非国有经济组织和个人。

本规定所称民用航空业包括以下领域：

(一)公共航空运输；

(二)通用航空；

(三)民用机场，包括民用运输机场和通用航空机场；

(四)空中交通管理系统；

(五)民用航空活动相关项目，包括航空燃油销售储运加注、飞机维修、货运仓储、地面服务、航空食品生产销售、停车场经营、客货销售代理、计算机订座系统服务、航空结算及其他相关项目。

第四条 中国民用航空局(以下简称民航局)及民用航空地区管理局(以下简称地区管理局)对国内投资主体投资民用航空业实施监督管理。

民用航空业在放宽投资准入的同时，对各类民用航空企业的管理政策实行同等待遇。

第二章 投资准入

第五条 国有投资主体和非国有投资主体可以单独或者联合投资民用航空业。但本规定有明确限制的，应当符合其要求。

第六条 对国内投资需要特别管理的公共航空运输企业应当保持国有控股或者国有相对控股。其中，国有相对控股应当由单一国有投资主体及其控股企业相对控股。

第七条 民用运输机场是公共基础设施，鼓励各国内投资主体多元投资。但是纳入民用航空发展规划的国际枢纽和区域枢纽(以下简称枢纽机场)以及具有战略意义的民用运输机场(以下简称战略机场)应当保持国有独资、国有控股或者国有相对控股。其中，国有相对控股应当由单一国有投资主体及其控股企业相对控股。

第八条 采用政府和社会资本合作等方式投资建设或者运营民用运输机场的，应当同时符合国家有关政府和社会资本合作等的规定。

第九条 一家民用运输机场、航空燃油销售储运加注企业、计算机订座系统服务企业，及其关联企业，投资全货运航空公司以外的公共航空运输企业的，投资比例不得超过5%。

前款所述企业及其关联企业投资全货运航空公司，不得控股或者相对控股。

前两款所述关联企业不包括公共航空运输企业。

第十条 一家公共航空运输企业及其关联企业投资枢纽机场或者其共用

航站楼，投资比例不得超过25%，并且不得相对控股。

公共航空运输企业在有共用航站楼和停机坪的机场可以在符合机场总体规划的前提下投资建设、运营、拥有或者租用专用航站楼和停机坪。

第十一条 一家枢纽机场及其关联企业投资本机场范围内的航空燃油销售储运加注企业及其设施，投资比例不得超过25%，并且不得相对控股。

枢纽机场中，一个机场只有一家航空燃油销售储运加注企业时，一家公共航空运输企业及其关联企业投资该航空燃油销售储运加注企业及其设施，投资比例不得超过25%，并且不得相对控股。一个机场已有一家航空燃油销售储运加注企业时，公共航空运输企业及其关联企业投资建立或者参股另外的航空燃油销售储运加注企业不受投资比例限制。

前两款所述机场航空燃油储运加注设施，是指航空燃油专用卸油站、场外场内航空燃油专用储油库、场外航空燃油专用输油管线、机坪航空燃油管线、航空燃油运输车、加注车、机坪加油系统及航空加油站等。

第十二条 空中交通管理系统主要由中央政府投资。空中交通管理部门不得投资空中交通管理系统之外的其他民用航空业领域。

第十三条 公共航空运输企业的董事、高级管理人员不得在民用运输机场兼任高级管理人员。民用运输机场的董事、高级管理人员不得在公共航空运输企业兼任高级管理人员。

第三章 法律责任

第十四条 公共航空运输企业、民用运输机场违反本规定第六条、第七条，未按规定保持国有股比要求的，由民航局或者地区管理局责令其限期改正，给予警告，并处一万元以上二万元以下的罚款；情节严重的，处二万元以上三万元以下的罚款。

第十五条 违反本规定，有下列情形之一的，由民航局或者地区管理局责令其限期改正，给予警告，并处一万元以上二万元以下的罚款；情节严重的，处二万元以上三万元以下的罚款：

（一）民用运输机场、航空燃油销售储运加注企业、计算机订座系统服务企业，及其关联企业，违反本规定第九条，违法投资公共航空运输企业的；

（二）公共航空运输企业及其关联企业违反本规定第十条，违法投资枢纽机场或者其共用航站楼的；

（三）枢纽机场、公共航空运输企业，及其关联企业，违反本规定第十一条，违法投资航空燃油销售储运加注企业及其设施的。

第十六条 空中交通管理部门违反本规定第十二条,违法投资空中交通管理系统之外的其他民用航空业领域的,由民航局或者地区管理局责令其限期改正;逾期不改正的,对责任人依法给予行政处分。

第四章 附 则

第十七条 国内投资主体投资民用航空业,法律、法规要求取得许可的,应当按照规定向相关主管部门申请取得相应的许可。

第十八条 本规定所称控股是指在企业的全部资本中所占比例大于50%。

本规定所称相对控股是指在企业的全部资本中所占比例不大于50%,但相对大于其他任何一投资主体,并且通过股东协议、公司章程、董事会决议或者其他协议安排能够对企业实际支配。

第十九条 本规定所称关联企业是指企业与另一公司、企业和其他经济组织(以下简称另一企业)有下列关系之一的:

(一)相互间直接及间接持有其中一方的股份总和达到25%以上的;

(二)直接或者间接同为第三者所拥有或者控制股份达到25%以上的;

(三)企业与另一企业之间借贷资金占企业自有资金50%以上,或者企业借贷资金总额的10%以上是由另一企业担保的;

(四)企业的董事或者高级管理人员一半以上或者有1名以上常务董事是由另一企业所委派的;

(五)企业的生产经营活动必须由另一企业提供特许权利(包括工业产权、专有技术等)才能正常进行的;

(六)企业生产经营购进的原材料、零部件等(包括价格及交易条件等)是由另一企业所控制的;

(七)企业生产的产品或者商品的销售(包括价格及交易条件等)是由另一企业所控制的;

(八)对企业生产经营、交易具有实际控制、或者在利益上具有相关联的其它关系,包括家族、亲属关系等。

第二十条 本规定中"以上"含本数,"以下"不含本数。

第二十一条 对国内投资主体的行政处罚、行政强制等处理措施及其执行情况记入守法信用信息记录,并按照有关规定进行公示。

第二十二条 投资军民合用机场民用部分,按照国家有关规定执行。

第二十三条 本规定中对国内投资需要特别管理的公共航空运输企业、

枢纽机场、战略机场范围由民航局根据实际情况另行规定并对外公布。

第二十四条 本规定自2018年1月19日起施行。民航总局于2005年7月15日公布的《国内投资民用航空业规定(试行)》(民航总局令第148号)同时废止。

外国公共航空运输承运人运行合格审定规则

(2017年12月18日交通运输部令2017年第35号公布 自2018年1月29日起施行 国法备字[2018000338])

A章 总 则

第129.1条 目的和依据

为了对在中华人民共和国境内实施运行的外国公共航空运输承运人进行运行合格审定和监督检查,确保其符合在中华人民共和国境内的运行要求,根据《中华人民共和国民用航空法》和《国务院对确需保留的行政审批项目设定行政许可的决定》,制定本规则。

第129.3条 适用范围

本规则适用于符合下列条件的公共航空运输承运人:

(a)持有外国民用航空管理当局颁发的批准其实施公共航空运输飞行的航空运营人合格证和运行规范;

(b)使用飞机或者直升机在中华人民共和国境内进行起降,实施定期或者不定期公共航空运输飞行。

第129.5条 定义

以下定义适用于本规则:

(a)公共航空运输:以营利为目的,使用民用航空器为他人提供旅客、行李、邮件或者货物运送服务的行为。

(b)定期公共航空运输:按照承运人预先公布的起飞时间、起始地点和终止地点实施的公共航空运输。包括公布航班时刻表的定期航班运输,以及在定期航班运输的航线上临时增加的、预先确定起飞时间并告知旅客的加班运输。不包括承运人与客户协商确定上述时间和地点的公共航空运输包机飞行。

(c)不定期公共航空运输:除定期公共航空运输以外的公共航空运输。

(d)湿租:按照租赁协议,承租人租赁飞机时携带出租人一名或者多名机组成员的租赁。

(e)主任监察员:由民航地区管理局指定的代表其签署运行规范的人员。

第 129.7 条　运行合格审定和监督检查的基本要求

(a)本规则第 129.3 条规定的公共航空运输承运人应当通过中国民用航空局指定管辖权的民航地区管理局按照本规则实施的运行合格审定,取得民航地区管理局颁发的《外国公共航空运输承运人运行规范》(以下简称运行规范),方可在中华人民共和国境内实施公共航空运输飞行。

(b)《外国公共航空运输承运人运行规范》的持有人(以下简称运行规范持有人)在中华人民共和国境内实施公共航空运输飞行应当遵守下列文件中的相应规定:

(1)本规则以及按本规则颁发的运行规范;

(2)《国际民用航空公约》及其附件一《人员执照的颁发》、附件六《航空器运行》、附件八《航空器适航性》的标准条款;

(3)《中华人民共和国飞行基本规则》和涉及民航管理的规章中对外国民用航空器进行运行管理、安全管理、安全保卫和空中交通管制的相关规定;

(4)其他相关法律、法规和规章。

(c)运行规范持有人所在国民用航空管理当局为其颁发的航空运营人合格证和运行规范中所规定的运行条件和限制,同样适用于运行规范持有人在中华人民共和国境内的运行。民航地区管理局颁发的运行规范所批准的运行范围不得超出上述航空运营人合格证和运行规范中批准的范围。

运行规范持有人所在国民用航空管理当局为其颁发的航空运营人合格证和运行规范的内容发生变化,需要对按本规则颁发的运行规范作相应修改的,运行规范持有人应当立即通知相应的民航地区管理局,并在通知后五个工作日内按照本规则第 129.35 条的要求申请运行规范的修改。

(d)运行规范持有人所在国民用航空管理当局为其颁发的航空运营人合格证和运行规范中没有具体规定,但是我国有明确要求的特殊运行(例如高高原运行),民航地区管理局应当确定其具备运行能力后,运行规范持有人方可实施该种运行。

(e)运行规范持有人在中华人民共和国境内运行时,应当接受中国民用航空局或者民航地区管理局及其派出机构对其民用航空器和人员实施的监督检查。

(f)对于《国际民用航空公约》附件六《航空器运行》规定的标准和建议措施,如果运行规范持有人所在国民用航空管理当局已经向国际民航组织通知了差异，运行规范持有人可以向民航地区管理局提交相应的偏离申请。偏离由民航地区管理局批准。

第 129.9 条　豁免

(a)对于符合下列要求从事不定期公共航空运输的外国公共航空运输承运人，经中国民用航空局批准，可以适用简化程序，不取得运行规范即在中华人民共和国境内实施运行：

(1)任意连续十二个日历月内在中华人民共和国境内总飞行班次不超过十次，或者在特定时期内从事某项特定的运输任务。特定的运输任务是指紧急医疗救护、救灾、特殊人员物资转移等具有特殊性质，对社会公众具有特殊意义，且时间紧迫的民航运输任务。

(2)向中国民用航空局提供承运人所在国民用航空管理当局颁发的批准其飞入中华人民共和国境内并证明其具有安全运行能力的航空运营人合格证和运行规范。

(b)前款所述的承运人在中华人民共和国境内运行时，应当接受中国民用航空局或者民航地区管理局及其派出机构对其民用航空器和人员实施的监督检查。

(c)对于本规则没有明确允许偏离的条款，运行规范持有人在提出恰当的理由、相应的安全措施并证明这些安全措施能够保证同等安全水平的情况下，可以通过民航地区管理局向中国民用航空局提出豁免申请。经中国民用航空局批准，运行规范持有人可以不执行相应的本规则条款，而执行中国民用航空局在作出此项批准时所列明的规定、条件或者限制。豁免是遵守本规则的一种替代做法，遵守所颁发的豁免及其条件和限制，就是遵守本规则。

第 129.11 条　湿租的限制

运行规范持有人不得湿租除按本规则颁发的运行规范持有人或者《大型飞机公共航空运输承运人运行合格审定规则》(CCAR－121)、《小型航空器商业运输运营人运行合格审定规则》(CCAR－135)所规定的合格证持有人以外的运营人的民用航空器实施本规则运行。

B 章　运行合格审定的条件和程序

第 129.21 条　运行规范的颁发条件

申请运行规范的外国公共航空运输承运人(以下简称申请人)应当具备下列条件：

(a)申请人所在国民用航空管理当局为其颁发的航空运营人合格证和运

行规范中允许申请人实施所申请的运行；

(b)按照涉及民航管理的规章的规定，配备了合格和足够的人员、设备、设施，满足在中华人民共和国境内安全运行的要求；

(c)经过运行评估，达到在中华人民共和国境内运行的安全水平；

(d)如果申请湿租运行，需要满足本规则第129.11条的规定。

第129.23条　申请运行规范需要提交的材料

(a)申请人应当向中国民用航空局指定管辖权的民航地区管理局提交以下材料：

(1)按规定格式填写的申请书；

(2)申请人所在国民用航空管理当局为其颁发的航空运营人合格证和运行规范，并载明批准其实施的运行范围和运行种类等事项；

(3)计划飞入中华人民共和国境内的民用航空器的清单，并载明民用航空器的型号、国籍和登记标志；

(4)初次申请定期公共航空运输的申请人，应当提交飞入中华人民共和国境内的经济批准的文件；

(5)中国民用航空局或者民航地区管理局要求提供的其他文件。

(b)申请书应当按照中国民用航空局规定的内容如实填写。申请人应当如实提交有关材料和反映真实情况，并对申请材料实质内容的真实性负责。

(c)申请人提交的上述文件应当使用中文或者英文版本的纸质或者电子文件。其中，申请书应当是由法定代表人或者其授权人签署的原件或者其扫描件。

第129.25条　申请的受理

(a)对于材料不齐全或者不符合法定形式的，民航地区管理局应当当场或者在五个工作日内一次告知申请人需要补正的全部内容，逾期不告知的，自收到申请材料之日起即为受理。申请材料齐全、符合法定形式，或者申请人按照要求提交全部补正材料的，民航地区管理局应当受理申请。

(b)民航地区管理局受理或者不予受理申请，应当向申请人出具书面凭证。对不予受理的，应当注明理由。

第129.27条　审查和批准

(a)民航地区管理局应当自受理申请之日起二十个工作日内对申请人的申请材料进行审查并做出许可决定。二十个工作日不能做出决定的，经民航地区管理局负责人批准，可以延长十个工作日，并应当将延长期限的理由告知申请人。民航地区管理局作出行政许可决定，需要实施检验、检测和专家评审的，所需时间不计入前述二十个工作日的期限。

(b)民航地区管理局依法作出不予颁发运行规范的书面决定的,应当说明理由,并告知申请人享有依法申请行政复议或者提起行政诉讼的权利。

(c)运行规范应当由主任监察员签字。

(d)运行规范持有人在中华人民共和国境内运行,不符合安全和公共利益需要的,民航地区管理局应当按照下列程序修改运行规范:

(1)民航地区管理局以书面形式提出修改内容,通知运行规范持有人;

(2)运行规范持有人应当自收到通知之日起七个工作日内对修改内容向民航地区管理局提交书面意见;

(3)民航地区管理局在考虑运行规范持有人的意见后,作出决定并通知运行规范持有人;

(4)运行规范持有人可以在收到通知后五个工作日内提出申诉意见,民航地区管理局考虑运行规范持有人的申诉意见后,作出决定并颁发运行规范的修改项。

(e)如果民航地区管理局发现存在危及安全、需要立即行动的紧急情况,不能按照本条(d)款规定的程序修改运行规范,则可以采取下列措施:

(1)民航地区管理局可以单方面决定修改运行规范,修改项在运行规范持有人收到该修改通知之日起生效;

(2)在发给运行规范持有人的通知中,应当说明原因,指出存在危及安全、需要立即行动的紧急情况,或者指出不及时修改运行规范将违背公共利益的情况。

第129.29条　运行规范的内容

运行规范至少包含下列内容:

(a)运行规范持有人的名称和地址;

(b)运行规范持有人与民航地区管理局进行业务联系的机构的名称和通信地址;

(c)运行规范的编号和生效日期;

(d)管辖该运行规范持有人的民航地区管理局内设机构的名称;

(e)被批准的运行种类,包括定期载客运行、不定期载客运行和全货机运行;

(f)说明经审定,该运行规范持有人符合本规则的相关要求,批准其按所颁发的运行规范实施运行;

(g)对每种运行的实施规定的权利、限制和主要程序;

(h)每个厂商、型号和系列的民用航空器在运行中需要遵守的其他程序;

(i)批准使用的每架民用航空器的型号、系列编号、国籍标志和登记标志,运行中需要使用的每个正常使用机场、备降机场和加油机场；

(j)机场的限制；

(k)按照规定颁发的豁免或者批准的偏离；

(l)说明基于安全和公共利益的需要，民航地区管理局可以修改运行规范；

(m)民航地区管理局认为应当包含的其他内容。

第 129.31 条　运行规范的有效期限

除发生下列失效的情况外，运行规范长期有效：

(a)运行规范持有人自愿放弃，则运行规范全部失效；

(b)民航地区管理局依法撤销该运行规范，则运行规范全部失效；

(c)运行规范持有人所在国民用航空管理当局为其颁发的航空运营人合格证和运行规范失效，则运行规范全部失效；

(d)运行规范持有人连续十二个日历月停止中华人民共和国境内的运行，则运行规范全部失效；

(e)民航地区管理局部分或者全部撤销运行规范的相关条款，则运行规范相应的部分或者全部条款失效。

第 129.33 条　运行规范的保存和检查

运行规范持有人设在中华人民共和国境内与民用航空器运行相关的分支机构和代理人应当保存一份现行有效运行规范的影印件，并且应当接受中国民用航空局或者民航地区管理局及其派出机构的检查。

第 129.35 条　运行规范持有人申请变更的情形

(a)运行规范持有人可以申请修改按本规则颁发的运行规范。

(b)运行规范持有人所在国民用航空管理当局为其颁发的航空运营人合格证和运行规范的内容发生变化，运行规范持有人应当按照本规则第 129.7 条(c)款要求修改运行规范。

(c)运行规范持有人申请修改其运行规范，受理、审查和批准按照本规则第 129.25 条和第 129.27 条的规定进行。

C 章　运行的一般要求

第 129.41 条　民用航空器和机组应当携带的文件资料

(a)运行规范持有人飞入中华人民共和国境内的民用航空器上至少应当携带下列文件：

(1)所在国民用航空管理当局为其颁发的航空运营人合格证和运行规范

副本;

(2)民用航空器的国籍登记证、适航证和无线电台执照;

(3)运行手册中与机组人员所履行的职责相关的部分。其中,与飞行的实施直接相关的部分,应当放置在机组成员值勤时易于取用的位置;

(4)民用航空器飞行手册或者等效资料;

(5)包含民用航空器维修信息的飞行记录本。

(b)除本条(a)款所述文件外,还应当根据运行的实际情况,在民用航空器上携带与运行的类型和区域相适应的下列文件:

(1)重量与平衡单,以及旅客和货物装载舱单;

(2)签派或者飞行放行单,以及满足国际民航组织要求的飞行计划;

(3)航行通告、航空信息服务文件和相应的气象资料;

(4)适用于运行区域的航图。

(c)飞行机组成员应当携带适用于该次运行的航空人员执照和体检合格证。

第 129.43 条　按照运行手册实施运行

运行规范持有人的航空人员和其他直接参与运行的个人,应当按照运行规范持有人的运行手册实施运行。

第 129.45 条　飞行记录器和驾驶舱话音记录器数据的保留

运行规范持有人的民用航空器发生由中国民用航空局负责调查的事故或者事故征候后,应当按照中国民用航空局的要求保留并提供飞行记录器和驾驶舱话音记录器所记载的数据。

第 129.47 条　应急频率的监听

运行规范持有人的民用航空器在中华人民共和国境内飞行过程中,机组应当有效监听 VHF121.50Mhz 应急频率,避免出现通信失效。

第 129.49 条　地形警告系统和机载防撞系统的安装要求

运行规范持有人使用的民用航空器应当安装近地警告系统(GPWS)、A 类地形提示和警告系统(TAWS),以及机载防撞系统(ACAS Ⅱ,等同于交通告警和防撞系统(TCAS Ⅱ) 7.1 版本)。

第 129.51 条　民用航空器与机场的使用

(a)运行规范持有人不得在中华人民共和国境内使用未列在运行规范中的民用航空器,发生紧急情况的除外。

(b)在制定飞行计划时,运行规范持有人不得在中华人民共和国境内使用未列在运行规范中的机场作为目的地机场或者目的地备降机场,发生紧急情况的除外。

D章 监督检查

第129.61条 监督检查的实施

(a)中国民用航空局或者民航地区管理局及其派出机构可以对运行规范持有人设在中华人民共和国境内的与民用航空器运行相关的分支机构和代理人进行检查;运行规范持有人的民用航空器在中华人民共和国境内停留时,中国民用航空局或者民航地区管理局及其派出机构可以在不事先通知的情况下登机检查。

(b)通过上述方式无法确认运行规范持有人安全运行能力的,中国民用航空局或者民航地区管理局可以在必要时对运行规范持有人设在其本国境内的基地实施检查,以及进入运行规范持有人的民用航空器驾驶舱实施航路检查。

(c)运行规范持有人应当接受并配合中国民用航空局或者民航地区管理局及其派出机构对其民用航空器和人员实施的监督检查。

(d)中国民用航空局或者民航地区管理局及其派出机构应当对运行规范持有人的运行情况进行全面检查和评估,包括对各种手册和文件的检查;登机检查时,可以对民用航空器的适航状态、民用航空器携带的文件资料以及航空人员的证件等进行检查。

第129.63条 对运行规范的撤销

中国民用航空局或者民航地区管理局及其派出机构实施检查和运行评估,发现运行规范持有人不再具备安全生产条件的,民航地区管理局应当撤销运行规范的相关条款。

E章 法律责任

第129.71条 未取得本规则运行规范或者未按照第129.9条(a)款获得批准从事本规则规定的运行

外国公共航空运输承运人未按照本规则第129.7条(a)款取得运行规范或者未按照本规则第129.9条(a)款获得批准即从事本规则第129.3条规定的运行活动的,由民航地区管理局责令其停止上述运行活动,处三万元以下的罚款;情节严重的,按有关法律法规给予相应的处罚。

第129.73条 存在弄虚作假情况的处罚

(a)外国公共航空运输承运人隐瞒有关情况或者提供虚假材料申请运行

规范的，民航地区管理局不予受理或者不予批准运行规范，并给予警告；申请人在一年内不得再次申请该运行规范。

(b)外国公共航空运输承运人以欺骗、贿赂等不正当手段取得运行规范的，由民航地区管理局给予警告，或者处三万元以下的罚款，并撤销运行规范的批准；申请人在三年内不得再次申请该运行规范。

第129.75条　违反本规则规定的运行的处罚

(a)运行规范持有人违反批准的运行规范实施运行的，由民航地区管理局责令改正，处警告或者三万元以下的罚款。

(b)运行规范持有人或者按照本规则第129.9条(a)款获得批准的外国公共航空运输承运人存在下列行为的，由民航地区管理局责令改正，处警告或者三万元以下的罚款：

(1)违反本规则第129.7条(b)款第(2)项要求，未能遵守《国际民用航空公约》及其附件一《人员执照的颁发》、附件六《航空器运行》、附件八《航空器适航性》的标准条款的，取得相应豁免或者偏离批准的除外；

(2)违反本规则第129.7条(c)款要求，在中华人民共和国境内运行未能遵守所在国民用航空管理当局为其颁发的航空运营人合格证和运行规范中所规定的运行条件和限制的；

(3)违反本规则第129.9条(c)款要求，未执行颁发豁免时所列的规定、条件或者限制的；

(4)违反本规则第129.41条要求，未按规定携带文件资料的；

(5)违反本规则第129.45条要求，未按要求保留并提供飞行记录器和驾驶舱话音记录器所记载的数据的；

(6)违反本规则第129.47条要求，未有效监听应急频率导致通信失效的；

(7)违反本规则第129.49条要求，未安装近地警告系统(GPWS)、A类地形提示和警告系统(TAWS)，以及机载防撞系统(ACAS Ⅱ，等同于交通告警和防撞系统(TCAS Ⅱ)7.1版本)的。

(c)运行规范持有人或者按照本规则第129.9条(a)款获得批准的外国公共航空运输承运人，违反本规则第129.9条(b)款或者第129.61条要求，拒绝、阻碍中国民用航空局或者民航地区管理局及其派出机构的监督检查的，由民航地区管理局责令改正；拒不改正的，处二万元以上二十万元以下的罚款；对其直接负责的主管人员和其他直接责任人员处一万元以上二万元以下的罚款。

(d)运行规范持有人的航空人员和其他直接参与运行的个人，不按照运行规范持有人运行手册实施运行，导致违反本规则规定的，由民航地区管理局处警告或者一千元以下的罚款。

F章 附则

第129.81条 香港、澳门特别行政区公共航空运输承运人的管理

对于持有香港、澳门特别行政区民用航空管理当局颁发的航空运营人合格证和运行规范，使用飞机或者直升机在中华人民共和国境内从事公共航空运输的公共航空运输承运人，参照本规则进行管理。

第129.83条 守法信用信息记录

对运行规范持有人的撤销运行规范、行政处罚、行政强制等处理措施及其执行情况记入守法信用信息记录，并按照有关规定进行公示。

第129.85条 施行

本规则自2018年1月29日起施行。民航总局于2004年8月23日公布的《外国公共航空运输承运人运行合格审定规则》（民航总局令第127号）同时废止。本规则施行之前已经取得运行规范的外国公共航空运输承运人应当于2018年7月29日之前符合本规则的相应要求。

医疗器械网络销售监督管理办法

（2017年12月20日国家食品药品监督管理总局令第38号公布 自2018年3月1日起施行 国法备字[2018000350]）

第一章 总 则

第一条 为加强医疗器械网络销售和医疗器械网络交易服务监督管理，保障公众用械安全，根据《中华人民共和国网络安全法》《医疗器械监督管理条例》《互联网信息服务管理办法》等法律法规，制定本办法。

第二条 在中华人民共和国境内从事医疗器械网络销售、提供医疗器械网络交易服务及其监督管理，应当遵守本办法。

第三条 国家食品药品监督管理总局负责指导全国医疗器械网络销售、医疗器械网络交易服务的监督管理，并组织开展全国医疗器械网络销售和网络交易服务监测。

省级食品药品监督管理部门负责医疗器械网络交易服务的监督管理。

县级以上地方食品药品监督管理部门负责本行政区域内医疗器械网络销售的监督管理。

第四条 从事医疗器械网络销售的企业、医疗器械网络交易服务第三方平台提供者应当遵守医疗器械法规、规章和规范,建立健全管理制度,依法诚信经营,保证医疗器械质量安全。

从事医疗器械网络销售的企业,是指通过网络销售医疗器械的医疗器械上市许可持有人(即医疗器械注册人或者备案人,以下简称持有人)和医疗器械生产经营企业。

医疗器械网络交易服务第三方平台提供者,是指在医疗器械网络交易中仅提供网页空间、虚拟交易场所、交易规则、交易撮合、电子订单等交易服务,供交易双方或者多方开展交易活动,不直接参与医疗器械销售的企业。

第五条 从事医疗器械网络销售的企业、医疗器械网络交易服务第三方平台提供者应当采取技术措施,保障医疗器械网络销售数据和资料的真实、完整、可追溯。

第六条 从事医疗器械网络销售的企业、医疗器械网络交易服务第三方平台提供者应当积极配合食品药品监督管理部门开展网络监测、抽样检验、现场检查等监督管理,按照食品药品监督管理部门的要求存储数据,提供信息查询、数据提取等相关支持。

第二章 医疗器械网络销售

第七条 从事医疗器械网络销售的企业应当是依法取得医疗器械生产许可、经营许可或者办理备案的医疗器械生产经营企业。法律法规规定不需要办理许可或者备案的除外。

持有人通过网络销售其医疗器械,医疗器械生产企业受持有人委托通过网络销售受托生产的医疗器械,不需要办理经营许可或者备案,其销售条件应当符合《医疗器械监督管理条例》和本办法的要求。

持有人委托开展医疗器械网络销售的,应当评估确认受托方的合法资质、销售条件、技术水平和质量管理能力,对网络销售过程和质量控制进行指导和监督,对网络销售的医疗器械质量负责。

第八条 从事医疗器械网络销售的企业,应当填写医疗器械网络销售信息表,将企业名称、法定代表人或者主要负责人、网站名称、网络客户端应用程序名、网站域名、网站 IP 地址、电信业务经营许可证或者非经营性互联网信息服务备案编号、医疗器械生产经营许可证件或者备案凭证编号等信息事先向所在地设区的市级食品药品监督管理部门备案。相关信息发生变化的，应当及时变更备案。

第九条 从事医疗器械网络销售的企业，应当通过自建网站或者医疗器械网络交易服务第三方平台开展医疗器械网络销售活动。

通过自建网站开展医疗器械网络销售的企业，应当依法取得《互联网药品信息服务资格证书》，并具备与其规模相适应的办公场所以及数据备份、故障恢复等技术条件。

第十条 从事医疗器械网络销售的企业，应当在其主页面显著位置展示其医疗器械生产经营许可证件或者备案凭证，产品页面应当展示该产品的医疗器械注册证或者备案凭证。相关展示信息应当画面清晰，容易辨识。其中，医疗器械生产经营许可证件或者备案凭证、医疗器械注册证或者备案凭证的编号还应当以文本形式展示。相关信息发生变更的，应当及时更新展示内容。

第十一条 从事医疗器械网络销售的企业在网上发布的医疗器械名称、型号、规格、结构及组成、适用范围、医疗器械注册证编号或者备案凭证编号、注册人或者备案人信息、生产许可证或者备案凭证编号、产品技术要求编号、禁忌症等信息，应当与经注册或者备案的相关内容保持一致。

第十二条 从事医疗器械网络销售的企业应当记录医疗器械销售信息，记录应当保存至医疗器械有效期后 2 年；无有效期的，保存时间不得少于 5 年；植入类医疗器械的销售信息应当永久保存。相关记录应当真实、完整、可追溯。

第十三条 从事医疗器械网络销售的企业，经营范围不得超出其生产经营许可或者备案的范围。

医疗器械批发企业从事医疗器械网络销售，应当销售给具有资质的医疗器械经营企业或者使用单位。

医疗器械零售企业从事医疗器械网络销售，应当销售给消费者。销售给消费者个人的医疗器械，应当是可以由消费者个人自行使用的，其说明书应当符合医疗器械说明书和标签管理相关规定，标注安全使用的特别说明。

第十四条 从事医疗器械网络销售的企业，应当按照医疗器械标签和说明书标明的条件贮存和运输医疗器械。委托其他单位贮存和运输医疗器械的，应当对被委托方贮存和运输医疗器械的质量保障能力进行考核评估，明确贮存和运输过程中的质量安全责任，确保贮存和运输过程中的质量安全。

第三章 医疗器械网络交易服务

第十五条 医疗器械网络交易服务第三方平台提供者应当依法取得《互联网药品信息服务资格证书》，具备与其规模相适应的办公场所以及数据备份、故障恢复等技术条件，设置专门的医疗器械网络质量安全管理机构或者配备医疗器械质量安全管理人员。

第十六条 医疗器械网络交易服务第三方平台提供者应当向所在地省级食品药品监督管理部门备案，填写医疗器械网络交易服务第三方平台备案表，并提交以下材料：

（一）营业执照原件、复印件；

（二）法定代表人或者主要负责人、医疗器械质量安全管理人身份证明原件、复印件；

（三）组织机构与部门设置说明；

（四）办公场所地理位置图、房屋产权证明文件或者租赁协议（附房屋产权证明文件）原件、复印件；

（五）电信业务经营许可证原件、复印件或者非经营性互联网信息服务备案说明；

（六）《互联网药品信息服务资格证书》原件、复印件；

（七）医疗器械网络交易服务质量管理制度等文件目录；

（八）网站或者网络客户端应用程序基本情况介绍和功能说明；

（九）其他相关证明材料。

第十七条 省级食品药品监督管理部门应当当场对企业提交材料的完整性进行核对，符合规定的予以备案，发给医疗器械网络交易服务第三方平台备案凭证；提交资料不齐全或者不符合法定情形的，应当一次性告知需要补充材料的事项。

省级食品药品监督管理部门应当在备案后 7 个工作日内向社会公开相关备案信息。备案信息包括企业名称、法定代表人或者主要负责人、网站名称、网络客户端应用程序名、网站域名、网站 IP 地址、电信业务经营许可证或者非经营性互联网信息服务备案编号、医疗器械网络交易服务第三方平台备案凭证编号等。

省级食品药品监督管理部门应当在医疗器械网络交易服务第三方平台提供者备案后 3 个月内，对医疗器械网络交易服务第三方平台开展现场检查。

第十八条 医疗器械网络交易服务第三方平台提供者名称、法定代表人或者主要负责人、网站名称、网络客户端应用程序名、网站域名、网站 IP 地址、电信业务经营许可证或者非经营性互联网信息服务备案编号等备案信息发生变化的,应当及时变更备案。

第十九条 医疗器械网络交易服务第三方平台提供者,应当在其网站主页面显著位置标注医疗器械网络交易服务第三方平台备案凭证的编号。

第二十条 医疗器械网络交易服务第三方平台提供者应当建立包括入驻平台的企业核实登记、质量安全监测、交易安全保障、网络销售违法行为制止及报告、严重违法行为平台服务停止、安全投诉举报处理、消费者权益保护、质量安全信息公告等管理制度。

第二十一条 医疗器械网络交易服务第三方平台提供者应当对申请入驻平台的企业提供的医疗器械生产经营许可证件或者备案凭证、医疗器械注册证或者备案凭证、企业营业执照等材料进行核实,建立档案并及时更新,保证入驻平台的企业许可证件或者备案凭证所载明的生产经营场所等许可或者备案信息真实。

医疗器械网络交易服务第三方平台提供者应当与入驻平台的企业签订入驻协议,并在协议中明确双方义务及违约处置措施等相关内容。

第二十二条 医疗器械网络交易服务第三方平台提供者应当记录在其平台上开展的医疗器械交易信息,记录应当保存至医疗器械有效期后 2 年;无有效期的,保存时间不得少于 5 年;植入类医疗器械交易信息应当永久保存。相关记录应当真实、完整、可追溯。

第二十三条 医疗器械网络交易服务第三方平台提供者应当对平台上的医疗器械销售行为及信息进行监测,发现入驻网络交易服务第三方平台的企业存在超范围经营、发布虚假信息、夸大宣传等违法违规行为、无法取得联系或者存在其他严重安全隐患的,应当立即对其停止网络交易服务,并保存有关记录,向所在地省级食品药品监督管理部门报告。

发现入驻网络交易服务第三方平台的企业被食品药品监督管理部门责令停产停业、吊销许可证件等处罚,或者平台交易的产品被食品药品监督管理部门暂停销售或者停止销售的,应当立即停止提供相关网络交易服务。

第二十四条 医疗器械网络交易服务第三方平台提供者应当在网站醒目位置及时发布产品质量安全隐患等相关信息。

第四章 监督检查

第二十五条 食品药品监督管理部门依照法律、法规、规章的规定,依职权对从事医疗器械网络销售的企业和医疗器械网络交易服务第三方平台实施监督检查和抽样检验。

第二十六条 对从事医疗器械网络销售的企业违法行为的查处，由其所在地县级以上地方食品药品监督管理部门管辖。

未经许可或者备案从事医疗器械网络销售，能确定违法销售企业地址的，由违法销售企业所在地县级以上地方食品药品监督管理部门管辖；不能确定违法销售企业所在地的，由违法行为发生地或者违法行为结果地的县级以上地方食品药品监督管理部门管辖。通过医疗器械网络交易服务第三方平台销售的，由医疗器械网络交易服务第三方平台提供者所在地省级食品药品监督管理部门管辖；经调查后能够确定管辖地的，及时移送有管辖权的食品药品监督管理部门。

对医疗器械网络交易服务第三方平台提供者违法行为的查处，由其所在地省级食品药品监督管理部门管辖。

网络销售的医疗器械发生重大质量事故或者造成其他严重危害后果的，可以由违法企业所在地、违法行为发生地或者违法行为结果地省级食品药品监督管理部门管辖；后果特别严重的，省级食品药品监督管理部门可以报请国家食品药品监督管理总局协调或者组织直接查处。

对发生医疗器械网络销售违法行为的网站，由省级食品药品监督管理部门通报同级通信主管部门。

第二十七条 国家食品药品监督管理总局组织建立国家医疗器械网络交易监测平台，开展全国医疗器械网络销售和网络交易监测与处置，监测情况定期通报省级食品药品监督管理部门。对监测发现的涉嫌违法违规信息，及时转送相关省级食品药品监督管理部门。省级食品药品监督管理部门应当及时组织处理。

第二十八条 省级食品药品监督管理部门自行建立的医疗器械网络销售监测平台，应当与国家医疗器械网络交易监测平台实现数据对接。

第二十九条 食品药品监督管理部门开展医疗器械网络销售日常监督管理，或者对涉嫌违法违规的医疗器械网络销售行为进行查处时，有权采取下列措施：

（一）进入企业医疗器械经营场所、办公场所和服务器所在地等实施现场检查；

（二）对网络销售的医疗器械进行抽样检验；

（三）询问有关人员，调查企业从事医疗器械网络销售行为的相关情况；

（四）查阅、复制企业的交易数据、合同、票据、账簿以及其他相关资料；

（五）调取网络销售的技术监测、记录资料；

（六）依法查封扣押数据存储介质等；

（七）法律、法规规定可以采取的其他措施。

第三十条 对网络销售医疗器械的抽样检验，按照医疗器械质量监督抽查检验相关管理规定实施。

检验结果不符合医疗器械质量安全标准的，食品药品监督管理部门收到检验报告后，应当及时对相关生产经营企业开展监督检查，采取控制措施，及时发布质量公告，对违法行为依法查处。

第三十一条 食品药品监督管理部门对医疗器械网络销售的技术监测记录、信息追溯资料等，可以作为认定医疗器械网络销售违法事实的依据。

第三十二条 从事医疗器械网络销售的企业实际情况与备案信息不符且无法取得联系的，经所在地设区的市级食品药品监督管理部门公示后，依法注销其《医疗器械经营许可证》或者在第二类医疗器械经营备案信息中予以标注，并向社会公告。相关网站由省级食品药品监督管理部门通报同级通信主管部门。

医疗器械网络交易服务第三方平台提供者实际情况与备案信息不符且无法取得联系的，经原备案所在地省级食品药品监督管理部门公示后，在其备案信息中予以标注，向社会公告；备案时提供虚假资料的，由省级食品药品监督管理部门向社会公告备案单位。其网站由省级食品药品监督管理部门通报同级通信主管部门。

第三十三条 食品药品监督管理部门在检查中发现从事医疗器械网络销售的企业或者医疗器械网络交易服务第三方平台未按规定建立并执行相关质量管理制度，且存在医疗器械质量安全隐患的，食品药品监督管理部门可以责令其暂停网络销售或者暂停提供相关网络交易服务。

恢复网络销售或者恢复提供相关网络交易服务的，从事医疗器械网络销售的企业或者医疗器械网络交易服务第三方平台提供者应当向原作出处理决定的食品药品监督管理部门提出申请，经食品药品监督管理部门检查通过后方可恢复。

第三十四条 从事医疗器械网络销售的企业、医疗器械网络交易服务第三方平台提供者，有下列情形之一的，食品药品监督管理部门可以依职责对其法定代表人或者主要负责人进行约谈：

（一）发生医疗器械质量安全问题，可能引发医疗器械质量安全风险的；

（二）未及时妥善处理投诉举报的医疗器械质量问题，可能存在医疗器械质量安全隐患的；

（三）未及时采取有效措施排查、消除医疗器械质量安全隐患，未落实医疗器械质量安全责任的；

（四）需要进行约谈的其他情形。

约谈不影响食品药品监督管理部门依法对其进行行政处理，约谈情况及后续处理情况可以向社会公开。

被约谈企业无正当理由未按照要求落实整改的，省级食品药品监督管理部门、所在地设区的市级食品药品监督管理部门应当依职责增加监督检查频次。

第三十五条 有下列情形之一的，食品药品监督管理部门可以将从事医疗器械网络销售的企业、医疗器械网络交易服务第三方平台提供者及其法定代表人或者主要负责人列入失信企业和失信人员名单，并向社会公开：

（一）拒不执行暂停网络销售或者暂停提供相关网络交易服务决定的；

（二）企业被约谈后拒不按照要求整改的。

第三十六条 县级以上地方食品药品监督管理部门应当定期汇总分析本行政区域医疗器械网络销售监督管理情况，报告上一级食品药品监督管理部门，并依法向社会公开。

省级食品药品监督管理部门应当每年汇总分析医疗器械网络销售和网络交易服务第三方平台监督管理情况，报告国家食品药品监督管理总局，并依法向社会公开。

第五章 法律责任

第三十七条 从事医疗器械网络销售的企业、医疗器械网络交易服务第三方平台提供者违反法律法规有关规定从事销售或者交易服务，法律法规已有规定的，从其规定。构成犯罪的，移送公安机关处理。

第三十八条 违反本办法规定，未取得医疗器械经营许可从事网络第三类医疗器械销售的，依照《医疗器械监督管理条例》第六十三条的规定予以处罚；未取得第二类医疗器械经营备案凭证从事网络第二类医疗器械销售的，依照《医疗器械监督管理条例》第六十五条的规定予以处罚。

第三十九条 从事医疗器械网络销售的企业未按照本办法规定备案的，由县级以上地方食品药品监督管理部门责令限期改正，给予警告；拒不改正的，向社会公告，处 1 万元以下罚款。

第四十条 有下列情形之一的，由县级以上地方食品药品监督管理部门责令改正，给予警告；拒不改正的，处 5000 元以上 1 万元以下罚款：

(一)从事医疗器械网络销售的企业未按照本办法要求展示医疗器械生产经营许可证或者备案凭证、医疗器械注册证或者备案凭证的;

(二)医疗器械网络交易服务第三方平台提供者未按照本办法要求展示医疗器械网络交易服务第三方平台备案凭证编号的。

第四十一条 有下列情形之一的,由县级以上地方食品药品监督管理部门责令改正,给予警告;拒不改正的,处5000元以上2万元以下罚款:

(一)从事医疗器械网络销售的企业备案信息发生变化,未按规定变更的;

(二)从事医疗器械网络销售的企业未按规定建立并执行质量管理制度的;

(三)医疗器械网络交易服务第三方平台提供者备案事项发生变化未按规定办理变更的;

(四)医疗器械网络交易服务第三方平台提供者未按规定要求设置与其规模相适应的质量安全管理机构或者配备质量安全管理人员的;

(五)医疗器械网络交易服务第三方平台提供者未按规定建立并执行质量管理制度的。

第四十二条 医疗器械网络交易服务第三方平台提供者未按本办法规定备案的,由省级食品药品监督管理部门责令限期改正;拒不改正的,向社会公告,处3万元以下罚款。

第四十三条 有下列情形之一的,由县级以上地方食品药品监督管理部门责令改正,给予警告;拒不改正的,处1万元以上3万元以下罚款:

(一)从事医疗器械网络销售的企业、医疗器械网络交易服务第三方平台条件发生变化,不再满足规定要求的;

(二)从事医疗器械网络销售的企业、医疗器械网络交易服务第三方平台提供者不配合食品药品监督管理部门的监督检查,或者拒绝、隐瞒、不如实提供相关材料和数据的。

第四十四条 有下列情形之一的,由县级以上地方食品药品监督管理部门责令改正,处1万元以上3万元以下罚款:

(一)从事医疗器械网络销售的企业超出经营范围销售的;

(二)医疗器械批发企业销售给不具有资质的经营企业、使用单位的。

医疗器械零售企业将非消费者自行使用的医疗器械销售给消费者个人的,依照前款第一项规定予以处罚。

第四十五条 从事医疗器械网络销售的企业未按照医疗器械说明书和标签标示要求运输、贮存医疗器械的,依照《医疗器械监督管理条例》第六十七条的规定予以处罚。

第四十六条 负责监管医疗器械网络销售的食品药品监督管理部门工作人员不履行职责或者滥用职权、玩忽职守、徇私舞弊的，依法追究行政责任；构成犯罪的，移送司法机关追究刑事责任。

第四十七条 医疗器械网络交易服务第三方平台提供者提供的医疗器械产品或者服务造成他人人身、财产损失的，根据相关法律法规的规定承担民事责任。

第六章 附 则

第四十八条 医疗器械网络交易服务第三方平台备案凭证的格式由国家食品药品监督管理总局统一制定。

医疗器械网络交易服务第三方平台备案凭证由省级食品药品监督管理部门印制。

医疗器械网络交易服务第三方平台备案凭证编号的编排方式为：(X)网械平台备字〔XXXX〕第XXXXX号。其中：

第一位X代表备案部门所在地省、自治区、直辖市的简称；

第二到五位X代表4位数备案年份；

第六到十位X代表5位数备案流水号。

第四十九条 医疗器械网络信息服务按照《互联网药品信息服务管理办法》执行。

第五十条 本办法自2018年3月1日起施行。

海关总署关于修改部分规章的决定

（2017年12月20日海关总署令第235号公布 自2018年2月1日起施行 国法备字[2018000347]）

为进一步深化海关简政放权放管结合优化服务改革，在保证海关有效监管、精准监管的同时，推动通关以及相关作业流程“去繁就简”，去除不必要的制度性成本，营造良好营商环境，海关总署决定对《中华人民共和国海关对进出境旅客行李物品监管办法》等23部规章进行修改，具体内容如下：

一、对《中华人民共和国海关对进出境旅客行李物品监管办法》(海关总署令第9号公布,根据海关总署令第198号修改)作如下修改:

(一)将第八条第二款中的"持有效的出境证件"修改为"凭有效的出境证件",将第十七条第五款中的"持特殊通行证件"修改为"凭特殊通行证件",将第二十七条中的"持有效过境签证"修改为"凭有效过境签证"。

(二)将第十六条中的"办理进出境物品的申请、报关、纳税以及其他有关手续的"修改为"办理进出境物品的报关、纳税以及其他有关手续的"。

(三)删去第十八条第一款中的"应事先向主管海关提出书面申请",将"办理审批验放手续"修改为"办理通关手续"。

(四)将第二十条第一款中的"应事先向主管海关提出书面申请,并向海关交验中华人民共和国政府主管部门签发的定居证明或批准文件办理审批手续"修改为"应当依照有关规定向主管海关或者口岸海关提交中华人民共和国政府主管部门签发的定居证明或者批准文件",删去"经核准"和"旅客持主管海关的书面通知,到物品进境地海关办理验放手续"。

二、对《中华人民共和国海关对中国籍旅客进出境行李物品的管理规定》(海关总署令第58号公布,根据海关总署令第198号修改)作如下修改:

(一)将第二条中的"持中华人民共和国护照"修改为"凭中华人民共和国护照",将第三条第一款中的"验凭旅客所持有效出入境旅行证件"修改为"验凭旅客有效出入境旅行证件",将第十条第二款中的"持有效的出境证件"修改为"凭有效的出境证件"。

(二)将第六条第一款中的"应在获准定居后三个月内持中华人民共和国有关主管部门签发的定居证明,向定居地主管海关一次性提出申请"修改为"应当在获准定居后六个月内凭中华人民共和国有关主管部门签发的定居证明,向海关办理通关手续",将"上述自用物品中,除本规定所附《定居旅客应税自用及安家物品清单》(见附件2)所列物品需征税外"修改为"上述自用物品可以向定居地主管海关或者口岸海关申报,除《定居旅客应税自用及安家物品清单》(见附件2)所列物品需征税外",将"自用小汽车和摩托车准予每户进境各1辆,海关照章征税"修改为"自用小汽车和摩托车向定居地主管海关申报,每户准予征税进境各1辆"。

删去第二款。

三、对《中华人民共和国海关关于境内公路承运海关监管货物的运输企业及其车辆、驾驶员的管理办法》(海关总署令第88号公布,根据海关总署令第121号和第227号修改)作如下修改:

(一)将第三条中的"企业所在关区的直属海关"修改为"主管地的直属海

关或者隶属海关(以下简称主管海关)”。

(二)将第五条第(一)项修改为“具有企业法人资格”,将第(二)项修改为“取得与运输企业经营范围相一致的工商核准登记”,删去第(三)项和第(四)项。

(三)删去第六条第一款第(一)项中的“(见附件1)”、第(三)项和第(四)项。

将第二款修改为“主管海关可以通过网络共享获取前款规定材料的,无需另行提交。”

(四)删去第七条中的“见附件4”。

(五)删去第八条第(二)项中的“厢体必须为金属结构”和第(五)项。

(六)删去第九条第一款第(一)项中的“(见附件2)”和第(三)项。

将第二款修改为“主管海关可以通过网络共享获取前款规定材料的,无需另行提交。”

(七)删去第十条中的“《中华人民共和国境内汽车载运海关监管货物车辆准载证》(见附件5,以下简称《准载证》)”和“见附件6”。

(八)删去第十一条。

(九)删去第十二条第一款第(一)项中的“(见附件3)”和第(二)项中的“驾驶员的国内居民身份证”。

将第二款修改为“主管海关可以通过网络共享获取前款规定材料的,无需另行提交。”

(十)删去第十三条。

(十一)删去第十四条、第十六条、第十八条、第二十条和第二十七条中的“《准载证》”。

(十二)删去第十五条。

(十三)将第十九条中的“监管场所”修改为“海关监管作业场所”。

(十四)将第三十条修改为“运输企业、车辆注册有效期届满未延续的,海关应当依照有关规定办理注销手续。”

(十五)增加一条,作为第三十一条“本办法所规定的文书由海关总署另行制定并且发布。”

(十六)对条文顺序作相应调整。

(十七)删去附件。

四、对《中华人民共和国海关关于转关货物监管办法》(海关总署令第89号公布,根据海关总署令第218号修改)作如下修改:

(一)删去第二条中的“除另有规定外(见附件1),进出口货物均可办理转关手续”。

增加一款,作为第二款“对商业封志完好的内支线船舶和铁路承运的转关货物,海关可以不施加海关封志。”

增加一款,作为第三款“可以办理转关手续的进出口货物范围由海关总署另行确定并且发布。”

(二)将第三条中的“应当按规定向海关缴纳规费,并提供方便”修改为“应当提供方便”。

(三)将第四条中的“监管场所”修改为“海关监管作业场所”。

(四)将第四条、第十五条、第二十三条、第二十四条、第三十一条和第三十二条中的“海关监管场所”修改为“海关监管作业场所”。

(五)删去第八条中的“(附件2)”、“(附件3)”,第十六条中的“(见附件4)”,第十七条中的“(见附件5)”,第二十二条中的“(见附件6)”,第二十五条中的“(附件7)”和第二十九条中的“(见附件8)”。

(六)删去第九条。

(七)删去第十条。

(八)将第二十条、第二十二条和第二十六条中的“持以下单证”修改为“凭以下单证”。

(九)将第二十二条第一款第(三)项中的“纸质舱单”修改为“电子或者纸质舱单”。

(十)将第二十七条中的“持《汽车载货登记簿》”修改为“凭《汽车载货登记簿》”。

(十一)删去第三十四条中的“3.从境内一个设关地点运往境内另一个设关地点,需经海关监管的货物”。

(十二)增加一条作为第三十三条“本办法所规定的文书由海关总署另行制定并且发布。”

(十三)对条文顺序作相应调整。

(十四)删去附件。

五、对《中华人民共和国海关进出口货物申报管理规定》(海关总署令第103号公布,根据海关总署令第198号和第218号修改)作如下修改:

(一)将第十八条第二款中的“海关监管场所”修改为“海关监管作业场所”。

(二)删去第二十五条中的“与电子数据报关单内容相一致的纸质报关单”。

(三)将第二十九条第一款第(一)项修改为“用于办理出口退税的实施启

运港退税政策的出口货物报关单证明联”，将第(二)项修改为“用于办理付汇的货物贸易外汇管理B类、C类企业进口货物报关单证明联”，将第(三)项修改为“用于办理收汇的货物贸易外汇管理B类、C类企业出口货物报关单证明联”。

六、对《中华人民共和国海关对保税仓库及所存货物的管理规定》(海关总署令第105号公布，根据海关总署令第198号和第227号修改)作如下修改：

(一)将第四条第二款、第九条第(七)项中的“液体危险品保税仓库”修改为“液体保税仓库”。

将第四条第三款修改为“液体保税仓库，是指专门提供石油、成品油或者其他散装液体保税仓储服务的保税仓库。”

(二)删去第五条第二款。

(三)删去第八条第(二)项、第(四)项和第(五)项。

(四)将第九条第(二)项中的“安全隔离设施”修改为“隔离设施”，删去第(四)项中的“符合会计法要求的会计制度”和第(五)项。

(五)删去第十条。

(六)将第十二条中的“直属海关”修改为“主管海关”。

(七)将第十三条中的“经海关注册登记并核发《中华人民共和国海关保税仓库注册登记证书》(以下简称《保税仓库注册登记证书》)，方可投入运营”修改为“经海关注册登记并核发《保税仓库注册登记证书》，方可以开展有关业务”。

增加一款，作为第二款“《保税仓库注册登记证书》有效期为3年。”

(八)删去第十六条。

(九)将第十八条中的“并定期以计算机电子数据和书面形式报送主管海关”修改为“并定期报送主管海关”。

(十)删去第十九条第二款中的“所存货物范围和商品种类”，将“应当经直属海关批准”修改为“主管海关受理企业申请后，报直属海关审批”。

删去第三款。

(十一)删去第二十条第一款。

删去第二款。

删去第三款中的“因其他事由”，将“经海关审核后”修改为“经主管海关受理报直属海关审批后”。

(十二)将第二十一条第一款中的“持有关单证”修改为“凭有关单证”，删去“根据核定的保税仓库存放货物范围和商品种类”。

删去第二款。

（十三）删去第二十六条第二款。

（十四）删去第二十七条第二款。

（十五）增加一条作为第三十一条"本规定所规定的文书由海关总署另行制定并且发布。"

（十六）对条文顺序作相应调整。

七、对《中华人民共和国海关关于加工贸易边角料、剩余料件、残次品、副产品和受灾保税货物的管理办法》（海关总署令第111号公布，根据海关总署令第198号和第218号修改）作如下修改：

（一）删去第一条和第十五条中的"内销审批和"。

（二）删去第四条中的"商务主管部门免予审批，企业直接报主管海关核准并办理内销有关手续"。

（三）删去第六条第（一）项中的"商务主管部门免予审批，企业直接报主管海关核准"，将第（二）项中的"由商务主管部门按照有关内销审批规定审批，海关凭商务主管部门批件对合同内销的全部剩余料件按照规定计征税款和缓税利息"修改为"海关对合同内销的全部剩余料件按照规定计征税款和缓税利息"。

（四）删去第八条第二款中的"加工贸易企业需要内销的副产品，由商务主管部门按照副产品实物状态列明内销商品名称，并且按照加工贸易有关内销规定审批，海关凭商务主管部门批件办理内销有关手续"。

八、对《中华人民共和国海关关于来往香港、澳门小型船舶及所载货物、物品管理办法》（海关总署令第112号公布）作如下修改：

（一）删去第七条第一款第（一）项中的"（见附件1）"、第（三）项、第（四）项和第（六）项。

将第二款中的"提交上述（二）、（三）、（四）、（五）项文件"修改为"提交前款第（二）项、第（三）项文件"。

（二）删去第八条中的"见附件2"、"见附件3"、"（见附件4）"，第二十一条中的"（见附件6）"、"（见附件7）"和第二十二条中的"（见附件8）"。

（三）删去第九条第一款中的"海关对小型船舶实行年审管理"，将"运输企业应当在海关规定的时间内向备案海关提交下列文件，办理小型船舶年审手续"修改为"运输企业需要延续备案的，应当在有效期届满30日前向备案海关提交下列文件，办理小型船舶延续手续"，将第（一）项修改为"《来往港澳小型船舶延续申请书》"。

将第二款修改为"有效期届满未延续的，海关应当依照有关规定办理注销手续。”

（四）将第十条中的“运输企业应当持书面申请和有关批准文件到备案海关办理变更手续”修改为“运输企业应当凭书面申请和有关批准文件向备案海关办理变更手续”。

（五）删去第十一条第二款、第十八条第一款和第十九条中的“纸质舱单”。

（六）增加一条作为第三十一条“本办法所规定的文书由海关总署另行制定并且发布。”

（七）对条文顺序作相应调整。

（八）删去附件。

九、对《中华人民共和国海关对常驻机构进出境公用物品监管办法》（海关总署令第115号公布，根据海关总署令第193号和第198号修改）作如下修改：

（一）删去第二条第一款中的“申请”。

将第二款中的“应当由本机构或其委托的报关企业向主管海关提交书面申请。经主管海关审核批准后，进出境地海关凭主管海关的审批单证和其他相关单证予以验放”修改为“可以由本机构或者其委托的报关企业向主管海关或者口岸海关办理通关手续。常驻机构进出境公用车辆，向主管海关办理通关手续”。

增加一款，作为第三款“公用物品通关时，海关可以对相关物品进行查验，防止违禁物品进出境。”

增加一款，作为第四款“公用物品放行后，海关可以通过实地核查等方式对使用情况进行抽查。”

（二）将第四条第一款和第八条中的“申请进境”修改为“申报进境”。

（三）删去第五条。

（四）将第六条第一款修改为“常驻机构申报进境公用物品时，应当填写《进口货物报关单》，并提交《海关备案证》、提（运）单、发票和装箱单等相关单证。”

将第二款修改为“常驻机构申报进境机动车辆时，除提交前款规定的单证外，还应当提交本机构所有常驻人员的有效身份证件。”

（五）将第九条中的“持公安交通管理部门颁发的《机动车辆行驶证》”修改为“凭公安交通管理部门颁发的《机动车辆行驶证》”。

（六）删去第十条中的“经主管海关核准后”。

（七）删去第十一条。

（八）将第十二条第一款修改为“常驻机构申报出境原进境公用物品时，应当填写《出口货物报关单》，并提交《海关备案证》、提（运）单、发票和装箱单等相关单证。”

将第二款修改为“常驻机构申报出境原进境机动车辆的，海关开具《领/销牌照通知书》，常驻机构凭此向公安交通管理部门办理注销牌照手续。”

（九）将第十四条中的“持《监管车辆登记证》、《机动车辆行驶证》、《海关备案证》到主管海关办理机动车辆海关年审手续”修改为“凭《监管车辆登记证》、《机动车辆行驶证》、《海关备案证》向主管海关办理机动车辆海关年审手续”。

（十）删去第十六条第一款中的“出让方主管海关批准后”。

将第二款修改为“常驻机构将进境监管机动车辆出售给特许经营单位的，特许经营单位应当向常驻机构的主管海关提交经常驻机构盖章确认的《转让申请表》，参照前款规定办理结案手续，并依法向主管海关补缴税款。”

（十一）将第十七条中的“持《中华人民共和国海关公/自用车辆解除监管申请表》”修改为“凭《中华人民共和国海关公/自用车辆解除监管申请表》”。

（十二）将第二十条中的“常驻机构未按照本办法规定向海关办理监管机动车辆年审手续，擅自转让、出售监管机动车辆，或者有其他走私、违反海关监管规定行为的”修改为“违反本办法，构成走私行为、违反海关监管规定行为或者其他违反海关法行为的”。

（十三）对条文顺序作相应调整。

十、对《中华人民共和国海关对非居民长期旅客进出境自用物品监管办法》（海关总署令第116号公布，根据海关总署令第194号和第198号修改）作如下修改：

（一）将第二条第一款中的“非居民长期旅客进出境自用物品应当以个人自用、合理数量为限”修改为“非居民长期旅客进出境自用物品应当符合《非居民长期旅客自用物品目录》（以下简称《物品目录》），以个人自用、合理数量为限。《物品目录》由海关总署另行制定并且发布”。

将第二款中的“应当由本人或其委托的报关企业向主管海关提交书面申请。经主管海关审核批准后，进出境地海关凭主管海关的审批单证和其他相关单证予以验放”修改为“可以由本人或者其委托的报关企业向主管海关或者口岸海关办理通关手续。常驻人员进境机动车辆，向主管海关办理通关手续”。

增加一款，作为第三款“自用物品通关时，海关可以对相关物品进行查验，防止违禁物品进出境。”

增加一款，作为第四款"自用物品放行后，海关可以通过实地核查等方式对使用情况进行抽查。"

（二）将第三条和第六条中的"申请进境"修改为"申报进境"。

（三）删去第四条。

（四）将第五条第一款修改为"非居民长期旅客申报进境自用物品时，应当填写《中华人民共和国海关进出境自用物品申报单》（以下简称《申报单》，见附件1），并提交身份证件、长期居留证件、提（运）单和装箱单等相关单证。港澳台人员还需提供其居住地公安机关出具的居留证明。"

将第二款修改为"常驻人员申报进境机动车辆时，应当填写《进口货物报关单》，并提交前款规定的单证。专家以外的常驻人员还应当提交所在常驻机构的《中华人民共和国海关常驻机构备案证》或者所在外商投资企业的《中华人民共和国海关报关单位注册登记证书》。"

（五）将第七条中的"持公安交通管理部门颁发的《机动车辆行驶证》"修改为"凭公安交通管理部门颁发的《机动车辆行驶证》"。

（六）删去第八条。

（七）将第九条第一款修改为"非居民长期旅客申报出境原进境自用物品时，应当填写《申报单》，并提交身份证件、长期居留证件、提（运）单和装箱单等相关单证。"

将第二款修改为"常驻人员申报出境原进境机动车辆的，海关开具《领/销牌照通知书》，常驻人员凭此向公安交通管理部门办理注销牌照手续。"

（八）将第十一条中的"持本人身份证件、长期居留证件、《监管车辆登记证》、《机动车辆行驶证》到主管海关办理机动车辆海关年审手续"修改为"凭本人身份证件、长期居留证件、《监管车辆登记证》、《机动车辆行驶证》向主管海关办理机动车辆海关年审手续"。

（九）删去第十三条第一款中的"出让方主管海关批准后"。

（十）将第十四条中的"持《中华人民共和国海关公/自用车辆解除监管申请表》"修改为"凭《中华人民共和国海关公/自用车辆解除监管申请表》"。

（十一）将第十七条中的"非居民长期旅客未按照本办法规定向海关办理监管机动车辆年审手续，擅自转让、出售监管机动车辆，或者有其他走私、违反海关监管规定行为的"修改为"违反本办法，构成走私行为、违反海关监管规定行为或者其他违反海关法行为的"。

（十二）将第十八条中的"《中华人民共和国外国人就业证》、《中华人民共和国外国专家证》"修改为"《中华人民共和国外国人工作许可证》"，将"'长期居留证件'是指中华人民共和国主管部门签发的《中华人民共和国外国人长期居留证》、《华侨、港澳地区人员暂住证》等准予在境内长期居留的证件”修改为“‘长期居留证件’是指有效期一年及以上的《中华人民共和国外国人居留许可》、《港澳居民来往内地通行证》、《台湾居民来往大陆通行证》等准予在境内长期居留的证件”，将“‘自用物品’是指非居民长期旅客在境内居留期间日常生活所必需的《中华人民共和国海关旅客进出境行李物品分类表》所列物品（烟、酒除外）及机动车辆”修改为“‘自用物品’是指非居民长期旅客在境内居留期间日常生活所需的《物品目录》范围内物品及机动车辆”。

（十三）对条文顺序作相应调整。

十一、对《中华人民共和国海关进出口货物征税管理办法》（海关总署令第124号公布，根据海关总署令第198号和第218号修改）作如下修改：

（一）删去第五条第二款中的“格式详见附件1”，第十九条中的“（格式详见附件2）”，第六十条第二款中的“（格式详见附件3）”，第六十七条中的“（格式详见附件4）”和第七十条第一款中的“（格式详见附件5）”。

（二）删去第十四条第（四）项中的“经批准”。

（三）将第二十四条第一款中的“应当在货物进出口前向申报地的直属海关或者其授权的隶属海关提出延期缴纳税款的书面申请并且随附相关材料，同时还应当提供缴税计划”修改为“依法提供税款担保后，可以向海关办理延期缴纳税款手续”。

删去第二款。

（四）删去第二十五条。

（五）删去第二十六条。

（六）删去第四十二条中的“经海关批准”和第四十六条中的“经海关批准的”。

（七）将第七十二条中的“持有关文件”修改为“凭有关文件”，将“减免税审批”修改为“减免税审核确认”。

（八）将第七十四条中的“减免税审批”修改为“减免税审核确认”。

（九）将第七十五条第二款第（三）项“其他货物：5年”修改为“其他货物：3年”。

（十）将第七十六条第二款中的“持有关单证”修改为“凭有关单证”。

（十一）将第七十七条第（二）项中的“减免税审批”修改为“减免税审核确认”，将第（三）项修改为“正在海关办理延期缴纳税款手续的”。

（十二）将第七十八条第一款中的“特殊情况经直属海关关长或者其授权人批准可以酌情延长”修改为“特殊情况需要延期的，应当经主管海关核准”。

（十三）将第八十二条中的“海关监管场所”修改为“保税监管场所”。

（十四）增加一条作为第八十二条“本办法所规定的文书由海关总署另行制定并且发布。”

（十五）对条文顺序作相应调整。

（十六）删去附件。

十二、对《中华人民共和国海关对保税物流中心（A型）的暂行管理办法》（海关总署令第129号公布，根据海关总署令第227号修改）作如下修改：

（一）将第二条、第三条中的“海关监管场所”修改为“保税监管场所”。

（二）删去第四条第二款。

（三）删去第六条第（二）项、第（四）项和第（五）项，删去第（六）项中的“和符合会计法规定的会计制度”。

（四）将第七条第（二）项修改为“公用型物流中心的仓储面积（含堆场），东部地区不低于4000平方米，中西部地区、东北地区不低于2000平方米”，将第（三）项修改为“自用型物流中心的仓储面积（含堆场），东部地区不低于2000平方米，中西部地区、东北地区不低于1000平方米”，增加一项，作为第（四）项“物流中心为储罐的，容积不低于5000立方米”，将第（四）项改为第（五）项，修改为“建立符合海关监管要求的计算机管理系统，提供供海关查阅数据的终端设备，并按照海关规定的认证方式和数据标准与海关联网”，将第（五）项改为第（六）项，修改为“设置符合海关监管要求的隔离设施、监管设施和办理业务必需的其他设施”，删去第（六）项。

（五）将第八条中的“直属海关”修改为“所在地主管海关”，删去第（一）项中的“（样式见附件1）”、第（二）项、第（五）项、第（六）项和第（七）项，将第（八）项改为第（四）项，修改为“符合海关监管要求的物流中心管理制度”，将第（九）项改为第（五）项，修改为“物流中心所用土地、场所的产权证明或者剩余租赁期限不少于3年的租赁协议及地理位置图、平面规划图”，将第（十）项改为第（六）项，修改为“报关单位注册登记证书复印件”。

（六）将第九条修改为“企业申请设立物流中心，由主管海关受理，报直属海关审批。”

（七）将第十条第一款修改为“企业自直属海关出具批准其筹建物流中心文件之日起1年内向海关申请验收，由主管海关按照本办法的规定进行审核验收。”

将第二款中的“海关总署”修改为“直属海关”，删去“《保税物流中心（A型）验收合格证书》（样式见附件2）和”、“（样式见附件3），颁发保税物流中心（A型）标牌（样式见附件4）”。

（八）将第十一条第一款中的“但延期不得超过6个月。如果有特殊情况需要二次延期的，报海关总署批准”修改为“除特殊情况外，延期不得超过6个月”。

(九)将第十六条中的“海关采取联网监管、视频监控、实地核查等方式”修改为“海关可以采取联网监管、视频监控、实地核查等方式”。

(十)删去第十八条。

(十一)将第十九条第一款中的“2年”修改为“3年”。

将第二款中的“向直属海关办理延期审查申请手续”修改为“办理延期手续，由主管海关受理，报直属海关审批”。

将第三款中的“办理延期审查申请”修改为“办理延期手续”，将第(一)项修改为“《保税物流中心(A型)注册登记证书》、本年度资产负债表和损益表复印件”，删去第(二)项。

将第四款修改为“对审查合格的企业准予延期3年。”

(十二)将第二十条中的“仓储面积”修改为“仓储面积(容积)”，将“企业申请并由直属海关报海关总署审批。其它变更事项报直属海关备案”修改为“主管海关受理企业申请后，报直属海关审批”。

(十三)删去第二十一条第一款。

将第二款中的“经海关总署审批后”修改为“主管海关受理后报直属海关审批”，将“《保税物流中心(A型)验收合格证书》和《保税物流中心(A型)注册登记证书》”修改为“《保税物流中心(A型)注册登记证书》”。

(十四)将第二十三条修改为“物流中心与境外间进出的货物，应当按照规定向海关办理相关手续。”

(十五)删去第二十九条第三款。

(十六)将第三十二条修改为“物流中心与海关特殊监管区域、其他保税监管场所之间可以进行货物流转并按照规定办理相关海关手续。”

(十七)增加一条作为第三十五条“本办法所规定的文书由海关总署另行制定并且发布。”

(十八)对条文顺序作相应调整。

(十九)删去附件。

十三、对《中华人民共和国海关对保税物流中心(B型)的暂行管理办法》(海关总署令第130号公布，根据海关总署令第227号修改)作如下修改：

(一)将第二条中的“海关集中监管场所”修改为“保税监管场所”。

(二)删去第三条第二款。

(三)将第四条第(一)项修改为“物流中心仓储面积，东部地区不低于5万平方米，中西部地区、东北地区不低于2万平方米”，将第(六)项修改为“设置符合海关监管要求的隔离设施、监管设施和办理业务必需的其他设施”。

（四）删去第六条第一款第（三）项。

（五）删去第七条第（二）项中的“（附可行性研究报告）”和第（六）项。

（六）将第九条第一款中的“海关总署”修改为“海关总署会同有关部门”。

将第二款修改为“企业自海关总署等部门出具批准其筹建物流中心文件之日起1年内向海关总署申请验收，由海关总署会同有关部门或者委托被授权的机构按照本办法的规定进行审核验收。”

将第三款中的“《保税物流中心（B型）验收合格证书》（样式见附件1）和《保税物流中心（B型）注册登记证书》（样式见附件2）”修改为“《保税物流中心（B型）注册登记证书》”，删去“颁发标牌（样式见附件5）”。

（七）删去第十一条第（二）项。

（八）删去第十二条第（一）项中的“（样式见附件3）”、第（四）项、第（五）项、第（六）项和第（七）项，将第（二）项修改为“符合海关监管要求的企业管理制度”，将第（九）项改为第（五）项，修改为“报关单位注册登记证书复印件”。

（九）删去第十三条第一款。

将第二款修改为“主管海关受理后对符合条件的企业制发《保税物流中心（B型）企业注册登记证书》。”

（十）将第十八条中的“海关采取联网监管、视频监控、实地核查等方式”修改为“海关可以采取联网监管、视频监控、实地核查等方式”。

（十一）删去第二十条。

（十二）将第二十一条第二款中的“向直属海关办理延期审查申请手续”修改为“办理延期手续，由直属海关受理，报海关总署审批”。

将第三款中的“办理延期审查申请”修改为“办理延期手续”，将第（一）项修改为“《保税物流中心（B型）注册登记证书》、本年度资产负债表和损益表复印件”。

（十三）将第二十三条修改为“中心内企业需变更有关事项的，应当向主管海关备案。”

（十四）删去第二十四条第一款。

将第二款中的“海关总署”修改为“海关总署会同有关部门”，“办理注销手续并交回标牌和《保税物流中心（B型）验收合格证书》”修改为“办理注销手续并交回《保税物流中心（B型）注册登记证书》”。

（十五）删去第二十五条。

(十六)将第二十七条修改为“物流中心与境外间进出的货物,应当按照规定向海关办理相关手续。”

(十七)将第三十三条第一款中的“货物从境内进入物流中心视同出口,办理出口报关手续”修改为“除另有规定外,货物从境内进入物流中心视同出口,办理出口报关手续,享受出口退税”。

删去第三款。

(十八)将第三十六条修改为“物流中心与海关特殊监管区域、其他保税监管场所之间可以进行货物流转并按照规定办理相关海关手续。”

(十九)增加一条作为第三十九条“本办法所规定的文书由海关总署另行制定并且发布。”

(二十)对条文顺序作相应调整。

(二十一)删去附件。

十四、对《中华人民共和国海关对出口监管仓库及所存货物的管理办法》(海关总署令第133号公布,根据海关总署令第227号修改)作如下修改:

(一)将第二条中的“海关专用监管仓库”修改为“仓库”。

(二)将第五条修改为“出口监管仓库的设立应当符合海关对出口监管仓库布局的要求。”

(三)删去第九条第(三)项,将第(四)项改为第(三)项,修改为“具有专门存储货物的场所,其中出口配送型仓库的面积不得低于2000平方米,国内结转型仓库的面积不得低于1000平方米”。

(四)将第十条第一款中的“书面材料”修改为“加盖企业印章的书面材料”,删去第(三)项中的“及可行性报告”和第(四)项,将第(五)项改为第(四)项,修改为“营业执照复印件”,将第(六)项改为第(五)项,修改为“报关单位注册登记证书复印件”。

删去第二款。

(五)将第十二条第二款第(一)项中的“第(五)项”修改为“第(三)项”,删去第(二)项中的“安全”、第(四)项中的“和会计制度”和第(六)项。

(六)将第十三条中的“经直属海关注册登记并核发《中华人民共和国海关出口监管仓库注册登记证书》,可以投入运营。《中华人民共和国海关出口监管仓库注册登记证书》有效期为3年”修改为“经海关注册登记并核发《出口监管仓库注册登记证书》,方可以开展有关业务。《出口监管仓库注册登记证书》有效期为3年”。

(七)删去第十七条。

(八)删去第二十条第一款中的“主管”。

将第二款中的“应当经直属海关批准”修改为“主管海关受理企业申请后,报直属海关审批”。

(九)将第二十一条中的“有下列行为之一的”修改为“有下列情形之一的”,删去第(一)项,增加一项,作为第(五)项“法律、法规规定的应当注销行政许可的其他情形”。

(十)将第二十四条中的“签发出口货物报关单证明联”修改为“办理出口货物退税证明手续”。

(十一)将第二十五条第一款修改为“出口监管仓库与海关特殊监管区域、其他保税监管场所之间的货物流转应当符合海关监管要求并按照规定办理相关手续。”

(十二)将第二十七条第一款和第二十八条第一款中的“向主管海关申报”修改为“按照规定办理海关手续”,删去“(见附件1)”和“(见附件2)”。

删去第二十八条第二款。

(十三)增加一条作为第三十六条“本办法所规定的文书由海关总署另行制定并且发布。”

(十四)对条文顺序作相应调整。

(十五)删去附件。

十五、对《中华人民共和国海关对保税物流园区的管理办法》(海关总署令第134号公布,根据海关总署令第190号修改)作如下修改:

(一)将第三条中的“实行24小时监管”修改为“实施监管”。

(二)将第十二条改为第十三条,修改为“特殊情况下,经园区主管海关核准,区外法人企业可以依法在园区内设立分支机构。”

(三)将第十三条改为第十二条,将第(一)项修改为“具有企业法人资格”。

(四)将第十四条第一款修改为“园区企业变更营业场所面积、地址、名称、组织机构、性质、法定代表人等注册登记内容的,应当在变更后5个工作日内向主管海关书面报告。”

(五)将第十八条修改为“园区与境外间进出的货物,应当按照规定向海关办理相关手续。”

(六)将第二十五条第一款中的“在园区主管海关办理申报手续”修改为“按照规定向海关办理相关手续”。

删去第二款。

(七)将第二十六条中的“按照进口货物的有关规定向园区主管海关申报”修改为“按照规定向海关办理相关手续”。

（八）将二十七条中的“可以在园区主管海关办理申报手续，也可以按照海关规定办理进口转关手续”修改为“应当按照规定向海关办理相关手续”。

（九）将第二十九条第一款中的“向园区主管海关办理出口申报手续”修改为“按照规定向海关办理相关手续”。

将第二款修改为“境内区外货物、设备以出口报关方式进入园区的，其出口退税按照国家有关规定办理。境内区外货物、设备属于原进口货物、设备的，原已缴纳的关税、进口环节海关代征税海关不予退还。”

（十）将第三十四条第二款修改为“对在区外更换的国产零配件或者附件，如需退税，由企业按照出口货物的有关规定办理手续。”

（十一）将第三十九条中的“园区企业所维修的产品及其零配件仅限于来自境外，检测维修后的产品、更换的零配件以及维修过程中产生的物料等应当复运出境”修改为“在园区内开展保税维修业务的企业，海关按照相关规定进行监管”。

（十二）删去第四十二条第二款中的“但海关不予签发出口货物报关单证明联”。

（十三）删去第四十三条。

（十四）将第四十七条修改为“除国家另有规定外，园区货物不设存储期限。”

（十五）删去第四十八条中的“不予签发出口货物报关单证明联”和“由转出地海关签发出口货物报关单证明联”。

（十六）将第五十五条中的“园区规划面积内、围网外”修改为“园区围网外”，删去“海关特殊监管区域，是指经国务院批准设立的保税区、出口加工区、园区、保税港区及其他特殊监管区域”。

（十七）对条文顺序作相应调整。

十六、对《中华人民共和国海关行业标准管理办法》（海关总署令第140号公布）作如下修改：

（一）删去第三条中的“（见附件1）”、第十条中的“（见附件2）”、第十一条中的“（见附件3）”和第十七条中的“（见附件4）”。

（二）将第五条第一款修改为“海关行业标准的制定应当依据国家有关海关工作和标准工作的法律、行政法规，符合科学、合理、可行的原则，不得与强制性国家标准不一致。”

删去第二款。

删去第三款。

（三）删去附件。

十七、对《中华人民共和国海关珠澳跨境工业区珠海园区管理办法》(海关总署令第 160 号公布,根据海关总署令第 189 号修改)作如下修改:

(一)将第三条中的“实行 24 小时监管”修改为“实施监管”。

(二)将第七条第一款修改为“珠海园区内企业(以下简称区内企业)应当具有法人资格。特殊情况下,经珠海园区主管海关核准,区外法人企业可以依法在园区内设立分支机构。”

删去第二款。

(三)将第九条第一款修改为“海关对区内企业实行电子账册监管制度和计算机联网管理制度,电子账册的备案、核销等作业按有关规定执行。”

(四)删去第十条。

(五)将第十四条修改为“珠海园区与境外之间进出的货物应当按照规定向海关办理相关手续。”

(六)将第二十一条第二款中的“委托区外企业加工的期限不得超过 6 个月”修改为“委托区外企业加工的期限不得超过合同或者协议有效期”。

(七)将第二十三条第三款中的“对在区外更换的国产零件、配件或者附件,需要退税的,由区内企业或者区外企业提出申请,园区主管海关按照出口货物的有关规定办理手续,签发出口货物报关单证明联”修改为“对在区外更换的国产零件、配件或者附件,需要退税的,由企业按照出口货物的有关规定办理手续”。

(八)将第二十四条第二款修改为“境内区外货物、设备以出口报关方式进入园区的,其出口退税按照国家有关规定办理。境内区外货物、设备属于原进口货物、设备的,原已缴纳的关税、进口环节海关代征税海关不予退还。”

(九)删去第三十三条第二款中的“货物从已经实行国内货物入区(仓)环节出口退税制度的海关特殊监管区域或者海关保税监管场所转入珠海园区的,海关不予签发出口货物报关单证明联”和“由转出地海关签发出口货物报关单证明联”。

(十)将第三十五条第二款中的“持主管部门批文”修改为“凭主管部门批文”。

(十一)对条文顺序作相应调整。

十八、对《中华人民共和国海关关于大嶝对台小额商品交易市场管理办法》(海关总署令第 163 号公布,根据海关总署令第 214 号修改)作如下修改:

(一)将第五条第一款中的“(见附件 1)”修改为“具体商品范围由海关总署另行确定并且发布”。

(二)将第七条第二款中的“本办法附件 2 列明的商品仅限在规定数量内

携带出交易市场”修改为“仅限在规定数量内携带出交易市场的商品及数量限制由海关总署另行确定并且发布”。

（三）删去附件。

十九、对《中华人民共和国海关保税港区管理暂行办法》（海关总署令第164号公布，根据海关总署令第191号修改）作如下修改：

（一）将第五条第二款修改为“海关及其他行政管理机构的办公场所应当设置在保税港区围网以外。”

（二）将第九条修改为“保税港区内企业（以下简称区内企业）应当具有法人资格。特殊情况下，经保税港区主管海关核准，区外法人企业可以依法在保税港区内设立分支机构。”

（三）将第十五条修改为“保税港区与境外之间进出的货物应当按照规定向海关办理相关手续。”

（四）将第二十一条第一款中的“按照进出口货物的有关规定向保税港区主管海关办理申报手续”修改为“按照规定向海关办理相关手续”，将“需要征税的，区内企业或者区外收发货人按照货物进出区时的实际状态缴纳税款”修改为“需要征税的，除另有规定外，区内企业或者区外收发货人按照货物进出区时的实际状态缴纳税款”。

删去第二款。

（五）将第二十六条修改为“境内区外货物、设备以出口报关方式进入保税港区的，其出口退税按照国家有关规定办理；境内区外货物、设备属于原进口货物、设备的，原已缴纳的关税、进口环节海关代征税海关不予退还。

“除另有规定外，海关对前款货物比照保税货物进行管理，对前款设备比照减免税设备进行管理。”

（六）将第二十八条第三款中的“对在区外更换的国产零件、配件或者附件，需要退税的，由区内企业或者区外企业提出申请，保税港区主管海关按照出口货物的有关规定办理手续，签发出口货物报关单证明联”修改为“对在区外更换的国产零件、配件或者附件，需要退税的，由企业按照出口货物的有关规定办理手续”。

（七）将第二十九条第二款中的“委托区外企业加工的期限不得超过6个月”修改为“委托区外企业加工的期限不得超过合同或者协议有效期”。

（八）将第三十一条中的“区内企业不实行加工贸易银行保证金台账和合同核销制度”修改为“区内企业设立电子账册，电子账册的备案、核销等作业按有关规定执行”。

（九）将第三十二条中的“区内企业所维修的产品仅限于我国出口的机电

产品售后维修，维修后的产品、更换的零配件以及维修过程中产生的物料等应当复运出境”修改为“在保税港区内开展保税维修业务的企业，海关按照相关规定进行监管”。

（十）删去第三十三条。

（十一）将第三十七条第一款修改为“除国家另有规定外，保税港区货物不设存储期限。”

删去第二款。

（十二）删去第三十八条第一款中的“不予签发用于办理出口退税的出口货物报关单证明联”和“由转出地海关签发用于办理出口退税的出口货物报关单证明联”。

删去第三款。

（十三）删去第三十九条中的“出口货物运抵保税港区，海关接受申报并放行结关后，按照有关规定签发出口货物报关单证明联”。

（十四）对条文顺序作相应调整。

二十、对《中华人民共和国海关进出境运输工具舱单管理办法》（海关总署令第 172 号公布）作如下修改：

（一）将第四条第二款、第六条第三款、第二十二条第一款、第二十八条和第三十四条中的“海关监管场所”修改为“海关监管作业场所”。

（二）将第六条第一款、第五款中的“监管场所”修改为“海关监管作业场所”。

删去第二款第（一）项中的“（附件 1）”和第（四）项。

将第三款中的“应当向海关提交上述（一）、（四）、（五）项文件”修改为“应当向海关提交前款第（一）项、第（四）项文件”。

将第五款中的“持书面申请和有关文件到海关办理备案变更手续”修改为“凭书面申请和有关文件向海关办理备案变更手续”。

（三）将第十三条第一款、第十六条第二款、第十七条第一款、第二十二条和第三十五条中的“海关监管场所”修改为“海关监管作业场所、旅客通关类、邮件类场所”，将第十六条第二款、第三款、第十七条第二款和第二十二条中的“海关监管场所经营人”修改为“相关场所经营人”。

（四）将第十八条修改为“疏港分流货物、物品提交运抵报告后，海关即可办理货物、物品的查验、放行手续。”

（五）将第十九条中的“海关监管场所”修改为“旅客通关类场所”。

（六）将第三十一条中的“舱单传输人向海关递交舱单变更书面申请，经海关审核同意后，可以进行变更”修改为“舱单传输人可以向海关办理变更手续”。

（七）删去第三十三条中的“（见附件2）”。

（八）将第三十四条中的“‘运抵报告’，是指进出境货物、物品运抵海关监管场所时，海关监管场所经营人向海关提交的反映货物、物品实际到货情况的记录”修改为“‘运抵报告’，是指进出境货物运抵海关监管作业场所时，海关监管作业场所经营人向海关提交的反映货物实际到货情况的记录，以及进出境物品运抵旅客通关类、邮件类场所时，相关场所经营人向海关提交的反映物品实际到货情况的记录”。

将“‘理货报告’，是指海关监管场所经营人或者理货部门对进出境运输工具所载货物、物品的实际装卸情况予以核对、确认的记录”修改为“‘理货报告’，是指海关监管作业场所、旅客通关类、邮件类场所经营人或者理货部门对进出境运输工具所载货物、物品的实际装卸情况予以核对、确认的记录”。

将“‘疏港分流’，是指为防止货物、物品积压、阻塞港口，根据港口行政管理部门的决定，将相关货物、物品疏散到其他海关监管场所的行为”修改为“‘疏港分流’，是指为防止货物、物品积压、阻塞港口，根据港口行政管理部门的决定，将相关货物、物品疏散到其他海关监管作业场所、旅客通关类、邮件类场所的行为”。

将“‘分拨’，是指海关监管场所经营人将进境货物、物品从一海关监管场所运至另一海关监管场所的行为”修改为“‘分拨’，是指海关监管作业场所、旅客通关类、邮件类场所经营人将进境货物、物品从一场所运至另一场所的行为”。

（九）增加一条作为第三十八条“本办法所规定的文书由海关总署另行制定并且发布。”

（十）对条文顺序作相应调整。

（十一）删去附件。

二十一、对《中华人民共和国海关进出口货物减免税管理办法》（海关总署令第179号公布）作如下修改：

（一）将第四条第二款中的“持减免税申请人出具的《减免税手续办理委托书》”修改为“凭减免税申请人出具的《减免税手续办理委托书》”。

（二）将第二十二条第一款中的“税款担保期限不超过6个月，经直属海关关长或者其授权人批准可以予以延期”修改为“减免税货物税款担保期限不超过6个月，经主管海关核准可以予以延期”。

将第二款修改为“特殊情况仍需要延期的，应当经直属海关核准。”

（三）将第二十八条第一款第（一）项和第三十八条第二款中的“持有关单证”修改为“凭有关单证”。

（四）将第三十六条第二款第（三）项“其他货物：5年”修改为“其他货物：3年”。

（五）将第四十一条第二款中的“持出口报关单”修改为“凭出口报关单”。

二十二、对《中华人民共和国海关加工贸易货物监管办法》（海关总署令第219号公布）作如下修改：

（一）将第十条第二款中的“企业变更加工贸易货物存放场所的，应当经海关批准”修改为“企业变更加工贸易货物存放场所的，应当事先通知海关，并办理备案变更手续”。

（二）删去第十一条第二款。

（三）删去第十二条第（一）项。

（四）删去第十九条第二款。

（五）将第三十三条第一款中的“加工贸易保税进口料件或者成品因故转为内销的，海关凭主管部门准予内销的有效批准文件，对保税进口料件依法征收税款并且加征缓税利息”修改为“加工贸易保税进口料件或者成品内销的，海关对保税进口料件依法征收税款并且加征缓税利息”。

二十三、对《中华人民共和国海关报关单位注册登记管理规定》（海关总署令第221号公布）作如下修改：

（一）删去第九条第一款第（二）项、第十六条第一款第（三）项和第二十四条第一款第（二）项中的“以及组织机构代码证书副本复印件”。

（二）将第十七条第二款中的“持本规定第十六条规定的材料到分支机构所在地海关办理换证手续”修改为“凭本规定第十六条规定的材料向分支机构所在地海关办理换证手续”。

（三）将第十八条第一款修改为“报关企业的企业名称、法定代表人发生变更的，应当凭《报关单位情况登记表》、《中华人民共和国海关报关单位注册登记证书》、变更后的工商营业执照或者其他批准文件及复印件，以书面形式向注册地海关申请变更注册登记许可。”

将第二款中的“持变更后的营业执照副本或者其他批准文件及复印件，到所在地海关办理变更手续”修改为“凭变更后的营业执照副本或者其他批准文件及复印件，向所在地海关办理变更手续”。

将第三款中的“持变更证明文件等相关材料到注册地海关办理变更手续”修改为“凭变更证明文件等相关材料向注册地海关办理变更手续”。

（四）第二十四条增加一款，作为第三款“海关可以通过网络共享获取本条第一款规定材料的，申请人无需另行提交。”

(五)将第二十九条中的“持本单位出具的委派证明”修改为“凭本单位出具的委派证明”。

(六)将第三十一条第一款中的“持变更后的营业执照副本或者其他批准文件以及复印件,到注册地海关办理变更手续”修改为“凭变更后的营业执照副本或者其他批准文件以及复印件,向注册地海关办理变更手续”。

将第二款中的“持变更证明文件等相关材料到注册地海关办理变更手续”修改为“凭变更证明文件等相关材料向注册地海关办理变更手续”。

本决定自2018年2月1日起施行。

《中华人民共和国海关对进出境旅客行李物品监管办法》、《中华人民共和国海关对中国籍旅客进出境行李物品的管理规定》、《中华人民共和国海关关于境内公路承运海关监管货物的运输企业及其车辆、驾驶员的管理办法》、《中华人民共和国海关关于转关货物监管办法》、《中华人民共和国海关进出口货物申报管理规定》、《中华人民共和国海关对保税仓库及所存货物的管理规定》、《中华人民共和国海关关于加工贸易边角料、剩余料件、残次品、副产品和受灾保税货物的管理办法》、《中华人民共和国海关关于来往香港、澳门小型船舶及所载货物、物品管理办法》、《中华人民共和国海关对常驻机构进出境公用物品监管办法》、《中华人民共和国海关对非居民长期旅客进出境自用物品监管办法》、《中华人民共和国海关进出口货物征税管理办法》、《中华人民共和国海关对保税物流中心(A型)的暂行管理办法》、《中华人民共和国海关对保税物流中心(B型)的暂行管理办法》、《中华人民共和国海关对出口监管仓库及所存货物的管理办法》、《中华人民共和国海关对保税物流园区的管理办法》、《中华人民共和国海关行业标准管理办法》、《中华人民共和国海关珠澳跨境工业区珠海园区管理办法》、《中华人民共和国海关关于大嶝对台小额商品交易市场管理办法》、《中华人民共和国海关保税港区管理暂行办法》、《中华人民共和国海关进出境运输工具舱单管理办法》、《中华人民共和国海关进出口货物减免税管理办法》、《中华人民共和国海关加工贸易货物监管办法》、《中华人民共和国海关报关单位注册登记管理规定》,根据本决定作相应修改,重新公布。

附件:1. 中华人民共和国海关对进出境旅客行李物品监管办法
2. 中华人民共和国海关对中国籍旅客进出境行李物品的管理规定
3. 中华人民共和国海关关于境内公路承运海关监管货物的运输企业及其车辆、驾驶员的管理办法
4. 中华人民共和国海关关于转关货物监管办法

5. 中华人民共和国海关进出口货物申报管理规定

6. 中华人民共和国海关对保税仓库及所存货物的管理规定

7. 中华人民共和国海关关于加工贸易边角料、剩余料件、残次品、副产品和受灾保税货物的管理办法

8. 中华人民共和国海关关于来往香港、澳门小型船舶及所载货物、物品管理办法

9. 中华人民共和国海关对常驻机构进出境公用物品监管办法

10. 中华人民共和国海关对非居民长期旅客进出境自用物品监管办法

11. 中华人民共和国海关进出口货物征税管理办法

12. 中华人民共和国海关对保税物流中心(A 型)的暂行管理办法

13. 中华人民共和国海关对保税物流中心(B 型)的暂行管理办法

14. 中华人民共和国海关对出口监管仓库及所存货物的管理办法

15. 中华人民共和国海关对保税物流园区的管理办法

16. 中华人民共和国海关行业标准管理办法

17. 中华人民共和国海关珠澳跨境工业区珠海园区管理办法

18. 中华人民共和国海关关于大嶝对台小额商品交易市场管理办法

19. 中华人民共和国海关保税港区管理暂行办法

20. 中华人民共和国海关进出境运输工具舱单管理办法

21. 中华人民共和国海关进出口货物减免税管理办法

22. 中华人民共和国海关加工贸易货物监管办法

23. 中华人民共和国海关报关单位注册登记管理规定

附件 1－1

中华人民共和国海关对进出境旅客行李物品监管办法

（1989 年 11 月 1 日海关总署令第 9 号公布　根据 2010 年 11 月 26 日海关总署令第 198 号第一次修正　根据 2017 年 12 月 20 日海关总署令第 235 号第二次修正）

第一章　总　　则

第一条　依照《中华人民共和国海关法》，制定本办法。

第二条　进出境旅客行李物品，必须通过设立海关的地点进境或者出境。

第三条　进出境旅客必须将所带的全部行李物品交海关查验。在交验前，应填写“旅客行李申报单”或海关规定的其他申报单证向海关申报；或按海关规定的申报方式如实向海关申报。

旅客经由实施“红绿通道”验放制度的海关进出境，应按照海关公布的选择“红绿通道”的规定，选择通道，办理行李物品进境或出境手续。

第四条　查验进出境旅客行李物品的时间和场所，由海关指定。海关查验行李物品时，物品所有人应当到场并负责搬移物品，开拆和重封物品的包装。海关认为必要时，可以单独进行查验。海关对进出境行李物品加施的封志，任何人不得擅自开启或者损毁。

第五条　进出境旅客可以自行办理报关纳税手续，也可以委托他人办理报关纳税手续；接受委托办理报关纳税手续的代理人应当按照本办法对其委托人的各项规定办理海关手续，承担各项义务和责任。

第六条　旅客行李物品，应以自用合理数量为限，超出自用合理数量范围的，不准进境或出境。旅客行李物品，经海关审核，按本办法附件《旅客进出境行李物品分类表》（以下简称《分类表》）规定的范围验放。进出境物品的合理数量和准许各类旅客进出境物品的具体限值、限量及征免税规定，另行制定。

第七条　旅客携运《中华人民共和国禁止进出境物品表》所列的物品进出境，在海关检查以前主动报明的，分别予以没收或者责令退回，并可酌情处以罚款。藏匿不报的，按照《中华人民共和国海关法》第八十二条的规定处罚。

旅客携运《中华人民共和国限制进出境物品表》所列物品和中华人民共和国政府特别管制的物品进出境,海关按国家有关法规办理。

第八条 旅客以分离运输方式运进行李物品,应当在进境时向海关申报。经海关核准后,自旅客进境之日起六个月内(含六个月,下同)运进。海关办理验放手续时,连同已经放行的行李物品合并计算。

以分离运输方式运出的行李物品,应由物品所有人凭有效的出境证件在出境前办妥海关手续。

第九条 经海关核准暂时进出境的旅行自用物品,在旅客行李物品监管时限内,由旅客复带出境或进境。海关依照规定凭担保准予暂时免税放行的其他物品,应由旅客在规定期限内,办结进出境手续或将原物复带出境或进境。

第十条 进出境物品所有人声明放弃的物品和自运输工具申报进境之日起逾期三个月(易腐及易失效的物品可提前处理,下同)未办理海关手续的物品,以及在海关监管区内逾期三个月无人认领的物品,均由海关按照《中华人民共和国海关法》第五十一条的规定处理。

第十一条 旅客携运属下列情形的物品,海关不予放行,予以退运或由旅客存入海关指定的仓库。物品所有人应当在三个月内办理退运、结案手续。逾期不办的,由海关依照本办法第十条的规定处理:

(一)不属自用的;

(二)超出合理数量范围的;

(三)超出海关规定的物品品种、规格、限量、限值的;

(四)未办理海关手续的;

(五)未按章缴税的;

(六)根据规定不能放行的其他物品。

第十二条 旅客应在旅客行李物品监管时限内,依照本办法和根据本办法制定的其他管理规定,办结物品进出境的海关手续。

第十三条 海关依照本办法和根据本办法制定的其他管理规定免税放行的物品,自物品进境之日起两年内,出售、转让、出租或移作他用的,应向海关申请批准并按规定补税。

按规定免税或征税进境的汽车,不得出售、转让、出租或移作他用。在汽车运进使用两年后,因特殊原因需要转让的,必须报经海关批准;其中免税运进的,应按规定补税。

第十四条 进境旅客携带“境外售券、境内提货”单据进境,应向海关申报,海关办理物品验放手续时,连同其随身携带的实物合并计入有关征免税限量。

第十五条 涉及特定地区、特定旅客和特定物品进出境的管理规定，由中华人民共和国海关总署授权有关海关依照本办法的原则制定，经海关总署批准后，予以公告实施。

第十六条 进出境旅客未按本办法或根据本办法制定的其他管理规定办理进出境物品的报关、纳税以及其他有关手续的，有关物品不准进境或出境。对违反本办法并构成走私或违反海关监管规定行为的，海关依照《中华人民共和国海关法》和《中华人民共和国海关行政处罚实施条例》给予处罚。

第二章 短期旅客

第十七条 短期旅客携带进出境的行李物品应以旅行需用物品为限。

短期旅客中的居民和非居民中的中国籍人携带进境属于《分类表》第三类物品，海关按照规定的限值、限量予以征税或免税放行。

短期旅客中的其他非居民携带进境属于《分类表》第三类物品，海关按本办法第九条规定办理。

经常进出境的边境居民，边境邮政、运输机构工作人员和边境运输工具服务人员，以及其他经常进出境的人员，携带进出境的物品，除另有规定者外，应以旅途必须应用的物品为限。未经海关批准，不准带进属于《分类表》第三类物品。

凭特殊通行证件来往香港、澳门地区的短期旅客进出境行李物品的管理规定，海关依据本办法另行制定的规定办理。

第三章 长期旅客

第十八条 长期旅客中的非居民进境后，在规定期限内报运进境其居留期间自用物品或安家物品，海关凭中华人民共和国政府主管部门签发的长期居留证件（或常驻户口登记证件）、其他批准文件和身份证件，办理通关手续。

上述人员在办妥上述手续前进出境或在境内居留期间临时出、进境携带的物品，海关依照本办法第十七条规定办理。

第十九条 长期旅客中的居民进出境行李物品的管理规定，根据本办法另行制定。

第四章 定居旅客

第二十条 获准进境定居的旅客在规定期限内报运进境安家物品，应当依照有关规定向主管海关或者口岸海关提交中华人民共和国政府主管部门签发的定居证明或者批准文件。其在境外拥有并使用过的数量合理的自用物品,准予免税进境;自用小汽车准予每户征税进境一辆。

进境定居旅客自进境之日起,居留时间不满二年,再次出境定居的,其免税携运进境的安家物品应复运出境,或向海关补税。

第二十一条 获准出境定居的旅客携运出境的安家物品,除国家禁止或限制出境的物品需按有关规定办理外,均可予以放行。

第五章 过境旅客

第二十二条 过境旅客未经海关批准,不得将物品留在境内。

第二十三条 进境后不离开海关监管下的交通工具或海关监管区直接出境的旅客,海关一般不对其行李物品进行查验,但必要时,海关可以查验。

第二十四条 过境旅客获准离开海关监管区,转换交通工具出境的,海关依照本办法第十七条规定办理。

第六章 附 则

第二十五条 享有外交特权和豁免的人员携运进出境的行李物品,另按中华人民共和国海关总署制定的有关规定办理。

第二十六条 本办法的附件,由中华人民共和国海关总署根据具体情况修订发布实行。

第二十七条 本办法下列用语含义:

"非居民"指进境居留后仍回到境外其通常定居地者。

"居民"指出境居留后仍回到境内其通常定居地者。

"旅客"指进出境的居民或非居民。

"短期旅客"指获准进境或出境暂时居留不超过一年的旅客。

"长期旅客"指获准进境或出境连续居留时间在一年以上(含一年)的旅客。

"定居旅客"指取得中华人民共和国主管部门签发的进境或出境定居证明或批准文件,移居境内或境外的旅客。

"过境旅客"指凭有效过境签证,从境外某地,通过境内,前往境外另一地的旅客。

"行李物品"指旅客为其进出境旅行或者居留的需要而携运进出境的物品。

"自用"指旅客本人自用、馈赠亲友而非为出售或出租。

“合理数量”指海关根据旅客旅行目的和居留时间所规定的正常数量。

“旅客行李物品监管时限”指非居民本次进境之日始至最近一次出境之日止,或居民本次出境之日始至最近一次进境之日止的时间。

“分离运输行李”指旅客在其进境后或出境前的规定期限内以托运方式运进或运出的本人行李物品。

“征免税”指征收或减免进出口关税(即进口旅客行李物品和个人邮递物品税)。

“担保”指以向海关缴纳保证金或提交保证函的方式,保证在规定期限内履行其承诺的义务的法律行为。

第二十八条 本办法由中华人民共和国海关总署解释。

第二十九条 本办法自一九八九年十二月一日起实施。原对外贸易部1958年9月29日(58)关行林字第985号命令发布的《海关对进出境旅客行李物品监管办法》同时废止。

附件:旅客进出境行李物品分类表

旅客进出境行李物品分类表

(中华人民共和国海关总署1996年8月15日修订)

第一类物品

衣料、衣着、鞋、帽、工艺美术品和价值人民币1000元以下(含1000元)的其它生活用品

第二类物品

烟草制品,酒精饮料

第三类物品

价值人民币1000元以上,5000元以下(含5000元)的生活用品

注:

1.本表所称进境物品价值以海关审定的完税价格为准,出境物品价值以国内法定商业发票所列价格为准;

2.准许各类旅客携运本表所列物品进出境的具体征、免税限量由中华人民共和国海关总署另行规定;

3.本表第一、二类列名物品不再按值归类、除另有规定者外,超出本表所列最高限值的物品不视为旅客行李物品。

附件 1－2

中华人民共和国海关对中国籍旅客进出境行李物品的管理规定

（1996 年 8 月 10 日海关总署令第 58 号公布　根据 2010 年 11 月 26 日海关总署令第 198 号第一次修正　根据 2017 年 12 月 20 日海关总署令第 235 号第二次修正）

第一条　根据《中华人民共和国海关法》及其他有关法规，制定本规定。

第二条　本规定适用于凭中华人民共和国护照等有效旅行证件出入境的旅客，包括公派出境工作、考察、访问、学习和因私出境探亲、访友、旅游、经商、学习等中国籍居民旅客和华侨、台湾同胞、港澳同胞等中国籍非居民旅客。

第三条　中国籍旅客携运进境的行李物品，在本规定所附《中国籍旅客带进物品限量表》（简称《限量表》，见附件 1）规定的征税或免税物品品种、限量范围内的，海关准予放行，并分别验凭旅客有效出入境旅行证件及其他有关证明文件办理物品验放手续。

对不满 16 周岁者，海关只放行其旅途需用的《限量表》第一类物品。

第四条　中国籍旅客携运进境物品，超出规定免税限量仍属自用的，经海关核准可征税放行。

第五条　中国籍旅客携带旅行自用物品进出境，按照《中华人民共和国海关对进出境旅客旅行自用物品的管理规定》办理验放手续。

第六条　获准进境定居的中国籍非居民旅客携运进境其在境外拥有并使用过的自用物品及车辆，应当在获准定居后六个月内凭中华人民共和国有关主管部门签发的定居证明，向海关办理通关手续。上述自用物品可以向定居地主管海关或者口岸海关申报，除《定居旅客应税自用及安家物品清单》（见附件 2）所列物品需征税外，经海关审核在合理数量范围内的准予免税进境。其中完税价格在人民币 1000 元以上，5000 元以下（含 5000 元）的物品每种限 1 件。自用小汽车和摩托车向定居地主管海关申报，每户准予征税进境各 1 辆。

第七条　定居旅客自进境之日起，居留时间不满二年，再次出境定居的，其免税携运进境的自用物品应复运出境，或依照相关规定向海关补缴进口税。

再次出境定居的旅客，在外居留不满二年，重新进境定居者，海关对其携运进境的自用物品均按本规定第三条办理。

第八条 进境长期工作、学习的中国籍非居民旅客,在取得长期居留证件之前,海关按照本规定验放其携运进出境的行李物品;在取得长期居留证件之后,另按海关对非居民长期旅客和常驻机构进出境公、私用物品的规定办理。

第九条 对短期内多次来往香港、澳门地区的旅客和经常出入境人员以及边境地区居民,海关只放行其旅途必需物品。具体管理规定授权有关海关制定并报中华人民共和国海关总署批准后公布实施。

前款所述"短期内多次来往"和"经常出入境"指半个月(15日)内进境超过1次。

第十条 除国家禁止和限制出境的物品另按有关规定办理外,中国籍旅客携运出境的行李物品,经海关审核在自用合理数量范围内的,准予出境。

以分离运输方式运出的行李物品,应由本人凭有效的出境证件,在本人出境前向所在地海关办理海关手续。

第十一条 中国籍旅客进出境行李物品,超出自用合理数量及规定的限量、限值或品种范围的,除另有规定者外,海关不予放行。除本人声明放弃外,应在三个月内由本人或其代理人向海关办理退运手续;逾期不办的,由海关按《中华人民共和国海关法》第五十一条规定处理。

第十二条 旅客进出境时应遵守本规定和中华人民共和国海关总署授权有关海关为实施本规定所公告的其他补充规定。违者,海关将依照《中华人民共和国海关法》和《中华人民共和国海关行政处罚实施条例》的有关规定处理。

第十三条 本规定由中华人民共和国海关总署负责解释。

第十四条 本规定自1996年8月15日起实施。

附件:1. 中国籍旅客带进物品限量表

2. 定居旅客应税自用物品及安家物品清单

附件 1－2－1

中国籍旅客带进物品限量表

（中华人民共和国海关总署 1996 年 8 月 15 日修订）

类别	品种	限量
第一类物品	衣料、衣着、鞋、帽、工艺美术品和价值人民币 1,000 元以下（含 1,000 元）的其它生活用品	自用合理数量范围内免税，其中价值人民币 800 元以上，1,000 元以下的物品每种限一件
第二类物品	烟草制品 酒精饮料	(1)香港、澳门地区居民及因私往来香港、澳门地区的内地居民，免税香烟 200 支，或雪茄 50 支，或烟丝 250 克；免税 12 度以上酒精饮料限 1 瓶（0.75 升以下） (2)其他旅客，免税香烟 400 支，或雪茄 100 支，或烟丝 500 克；免税 12 度以上酒精饮料限 2 瓶（1.5 升以下）
第三类物品	价值人民币 1,000 元以上，5,000 元以下（含 5,000 元）的生活用品	(1)驻境外的外交机构人员、我出国留学人员和访问学者、赴外劳务人员和援外人员，连续在外每满 180 天（其中留学人员和访问学者物品验放时间从注册入学之日起算至毕业结业之日止），远洋船员在外每满 120 天任选其中 1 件免税 (2)其他旅客每公历年度内进境可任选其中 1 件征税

注：

1. 本表所称进境物品价值以海关审定的完税价格为准；

2. 超出本表所列最高限值的物品，另按有关规定办理；

3. 根据规定可免税带进的第三类物品，同一品种物品公历年度内不得重复；

4. 对不满 16 周岁者，海关只放行其旅途需用的第一类物品；

5. 本表不适用于短期内多次来往香港、澳门地区旅客和经常进出境人员以及边境地区居民。

附件 1 - 2 - 2

定居旅客应税自用及安家物品清单

1. 电视机
2. 摄像机
3. 录像机
4. 放像机
5. 音响设备
6. 空调器
7. 电冰箱电冰柜
8. 洗衣机
9. 照相机
10. 传真机
11. 打印机及文字处理机
12. 微型计算机及外设
13. 电话机
14. 家具
15. 灯具
16. 餐料(含饮料、酒)
17. 小汽车
18. 摩托车

附件 1－3

中华人民共和国海关关于境内公路承运海关监管货物的运输企业及其车辆、驾驶员的管理办法

（2001 年 9 月 27 日海关总署令第 88 号公布　根据 2004 年 11 月 30 日海关总署令第 121 号第一次修正　根据 2015 年 4 月 28 日海关总署令第 227 号第二次修正　根据 2017 年 12 月 20 日海关总署令第 235 号第三次修正）

第一章　总　　则

第一条　为加强对承运海关监管货物的境内运输企业及其车辆、驾驶员的管理，根据《中华人民共和国海关法》（以下简称《海关法》）及其他相关法规，制定本办法。

第二条　本办法所指的境内运输企业、车辆、驾驶员，是指依据本办法经海关注册登记或者备案登记，在境内从事海关监管货物运输的企业、车辆、驾驶员。

第三条　运输企业、车辆应当向主管地的直属海关或者隶属海关（以下简称主管海关）申请办理注册登记手续，驾驶员应当办理备案登记手续。

第四条　海关对运输企业、车辆的注册登记资料以及驾驶员的备案登记资料实行计算机联网管理，数据资料共享的，不再办理异地备案手续。

第二章　注册登记

第五条　承运海关监管货物的运输企业，应当具备以下资格条件：

（一）具有企业法人资格；

（二）取得与运输企业经营范围相一致的工商核准登记。

第六条　运输企业办理注册登记时，应当向海关提交下列文件：

（一）《承运海关监管货物境内运输企业注册登记申请表》；

（二）工商行政管理部门核发的《营业执照》复印件；

（三）承运海关监管货物车辆的驾驶员名单及备案登记资料；企业更换驾

驶员的，应当及时向海关办理驾驶员的变更备案手续。

主管海关可以通过网络共享获取前款规定材料的，无需另行提交。

第七条 海关对运输企业的资格条件及递交的有关证件进行审核，合格的，颁发《境内公路运输企业载运海关监管货物注册登记证书》（以下简称注册登记证书）。

第八条 承运海关监管货物的车辆应为厢式货车或集装箱拖头车，经海关批准也可以为散装货车。上述车辆应当具备以下条件：

（一）用于承运海关监管货物的车辆，必须为运输企业的自有车辆，其机动车辆行驶证的车主列名必须与所属运输企业名称一致；

（二）厢式货车的厢体必须与车架固定一体，无暗格，无隔断，具有施封条件，车厢连接的镙丝均须焊死，车厢两车门之间须以钢板相卡，保证施封后无法开启；

有特殊需要，需加开侧门的，须经海关批准，并符合海关监管要求；

（三）集装箱拖头车必须承运符合国际标准的集装箱；

（四）散装货车只能承运不具备加封条件的大宗散装货物，如矿砂、粮食及超大型机械设备等。

第九条 办理车辆注册登记时，应当向海关提交下列文件：

（一）《承运海关监管货物境内运输车辆注册登记申请表》；

（二）公安交通管理部门核发的《机动车行驶证》复印件；

（三）车辆彩色照片2张（要求：前方左侧面45°，4×3寸；能清楚显示车牌号码；车头及车厢侧面喷写企业名称）。

主管海关可以通过网络共享获取前款规定材料的，无需另行提交。

第十条 海关对车辆监管条件及相关文件进行审核，合格的，颁发《中华人民共和国海关境内汽车载运海关监管货物载货登记簿》（以下简称《汽车载货登记簿》）。

第十一条 驾驶员办理备案登记时，应当向海关提交以下文件：

（一）《承运海关监管货物境内运输车辆驾驶员备案登记表》；

（二）机动车驾驶员驾驶证（复印件）；

（三）驾驶员彩色近照2张（规格：大1寸，免冠、红底）。

主管海关可以通过网络共享获取前款规定材料的，无需另行提交。

第十二条 《注册登记证书》、《汽车载货登记簿》等相关证件需更新的，可凭原件向注册地海关申请换发新证、簿；如上述证、簿损毁、遗失或被盗的，经注册地海关审核情况属实的，予以补发。

第十三条 运输企业、车辆、驾驶员不再从事海关监管货物运输业务的，应向注册地海关交回《注册登记证书》、《汽车载货登记簿》等相关证件，办理手续。

第十四条 车辆更换(包括更换车辆、更换发动机、更换车辆牌照号码)、改装车体等，应按本办法规定重新办理注册登记手续。

第三章 海关监管

第十五条 驾驶员在从事海关监管货物运输时，应出示相关证件，如实填报交验汽车载货登记簿；货物运抵目的地后，必须向目的地海关办理汽车载货登记簿的核销手续。

第十六条 驾驶员应将承运的海关监管货物完整、及时地运抵指定的海关监管作业场所，并确保海关封志完好无损，未经海关许可，不得开拆。

第十七条 汽车载货登记簿由车辆固定使用。

第十八条 实施卫星定位管理的车辆，卫星定位管理系统配套使用的身份证(IC)卡与汽车载货登记簿具有同等效力。

第十九条 运输企业、驾驶员应妥善保管海关核发的有关证、簿，不得转借、涂改、故意损毁。

第二十条 承运海关监管货物的车辆应按海关指定的路线和要求行驶，并在海关规定的时限内运抵目的地海关。不得擅自改变路线、在中途停留并装卸货物。

第二十一条 遇特殊情况，车辆在运输途中出现故障，需换装其他运输工具时，应立即通知附近海关，在海关监管下换装，附近海关负责及时将换装情况通知货物出发地和目的地海关。

第二十二条 海关监管货物在运输途中发生丢失、短少或损坏等情事的，除不可抗力外，运输企业应当承担相应的纳税义务及其他法律责任。

第四章 法律责任

第二十三条 运输企业、驾驶员发生走私违规情事的，由海关按《中华人民共和国海关法》和《中华人民共和国海关行政处罚实施条例》的有关规定进行处罚。构成犯罪的，依法追究刑事责任。

第二十四条 运输企业、驾驶员，有下列情形之一的，由海关责令改正，可以给予警告：

(一)承运海关监管货物的车辆不按照海关指定的路线或范围行进的；

（二）承运海关监管货物的车辆到达或者驶离设立海关的地点，未按照规定向海关如实填报交验汽车载货登记簿或者办理核销手续的；

（三）承运海关监管货物的车辆在运输途中出现故障，不能继续行驶，需换装其他运输工具时，驾驶员或其所属企业不向附近海关或货物主管海关报明情况而无正当理由的；

（四）不按照规定接受海关对车辆及其所载货物进行查验的；

（五）遗失、损毁、涂改、转借海关核发的载货登记簿等相关证件，妨碍海关监管工作或者影响办理海关有关手续的；

（六）未经海关许可，擅自更换车辆（车辆发动机、车牌号码）、驾驶员，改装车厢、车体的；

（七）运输企业出让其名义供他人承运海关监管货物的。

第二十五条　运输企业、驾驶员，有下列情形之一的，可以给予警告、暂停其6个月以内从事有关业务或者执业：

（一）有走私行为的；

（二）1年内有3次以上重大违反海关监管规定行为的；

（三）管理不善致使保管的海关监管货物多次发生损坏或者丢失的；

（四）未经海关许可，擅自开启或损毁海关加施于车辆的封志的；

（五）未经海关许可，对所承运的海关监管货物进行开拆、调换、改装、留置、转让、更换标志、移作他用或进行其他处理的；

（六）有其他需要暂停从事有关业务或者执业情形的。

第二十六条　运输企业、驾驶员，有下列情形之一的，海关可以撤销其注册登记或者停止其从事有关业务：

（一）构成走私犯罪被司法机关依法处理的；

（二）1年内有2次以上走私行为的；

（三）管理不严，1年内3人次以上被海关暂停执业、取消从业资格的；

（四）因违反规定被海关暂停从事有关业务或者执业，恢复从事有关业务或者执业后1年内再次发生违反本办法规定的暂停从事有关业务或者执业情形的；

（五）其他需要撤销其注册登记或者停止从事有关业务的情形。

第二十七条　运输企业、车辆注册有效期届满未延续的，海关应当依照有关规定办理注销手续。

第二十八条　运输企业被工商行政管理部门吊销营业执照或被交通运输管理部门取消道路货物运输资格的，海关注销其承运海关监管货物运输资格。

第五章　附　则

第二十九条　生产型企业自有车辆及其驾驶员,需承运本企业海关监管货物的,按照本办法管理。

第三十条　承运过境货物境内段公路运输的境内运输企业及其车辆、驾驶员,比照本办法管理。

第三十一条　本办法所规定的文书由海关总署另行制定并且发布。

第三十二条　本办法由海关总署负责解释。

第三十三条　本办法自2005年1月1日起实施。原《中华人民共和国海关关于在广东地区载运海关监管货物的境内汽车运输企业及其车辆的管理办法》(署监〔2001〕19号)、《中华人民共和国海关对境内汽车载运海关监管货物的管理办法》(〔1989〕署货字第950号)、《中华人民共和国海关总署关于对〈中华人民共和国海关对境内汽车载运海关监管货物的管理办法〉适用范围问题的批复》(署监一〔1990〕958号)和《关于转发〈来往港澳货运汽车分流管理工作会议纪要〉的通知》(〔1990〕署监一第345号)同时废止。

附件 1 – 4

中华人民共和国海关关于转关货物监管办法

（2001 年 9 月 30 日海关总署令第 89 号公布　根据 2014 年 3 月 13 日海关总署令第 218 号第一次修正　根据 2017 年 12 月 20 日海关总署令第 235 号第二次修正）

第一章　总　　则

第一条　为了加强对转关货物的监管，方便收发货人办理海关手续，根据《中华人民共和国海关法》制定本办法。

第二条　转关货物是海关监管货物，海关对进出口转关货物施加海关封志。

对商业封志完好的内支线船舶和铁路承运的转关货物，海关可以不施加海关封志。

可以办理转关手续的进出口货物范围由海关总署另行确定并且发布。

第三条　转关货物应当由已经在海关注册登记的承运人承运。海关对转关限定路线范围，限定途中运输时间，承运人应当按海关要求将货物运抵指定的场所。

海关根据工作需要，可以派员押运转关货物，货物收发货人或者其代理人、承运人应当提供方便。

第四条　转关货物的指运地或启运地应当设有经海关批准的海关监管作业场所。转关货物的存放、装卸、查验应当在海关监管作业场所内进行。特殊情况需要在海关监管作业场所以外存放、装卸、查验货物的，应当向海关事先提出申请，海关按照规定监管。

第五条　海关对转关货物的查验，由指运地或者启运地海关实施。进、出境地海关认为必要时也可以查验或者复验。

第六条　转关货物未经海关许可，不得开拆、提取、交付、发运、调换、改装、抵押、质押、留置、转让、更换标记、移作他用或者进行其他处置。

第七条　转关货物的收发货人或者代理人，可以采取以下三种方式办理转关手续：

（一）在指运地或者启运地海关以提前报关方式办理；

（二）在进境地或者启运地海关以直接填报转关货物申报单的直转方式

办理；

（三）以由境内承运人或者其代理人统一向进境地或者启运地海关申报的中转方式办理。

第八条 转关货物申报的电子数据与书面单证具有同等的法律效力。对确因填报或者传输错误的数据，符合进出口货物报关单修改和撤销管理相关规定的，可以进行修改或者撤销。对海关已经决定查验的转关货物，不再允许修改或者撤销申报内容。

广东省内公路运输的《进境汽车载货清单》或者《出境汽车载货清单》视同转关申报书面单证，具有法律效力。

第九条 转关货物运输途中因交通意外等原因需要更换运输工具或者驾驶员的，承运人或者驾驶员应当通知附近海关；附近海关核实同意后，监管换装并书面通知进境地、指运地海关或者出境地、启运地海关。

第十条 转关货物在国内储运中发生损坏、短少、灭失情事时，除不可抗力外，承运人、货物所有人、存放场所负责人应承担税赋责任。

第二章 进口转关货物的监管

第十一条 转关货物应当自运输工具申报进境之日起 14 天内向进境地海关办理转关手续，在海关限定期限内运抵指运地海关之日起 14 天内，向指运地海关办理报关手续。逾期按照规定征收滞报金。

第十二条 进口转关货物，按货物到达指运地海关之日的税率和汇率征税。提前报关的，其适用的税率和汇率是指运地海关接收到进境地海关传输的转关放行信息之日的税率和汇率。如果货物运输途中税率和汇率发生重大调整的，以转关货物运抵指运地海关之日的税率和汇率计算。

第十三条 提前报关的转关货物，进口货物收货人或者其代理人在进境地海关办理进口货物转关手续前，向指运地海关录入《进口货物报关单》电子数据，指运地海关提前受理电子申报，货物运抵指运地海关监管作业场所后，办理转关核销和接单验放等手续。

第十四条 提前报关的转关货物，其收货人或者代理人向指运地海关填报录入《进口货物报关单》后，计算机自动生成《进口转关货物申报单》并传输至进境地海关。

第十五条 提前报关的转关货物收货人或者代理人，应当向进境地海关提供《进口转关货物申报单》编号，并提交下列单证办理转关手续：

（一）《进口转关货物核放单》；广东省内公路运输的，交验《进境汽车载货清单》；

（二）《中华人民共和国海关境内汽车载运海关监管货物载货登记簿》（以下简称《汽车载货登记簿》）或《船舶监管簿》；

（三）提货单。

第十六条 提前报关的进口转关货物应当在电子数据申报之日起的5日内，向进境地海关办理转关手续。超过期限仍未到进境地海关办理转关手续的，指运地海关撤销提前报关的电子数据。

第十七条 直转的转关货物，货物收货人或者代理人在进境地录入转关申报数据，直接办理转关手续。

第十八条 直转的转关货物，货物收货人或者代理人应凭以下单证向进境地海关办理转关手续：

（一）《进口转关货物申报单》；广东省内公路运输的，交验《进境汽车载货清单》；

（二）《汽车载货登记簿》或者《船舶监管簿》。

第十九条 具有全程提运单、需换装境内运输工具的中转转关货物，收货人或者其代理人向指运地海关办理进口报关手续后，由境内承运人或者其代理人，批量办理货物转关手续。

第二十条 中转的转关货物，运输工具代理人应当凭以下单证向进境地海关办理转关手续：

（一）《进口转关货物申报单》；

（二）《进口货物中转通知书》；

（三）进口中转货物的按指运地目的港分列的电子或者纸质舱单；以空运方式进境的中转货物，提交联程运单。

第三章 出口转关货物的监管

第二十一条 出口提前报关的转关货物，由货物发货人或者其代理人在货物未运抵启运地海关监管作业场所前，向启运地海关填报录入《出口货物报关单》电子数据，启运地海关提前受理电子申报。货物应当于电子数据申报之日起5日内，运抵启运地海关监管作业场所，办理转关和验放等手续。超过期限的，启运地海关撤销提前报关的电子数据。

第二十二条 出口直转的转关货物，由货物发货人或者其代理人在货物运抵启运地海关监管作业场所后，向启运地海关填报录入《出口货物报关单》电子数据，启运地海关受理电子申报，办理转关和验放等手续。

第二十三条　提前报关和直转的出口转关货物,其发货人或者代理人应当在启运地填报录入《出口货物报关单》,在启运地海关办理出口通关手续后,计算机自动生成《出口转关货物申报单》数据,传送至出境地海关。

第二十四条　提前报关和直转的出口转关货物发货人或者代理人应当凭以下单证在启运地海关办理出口转关手续:

(一)《出口货物报关单》;

(二)《汽车载货登记簿》或者《船舶监管簿》;

(三)广东省内公路运输的,还应当递交《出境汽车载货清单》。

第二十五条　提前报关和直转的出口转关货物到达出境地后,发货人或者代理人应当凭《汽车载货登记簿》或者《船舶监管簿》和启运地海关签发的《出口货物报关单》和《出口转关货物申报单》或者《出境汽车载货清单》(广东省内公路运输),向出境地海关办理转关货物的出境手续。

第二十六条　具有全程提运单、需换装境内运输工具的出口中转货物,发货人向启运地海关办理出口报关手续后,由承运人或者其代理人按照出境运输工具分列舱单,批量办理货物转关手续。

第二十七条　出口中转货物,其发货人或者代理人向启运地海关办理出口通关手续后,运输工具代理人向启运地海关录入并且提交下列单证:

(一)《出口转关货物申报单》;

(二)按出境运输工具分列的电子或者纸质舱单;

(三)《汽车载货登记簿》或《船舶监管簿》。

经启运地海关核准后,签发《出口货物中转通知书》。出境地海关验核上述单证,办理中转货物的出境手续。

第二十八条　对需运抵出境地后才能确定出境运输工具,或者原定的运输工具名称、航班(次)、提单号发生变化的,可以在出境地补录或者修改相关数据,办理出境手续。

第四章　核　　销

第二十九条　进口转关货物在运抵指运地海关监管作业场所后,指运地海关方可办理转关核销。

对于进口大宗散装转关货物分批运输的,在第一批货物运抵指运地海关监管作业场所后,指运地海关办理整批货物的转关核销手续,发货人或者代理人同时办理整批货物的进口报关手续。指运地海关按规定办理余下货物的验放。最后一批货物到齐后,指运地海关完成整批货物核销。

第三十条　出口转关货物在运抵出境地海关监管作业场所后，出境地海关方可办理转关核销。货物实际离境后，出境地海关核销清洁舱单并且反馈启运地海关，启运地海关凭以签发有关报关单证明联。

第三十一条　转关工具未办结转关核销的，不得再次承运转关货物。

第五章　附　　则

第三十二条　本办法下列用语的含义是：

（一）转关货物系指：

1. 由进境地入境，向海关申请转关、运往另一设关地点办理进口海关手续的货物；

2. 在启运地已办理出口海关手续运往出境地，由出境地海关监管放行的货物。

（二）进境地：指货物进入关境的口岸。

（三）出境地：指货物离开关境的口岸。

（四）指运地：指进口转关货物运抵报关的地点。

（五）启运地：指出口转关货物报关发运的地点。

（六）承运人：指经海关核准，承运转关货物的企业。

第三十三条　本办法所规定的文书由海关总署另行制定并且发布。

第三十四条　本办法由海关总署负责解释。

第三十五条　本办法自2001年10月15日起实施。原《海关总署关于发布〈中华人民共和国海关广东地区陆路转关运输货物监管办法〉的通知》（署监〔2001〕21号）、《海关总署关于发布〈中华人民共和国海关关于长江沿线进出口转关运输货物监管办法〉的通知》（署监〔2001〕22号）、《关于发布〈中华人民共和国海关关于转关运输货物监管办法〉的通知》（署监一〔1992〕1377号）同时废止。

附件 1－5

中华人民共和国海关
进出口货物申报管理规定

（2003 年 9 月 18 日海关总署令第 103 号公布　根据 2010 年 11 月 26 日海关总署令第 198 第一次修正　根据 2014 年 3 月 13 日海关总署令第 218 号第二次修正　根据 2017 年 12 月 20 日海关总署令第 235 号公布的第三次修正）

第一章　总　　则

第一条　为了规范进出口货物的申报行为，依据《中华人民共和国海关法》（以下简称《海关法》）及国家进出口管理的有关法律、行政法规，制定本规定。

第二条　本规定中的“申报”是指进出口货物的收发货人、受委托的报关企业，依照《海关法》以及有关法律、行政法规和规章的要求，在规定的期限、地点，采用电子数据报关单和纸质报关单形式，向海关报告实际进出口货物的情况，并接受海关审核的行为。

第三条　除另有规定外，进出口货物的收发货人或者其委托的报关企业向海关办理各类进出口货物的申报手续，均适用本规定。

第四条　进出口货物的收发货人，可以自行向海关申报，也可以委托报关企业向海关申报。

向海关办理申报手续的进出口货物的收发货人、受委托的报关企业应当预先在海关依法办理登记注册。

第五条　申报采用电子数据报关单申报形式和纸质报关单申报形式。电子数据报关单和纸质报关单均具有法律效力。

电子数据报关单申报形式是指进出口货物的收发货人、受委托的报关企业通过计算机系统按照《中华人民共和国海关进出口货物报关单填制规范》的要求向海关传送报关单电子数据并且备齐随附单证的申报方式。

纸质报关单申报形式是指进出口货物的收发货人、受委托的报关企业，按照海关的规定填制纸质报关单，备齐随附单证，向海关当面递交的申报方式。

进出口货物的收发货人、受委托的报关企业应当以电子数据报关单形式向海关申报，与随附单证一并递交的纸质报关单的内容应当与电子数据报关单一致；特殊情况下经海关同意，允许先采用纸质报关单形式申报，电子数据事后补报，补报的电子数据应当与纸质报关单内容一致。在向未使用海关信息化管理系统作业的海关申报时可以采用纸质报关单申报形式。

第六条 为进出口货物的收发货人、受委托的报关企业办理申报手续的人员，应当是在海关备案的报关人员。

第二章 申报要求

第七条 进出口货物的收发货人、受委托的报关企业应当依法如实向海关申报，对申报内容的真实性、准确性、完整性和规范性承担相应的法律责任。

第八条 进口货物的收货人、受委托的报关企业应当自运输工具申报进境之日起十四日内向海关申报。

进口转关运输货物的收货人、受委托的报关企业应当自运输工具申报进境之日起十四日内，向进境地海关办理转关运输手续，有关货物应当自运抵指运地之日起十四日内向指运地海关申报。

出口货物发货人、受委托的报关企业应当在货物运抵海关监管区后、装货的二十四小时以前向海关申报。

超过规定时限未向海关申报的，海关按照《中华人民共和国海关征收进口货物滞报金办法》征收滞报金。

第九条 本规定中的申报日期是指申报数据被海关接受的日期。不论以电子数据报关单方式申报或以纸质报关单方式申报，海关以接受申报数据的日期为接受申报的日期。

以电子数据报关单方式申报的，申报日期为海关计算机系统接受申报数据时记录的日期，该日期将反馈给原数据发送单位，或者公布于海关业务现场，或者通过公共信息系统发布。

以纸质报关单方式申报的，申报日期为海关接受纸质报关单并且对报关单进行登记处理的日期。

第十条 电子数据报关单经过海关计算机检查被退回的，视为海关不接受申报，进出口货物收发货人、受委托的报关企业应当按照要求修改后重新申报，申报日期为海关接受重新申报的日期。

海关已接受申报的报关单电子数据，人工审核确认需要退回修改的，进出口货物收发货人、受委托的报关企业应当在10日内完成修改并且重新发送报关单电子数据，申报日期仍为海关接受原报关单电子数据的日期；超过10日的，原报关单无效，进出口货物收发货人、受委托的报关企业应当另行向海关申报，申报日期为海关再次接受申报的日期。

第十一条 进出口货物的收发货人以自己的名义，向海关申报的，报关单应当由进出口货物收发货人签名盖章，并且随附有关单证。

报关企业接受进出口货物的收发货人委托，以自己的名义或以委托人的名义向海关申报的，应当向海关提交由委托人签署的授权委托书，并且按照委托书的授权范围办理有关海关手续。

第十二条 报关企业接受进出口货物收发货人委托办理报关手续的，应当与进出口货物收发货人签订有明确委托事项的委托协议，进出口货物收发货人应当向报关企业提供委托报关事项的真实情况。

报关企业接受进出口收发货人的委托，办理报关手续时，应当对委托人所提供情况的真实性、完整性进行合理审查，审查内容包括：

（一）证明进出口货物的实际情况的资料，包括进出口货物的品名、规格、用途、产地、贸易方式等；

（二）有关进出口货物的合同、发票、运输单据、装箱单等商业单据；

（三）进出口所需的许可证件及随附单证；

（四）海关要求的加工贸易手册（纸质或电子数据的）及其他进出口单证。

报关企业未对进出口货物的收发货人提供情况的真实性、完整性履行合理审查义务或者违反海关规定申报的，应当承担相应的法律责任。

第十三条 进口货物的收货人，向海关申报前，因确定货物的品名、规格、型号、归类等原因，可以向海关提出查看货物或者提取货样的书面申请。海关审核同意的，派员到场实际监管。

查看货物或提取货样时，海关开具取样记录和取样清单；提取货样的货物涉及动植物及产品以及其他须依法提供检疫证明的，应当按照国家的有关法律规定，在取得主管部门签发的书面批准证明后提取。提取货样后，到场监管的海关关员与进口货物的收货人在取样记录和取样清单上签字确认。

第十四条 海关接受进出口货物的申报后，报关单证及其内容不得修改或者撤销；符合规定情形的，应当按照进出口货物报关单修改和撤销的相关规定办理。

第十五条 海关审核电子数据报关单时，需要进出口货物的收发货人、受委托的报关企业解释、说明情况或者补充材料的，收发货人、受委托的报关企业应当在接到海关通知后及时进行说明或者提供完备材料。

第十六条 海关审结电子数据报关单后，进出口货物的收发货人、受委托的报关企业应当自接到海关“现场交单”或者“放行交单”通知之日起 10 日内，持打印出的纸质报关单，备齐规定的随附单证并且签名盖章，到货物所在地海关递交书面单证并且办理相关海关手续。

确因节假日或者转关运输等其他特殊原因需要逾期向海关递交书面单证并且办理相关海关手续的,进出口货物的收发货人、受委托的报关企业应当事先向海关提出书面申请说明原因,经海关核准后在核准的期限内办理。其中,进出口货物收发货人自行报关的,由收发货人在申请书上签章;委托报关企业报关的,由报关企业和进出口货物收发货人双方共同在申请书上签章。

未在规定期限或核准的期限内递交纸质报关单的,海关删除电子数据报关单,进出口货物的收发货人、受委托的报关企业应当重新申报。由此产生的滞报金按照《中华人民共和国海关征收进口货物滞报金办法》的规定办理。

现场交单审核时,进出口货物的收发货人、受委托的报关企业应当向海关递交与电子数据报关单内容一致的纸质报关单及随附单证。特殊情况下,个别内容不符的,经海关审核确认无违法情形的,由进出口货物收发货人、受委托的报关企业重新提供与报关单电子数据相符的随附单证或者提交有关说明的申请,电子数据报关单可以不予删除。其中,实际交验的进出口许可证件与申报内容不一致的,经海关认定无违反国家进出口贸易管制政策和海关有关规定的,可以重新向海关提交。

第十七条 企业可以通过计算机网络向海关进行联网实时申报。具体办法由海关总署另行制定。

第三章 特殊申报

第十八条 经海关批准,进出口货物的收发货人、受委托的报关企业可以在取得提(运)单或者载货清单(舱单)数据后,向海关提前申报。

在进出口货物的品名、规格、数量等已确定无误的情况下,经批准的企业可以在进口货物启运后、抵港前或者出口货物运入海关监管作业场所前3日内,提前向海关办理报关手续,并且按照海关的要求交验有关随附单证、进出口货物批准文件及其他需提供的证明文件。

验核提前申报的进出口货物许可证件有效期以海关接受申报之日为准。提前申报的进出口货物税率、汇率的适用,按照《中华人民共和国进出口关税条例》(以下简称《关税条例》)的有关规定办理。

第十九条 特殊情况下,经海关批准,进出口货物的收发货人、受委托的报关企业可以自装载货物的运输工具申报进境之日起1个月内向指定海关办理集中申报手续。

集中申报企业应当向海关提供有效担保,并且在每次货物进、出口时,按照要求向海关报告货物的进出口日期、运输工具名称、提(运)单号、税号、品名、规格型号、价格、原产地、数量、重量、收(发)货单位等海关监管所必需的信息,海关可准许先予查验和提取货物。集中申报企业提取货物后,应当自装载货物的运输工具申报进境之日起1个月内向海关办理集中申报及征税、放行等海关手续。超过规定期限未向海关申报的,按照《中华人民共和国海关征收进口货物滞报金办法》征收滞报金。

集中申报采用向海关进行电子数据报关单申报的方式。

集中申报的进出口货物税率、汇率的适用,按照《关税条例》的有关规定办理。

第二十条 经电缆、管道、输送带或者其他特殊运输方式输送进出口的货物,经海关同意,可以定期向指定海关申报。

第二十一条 需要向海关申报知识产权状况的进出口货物,收发货人、受委托的报关企业应当按照海关要求向海关如实申报有关知识产权状况,并且提供能够证明申报内容真实的证明文件和相关单证。海关按规定实施保护措施。

第二十二条 海关对进出口货物申报价格、税则归类进行审查时,进出口货物的收发货人、受委托的报关企业应当按海关要求提交相关单证和材料。

第二十三条 需要进行补充申报的,进出口货物的收发货人、受委托的报关企业应当如实填写补充申报单,并且向海关递交。

第二十四条 转运、通运、过境货物及快件的申报规定,由海关总署另行制定。

第四章 申报单证

第二十五条 进出口货物的收发货人、受委托的报关企业到海关现场办理接单审核、征收税费及验放手续时,应当递交国家实行进出口管理的许可证件以及海关要求的随附单证等。

第二十六条 向海关递交纸质报关单可以使用事先印制的规定格式报关单或者直接在A4型空白纸张上打印。

进口货物纸质报关单一式五联:海关作业联、海关留存联、企业留存联、海关核销联、证明联(进口付汇用)。

出口货物纸质报关单一式六联:海关作业联、海关留存联、企业留存联、海关核销联、证明联(出口收汇用)、证明联(出口退税用)。

第二十七条 进、出口货物报关单应当随附的单证包括:

（一）合同；

（二）发票；

（三）装箱清单；

（四）载货清单（舱单）；

（五）提（运）单；

（六）代理报关授权委托协议；

（七）进出口许可证件；

（八）海关要求的加工贸易手册（纸质或者电子数据的）及其他进出口有关单证。

海关应当留存进出口许可证件的正本，其余单证可以留存副本或者复印件。

第二十八条 货物实际进出口前，海关已对该货物做出预归类决定的，进出口货物的收发货人、受委托的报关企业在货物实际进出口申报时应当向海关提交《预归类决定书》。

第五章 报关单证明联、核销联的签发和补签

第二十九条 根据国家外汇、税务、海关对加工贸易等管理的要求，进出口货物的收发货人、受委托的报关企业办结海关手续后，可以向海关申请签发下列报关单证明联：

（一）用于办理出口退税的实施启运港退税政策的出口货物报关单证明联；

（二）用于办理付汇的货物贸易外汇管理 B 类、C 类企业进口货物报关单证明联；

（三）用于办理收汇的货物贸易外汇管理 B 类、C 类企业出口货物报关单证明联；

（四）用于办理加工贸易核销的海关核销联。

海关签发报关单证明联应当在打印出的报关单证明联的右下角规定处加盖已在有关部门备案的“验讫章”。

进出口货物的收发货人、受委托的报关企业在申领报关单证明联、海关核销联时，应当提供海关要求的有效证明。

第三十条 海关已签发的报关单证明联、核销联因遗失、损毁等特殊情况需要补签的，进出口货物的收发货人、受委托的报关企业应当自原证明联签发之日起 1 年内向海关提出书面申请，并且随附有关证明材料，海关审核同意

后，可以予以补签。海关在证明联、核销联上注明“补签”字样，并且按规定收取工本费。

第六章　附　　则

第三十一条　保税区、出口加工区进出口的货物及进出保税区、出口加工区货物，加工贸易后续管理环节的内销、余料结转、深加工结转等，除另有规定外，按照本规定的规定在主管海关办理申报手续。

第三十二条　采用转关运输方式的进出口货物，按照《中华人民共和国海关关于转关货物的监管办法》办理申报手续。

第三十三条　进出口货物的收发货人、受委托的报关企业、报关员违反本规定的，依照《海关法》及《中华人民共和国海关行政处罚实施条例》等有关规定处罚。

第三十四条　本规定由海关总署负责解释。

第三十五条　本规定自2003年11月1日起施行。

附件 1-6

中华人民共和国海关对保税仓库及所存货物的管理规定

（2003 年 12 月 5 日海关总署令第 105 号公布　根据 2010 年 11 月 26 日海关总署令第 198 号第一次修正　根据 2015 年 4 月 28 日海关总署令第 227 号第二次修正　根据 2017 年 12 月 20 日海关总署令第 235 号第三次修正）

第一章　总　　则

第一条　为了加强海关对保税仓库及所存货物的监管，规范保税仓库的经营管理行为，促进对外贸易和经济发展，根据《中华人民共和国海关法》和国家有关法律、行政法规，制定本规定。

第二条　本规定所称保税仓库，是指经海关批准设立的专门存放保税货物及其他未办结海关手续货物的仓库。

第三条　保税仓库按照使用对象不同分为公用型保税仓库、自用型保税仓库。

公用型保税仓库由主营仓储业务的中国境内独立企业法人经营，专门向社会提供保税仓储服务。

自用型保税仓库由特定的中国境内独立企业法人经营，仅存储供本企业自用的保税货物。

第四条　保税仓库中专门用来存储具有特定用途或特殊种类商品的称为专用型保税仓库。

专用型保税仓库包括液体保税仓库、备料保税仓库、寄售维修保税仓库和其他专用型保税仓库。

液体保税仓库，是指专门提供石油、成品油或者其他散装液体保税仓储服务的保税仓库。

备料保税仓库，是指加工贸易企业存储为加工复出口产品所进口的原材料、设备及其零部件的保税仓库，所存保税货物仅限于供应本企业。

寄售维修保税仓库，是指专门存储为维修外国产品所进口寄售零配件的保税仓库。

第五条　下列货物，经海关批准可以存入保税仓库：

（一）加工贸易进口货物；

（二）转口货物；

（三）供应国际航行船舶和航空器的油料、物料和维修用零部件；

（四）供维修外国产品所进口寄售的零配件；

（五）外商暂存货物；

（六）未办结海关手续的一般贸易货物；

（七）经海关批准的其他未办结海关手续的货物。

第六条　保税仓库不得存放国家禁止进境货物，不得存放未经批准的影响公共安全、公共卫生或健康、公共道德或秩序的国家限制进境货物以及其他不得存入保税仓库的货物。

第二章　保税仓库的设立

第七条　保税仓库应当设立在设有海关机构、便于海关监管的区域。

第八条　经营保税仓库的企业，应当具备下列条件：

（一）经工商行政管理部门注册登记，具有企业法人资格；

（二）具有专门存储保税货物的营业场所；

（三）法律、行政法规、海关规章规定的其他条件。

第九条　保税仓库应当具备下列条件：

（一）符合海关对保税仓库布局的要求；

（二）具备符合海关监管要求的隔离设施、监管设施和办理业务必需的其他设施；

（三）具备符合海关监管要求的保税仓库计算机管理系统并与海关联网；

（四）具备符合海关监管要求的保税仓库管理制度；

（五）公用保税仓库面积最低为2000平方米；

（六）液体保税仓库容积最低为5000立方米；

（七）寄售维修保税仓库面积最低为2000平方米；

（八）法律、行政法规、海关规章规定的其他条件。

第十条　企业申请设立保税仓库的，应当向仓库所在地主管海关提交书面申请，并备齐本规定第八条、第九条规定的相关证明材料。

申请材料齐全有效的，主管海关予以受理。申请材料不齐全或者不符合法定形式的，主管海关应当在5个工作日内一次告知申请人需要补正的全部内容。主管海关应当自受理申请之日起20个工作日内提出初审意见并将有关材料报送直属海关审批。

直属海关应当自接到材料之日起20个工作日内审查完毕,对符合条件的,出具批准文件,批准文件的有效期为1年;对不符合条件的,应当书面告知申请人理由。

第十一条 申请设立保税仓库的企业应当自海关出具保税仓库批准文件1年内向海关申请保税仓库验收,由主管海关按照本规定第八条、第九条规定的条件进行审核验收。申请企业无正当理由逾期未申请验收或者保税仓库验收不合格的,该保税仓库的批准文件自动失效。

第十二条 保税仓库验收合格后,经海关注册登记并核发《保税仓库注册登记证书》,方可以开展有关业务。

《保税仓库注册登记证书》有效期为3年。

第三章 保税仓库的管理

第十三条 保税仓库不得转租、转借给他人经营,不得下设分库。

第十四条 海关对保税仓库实施计算机联网管理,并可以随时派员进入保税仓库检查货物的收、付、存情况及有关账册。海关认为必要时,可以会同保税仓库经营企业双方共同对保税仓库加锁或者直接派员驻库监管,保税仓库经营企业应当为海关提供办公场所和必要的办公条件。

第十五条 保税仓库经营企业负责人和保税仓库管理人员应当熟悉海关有关法律法规,遵守海关监管规定,接受海关培训。

第十六条 保税仓库经营企业应当如实填写有关单证、仓库账册,真实记录并全面反映其业务活动和财务状况,编制仓库月度收、付、存情况表和年度财务会计报告,并定期报送主管海关。

第十七条 保税仓库经营企业需变更企业名称、组织形式、法定代表人等事项的,应当在变更前向直属海关提交书面报告,说明变更事项、事由和变更时间;变更后,海关按照本规定第八条的规定对其进行重新审核。

保税仓库需变更名称、地址、仓储面积(容积)等事项的,主管海关受理企业申请后,报直属海关审批。

第十八条 保税仓库终止保税仓储业务的,由保税仓库经营企业提出书面申请,经主管海关受理报直属海关审批后,交回《保税仓库注册登记证书》,并办理注销手续。

第四章 保税仓库所存货物的管理

第十九条 保税仓储货物入库时,收发货人或其代理人凭有关单证向海关办理货物报关入库手续，海关对报关入库货物的品种、数量、金额进行审核，并对入库货物进行核注登记。

第二十条 保税仓储货物可以进行包装、分级分类、加刷唛码、分拆、拼装等简单加工，不得进行实质性加工。

保税仓储货物，未经海关批准，不得擅自出售、转让、抵押、质押、留置、移作他用或者进行其他处置。

第二十一条 下列保税仓储货物出库时依法免征关税和进口环节代征税：

(一)用于在保修期限内免费维修有关外国产品并符合无代价抵偿货物有关规定的零部件；

(二)用于国际航行船舶和航空器的油料、物料；

(三)国家规定免税的其他货物。

第二十二条 保税仓储货物存储期限为 1 年。确有正当理由的，经海关同意可予以延期；除特殊情况外，延期不得超过 1 年。

第二十三条 下列情形的保税仓储货物，经海关批准可以办理出库手续，海关按照相应的规定进行管理和验放：

(一)运往境外的；

(二)运往境内保税区、出口加工区或者调拨到其他保税仓库继续实施保税监管的；

(三)转为加工贸易进口的；

(四)转入国内市场销售的；

(五)海关规定的其他情形。

第二十四条 保税仓储货物出库运往境内其他地方的，收发货人或其代理人应当填写进口报关单，并随附出库单据等相关单证向海关申报，保税仓库向海关办理出库手续并凭海关签印放行的报关单发运货物。

出库保税仓储货物批量少、批次频繁的，经海关批准可以办理集中报关手续。

第二十五条 保税仓储货物出库复运往境外的，发货人或其代理人应当填写出口报关单，并随附出库单据等相关单证向海关申报，保税仓库向海关办理出库手续并凭海关签印放行的报关单发运货物。

第五章 法律责任

第二十六条 保税仓储货物在存储期间发生损毁或者灭失的，除不可抗力外，保税仓库应当依法向海关缴纳损毁、灭失货物的税款，并承担相应的法律责任。

第二十七条 保税仓储货物在保税仓库内存储期满，未及时向海关申请延期或者延长期限届满后既不复运出境也不转为进口的，海关应当按照《中华人民共和国海关关于超期未报关进口货物、误卸或者溢卸的进境货物和放弃进口货物的处理办法》第五条的规定处理。

第二十八条 海关在保税仓库设立、变更、注销后，发现原申请材料不完整或者不准确的，应当责令经营企业限期补正，发现企业有隐瞒真实情况、提供虚假资料等违法情形的，依法予以处罚。

第二十九条 保税仓库经营企业有下列行为之一的，海关责令其改正，可以给予警告，或者处1万元以下的罚款；有违法所得的，处违法所得3倍以下的罚款，但最高不得超过3万元：

（一）未经海关批准，在保税仓库擅自存放非保税货物的；

（二）私自设立保税仓库分库的；

（三）保税货物管理混乱，账目不清的；

（四）经营事项发生变更，未按第十七条规定办理海关手续的。

第三十条 违反本规定的其他违法行为，海关依照《中华人民共和国海关法》、《中华人民共和国海关行政处罚实施条例》予以处罚。构成犯罪的，依法追究刑事责任。

第六章 附 则

第三十一条 本规定所规定的文书由海关总署另行制定并且发布。

第三十二条 本规定由海关总署负责解释。

第三十三条 本规定自2004年2月1日起施行。1988年5月1日起实施的《中华人民共和国海关对保税仓库及所存货物的管理办法》同时废止。

附件 1-7

中华人民共和国海关关于加工贸易边角料、剩余料件、残次品、副产品和受灾保税货物的管理办法

（2004 年 5 月 25 日海关总署令第 111 号公布　根据 2010 年 11 月 26 日海关总署令第 198 号第一次修正　根据 2014 年 3 月 13 日海关总署令第 218 号第二次修正　根据 2017 年 12 月 20 日海关总署令第 235 号第三次修正）

第一条　为了规范对加工贸易保税进口料件在加工过程中产生的边角料、剩余料件、残次品、副产品和受灾保税货物的海关监管，根据《中华人民共和国海关法》（以下简称《海关法》）以及有关法律、行政法规，制定本办法。

第二条　本办法下列用语的含义：

边角料，是指加工贸易企业从事加工复出口业务，在海关核定的单位耗料量内（以下简称单耗）、加工过程中产生的、无法再用于加工该合同项下出口制成品的数量合理的废、碎料及下脚料。

剩余料件，是指加工贸易企业在从事加工复出口业务过程中剩余的、可以继续用于加工制成品的加工贸易进口料件。

残次品，是指加工贸易企业从事加工复出口业务，在生产过程中产生的有严重缺陷或者达不到出口合同标准，无法复出口的制品（包括完成品和未完成品）。

副产品，是指加工贸易企业从事加工复出口业务，在加工生产出口合同规定的制成品（即主产品）过程中同时产生的，并且出口合同未规定应当复出口的一个或者一个以上的其他产品。

受灾保税货物，是指加工贸易企业从事加工出口业务中，由于不可抗力原因或者其他经海关审核认可的正当理由造成灭失、短少、损毁等导致无法复出口的保税进口料件和制品。

第三条　加工贸易保税进口料件加工后产生的边角料、剩余料件、残次品、副产品及受灾保税货物属海关监管货物，未经海关许可，任何企业、单位、个人不得擅自销售或者移作他用。

第四条　加工贸易企业申请内销边角料的：

（一）海关按照加工贸易企业向海关申请内销边角料的报验状态归类后

适用的税率和审定的边角料价格计征税款，免征缓税利息；

（二）海关按照加工贸易企业向海关申请内销边角料的报验状态归类后，属于发展改革委员会、商务部、环保总局及其授权部门进口许可证件管理范围的，免于提交许可证件。

第五条 加工贸易企业申报将剩余料件结转到另一个加工贸易合同使用，限同一经营企业、同一加工企业、同样进口料件和同一加工贸易方式。凡具备条件的，海关按规定核定单耗后，企业可以办理该合同核销及其剩余料件结转手续。剩余料件转入合同已经商务主管部门审批的，由原审批部门按变更方式办理相关手续，如剩余料件的转入量不增加已批合同的进口总量，则免于办理变更手续；转入合同为新建合同的，由商务主管部门按现行加工贸易审批管理规定办理。

加工贸易企业申报剩余料件结转有下列情形之一的，企业缴纳不超过结转保税料件应缴纳税款金额的风险担保金后，海关予以办理：

（一）同一经营企业申报将剩余料件结转到另一加工企业的；

（二）剩余料件转出金额达到该加工贸易合同项下实际进口料件总额50%及以上的；

（三）剩余料件所属加工贸易合同办理两次及两次以上延期手续的；

剩余料件结转涉及不同主管海关的，在双方海关办理相关手续，并由转入地海关收取风险担保金。

前款所列须缴纳风险担保金的加工贸易企业有下列情形之一的，免于缴纳风险担保金：

（一）适用加工贸易A类管理的；

（二）已实行台账实转的合同，台账实转金额不低于结转保税料件应缴税款金额的；

（三）原企业发生搬迁、合并、分立、重组、改制、股权变更等法律规定的情形，且现企业继承原企业主要权利义务或者债权债务关系的，剩余料件结转不受同一经营企业、同一加工企业、同一贸易方式限制。

第六条 加工贸易企业申请内销剩余料件或者内销用剩余料件生产的制成品，按照下列情况办理：

（一）剩余料件金额占该加工贸易合同项下实际进口料件总额3%以内（含3%），并且总值在人民币1万元以下（含1万元）的，由主管海关对剩余料件按照规定计征税款和税款缓税利息后予以核销。剩余料件属于发展改革委、商务部、环保总局及其授权部门进口许可证件管理范围的，免于提交许可证件。

（二）剩余料件金额占该加工贸易合同项下实际进口料件总额3%以上或者总值在人民币1万元以上的，海关对合同内销的全部剩余料件按照规定计征税款和缓税利息。剩余料件属于进口许可证件管理的，企业还应当按照规定向海关提交有关进口许可证件。

（三）使用剩余料件生产的制成品需要内销的，海关根据其对应的进口料件价值，按照本条第（一）项或者第（二）项的规定办理。

第七条 加工贸易企业需要内销残次品的，根据其对应的进口料件价值，参照本办法第六条第（一）项或者第（二）项的规定办理。

第八条 加工贸易企业在加工生产过程中产生或者经回收能够提取的副产品，未复出口的，加工贸易企业在向海关办理手册设立或者核销手续时应当如实申报。

对于需要内销的副产品，海关按照加工贸易企业向海关申请内销副产品的报验状态归类后的适用税率和审定的价格，计征税款和缓税利息。

海关按照加工贸易企业向海关申请内销副产品的报验状态归类后，如果属于进口许可证件管理的，企业还应当按照规定向海关提交有关进口许可证件。

第九条 加工贸易受灾保税货物（包括边角料、剩余料件、残次品、副产品）在运输、仓储、加工期间发生灭失、短少、损毁等情事的，加工贸易企业应当及时向主管海关报告，海关可以视情派员核查取证。

（一）因不可抗力因素造成的加工贸易受灾保税货物，经海关核实，对受灾保税货物灭失或者虽未灭失，但是完全失去使用价值且无法再利用的，海关予以免税核销；对受灾保税货物虽失去原使用价值，但是可以再利用的，海关按照审定的受灾保税货物价格、其对应进口料件适用的税率计征税款和税款缓税利息后核销。受灾保税货物对应的原进口料件，属于发展改革委、商务部、环保总局及其授权部门进口许可证件管理范围的，免于提交许可证件。企业在规定的核销期内报核时，应当提供下列证明材料：

1. 商务主管部门的签注意见；

2. 保险公司出具的保险赔款通知书或者检验检疫部门出具的有关检验检疫证明文件；

3. 海关认可的其他有效证明文件。

（二）除不可抗力因素外，加工贸易企业因其他经海关审核认可的正当理由导致加工贸易保税货物在运输、仓储、加工期间发生灭失、短少、损毁等情事的，海关凭商务主管部门的签注意见、有关主管部门出具的证明文件和保险公司出具的保险赔款通知书或者检验检疫部门出具的有关检验检疫证明文件，按照规定予以计征税款和缓税利息后办理核销手续。本款所规定的受灾保税货物对应的原进口料件，如果属于进口许可证件管理范围的，企业应当按照规定向海关提交有关进口许可证件。本办法第四条、第六条、第七条规定免于提交进口许可证件的除外。

第十条 加工贸易企业因故申请将边角料、剩余料件、残次品、副产品或者受灾保税货物退运出境的，海关按照退运的有关规定办理，凭有关退运证明材料办理核销手续。

第十一条 加工贸易企业因故无法内销或者退运的边角料、剩余料件、残次品、副产品或者受灾保税货物，由加工贸易企业委托具有法定资质的单位进行销毁处置，海关凭相关单证、处置单位出具的接收单据和处置证明等资料办理核销手续。

海关可以派员监督处置，加工贸易企业及有关处置单位应当给予配合。加工贸易企业因处置获得的收入，应当向海关如实申报，海关比照边角料内销征税的管理规定办理征税手续。

第十二条 对实行进口关税配额管理的边角料、剩余料件、残次品、副产品和受灾保税货物，按照下列情况办理：

（一）边角料按照加工贸易企业向海关申请内销的报验状态归类属于实行关税配额管理商品的，海关按照关税配额税率计征税款；

（二）副产品按照加工贸易企业向海关申请内销的报验状态归类属于实行关税配额管理的，企业如果能够按照规定向海关提交有关进口配额许可证件，海关按照关税配额税率计征税款；企业如果未能按照规定向海关提交有关进口配额许可证件，海关按照有关规定办理；

（三）剩余料件、残次品对应进口料件属于实行关税配额管理的，企业如果能够按照规定向海关提交有关进口配额许可证件，海关按照关税配额税率计征税款；企业如果未能按照规定向海关提交有关进口配额许可证件，海关按照有关规定办理；

（四）因不可抗力因素造成的受灾保税货物，其对应进口料件属于实行关税配额管理商品的，海关按照关税配额税率计征税款；因其他经海关审核认可的正当理由造成的受灾保税货物，其对应进口料件属于实行关税配额管理的，企业如果能够按照规定向海关提交有关进口配额许可证件，海关按照关税配额税率计征税款；企业如果未能按照规定向海关提交有关进口配额许可证件，按照有关规定办理。

第十三条 属于加征反倾销税、反补贴税、保障措施关税或者报复性关税（以下统称特别关税）的，按照下列情况办理：

（一）边角料按照加工贸易企业向海关申请内销的报验状态归类属于加征特别关税的，海关免于征收需要加征的特别关税；

（二）副产品按照加工贸易企业向海关申请内销的报验状态归类属于加征特别关税的，海关按照规定征收需加征的特别关税；

（三）剩余料件、残次品对应进口料件属于加征特别关税的，海关按照规定征收需加征的特别关税；

（四）因不可抗力因素造成的受灾保税货物，如果失去原使用价值的，其对应进口料件属于加征特别关税的，海关免于征收需要加征的特别关税；因其他经海关审核认可的正当理由造成的受灾保税货物，其对应进口料件属于加征特别关税的，海关按照规定征收需加征的特别关税。

第十四条 加工贸易企业办理边角料、剩余料件、残次品、副产品和受灾保税货物内销的进出口通关手续时，应当按照下列情况办理：

（一）加工贸易剩余料件、残次品以及受灾保税货物内销，企业按照其加工贸易的原进口料件品名进行申报；

（二）加工贸易边角料以及副产品，企业按照向海关申请内销的报验状态申报。

第十五条 保税区、出口加工区内加工贸易企业的加工贸易保税进口料件加工后产生的边角料、剩余料件、残次品、副产品等的海关监管，按照保税区、出口加工区的规定办理。

第十六条 违反《海关法》及本办法规定，构成走私或者违反海关监管规定行为的，由海关依照《海关法》、《中华人民共和国海关行政处罚实施条例》等有关法律、行政法规的规定予以处理；构成犯罪的，依法追究刑事责任。

第十七条 本办法由海关总署负责解释。

第十八条 本办法自2004年7月1日起施行。2001年9月13日发布的《关于加工贸易边角料、节余料件、残次品、副产品和受灾保税货物的管理办法》（海关总署令第87号）同时废止。

附件1-8

中华人民共和国海关关于来往香港、澳门小型船舶及所载货物、物品管理办法

（2004年2月6日海关总署令第112号公布　根据2017年12月20日海关总署令第235号修正）

第一章　总　则

第一条　为规范海关对来往香港、澳门小型船舶（以下简称小型船舶）及所载货物、物品的监管，根据《中华人民共和国海关法》及其他有关法律、行政法规，制定本办法。

第二条　本办法下列用语的含义：

（一）来往香港、澳门小型船舶，是指经交通部或者其授权部门批准，专门来往于内地和香港、澳门之间，在境内注册从事货物运输的机动或者非机动船舶。

（二）小型船舶海关中途监管站（以下简称中途监管站），是指海关设在珠江口大铲岛、珠海湾仔、珠江口外桂山岛、香港以东大三门岛负责监管小型船舶及所载货物、物品，并办理进出境小型船舶海关舱单确认和关封制作手续的海关监管机构。

（三）通航指令，是指中途监管站对小型船舶发出的直航通过中途监管站、停航办理手续等电子指令。

（四）海关指定区域，是指以中途监管站为中心，一定范围内的航行区域。具体区域范围由有关直属海关对外公布。

第三条　小型船舶应当在设有海关的口岸或者经海关批准的可临时派出海关人员实施监管的监管点进出、停泊、装卸货物、物品或者上下人员，并办理相关手续。

第四条　下列小型船舶进出境时，应当向指定的小型船舶中途监管站办理舱单确认和关封制作手续：

（一）来往于香港与珠江水域的小型船舶向大铲岛中途监管站办理；

（二）来往于香港、澳门与磨刀门水道的小型船舶向湾仔中途监管站办理；

(三)来往于香港、澳门与珠江口、磨刀门水道以西,广东、广西、海南沿海各港口的小型船舶向桂山岛中途监管站办理;

(四)来往于香港、澳门与珠江口以东,广东、福建及以北沿海各港口的小型船舶向大三门岛中途监管站办理。

来往于香港与深圳赤湾、蛇口、妈湾、盐田港的小型船舶,直接在口岸海关办理进出境申报手续。

第五条 小型船舶经海关备案后,可以从事进出境货物运输。

小型船舶应当由所属的船舶运输企业(以下简称运输企业)向运输企业工商注册所在地的直属海关或者其授权的隶属海关办理备案手续;海关对小型船舶实行联网备案管理,数据资料共享。

第六条 小型船舶应当安装海关认可的船载收发信装置,特殊情况不安装的须经海关同意。

小型船舶不得设置暗格、夹层等可以藏匿货物、物品的处所,船体结构经国家船检部门审定后不得擅自改动。

第二章 备案管理

第七条 小型船舶申请备案时,运输企业应当向海关提交下列文件:

(一)来往港澳小型船舶登记备案表;

(二)交通主管部门的批准文件复印件;

(三)船舶国籍证书复印件;

(四)船舶正面和可以显示船舶名称侧面彩色照片各一式三张。

提交前款第二项、第三项文件,还须同时提供原件供海关核对。

第八条 海关予以备案的,应当在收到备案文件之日起5个工作日内签发《来往港澳小型船舶登记备案证书》(以下简称备案证书)、《来往港澳小型船舶进出境(港)海关监管簿》(以下简称海关监管簿)。

海关经审核决定不予备案的,应当在收到运输企业提交的备案文件之日起3个工作日内制发《来往港澳小型船舶不予备案通知书》。

第九条 运输企业需要延续备案的,应当在有效期届满30日前向备案海关提交下列文件,办理小型船舶延续手续:

(一)《来往港澳小型船舶延续申请书》;

(二)《备案证书》;

(三)《海关监管簿》。

有效期届满未延续的,海关应当依照有关规定办理注销手续。

第十条 在海关备案的小型船舶名称、船体结构、经营航线、法定代表人、地址、企业性质等内容发生变更的,运输企业应当凭书面申请和有关批准文件向备案海关办理变更手续。

第三章 海关监管

第十一条 小型船舶进境前,船舶负责人或者其代理人可以自行或者委托舱单录入单位,通过与海关联网的公共数据信息平台向海关发送舱单电子数据。

小型船舶出境前,船舶负责人或者其代理人应当向起运港海关递交海关监管簿等有关单据、簿册,同时通过与海关联网的公共数据信息平台向海关发送舱单电子数据。

第十二条 舱单电子数据应当包括以下内容:运输工具名称、运输工具编号、航次号、国籍、装货港、指运港、提(运)单号、收货人或者发货人、货物名称、货物件数和重量、集装箱号、集装箱尺寸等。

第十三条 船舶负责人在小型船舶进境或者出境起航时,通过船载收发信装置对舱单电子数据进行确认申报。

进境小型船舶经中途监管站办理舱单确认和关封制作手续后,所载进口货物所有人或者其代理人可以提前向海关申报。

第十四条 已经海关确认的舱单电子数据如需修改,船舶负责人或者其代理人应当向海关提出申请,经海关同意后,可以修改。

第十五条 海关对舱单电子数据和船舶航迹数据的保存期限为确认小型船舶舱单申报之日起3年。

第十六条 小型船舶进境或者出境起航后,应当进入海关指定区域接收并确认通航指令,并按照指令直航通过中途监管站或者停靠中途监管站办理手续。

第十七条 小型船舶接到停航办理手续指令时,应当航行至中途监管站指定的锚地停泊。

小型船舶进境时,应当经中途监管站签批《海关监管簿》,并办理舱单确认和关封制作手续后,继续驶往境内目的港。

小型船舶出境时,应当将起运港海关签章的舱单等单据递交中途监管站确认,经中途监管站签注《海关监管簿》后,继续驶往境外目的港。

第十八条 小型船舶进境到达目的港后,船舶负责人或者其代理人应当向海关递交《海关监管簿》等单据办理手续。

在中途监管站停航办理手续的小型船舶应当递交关封。

第十九条 进出境小型船舶负责人应当妥善保管经海关确认的关封等单据。

第二十条 小型船舶装卸进出境货物时,船舶负责人或者其代理人应当按照舱单核对货物,如果发现溢短装(卸)、误装(卸)、残损或者其他差错的,应当做好记录,并按照本办法第十四条的规定办理。

第二十一条 小型船舶公用、船员自用物品进出境,应当如实填写《来往港澳小型船舶进/出境公用物品申报单》及《来往港澳小型船舶船员进/出境自用物品申报单》向海关申报,海关按照规定办理验放手续。

第二十二条 小型船舶在香港、澳门装配机器零件或者添装船用燃料、物料和公用物品,应当填写《来往港澳小型船舶境外添装燃料物料申报单》,向海关申报并交验有关购买单据或者发票,办理进口手续。

第二十三条 小型船舶不得同船装载进出口货物与非进出口货物。

第二十四条 经交通部门批准,小型船舶可以兼营境内运输。

小型船舶每次由境外运输变更为境内运输或者由境内运输变更为境外运输前,均应当报告备案海关,由海关在《海关监管簿》上进行签注并办理有关手续。

第二十五条 进境小型船舶自进境后至办结海关手续前,出境小型船舶自起运港办理海关手续后至出境前,未经海关批准,不得中途停泊、装卸货物、物品或者上下人员。

第二十六条 小型船舶在规定的时间或者地点以外停泊、装卸货物、物品或者上下人员的,应当经海关批准;需海关派员执行监管任务的,应当按照规定缴纳规费。

第二十七条 小型船舶由于不可抗力的原因,被迫在未设立海关的地点停泊、抛掷、起卸货物、物品或者上下人员,船舶负责人应当立即报告附近海关。

小型船舶因遇到风浪,致使无法在海关中途监管站停泊办理进出境手续的,经海关中途监管站许可,可以直接驶往目的港。

第二十八条 中途监管站可以对进境小型船舶所载货物、舱室施加封志,必要时可以派员随小型船舶监管至目的港,船舶负责人或者其代理人应当提供便利。

第二十九条 海关检查小型船舶时,船舶负责人或者其代理人应当到场,并按照海关要求开启有关处所、集装箱或者货物包装,搬移货物、物料等。海关认为必要时,可以径行开验、复验或者提取货样。

海关检查船员行李物品时，有关船员应当到场，并且开启行李包件和储存物品的处所。

第四章　法律责任

第三十条　违反《中华人民共和国海关法》及本办法规定，构成走私或者违反海关监管规定行为的，由海关依照《中华人民共和国海关法》、《中华人民共和国海关行政处罚实施条例》等有关法律、行政法规的规定予以处理；构成犯罪的，依法追究刑事责任。

第五章　附　　则

第三十一条　本办法所规定的文书由海关总署另行制定并且发布。

第三十二条　本办法由海关总署负责解释。

第三十三条　本办法自2004年3月15日起施行。1998年10月17日海关总署发布的《中华人民共和国海关关于来往香港、澳门小型船舶及所载货物、物品监管规定》和《中华人民共和国海关关于来往香港、澳门小型船舶登记备案管理办法》同时废止。

附件 1－9

中华人民共和国海关对常驻机构进出境公用物品监管办法

（2004 年 6 月 16 日海关总署令第 115 号公布　根据 2010 年 11 月 1 日海关总署令第 193 号第一次修正　根据 2017 年 12 月 20 日海关总署令第 235 号第二次修正）

第一章　总　则

第一条　为规范海关对常驻机构进出境公用物品的管理，根据《中华人民共和国海关法》和其他有关法律、行政法规，制定本办法。

第二条　常驻机构进出境公用物品应当以本机构自用、合理数量为限。

常驻机构进出境公用物品，可以由本机构或者其委托的报关企业向主管海关或者口岸海关办理通关手续。常驻机构进出境公用车辆，向主管海关办理通关手续。

公用物品通关时，海关可以对相关物品进行查验，防止违禁物品进出境。

公用物品放行后，海关可以通过实地核查等方式对使用情况进行抽查。

第三条　对于常驻机构进境公用物品，海关按照《中华人民共和国进出口关税条例》的有关规定征收税款。

根据政府间协定免税进境的常驻机构公用物品，海关依法免征税款。

第二章　进境公用物品监管

第四条　常驻机构首次申报进境公用物品前，应当凭下列文件向主管海关办理备案手续：

（一）设立常驻机构审批机关的批准文件正本和复印件；

（二）主管部门颁发的注册证明正本和复印件（以下简称《注册证》）；

（三）常驻机构报关印章式样；

（四）常驻机构负责人签字式样、身份证件正本和复印件；

（五）常驻机构中常驻人员名册，名册含常驻人员姓名、性别、国籍、有效进出境证件号码、长期居留证件号码、到任时间、任期、职务及在中国境内的住址等内容。

主管海关审核无误后，核发《中华人民共和国海关常驻机构备案证》(以下简称《海关备案证》，见附件1)。《海关备案证》涉及的内容如有变更，应当自变更之日起10个工作日内到主管海关办理变更手续。

第五条 常驻机构申报进境公用物品时，应当填写《进口货物报关单》，并提交《海关备案证》、提(运)单、发票和装箱单等相关单证。

常驻机构申报进境机动车辆时，除提交前款规定的单证外，还应当提交本机构所有常驻人员的有效身份证件。

第六条 常驻机构进境机动车辆，海关按照该机构常驻人员的实际人数核定其进境车辆的总数：

(一)常驻人员在5人以下的，进境车辆总数1辆；

(二)常驻人员在6人以上10人以下的，进境车辆总数不超过2辆；

(三)常驻人员在11人以上20人以下的，进境车辆总数不超过3辆；

(四)常驻人员在21人以上30人以下的，进境车辆总数不超过4辆；

(五)常驻人员在31人以上的，进境车辆总数不超过6辆。

第七条 进境机动车辆因事故、不可抗力等原因遭受严重损毁或因损耗、超过使用年限等原因丧失使用价值，经报废处理后，常驻机构凭公安交通管理部门出具的机动车辆注销证明，经主管海关同意办理机动车辆结案手续后，可按结案数量重新申报进境机动车辆。

进境机动车辆有丢失、被盗、转让或出售给他人、超出监管期限等情形的，常驻机构不得重新申报进境机动车辆。

第八条 常驻机构进境机动车辆，应当自海关放行之日起10个工作日内，向主管海关申领《中华人民共和国海关监管车辆进/出境领/销牌照通知书》(以下简称《领/销牌照通知书》，见附件2)，办理机动车辆牌照申领手续。其中，免税进境的机动车辆，常驻机构还应当自取得《领/销牌照通知书》之日起10个工作日内，凭公安交通管理部门颁发的《机动车辆行驶证》向主管海关申领《中华人民共和国海关监管车辆登记证》(以下简称《监管车辆登记证》，见附件3)。

第九条 常驻机构进境的货样、广告品及暂时进口货物，按照海关相关规定办理验放手续。

第三章　出境公用物品监管

第十条 常驻机构申报出境原进境公用物品时，应当填写《出口货物报关单》,并提交《海关备案证》、提(运)单、发票和装箱单等相关单证。

常驻机构申报出境原进境机动车辆的,海关开具《领/销牌照通知书》,常驻机构凭此向公安交通管理部门办理注销牌照手续。

第四章　进境免税机动车辆后续监管

第十一条　常驻机构依据本办法第三条第二款规定免税进境的机动车辆属于海关监管机动车辆,主管海关对其实施后续监管,监管期限为自海关放行之日起6年。

未经海关批准,进境机动车辆在海关监管期限内不得擅自转让、出售、出租、抵押、质押或者进行其他处置。

第十二条　海关对常驻机构进境监管机动车辆实行年审制度。常驻机构应当根据主管海关的公告,在规定时间内,将进境监管机动车辆驶至指定地点,凭《监管车辆登记证》、《机动车辆行驶证》、《海关备案证》向主管海关办理机动车辆海关年审手续。年审合格后,主管海关在《监管车辆登记证》上加盖年审印章。

第十三条　常驻机构监管机动车辆自海关放行之日起超过4年的,经主管海关批准,可以按规定将监管机动车辆转让给其他常驻机构或者常驻人员,或者出售给特许经营单位。受让方机动车辆进境指标相应扣减。

机动车辆受让方同样享有免税进境机动车辆权利的,受让机动车辆予以免税,受让方主管海关在该机动车辆的剩余监管年限内实施后续监管。

第十四条　常驻机构转让进境监管机动车辆时,应当由受让方向主管海关提交经出、受让双方签章确认的《中华人民共和国海关公/自用车辆转让申请表》(以下简称《转让申请表》,见附件4)及其他相关单证。受让方主管海关审核批注后,将《转让申请表》转至出让方主管海关。出让方凭其主管海关开具的《领/销牌照通知书》向公安交通管理部门办理机动车辆牌照注销手续;出让方主管海关办理机动车辆结案手续后,将机动车辆进境原始档案及《转让申请表》回执联转至受让方主管海关。受让方凭其主管海关出具的《领/销牌照通知书》向公安交通管理部门办理机动车辆牌照申领手续。应当补税的机动车辆由受让方向其主管海关依法补缴税款。

常驻机构将进境监管机动车辆出售给特许经营单位的,特许经营单位应当向常驻机构的主管海关提交经常驻机构盖章确认的《转让申请表》,参照前款规定办理结案手续,并依法向主管海关补缴税款。

第十五条　机动车辆海关监管期限届满的,常驻机构应当凭《中华人民共和国海关公/自用车辆解除监管申请表》(见附件5)、《监管车辆登记证》、《机动车辆行驶证》和《海关备案证》向主管海关申请解除监管。主管海关核准后,开具《中华人民共和国海关监管车辆解除监管证明书》(见附件6),常驻机构凭此向公安交通管理部门办理有关手续。

第十六条 海关监管期限内的机动车辆因法院判决抵偿他人债务或者丢失、被盗的,机动车辆原所有人应当凭有关证明向海关申请办理机动车辆解除监管手续,并依法补缴税款。

第十七条 经批准撤销的常驻机构,应当向主管海关办理海关监管机动车辆结案和其他有关手续。

第五章 法律责任

第十八条 违反本办法,构成走私行为、违反海关监管规定行为或者其他违反海关法行为的,海关依照《中华人民共和国海关法》、《中华人民共和国海关行政处罚实施条例》予以处罚;构成犯罪的,依法追究刑事责任。

第六章 附 则

第十九条 本办法下列用语的含义:

"常驻机构"是指境外企业、新闻机构、经贸机构、文化团体及其他境外法人经中华人民共和国政府主管部门批准,在境内设立的常设机构。

"主管海关"是指常驻机构所在地的直属海关或者经直属海关授权的隶属海关。

"公用物品"是指常驻机构开展业务所必需的办公设备、办公用品及机动车辆。

"机动车辆"是指小轿车、越野车、9座及以下的小客车。

本办法第六条中的"以下"、"以上",均包含本数在内。

第二十条 外国驻中国使馆、领馆,联合国及其专门机构,以及其他与中国政府签有协议的国际组织驻中国代表机构进出境物品,不适用本办法,另按有关法律、行政法规办理。

第二十一条 本办法由海关总署负责解释。

第二十二条 本办法自2004年8月1日起施行。本办法附件7所列规范性文件同时废止。

附件：1.《中华人民共和国海关常驻机构备案证》

2.《中华人民共和国海关监管车辆进/出境领/销牌照通知书》

3.《中华人民共和国海关监管车辆登记证》

4.《中华人民共和国海关常驻机构公/自用车辆转让申请表》

5.《中华人民共和国海关常驻机构公/自用车辆解除监管申请表》

6.《中华人民共和国海关监管车辆解除监管证明书》

7. 废止文件清单

附件 1－9－1

中华人民共和国海关
常驻机构备案证

中华人民共和国____海关

常驻机构基本情况

<table>
<tr><td colspan="2">机构名称：</td><td colspan="2">机构国别：</td></tr>
<tr><td colspan="2">机构地址：</td><td colspan="2">邮政编码：</td></tr>
<tr><td colspan="2">批准机关及批准文号：</td><td colspan="2">机构电话：</td></tr>
<tr><td colspan="2">注册证明名称：</td><td rowspan="2">首席代表</td><td>姓名：</td></tr>
<tr><td colspan="2">注册证明号码：</td><td>护照或身份证号：</td></tr>
<tr><td colspan="2">注册证明有效期：自　年　月　日
至　年　月　日</td><td colspan="2">机构常驻人员人数：</td></tr>
<tr><td>首席代表签名(与证件一致)：</td><td colspan="3">机构印章：</td></tr>
</table>

以上由常驻机构填写

海关备案证号码：
备案日期：　年　月　日　海关签章：

★ ★ ★

常驻机构基本情况变更记录

变更项目:机构名称□　机构电话□　注册证明有效期□　首席代表姓名□、护照或身份证号□、签名□ 机构地址□　邮政编码□　机构常驻人员人数□　机构印章　□
变更内容: 经办关员:　变更日期:　海关印章:
变更项目:机构名称□　机构电话□　注册证明有效期□　首席代表姓名□、护照或身份证号□、签名□ 机构地址□　邮政编码□　机构常驻人员人数□　机构印章　□
变更内容: 经办关员:　变更日期:　海关印章:
变更项目:机构名称□　机构电话□　注册证明有效期□　首席代表姓名□、护照或身份证号□、签名□ 机构地址□　邮政编码□　机构常驻人员人数□　机构印章　□
变更内容: 经办关员:　变更日期:　海关印章:
变更项目:机构名称□　机构电话□　注册证明有效期□　首席代表姓名□、护照或身份证号□、签名□ 机构地址□　邮政编码□　机构常驻人员人数□　机构印章　□
变更内容: 经办关员:　变更日期:　海关印章:

附件 1－9－2

中华人民共和国海关　　（　）＿关＿号

监管车辆进出境领销牌照通知书

单位名称＿＿＿＿＿＿＿＿　　牌名、型号＿＿＿＿＿＿＿＿

所 有 人＿＿＿＿＿＿＿＿　　发动机号＿＿＿＿＿＿＿＿

职　　务＿＿＿＿＿＿＿＿　　车架号码＿＿＿＿＿＿＿＿

海关签章

以下由车管所批注

海关编号＿＿＿＿＿＿　　牌 照 号 码＿＿＿＿＿＿

签发日期＿＿＿＿＿＿　　牌 照 日 期＿＿＿＿＿＿

关员印章＿＿＿＿＿＿　　车管所印章＿＿＿＿＿＿

一式三联　　第一联　车管部门留存

中华人民共和国海关

监管车辆登记证

单位：	
车主：	
地址：	
电话号码：	邮编：
牌照号码：	
厂牌型号：	
发动机号：	
车架号码：	
车身颜色：	
放行日期：	
海关序号：	
核发机关签章： 年　月　日	

定期核查记录

海关签章 (　　)年度核查合格 年　月　日
海关签章 (　　)年度核查合格 年　月　日
海关签章 (　　)年度核查合格 年　月　日
海关签章 (　　)年度核查合格 年　月　日

定期核查记录

海关签章 (　　)年度检查合格 年　月　日
海关签章 (　　)年度检查合格 年　月　日
海关签章 (　　)年度检查合格 年　月　日
备注：

变更记录

变更项目： 变更内容： 年　月　日
变更项目： 变更内容： 年　月　日
变更项目： 变更内容： 年　月　日
变更项目： 变更内容： 年　月　日

附件 1－9－4

中华人民共和国海关

CUSTOMS OF THE PEOPLE'S REPUBLIC OF CHINA

公/自用车辆转让申请表

APPLICATION FORM FOR TRANSFER OF OFFICIAL/PERSONAL VEHICLES

填表日期 Fill date ________	海关注册号码 Serial No. ________

车辆牌照 Vehicle license plate	厂牌型号 Brand and model	发动机号 Engine No.	车架号码 Vehicle frame No.
出让方 Alienator 签字或印章 Signature or seal			
受让方 Alienee 签字或印章 Signature or seal			
海关意见 Customs remark		经办关员 Customs officer 日期 Date 海关印章 Customs seal	

填表说明：

1. 填表日期：向海关呈交的日期。
2. 海关注册号码：该公/自用车辆入境时的报关单号。
3. 车辆牌照：车辆行驶证所示的号牌号码。
4. 厂牌型号：车辆的品牌型号及车型，如宝马 750L 小轿车。
5. 发动机号：见车辆行驶证。
6. 车架号码：见车辆行驶证。
7. 出让方：车主名称。
8. 签字或印章：出让方签名或印章。
9. 受让方：受让人或机构名称。
10. 签字或印章：受让方签名或印章。

附件 1－9－5

中华人民共和国海关
CUSTOMS OF THE PEOPLE'S REPUBLIC OF CHINA

公/自用车辆解除监管申请表
APPLICATION FORM FOR LIFTING CUSTOMS CONTROL OVER OFFICIAL/PERSONAL VEHICLES

填表日期 Fill date ______　　　　海关注册号码 Serial No. ______

车辆牌照 Vehicle license plate	厂牌型号 Brand and model	发动机号 Engine No.	车架号码 Vehicle frame No.
申请方 Applicant 签字或印章 Signature or seal			
海关意见 Customs remark		经办关员 Customs officer 日期 Date 海关印章 Customs seal	

填表说明：

1. 填表日期：向海关呈交的日期。
2. 海关注册号码：该公/自用车辆入境时的报关单号。
3. 车辆牌照：车辆行驶证所示的号牌号码。
4. 厂牌型号：车辆的品牌型号及车型，如宝马 750L 小轿车。
5. 发动机号：见车辆行驶证。
6. 车架号码：见车辆行驶证。
7. 申请方：车主名称。
8. 签字或印章：车主签名或印章。

附件1－9－6

中华人民共和国海关
监管车辆解除监管证明书存根

海关编号:(　　)____关____号

车辆牌名		发动机号	
车辆型号		车架号	
车身颜色		行驶证号码	
进口日期		进口批件号	

海关签章:　　　　经办人:　　　　年　月　日

骑缝章处

中华人民共和国海关
监管车辆解除监管证明书

海关编号:(　　)____关____号

根据海关现行规定,____

进境的机动车辆已满海关监管期限,现准予解除监管,特此证明。

车辆牌名		发动机号	
车辆型号		车架号	
车身颜色		行驶证号码	
进口日期		进口批件号	

经办关员签章:________________　海关印章:________________

年　月　日

附件 1 - 9 - 7

1.《中华人民共和国海关对外国企业、新闻等常驻机构和常驻人员进出口物品的管理规定》(〔84〕署行字第 325 号)

2.《关于启用新修订的〈进出境自用物品申请表〉和〈进出境办公用品申请表〉的通知》(监二(一)〔1991〕770 号)

3.《对外商常驻机构及非居民长期旅客进口机动车辆及公私用物品管理年限等问题的通知》(署监二〔1992〕1276 号)

4.《海关总署关于进一步规范涉及监管业务行政许可项目工作有关问题的通知》(署监发〔2006〕417 号)

附件 1 – 10

中华人民共和国海关对非居民长期旅客进出境自用物品监管办法

（2004年6月16日海关总署令第116号公布　根据2010年11月1日海关总署令第194号第一次修正　根据2010年11月26日海关总署令第198号第二次修正　根据2017年12月20日海关总署令第235号第三次修正）

第一章　总　则

第一条　为规范海关对非居民长期旅客进出境自用物品的管理，根据《中华人民共和国海关法》和其他有关法律、行政法规，制定本办法。

第二条　非居民长期旅客进出境自用物品应当符合《非居民长期旅客自用物品目录》（以下简称《物品目录》），以个人自用、合理数量为限。《物品目录》由海关总署另行制定并且发布。其中，常驻人员可以进境机动车辆，每人限1辆，其他非居民长期旅客不得进境机动车辆。

非居民长期旅客进出境自用物品，可以由本人或者其委托的报关企业向主管海关或者口岸海关办理通关手续。常驻人员进境机动车辆，向主管海关办理通关手续。

自用物品通关时，海关可以对相关物品进行查验，防止违禁物品进出境。

自用物品放行后，海关可以通过实地核查等方式对使用情况进行抽查。

第三条　非居民长期旅客取得境内长期居留证件后方可申报进境自用物品，首次申报进境的自用物品海关予以免税，但按照本规定准予进境的机动车辆和国家规定应当征税的20种商品除外。再次申报进境的自用物品，一律予以征税。

对于应当征税的非居民长期旅客进境自用物品，海关按照《中华人民共和国进出口关税条例》的有关规定征收税款。

根据政府间协定免税进境的非居民长期旅客自用物品，海关依法免征税款。

第二章　进境自用物品监管

第四条　非居民长期旅客申报进境自用物品时，应当填写《中华人民共和国海关进出境自用物品申报单》（以下简称《申报单》，见附件 1），并提交身份证件、长期居留证件、提（运）单和装箱单等相关单证。港澳台人员还需提供其居住地公安机关出具的居留证明。

常驻人员申报进境机动车辆时，应当填写《进口货物报关单》，并提交前款规定的单证。专家以外的常驻人员还应当提交所在常驻机构的《中华人民共和国海关常驻机构备案证》或者所在外商投资企业的《中华人民共和国海关报关单位注册登记证书》。

第五条　进境机动车辆因事故、不可抗力等原因遭受严重损毁或因损耗、超过使用年限等原因丧失使用价值，经报废处理后，常驻人员凭公安交通管理部门出具的机动车辆注销证明，经主管海关同意办理机动车辆结案手续后，可重新申报进境机动车辆 1 辆。

进境机动车辆有丢失、被盗、转让或出售给他人、超出监管期限等情形的，常驻人员不得重新申报进境机动车辆。

第六条　常驻人员进境机动车辆，应当自海关放行之日起 10 个工作日内，向主管海关申领《中华人民共和国海关监管车辆进/出境领/销牌照通知书》（以下简称《领/销牌照通知书》，见附件 2），办理机动车辆牌照申领手续。其中，免税进境的机动车辆，常驻人员还应当自取得《领/销牌照通知书》之日起 10 个工作日内，凭公安交通管理部门颁发的《机动车辆行驶证》向主管海关申领《中华人民共和国海关监管车辆登记证》（以下简称《监管车辆登记证》，见附件 3）。

第三章　出境自用物品监管

第七条　非居民长期旅客申报出境原进境自用物品时，应当填写《申报单》，并提交身份证件、长期居留证件、提（运）单和装箱单等相关单证。

常驻人员申报出境原进境机动车辆的，海关开具《领/销牌照通知书》，常驻人员凭此向公安交通管理部门办理注销牌照手续。

第四章　进境免税机动车辆后续监管

第八条　常驻人员依据本办法第三条第三款规定免税进境的机动车辆属于海关监管机动车辆，主管海关对其实施后续监管，监管期限为自海关放行之日起6年。

未经海关批准，进境机动车辆在海关监管期限内不得擅自转让、出售、出租、抵押、质押或者进行其他处置。

第九条　海关对常驻人员进境监管机动车辆实行年审制度。常驻人员应当根据主管海关的公告，在规定时间内，将进境监管机动车辆驶至指定地点，凭本人身份证件、长期居留证件、《监管车辆登记证》、《机动车辆行驶证》向主管海关办理机动车辆海关年审手续。年审合格后，主管海关在《监管车辆登记证》上加盖年审印章。

第十条　常驻人员任期届满后，经主管海关批准，可以按规定将监管机动车辆转让给其他常驻人员或者常驻机构，或者出售给特许经营单位。受让方的机动车辆进境指标相应扣减。

机动车辆受让方同样享有免税进境机动车辆权利的，受让机动车辆予以免税，受让方主管海关在该机动车辆的剩余监管年限内实施后续监管。

第十一条　常驻人员转让进境监管机动车辆时，应当由受让方向主管海关提交经出、受让双方签章确认的《中华人民共和国海关公/自用车辆转让申请表》（以下简称《转让申请表》，见附件4）及其他相关单证。受让方主管海关审核批注后，将《转让申请表》转至出让方主管海关。出让方凭其主管海关开具的《领/销牌照通知书》向公安交通管理部门办理机动车辆牌照注销手续；出让方主管海关办理机动车辆结案手续后，将机动车辆进境原始档案及《转让申请表》回执联转至受让方主管海关。受让方凭其主管海关出具的《领/销牌照通知书》向公安交通管理部门办理机动车辆牌照申领手续。应当补税的机动车辆由受让方向其主管海关依法补缴税款。

常驻人员进境监管机动车辆出售时，应当由特许经营单位向常驻人员的主管海关提交经常驻人员签字确认的《转让申请表》，主管海关审核无误后，由特许经营单位参照前款规定办理机动车辆注销牌照等结案手续，并依法向主管海关补缴税款。

第十二条　机动车辆海关监管期限届满的，常驻人员应当凭《中华人民共和国海关公/自用车辆解除监管申请表》（见附件5）、本人身份证件、长期居留证件、《监管车辆登记证》和《机动车辆行驶证》向主管海关申请解除监管。

主管海关核准后，开具《中华人民共和国海关监管车辆解除监管证明书》（见附件6），常驻人员凭此向公安交通管理部门办理有关手续。

第十三条 海关监管期限内的机动车辆因法院判决抵偿他人债务或者丢失、被盗的，机动车辆原所有人应当凭有关证明向海关申请办理机动车辆解除监管手续，并依法补缴税款。

第十四条 任期届满的常驻人员，应当在离境前向主管海关办理海关监管机动车辆的结案手续。

第五章 法律责任

第十五条 违反本办法，构成走私行为、违反海关监管规定行为或者其他违反海关法行为的，海关依照《中华人民共和国海关法》、《中华人民共和国海关行政处罚实施条例》予以处罚；构成犯罪的，依法追究刑事责任。

第六章 附 则

第十六条 本办法下列用语的含义：

"非居民长期旅客"是指经公安部门批准进境并在境内连续居留一年以上（含一年），期满后仍回到境外定居地的外国公民、港澳台地区人员、华侨。

"常驻人员"是指非居民长期旅客中的下列人员：

（一）境外企业、新闻机构、经贸机构、文化团体及其他境外法人经中华人民共和国政府主管部门批准，在境内设立的并在海关备案的常设机构内的工作人员；

（二）在海关注册登记的外商投资企业内的人员；

（三）入境长期工作的专家。

"身份证件"是指中华人民共和国主管部门颁发的《外国（地区）企业常驻代表机构工作证》、《中华人民共和国外国人工作许可证》等证件，以及进出境使用的护照、《港澳居民来往内地通行证》、《台湾居民往来大陆通行证》等。

"长期居留证件"是指有效期一年及以上的《中华人民共和国外国人居留许可》、《港澳居民来往内地通行证》、《台湾居民来往大陆通行证》等准予在境内长期居留的证件。

"主管海关"是指非居民长期旅客境内居留所在地的直属海关或者经直属海关授权的隶属海关。

"自用物品"是指非居民长期旅客在境内居留期间日常生活所需的《物品

目录》范围内物品及机动车辆。

“机动车辆”是指摩托车、小轿车、越野车、9 座及以下的小客车。

“20 种商品”是指电视机、摄像机、录像机、放像机、音响设备、空调器、电冰箱(柜)、洗衣机、照相机、复印机、程控电话交换机、微型计算机、电话机、无线寻呼系统、传真机、电子计算器、打印机及文字处理机、家具、灯具和餐料。

第十七条 外国驻中国使馆、领馆人员,联合国及其专门机构以及其他与中国政府签有协议的国际组织驻中国代表机构人员进出境物品,不适用本办法,另按有关法律、行政法规办理。

第十八条 本办法由海关总署负责解释。

第十九条 本办法自 2004 年 8 月 1 日起施行。本办法附件 7 所列规范性文件同时废止。

附件:1.《中华人民共和国海关进出境自用物品申报单》

2.《中华人民共和国海关监管车辆进/出境领/销牌照通知书》

3.《中华人民共和国海关监管车辆登记证》

4.《中华人民共和国海关常驻机构公/自用车辆转让申请表》

5.《中华人民共和国海关常驻机构公/自用车辆解除监管申请表》

6.《中华人民共和国海关监管车辆解除监管证明书》

7. 废止文件清单

附件 1-10-1

N7

海关编号

Customs Serial No. ______

中华人民共和国海关
CUSTOMS OF THE PEOPLE'S REPUBLIC OF CHINA
进出境自用物品申报单
DECLARATION FORM FOR IMPORT/EXPORT OF ARTICLES FOR PERSONAL USE

姓名(中英文) 性别 国籍 出生年月 ___年___月___日

Name (Chinese and/or English) ____ Sex __ Nationality __ Date of Birth Year __ Month __ Date __

所在机构名称及海关代码 住址

Organization and Customs Code ________ Address ________

护照或通行证号码 居留证件号码 身份证件号码 物品批文号

Passport/Pass No. ______ Residence Permit No. ____ ID No. ____ Permit No. of Articles ____

电话 进/出境 进出境口岸

Telephone ________ Entry/Exit ________ Entry/Exit Port ________

起运/运抵国(地区) 装货/指运港

Departure/Destination Country (Region) ________ Port of Loading/Delivery ________

运输方式(江海 铁路 汽车 航空 邮政 其它) 运输工具名称

Means of Transport: (water rail road air mail other) ________ Carrier's Name ________

航次(班)号 提运单号 件数 毛重(千克)

Voyage/Flight No. ___ Bill of Lading No. ___ Number of Piece(s) ___ Gross Weight (kg) ___

备注

Remarks ________

以下内容可委托代理公司(人)填写

The following may be completed by the Agency (Agent) entrusted.

申报人身份类别 进/出境日期 __年__月__日 包装种类 体积 标箱数 Status of Applicant ___ Entry/Exit Date Year __ Month __ Date __ Type of Package __ Volume __ Number of TEU __
内包装件数 受托方名称及海关代码(身份证件号码) Quantity of Inside Packages ________ Agency/Agent and Customs Code/ID No. ________

本人申报进/出境下列行李物品,并保证所有申报属实。

I, the undersigned, hereby apply for the importation /exportation of the following luggage items and guarantee that all my declaration is true.

项号 Item No.	物品税号 Tariff Code	物品名称 Descriptions	规格/型号 Speci. /Model	数量 Quantity	单位 Unit	币制 Currency	总价 Total Value	备注 Remarks

签名 Signature 机构签章 Seal of Organization 申报日期 ___年___月___日 Date of Application Year __ Month __ Date __ 附____页 ____ Pages Attached	海关意见 Customs Remarks 海关签章 Customs Seal

海关编号
Customs Serial No. ________

附　　页
Attachment

第___页，共___页
Page ___ of ___ Pages

项号 Item No.	物品税号 Tariff Code	物品名称 Descriptions	规格/型号 Speci. / Model	数量 Quantity	单位 Unit	币制 Currency	总价 Total Value	备注 Remarks

签名：　　　　　　　　　　　　日期：　年___月___日
Signature:________________________　Date: Year ___ Month ___ Date ___

JG41 填表说明：

1. 姓名（中英文）：按进出境有效证件填写。

2. 性别：按进出境有效证件填写。

3. 国籍：按进出境有效证件填写（中国驻外使领馆馆员不填写国籍，填写原驻在国及驻在城市）。

4. 出生年月：按进出境有效证件填写。

5. 所在机构名称及海关代码：境内所在机构的规范中文全称及海关十位数代码。

6. 住址：境内住址。

7. 护照或通行证号码：进出境有效证件的号码。

8. 居留证件号码：有效期一年期以上外国人居留许可号码或港澳居民来往内地通行证、台湾居民来往大陆通行证号码等。

9. 身份证件号码：外国（地区）企业常驻代表机构工作证、外国人工作许可证等证件的号码（中国驻外使领馆馆员填写驻外使领馆人员身份证明号码）。

10. 物品批文号：填写相关部门批准进出境禁限物品的批准文号，无禁限物品的免填。

11. 联系电话：境内联系电话。

以下内容按提货单填写

12. 进/出境：进境、出境、其他（写明原因，如报废等）。

13. 进出境口岸：物品实际进出我国关境口岸海关的名称。

14. 启运/运抵国（地区）：启运国（地区）指进口货物直接运抵我国的起始发出的国家（地区）；运抵国（地区）指出口货物离开我国关境直接运抵的国家。无实际进出境的，本栏目填报中国。请按海关规定的《国别（地区）代码表》选择填报相应的起运/运抵国（地区）的中文名称。

15. 装货/指运港：装货港指进口物品在运抵我国关境前的最后一个境外装运港；指运港指出口物品运往境外的最终目的港。无实际进出境的，本栏目填报“中国境内”。请按海关规定的《港口航线代码表》选择填报相应的港口中文名称。

16. 运输方式：水路运输；铁路运输；汽车运输；航空运输；邮政运输；其它运输（须注明具体方式）。

注：非邮政方式进出口的快递物品，按实际运输方式填报，如航空运输；进出境旅客随身携带的自用物品，应填报其它运输。

17. 运输工具名称：水路运输填报船舶编号或船舶英文名称；铁路运输填报车厢编号或交接单号；汽车运输填报该跨境运输车辆的国内行驶车牌号；航空运输免予填报；邮政运输填报邮政包裹单号；其它运输填报具体运输方式名称。

18. 航次（班）号：水路运输填报船舶的航次号；铁路运输填报进出境日期；汽车运输填报该跨境运输车辆的进出境日期(8 位）；航空运输免予填报；邮政运输填报进出境日期；其他各类运输方式免予填报。

19. 提运单号：水路运输填报进出口提运单号，如有分提运单的，填报进出口提运单号 + “ * ” + 分提运单号；铁路运输填报运单号；汽车运输免予填报；航空运输填报总运单号 + “_”（下划线）+ 分运单号，无分运单的填报总运单号；邮政运输填报邮运包裹单号；其他各类运输方式免予填报。

20. 件数：按提货单或场站收据填写。

21. 毛重（千克）：按提货单或场站收据填写。计量单位为千克，不足 1 千克的填报为“1”。

22. 备注：需向海关说明的其它情况。（中国驻外使领馆馆员在此栏填报离任回国证明书号、境外购车日期、发票号码）

23. 申报人身份类别：选择以下一种身份填写。

常驻人员；非居民长期旅客；来华定居旅客；高层次人才；中国驻外使领馆馆员；其他人员。

24. 进/出境日期：运输工具进/出境的日期，无实际进出境的填申报日期。

25. 包装种类：选择以下一种内包装填报。木箱；纸箱；桶装；散装；托盘；包；其它。

26. 体积：按提货单或场站收据填写，计量单位为立方米。

27. 标箱数：标准集装箱数量（散货填报为"0"，1 个 20 呎集装箱填报为"1"，1 个 40 呎集装箱填报为"2"，以此类推）。

28. 内包装件数：内包装箱（如纸板箱）件数。

29. 受托方名称及海关代码（身份证件号码）：委托代理公司申请的，填报代理公司名称及海关代码；委托他人申请的，填报受托人姓名和身份证件号码。

以下内容按装箱清单、发票填写：

30. 项号：物品序列号。

31. 物品税号：按《入境旅客行李物品和个人邮递物品进口税税则归类表》归类填写。

32. 物品名称：物品规范的中文商品名称。汽车申报为：车辆牌名（如捷达、佳美等）+排气量（以"CC"为单位）+车型（如越野车、小轿车等）+车驾号，旧车应在车辆牌名前加"旧"字，新车不加。

33. 规格/型号：如普通电视机应申报荧幕尺寸，冰箱应申报容积数，汽车申报型号，如 E320、750I 等。

34. 数量：按申请物品的实际数量填写。如电脑主机 1 台、CD 片 20 片、家具 5 件。

35. 单位：按法定计量单位填写。

36. 币制：按发票币制填写。

37. 总价：该项物品的总价。

38. 签名：由申报人本人按进出境有效证件签字样式签名。

39. 机构签章：申报人所在机构公章。

40. 申报日期：向海关呈交的日期。

41. 附页数：附页总页数（无附页的填"0"）。

JG41 Instructions:

1. Name: (Chinese and/or English): The name as indicated on the valid certificate for entering or leaving China.

2. **Sex**: The sex as indicated on the valid certificate for entering or leaving China.

3. **Nationality**: The nationality as indicated on the valid certificate for entering or leaving China.

4. **Date of Birth**: The date of birth as indicated on the valid certificate for entering or leaving China.

5. Organization and Customs Code: Standard full Chinese name of the organization in China and its 10 - digit Customs code.

6. Address: The address in China.

7. Passport/Pass No.: The number of the valid certificate for entering or leaving China.

8. Residence Permit No.: The number of the Residence Permit valid for over one year or the number of the mainland travel permit for Hong Kong/ Macau/Taiwan residents.

9. ID No.: The number of the ID of Resident Representative Office of Foreign (Regional) Enterprises, Employment Permit for Foreigners, etc.

10. Permit No. of Article: Indicate the serial number of permit issued by competent authorities approving the importation/exportation of restricted and prohibited article(s). Leave this item blank if no such articles are involved.

11. Telephone: Telephone number in China.

Complete the following information with reference to the Bill of Lading.

12. Entry/Exit: Indicate entry, exit and other. If "other" is selected, reasons such as "scrapped" shall be stated.

13. Entry/Exit Port: The name of the Customs port within China's Customs territory where the actual importation or exportation of relevant articles is effected.

14. Departure/Destination Country/Region: Departure country/region refers to the original starting country/region from which the import goods are directly consigned to China's Customs Territory. Destination country/region refers to the country/region to which the export goods are directly consigned from China's Customs territory. In case there is no actual importation or exportation, fill in "China" in this item. Give the corresponding name in Chinese for the departure/destination country/region in conformity with《Country/Region Code》prescribed by China Customs.

15. Port of Loading/Delivery: The port of loading refers to the last overseas port where the import goods are loaded before their arrival in China's Customs Territory. The port of delivery refers to the final foreign destination port to which the export goods are consigned. In case there is no actual importation or exportation, fill in "within China's Customs territory" in this item. Give the corresponding name in Chinese for the port in conformity with "Port and Route Code" prescribed by China Customs.

16. Means of Transport: Transport via water; rail; road; air mail; or other (to be specified).

Note: For those inward or outward express parcels by non – mail, give the actual means of transport such as "air". As for articles for official use carried by inward or outward passengers, indicate "other".

17. Carrie's name: For water transport, give the number or English name of the vessel. For rail transport, give the carriage number or the transit receipt number. For road transport, give the license plate number of the cross – border vehicle running in China. For air transport, no record is needed. For mail consignment, give the number of the mail parcel form. And, for "other", give the specific means of transport.

18. Voyage/Flight No.: For water transport, give the voyage number of the vessel. For rail transport, give the date of entry or exit of the territory. For road transport, give the numeric eight – digit date of entry or exit of the cross – border vehicle. For air transport, no record is needed. For mail consignment, give the date of entry or exit of the territory. No entry of this item is needed for various other means of transport.

19. B/L No.: For water transport, give the B/L No.. If there is a house B/L, give the import or export B/L No. plus " * " plus house B/L No.. For rail transport, give the waybill No.. For road transport, no entry is needed. For air transport, give "MAWB No. plus "__" (underline) plus HAWB No.". Give MAWB No. if HAWB is not available. For mail consignment, give the number of the mail parcel form. No entry of this item is needed for various other means of transport.

20. Number of pieces: Give the number of pieces as shown in the B/L or Dock/Station Receipt.

21. Gross Weight (kg): Give the number of pieces as shown in the B/L or Dock/Station Receipt. The unit of measurement is kilogram. Indicate "1" for the weight less than one kilo-

gram.

22. Remarks: Other explanations necessary for the Customs.

23. Status of Applicant: Select one of the following:

Resident personnel; long – term non – resident; permanent settler to China; high – level talents; member of Chinese diplomatic missions and others.

24. Date of Entry/Exit: Give the date of entry or exit of the territory of the carrier. In case there is no actual entry or exit, give the date of declaration.

25. Type of Package: Indicate one of the following packages: wooden case, carton, barrel, bulk, pallet, bag or other.

26. Volume: Give the number of pieces as shown in the B/L or Dock Receipt. The unit of measurement is cubic metre.

27. Number of TEU: The number of standard containers ("0" for bulk cargo; "1" for one twenty – foot container and "2" for one forty – foot container, and so on.)

28. Number of Inside Package: The number of inside packing cases such as cartons.

29. Name of the Party Entrusted and Customs Code (ID No.): The name and Customs code of the agency entrusted to make the declaration or the name and ID No. of the person entrusted to make the declaration.

Complete the following information with reference to the packing list and invoice.

30. Item No.: The Serial number of the article.

31. Tariff Code: Complete this item with the classification according to the 《Classification and Nomenclature of Import Customs Tariff on Inward Passenger's Luggage and Postal Items for Personal Use》.

32. Descriptions: The standard Chinese commercial name of the article. Automobiles are required to be declared as "brand (e. g. Jetta, Camry etc.) + exhaust capacity (measured by "cc") + type (e. g. cross country vehicle, sedan car, etc.) – + VIN. As for used automobiles, indicate "used" before the brand whereas for new ones, no indication is needed.

33. Specifications/Model: For the common TV set, the screen size shall be declared, for the refrigerator, its capacity measured by litre, and for the automobile, its model such as "E320" or "750I" etc..

34. Quantity: Declare the actual quantity of the article(s) being applied for. For example: "1 set" of computer mainframe, "20 discs" of CDs, "5 pieces" of furniture, etc..

35. Unit: Give the quantity of unit in accordance with the official measuring system.

36. Currency: Complete the item in conformity with the currency applied in the invoice.

37. Total Value: The total value of the article.

38. Signature: Signed by the applicant in conformity with the signature as shown on the valid certificate for entering or leaving the territory.

39. The official seal of the applicant's organization.

40. Date of application: The date of submission of this form to the Customs.

41. Page(s) Attached: The total pages of the attachment. If there is no attachment, indicate "0".

附件 1－10－2

中华人民共和国海关　　　（　）__关__号

监管车辆进境/出境领/销牌照通知书

单位名称__________	牌名、型号__________
所　有　人__________	发动机号__________
职　　　务__________	车架号码__________
海关签章	以下由车管所批注
海关编号__________	牌　照　号　码__________
签发日期	牌　照　日　期__________
关员印章__________	车管所印章__________

一式三联　　第一联　车管部门留存

附件 1－10－3

中华人民共和国海关

监管车辆登记证

单位：	
车主：	
地址：	
电话号码：	邮编：
牌照号码：	
厂牌型号：	
发动机号：	
车架号码：	
车身颜色：	
放行日期：	
海关序号：	
核发机关签章： 年 月 日	

定期核查记录

海关签章 ( )年度检查合格 年 月 日
海关签章 ( )年度检查合格 年 月 日
海关签章 ( )年度检查合格 年 月 日
海关签章 ( )年度检查合格 年 月 日

定期核查记录

海关签章 ( )年度核查合格 年 月 日
海关签章 ( )年度核查合格 年 月 日
海关签章 ( )年度核查合格 年 月 日
备注：

变更记录

变更项目： 变更内容： 年 月 日
变更项目： 变更内容： 年 月 日
变更项目： 变更内容： 年 月 日
变更项目： 变更内容： 年 月 日

附件 1－10－4

中华人民共和国海关

CUSTOMS OF THE PEOPLE'S REPUBLIC OF CHINA

公/自用车辆转让申请表

APPLICATION FORM FOR TRANSFER OF OFFICIAL/PERSONAL VEHICLES

填表日期
Fill date ________

海关注册号码
Serial No. ________

<table>
<tr><td>车辆牌照
Vehicle license plate</td><td>厂牌型号
Brand and model</td><td>发动机号
Engine No.</td><td>车架号码
Vehicle frame No.</td></tr>
<tr><td></td><td></td><td></td><td></td></tr>
<tr><td colspan="4">出让方
Alienator
签字或印章
Signature or seal</td></tr>
<tr><td colspan="4">受让方
Alienee
签字或印章
Signature or seal</td></tr>
<tr><td colspan="2">海关意见
Customs remark</td><td colspan="2">经办关员
Customs officer
日期
Date
海关印章
Customs seal</td></tr>
</table>

填表说明：

1. 填表日期：向海关呈交的日期。
2. 海关注册号码：该公/自用车辆入境时的报关单号。
3. 车辆牌照：车辆行驶证所示的号牌号码。
4. 厂牌型号：车辆的品牌型号及车型，如宝马 750L 小轿车。
5. 发动机号：见车辆行驶证。
6. 车架号码：见车辆行驶证。
7. 出让方：车主名称。
8. 签字或印章：出让方签名或印章。
9. 受让方：受让人或机构名称。
10. 签字或印章：受让方签名或印章。

附件 1－10－5

中华人民共和国海关
CUSTOMS OF THE PEOPLE'S REPUBLIC OF CHINA
公/自用车辆解除监管申请表
APPLICATION FORM FOR LIFTING CUSTOMS CONTROL OVER OFFICIAL/PERSONAL VEHICLES

填表日期 Fill date ____________　　　　海关注册号码 Serial No. ____________

车辆牌照 Vehicle license plate	厂牌型号 Brand and model	发动机号 Engine No.	车架号码 Vehicle frame No.
申请方 Applicant 签字或印章 Signature or seal			
海关意见 Customs remark		经办关员 Customs officer 日期 Date 海关印章 Customs seal	

填表说明：

1. 填表日期：向海关呈交的日期。
2. 海关注册号码：该公/自用车辆入境时的报关单号。
3. 车辆牌照：车辆行驶证所示的号牌号码。
4. 厂牌型号：车辆的品牌型号及车型，如宝马 750L 小轿车。
5. 发动机号：见车辆行驶证。
6. 车架号码：见车辆行驶证。
7. 申请方：车主名称。
8. 签字或印章：车主签名或印章。

附件 1－10－6

中华人民共和国海关
监管车辆解除监管证明书存根

海关编号:(　　)＿＿关＿＿号

车辆牌名		发动机号	
车辆型号		车架号	
车身颜色		行驶证号码	
进口日期		进口批件号	

海关签章:　　　　　　　　经办人:　　　　　　　　年　月　日

骑缝章处

中华人民共和国海关
监管车辆解除监管证明书

海关编号:(　　)＿＿关＿＿号

根据海关现行规定,＿＿＿＿＿＿＿＿＿＿＿＿＿＿＿＿＿＿＿＿进境的机动车辆已满海关监管期限,现准予解除监管,特此证明。

车辆牌名		发动机号	
车辆型号		车架号	
车身颜色		行驶证号码	
进口日期		进口批件号	

经办关员签章:＿＿＿＿＿＿＿＿　海关印章:＿＿＿＿＿＿＿＿

年　月　日

附件 1－10－7

1.《关于实施〈海关对“引进专家”进出境行李物品的暂行规定〉的函》(〔84〕署行字 72 号)

2.《关于对随“中标”项目来华的外方人员待遇问题的通知》(〔84〕行字 94 号)

3.《海关对“引进专家”进出境行李物品的暂行规定》(〔84〕署行字 206 号)

4.《中华人民共和国海关对外国企业、新闻等常驻机构和常驻人员进出口物品的管理规定》(〔84〕署行字第 325 号)

5.《关于与我签订来料加工、补偿贸易协议的中外厂商派驻我方人员进口物品验放问题的通知》(〔84〕署行字 495 号)

6.《关于对来华外国专家进出境行李物品管理规定的通知》(〔84〕署行字 596 号)

7.《关于经济特区、沿海开放城市和海南岛引进专家办理海关手续的通知》(〔85〕署行字 436 号)

8.《关于履行贸易协议的中外厂商派驻人员进出境物品管理问题的通知》(〔88〕署行字第 174 号)

9.《外国常驻人员进口小汽车范围的说明》(〔89〕署监二字第 612 号)

10.《关于实施〈中华人民共和国海关对非居民学生进出境行李物品管理规定〉的通知》(署监二〔1991〕555 号)

11.《关于启用新修订的〈进出境自用物品申请表〉和〈进出境办公用品申请表〉的通知》(监二(一)〔1991〕770 号)

12.《关于公布实施〈中华人民共和国海关对非居民学生进出境行李物品管理规定〉的通知》(署监二〔1991〕1492 号)

13.《对外商常驻机构及非居民长期旅客进口机动车辆及公私用物品管理年限等问题的通知》(署监二〔1992〕1276 号)

14.《关于外国专家进出境自用物品海关手续问题的通知》(署监二〔1993〕1378 号)

15.《海关总署关于转发国家外国专家局使用外国专家证明书的通知》(署监二〔1994〕103 号)

16.《海关总署关于进一步规范涉及监管业务行政许可项目工作有关问题的通知》(署监发〔2006〕417 号)

附件 1－11

中华人民共和国海关
进出口货物征税管理办法

(2005 年 1 月 4 日海关总署令第 124 号公布　根据 2010 年 11 月 26 日海关总署令第 198 号第一次修正　根据 2014 年 3 月 13 日海关总署令第 218 号第二次修正　根据 2017 年 12 月 20 日海关总署令第 235 号第三次修正)

第一章　总　　则

第一条　为了保证国家税收政策的贯彻实施,加强海关税收管理,确保依法征税,保障国家税收,维护纳税义务人的合法权益,根据《中华人民共和国海关法》(以下简称《海关法》)、《中华人民共和国进出口关税条例》(以下简称《关税条例》)以及其他有关法律、行政法规的规定,制定本办法。

第二条　海关征税工作,应当遵循准确归类、正确估价、依率计征、依法减免、严肃退补、及时入库的原则。

第三条　进出口关税、进口环节海关代征税的征收管理适用本办法。

进境物品进口税和船舶吨税的征收管理按照有关法律、行政法规和部门规章的规定执行,有关法律、行政法规、部门规章未作规定的,适用本办法。

第四条　海关应当按照国家有关规定承担保密义务,妥善保管纳税义务人提供的涉及商业秘密的资料,除法律、行政法规另有规定外,不得对外提供。

纳税义务人可以书面向海关提出为其保守商业秘密的要求,并且具体列明需要保密的内容,但不得以商业秘密为理由拒绝向海关提供有关资料。

第二章　进出口货物税款的征收

第一节　申报与审核

第五条　纳税义务人进出口货物时应当依法向海关办理申报手续,按照规定提交有关单证。海关认为必要时,纳税义务人还应当提供确定商品归类、完税价格、原产地等所需的相关资料。提供的资料为外文的,海关需要时,纳税义务人应当提供中文译文并且对译文内容负责。

进出口减免税货物的，纳税义务人还应当提交主管海关签发的《进出口货物征免税证明》（以下简称《征免税证明》），但本办法第七十条所列减免税货物除外。

第六条 纳税义务人应当按照法律、行政法规和海关规章关于商品归类、审定完税价格和原产地管理的有关规定，如实申报进出口货物的商品名称、税则号列（商品编号）、规格型号、价格、运保费及其他相关费用、原产地、数量等。

第七条 为审核确定进出口货物的商品归类、完税价格、原产地等，海关可以要求纳税义务人按照有关规定进行补充申报。纳税义务人认为必要时，也可以主动要求进行补充申报。

第八条 海关应当按照法律、行政法规和海关规章的规定，对纳税义务人申报的进出口货物商品名称、规格型号、税则号列、原产地、价格、成交条件、数量等进行审核。

海关可以根据口岸通关和货物进出口的具体情况，在货物通关环节仅对申报内容作程序性审核，在货物放行后再进行申报价格、商品归类、原产地等是否真实、正确的实质性核查。

第九条 海关为审核确定进出口货物的商品归类、完税价格及原产地等，可以对进出口货物进行查验，组织化验、检验或者对相关企业进行核查。

经审核，海关发现纳税义务人申报的进出口货物税则号列有误的，应当按照商品归类的有关规则和规定予以重新确定。

经审核，海关发现纳税义务人申报的进出口货物价格不符合成交价格条件，或者成交价格不能确定的，应当按照审定进出口货物完税价格的有关规定另行估价。

经审核，海关发现纳税义务人申报的进出口货物原产地有误的，应当通过审核纳税义务人提供的原产地证明、对货物进行实际查验或者审核其他相关单证等方法，按照海关原产地管理的有关规定予以确定。

经审核，海关发现纳税义务人提交的减免税申请或者所申报的内容不符合有关减免税规定的，应当按照规定计征税款。

纳税义务人违反海关规定，涉嫌伪报、瞒报的，应当按照规定移交海关调查或者缉私部门处理。

第十条 纳税义务人在货物实际进出口前，可以按照有关规定向海关申请对进出口货物进行商品预归类、价格预审核或者原产地预确定。海关审核确定后，应当书面通知纳税义务人，并且在货物实际进出口时予以认可。

第二节 税款的征收

第十一条 海关应当根据进出口货物的税则号列、完税价格、原产地、适用的税率和汇率计征税款。

第十二条 海关应当按照《关税条例》有关适用最惠国税率、协定税率、特惠税率、普通税率、出口税率、关税配额税率或者暂定税率,以及实施反倾销措施、反补贴措施、保障措施或者征收报复性关税等适用税率的规定,确定进出口货物适用的税率。

第十三条 进出口货物,应当适用海关接受该货物申报进口或者出口之日实施的税率。

进口货物到达前,经海关核准先行申报的,应当适用装载该货物的运输工具申报进境之日实施的税率。

进口转关运输货物,应当适用指运地海关接受该货物申报进口之日实施的税率;货物运抵指运地前,经海关核准先行申报的,应当适用装载该货物的运输工具抵达指运地之日实施的税率。

出口转关运输货物,应当适用启运地海关接受该货物申报出口之日实施的税率。

经海关批准,实行集中申报的进出口货物,应当适用每次货物进出口时海关接受该货物申报之日实施的税率。

因超过规定期限未申报而由海关依法变卖的进口货物,其税款计征应当适用装载该货物的运输工具申报进境之日实施的税率。

因纳税义务人违反规定需要追征税款的进出口货物,应当适用违反规定的行为发生之日实施的税率;行为发生之日不能确定的,适用海关发现该行为之日实施的税率。

第十四条 已申报进境并且放行的保税货物、减免税货物、租赁货物或者已申报进出境并且放行的暂时进出境货物,有下列情形之一需缴纳税款的,应当适用海关接受纳税义务人再次填写报关单申报办理纳税及有关手续之日实施的税率:

(一)保税货物经批准不复运出境的;

(二)保税仓储货物转入国内市场销售的;

(三)减免税货物经批准转让或者移作他用的;

(四)可以暂不缴纳税款的暂时进出境货物,不复运出境或者进境的;

(五)租赁进口货物,分期缴纳税款的。

第十五条 补征或者退还进出口货物税款,应当按照本办法第十三条和

第十四条的规定确定适用的税率。

第十六条 进出口货物的价格及有关费用以外币计价的，海关按照该货物适用税率之日所适用的计征汇率折合为人民币计算完税价格。完税价格采用四舍五入法计算至分。

海关每月使用的计征汇率为上一个月第三个星期三（第三个星期三为法定节假日的，顺延采用第四个星期三）中国人民银行公布的外币对人民币的基准汇率；以基准汇率币种以外的外币计价的，采用同一时间中国银行公布的现汇买入价和现汇卖出价的中间值（人民币元后采用四舍五入法保留4位小数）。如果上述汇率发生重大波动，海关总署认为必要时，可以另行规定计征汇率，并且对外公布。

第十七条 海关应当按照《关税条例》的规定，以从价、从量或者国家规定的其他方式对进出口货物征收关税。

海关应当按照有关法律、行政法规规定的适用税种、税目、税率和计算公式对进口货物计征进口环节海关代征税。

除另有规定外，关税和进口环节海关代征税按照下述计算公式计征：

从价计征关税的计算公式为：应纳税额 = 完税价格 × 关税税率

从量计征关税的计算公式为：应纳税额 = 货物数量 × 单位关税税额

计征进口环节增值税的计算公式为：应纳税额 = （完税价格 + 实征关税税额 + 实征消费税税额）× 增值税税率

从价计征进口环节消费税的计算公式为：应纳税额 = 〔（完税价格 + 实征关税税额）/（1 - 消费税税率）〕× 消费税税率

从量计征进口环节消费税的计算公式为：应纳税额 = 货物数量 × 单位消费税税额

第十八条 除另有规定外，海关应当在货物实际进境，并且完成海关现场接单审核工作之后及时填发税款缴款书。需要通过对货物进行查验确定商品归类、完税价格、原产地的，应当在查验核实之后填发或者更改税款缴款书。

纳税义务人收到税款缴款书后应当办理签收手续。

第十九条 海关税款缴款书一式六联，第一联（收据）由银行收款签章后交缴款单位或者纳税义务人；第二联（付款凭证）由缴款单位开户银行作为付出凭证；第三联（收款凭证）由收款国库作为收入凭证；第四联（回执）由国库盖章后退回海关财务部门；第五联（报查）国库收款后，关税专用缴款书退回海关，海关代征税专用缴款书送当地税务机关；第六联（存根）由填发单位存查。

第二十条 纳税义务人应当自海关填发税款缴款书之日起15日内向指

定银行缴纳税款。逾期缴纳税款的,由海关自缴款期限届满之日起至缴清税款之日止,按日加收滞纳税款万分之五的滞纳金。纳税义务人应当自海关填发滞纳金缴款书之日起15日内向指定银行缴纳滞纳金。滞纳金缴款书的格式与税款缴款书相同。

缴款期限届满日遇星期六、星期日等休息日或者法定节假日的,应当顺延至休息日或者法定节假日之后的第一个工作日。国务院临时调整休息日与工作日的,海关应当按照调整后的情况计算缴款期限。

第二十一条 关税、进口环节海关代征税、滞纳金等,应当按人民币计征,采用四舍五入法计算至分。

滞纳金的起征点为50元。

第二十二条 银行收讫税款日为纳税义务人缴清税款之日。纳税义务人向银行缴纳税款后,应当及时将盖有证明银行已收讫税款的业务印章的税款缴款书送交填发海关验核,海关据此办理核注手续。

海关发现银行未按照规定及时将税款足额划转国库的,应当将有关情况通知国库。

第二十三条 纳税义务人缴纳税款前不慎遗失税款缴款书的,可以向填发海关提出补发税款缴款书的书面申请。海关应当自接到纳税义务人的申请之日起2个工作日内审核确认并且重新予以补发。海关补发的税款缴款书内容应当与原税款缴款书完全一致。

纳税义务人缴纳税款后遗失税款缴款书的,可以自缴纳税款之日起1年内向填发海关提出确认其已缴清税款的书面申请,海关经审查核实后,应当予以确认,但不再补发税款缴款书。

第二十四条 纳税义务人因不可抗力或者国家税收政策调整不能按期缴纳税款的,依法提供税款担保后,可以向海关办理延期缴纳税款手续。

第二十五条 散装进出口货物发生溢短装的,按照以下规定办理:

(一)溢装数量在合同、发票标明数量3%以内的,或者短装的,海关应当根据审定的货物单价,按照合同、发票标明数量计征税款。

(二)溢装数量超过合同、发票标明数量3%的,海关应当根据审定的货物单价,按照实际进出口数量计征税款。

第二十六条 纳税义务人、担保人自缴款期限届满之日起超过3个月仍未缴纳税款或者滞纳金的,海关可以按照《海关法》第六十条的规定采取强制措施。

纳税义务人在规定的缴纳税款期限内有明显的转移、藏匿其应税货物以及其他财产迹象的,海关可以责令纳税义务人向海关提供税款担保。纳税义务人不能提供税款担保的，海关可以按照《海关法》第六十一条的规定采取税收保全措施。

采取强制措施和税收保全措施的具体办法另行规定。

第三章　特殊进出口货物税款的征收

第一节　无代价抵偿货物

第二十七条　进口无代价抵偿货物，不征收进口关税和进口环节海关代征税；出口无代价抵偿货物，不征收出口关税。

前款所称无代价抵偿货物是指进出口货物在海关放行后，因残损、短少、品质不良或者规格不符原因，由进出口货物的发货人、承运人或者保险公司免费补偿或者更换的与原货物相同或者与合同规定相符的货物。

第二十八条　纳税义务人应当在原进出口合同规定的索赔期内且不超过原货物进出口之日起 3 年，向海关申报办理无代价抵偿货物的进出口手续。

第二十九条　纳税义务人申报进口无代价抵偿货物，应当提交下列单证：

(一)原进口货物报关单；

(二)原进口货物退运出境的出口报关单或者原进口货物交由海关处理的货物放弃处理证明；

(三)原进口货物税款缴款书或者《征免税证明》；

(四)买卖双方签订的索赔协议。

因原进口货物短少而进口无代价抵偿货物，不需要提交前款第(二)项所列单证。

海关认为需要时，纳税义务人还应当提交具有资质的商品检验机构出具的原进口货物残损、短少、品质不良或者规格不符的检验证明书或者其他有关证明文件。

第三十条　纳税义务人申报出口无代价抵偿货物，应当提交下列单证：

(一)原出口货物报关单；

(二)原出口货物退运进境的进口报关单；

(三)原出口货物税款缴款书或者《征免税证明》；

(四)买卖双方签订的索赔协议。

因原出口货物短少而出口无代价抵偿货物，不需要提交前款第(二)项所列单证。

海关认为需要时，纳税义务人还应当提交具有资质的商品检验机构出具的原出口货物残损、短少、品质不良或者规格不符的检验证明书或者其他有关证明文件。

第三十一条 纳税义务人申报进出口的无代价抵偿货物,与退运出境或者退运进境的原货物不完全相同或者与合同规定不完全相符的,应当向海关说明原因。

海关经审核认为理由正当,且其税则号列未发生改变的,应当按照审定进出口货物完税价格的有关规定和原进出口货物适用的计征汇率、税率,审核确定其完税价格、计算应征税款。应征税款高于原进出口货物已征税款的,应当补征税款的差额部分。应征税款低于原进出口货物已征税款,且原进出口货物的发货人、承运人或者保险公司同时补偿货款的,海关应当退还补偿货款部分的相应税款;未补偿货款的,税款的差额部分不予退还。

纳税义务人申报进出口的免费补偿或者更换的货物,其税则号列与原货物的税则号列不一致的,不适用无代价抵偿货物的有关规定,海关应当按照一般进出口货物的有关规定征收税款。

第三十二条 纳税义务人申报进出口无代价抵偿货物,被更换的原进口货物不退运出境且不放弃交由海关处理的,或者被更换的原出口货物不退运进境的,海关应当按照接受无代价抵偿货物申报进出口之日适用的税率、计征汇率和有关规定对原进出口货物重新估价征税。

第三十三条 被更换的原进口货物退运出境时不征收出口关税。

被更换的原出口货物退运进境时不征收进口关税和进口环节海关代征税。

第二节 租赁进口货物

第三十四条 纳税义务人进口租赁货物,除另有规定外,应当向其所在地海关办理申报进口及申报纳税手续。

纳税义务人申报进口租赁货物,应当向海关提交租赁合同及其他有关文件。海关认为必要时,纳税义务人应当提供税款担保。

第三十五条 租赁进口货物自进境之日起至租赁结束办结海关手续之日止,应当接受海关监管。

一次性支付租金的,纳税义务人应当在申报租赁货物进口时办理纳税手续,缴纳税款。

分期支付租金的,纳税义务人应当在申报租赁货物进口时,按照第一期应当支付的租金办理纳税手续,缴纳相应税款;在其后分期支付租金时,纳税义务人向海关申报办理纳税手续应当不迟于每次支付租金后的第15日。纳税义务人未在规定期限内申报纳税的，海关按照纳税义务人每次支付租金后第15日该货物适用的税率、计征汇率征收相应税款，并且自本款规定的申报办理纳税手续期限届满之日起至纳税义务人申报纳税之日止按日加收应缴纳税款万分之五的滞纳金。

第三十六条 海关应当对租赁进口货物进行跟踪管理，督促纳税义务人按期向海关申报纳税，确保税款及时足额入库。

第三十七条 纳税义务人应当自租赁进口货物租期届满之日起30日内，向海关申请办结监管手续，将租赁进口货物复运出境。需留购、续租租赁进口货物的，纳税义务人向海关申报办理相关手续应当不迟于租赁进口货物租期届满后的第30日。

海关对留购的租赁进口货物，按照审定进口货物完税价格的有关规定和海关接受申报办理留购的相关手续之日该货物适用的计征汇率、税率，审核确定其完税价格、计征应缴纳的税款。

续租租赁进口货物的，纳税义务人应当向海关提交续租合同，并且按照本办法第三十四条和第三十五条的有关规定办理申报纳税手续。

第三十八条 纳税义务人未在本办法第三十七条第一款规定的期限内向海关申报办理留购租赁进口货物的相关手续的，海关除按照审定进口货物完税价格的有关规定和租期届满后第30日该货物适用的计征汇率、税率，审核确定其完税价格、计征应缴纳的税款外，还应当自租赁期限届满后30日起至纳税义务人申报纳税之日止按日加收应缴纳税款万分之五的滞纳金。

纳税义务人未在本办法第三十七条第一款规定的期限内向海关申报办理续租租赁进口货物的相关手续的，海关除按照本办法第三十五条的规定征收续租租赁进口货物应缴纳的税款外，还应当自租赁期限届满后30日起至纳税义务人申报纳税之日止按日加收应缴纳税款万分之五的滞纳金。

第三十九条 租赁进口货物租赁期未满终止租赁的，其租期届满之日为租赁终止日。

第三节 暂时进出境货物

第四十条 暂时进境或者暂时出境的货物，海关按照有关规定实施管理。

第四十一条 《关税条例》第四十二条第一款所列的暂时进出境货物，在海关规定期限内，可以暂不缴纳税款。

前款所述暂时进出境货物在规定期限届满后不再复运出境或者复运进境的，纳税义务人应当在规定期限届满前向海关申报办理进出口及纳税手续。海关按照有关规定征收税款。

第四十二条 《关税条例》第四十二条第一款所列范围以外的其他暂时进出境货物，海关按照审定进出口货物完税价格的有关规定和海关接受该货物申报进出境之日适用的计征汇率、税率，审核确定其完税价格、按月征收税款，或者在规定期限内货物复运出境或者复运进境时征收税款。

计征税款的期限为60个月。不足一个月但超过15天的，按一个月计征；不超过15天的，免予计征。计征税款的期限自货物放行之日起计算。

按月征收税款的计算公式为：

每月关税税额 = 关税总额 × (1/60)

每月进口环节代征税税额 = 进口环节代征税总额 × (1/60)

本条第一款所述暂时进出境货物在规定期限届满后不再复运出境或者复运进境的，纳税义务人应当在规定期限届满前向海关申报办理进出口及纳税手续，缴纳剩余税款。

第四十三条 暂时进出境货物未在规定期限内复运出境或者复运进境，且纳税义务人未在规定期限届满前向海关申报办理进出口及纳税手续的，海关除按照规定征收应缴纳的税款外，还应当自规定期限届满之日起至纳税义务人申报纳税之日止按日加收应缴纳税款万分之五的滞纳金。

第四十四条 本办法第四十一条至第四十三条中所称“规定期限”均包括暂时进出境货物延长复运出境或者复运进境的期限。

第四节 进出境修理货物和出境加工货物

第四十五条 纳税义务人在办理进境修理货物的进口申报手续时，应当向海关提交该货物的维修合同（或者含有保修条款的原出口合同），并且向海关提供进口税款担保或者由海关按照保税货物实施管理。进境修理货物应当在海关规定的期限内复运出境。

进境修理货物需要进口原材料、零部件的，纳税义务人在办理原材料、零部件进口申报手续时，应当向海关提交进境修理货物的维修合同（或者含有保修条款的原出口合同）、进境修理货物的进口报关单（与进境修理货物同时申报进口的除外），并且向海关提供进口税款担保或者由海关按照保税货物实施管理。进口原材料、零部件只限用于进境修理货物的修理，修理剩余的原材料、零部件应当随进境修理货物一同复运出境。

第四十六条 纳税义务人在办理进境修理货物及剩余进境原材料、零部件复运出境的出口申报手续时，应当向海关提交该货物及进境原材料、零部件的原进口报关单和维修合同（或者含有保修条款的原出口合同）等单证。海关凭此办理解除修理货物及原材料、零部件进境时纳税义务人提供税款担保的相关手续;由海关按照保税货物实施管理的,按照有关保税货物的管理规定办理。

因正当理由不能在海关规定期限内将进境修理货物复运出境的,纳税义务人应当在规定期限届满前向海关说明情况,申请延期复运出境。

第四十七条 进境修理货物未在海关允许期限(包括延长期,下同)内复运出境的,海关对其按照一般进出口货物的征税管理规定实施管理,将该货物进境时纳税义务人提供的税款担保转为税款。

第四十八条 纳税义务人在办理出境修理货物的出口申报手续时,应当向海关提交该货物的维修合同(或者含有保修条款的原进口合同)。出境修理货物应当在海关规定的期限内复运进境。

第四十九条 纳税义务人在办理出境修理货物复运进境的进口申报手续时,应当向海关提交该货物的原出口报关单和维修合同(或者含有保修条款的原进口合同)、维修发票等单证。

海关按照审定进口货物完税价格的有关规定和海关接受该货物申报复运进境之日适用的计征汇率、税率,审核确定其完税价格、计征进口税款。

因正当理由不能在海关规定期限内将出境修理货物复运进境的,纳税义务人应当在规定期限届满前向海关说明情况,申请延期复运进境。

第五十条 出境修理货物超过海关允许期限复运进境的,海关对其按照一般进口货物的征税管理规定征收进口税款。

第五十一条 纳税义务人在办理出境加工货物的出口申报手续时,应当向海关提交该货物的委托加工合同;出境加工货物属于征收出口关税的商品的,纳税义务人应当向海关提供出口税款担保。出境加工货物应当在海关规定的期限内复运进境。

第五十二条 纳税义务人在办理出境加工货物复运进境的进口申报手续时,应当向海关提交该货物的原出口报关单和委托加工合同、加工发票等单证。

海关按照审定进口货物完税价格的有关规定和海关接受该货物申报复运进境之日适用的计征汇率、税率,审核确定其完税价格、计征进口税款,同时办理解除该货物出境时纳税义务人提供税款担保的相关手续。

因正当理由不能在海关规定期限内将出境加工货物复运进境的,纳税义务人应当在规定期限届满前向海关说明情况,申请延期复运进境。

第五十三条 出境加工货物未在海关允许期限内复运进境的,海关对其按照一般进出口货物的征税管理规定实施管理,将该货物出境时纳税义务人提供的税款担保转为税款;出境加工货物复运进境时,海关按照一般进口货物的征税管理规定征收进口税款。

第五十四条 本办法第四十五条至第五十三条中所称“海关规定期限”和“海关允许期限”，由海关根据进出境修理货物、出境加工货物的有关合同规定以及具体实际情况予以确定。

第五节 退运货物

第五十五条 因品质或者规格原因，出口货物自出口放行之日起1年内原状退货复运进境的，纳税义务人在办理进口申报手续时，应当按照规定提交有关单证和证明文件。经海关确认后，对复运进境的原出口货物不予征收进口关税和进口环节海关代征税。

第五十六条 因品质或者规格原因，进口货物自进口放行之日起1年内原状退货复运出境的，纳税义务人在办理出口申报手续时，应当按照规定提交有关单证和证明文件。经海关确认后，对复运出境的原进口货物不予征收出口关税。

第四章 进出口货物税款的退还与补征

第五十七条 海关发现多征税款的，应当立即通知纳税义务人办理退税手续。纳税义务人应当自收到海关通知之日起3个月内办理有关退税手续。

第五十八条 纳税义务人发现多缴纳税款的，自缴纳税款之日起1年内，可以向海关申请退还多缴的税款并且加算银行同期活期存款利息。

纳税义务人向海关申请退还税款及利息时，应当提交下列材料：

(一)《退税申请书》；

(二)原税款缴款书和可以证明应予退税的材料。

第五十九条 已缴纳税款的进口货物，因品质或者规格原因原状退货复运出境的，纳税义务人自缴纳税款之日起1年内，可以向海关申请退税。

纳税义务人向海关申请退税时，应当提交下列材料：

(一)《退税申请书》；

(二)原进口报关单、税款缴款书、发票；

(三)货物复运出境的出口报关单；

(四)收发货人双方关于退货的协议。

第六十条 已缴纳出口关税的出口货物，因品质或者规格原因原状退货复运进境，并且已重新缴纳因出口而退还的国内环节有关税收的，纳税义务人自缴纳税款之日起1年内，可以向海关申请退税。

纳税义务人向海关申请退税时,应当提交下列材料:

(一)《退税申请书》;

(二)原出口报关单、税款缴款书、发票;

(三)货物复运进境的进口报关单;

(四)收发货人双方关于退货的协议和税务机关重新征收国内环节税的证明。

第六十一条 已缴纳出口关税的货物,因故未装运出口申报退关的,纳税义务人自缴纳税款之日起1年内,可以向海关申请退税。

纳税义务人向海关申请退税时,应当提交下列材料:

(一)《退税申请书》;

(二)原出口报关单和税款缴款书。

第六十二条 散装进出口货物发生短装并且已征税放行的,如果该货物的发货人、承运人或者保险公司已对短装部分退还或者赔偿相应货款,纳税义务人自缴纳税款之日起1年内,可以向海关申请退还进口或者出口短装部分的相应税款。

纳税义务人向海关申请退税时,应当提交下列材料:

(一)《退税申请书》;

(二)原进口或者出口报关单、税款缴款书、发票;

(三)具有资质的商品检验机构出具的相关检验证明书;

(四)已经退款或者赔款的证明文件。

第六十三条 进出口货物因残损、品质不良、规格不符原因,或者发生本办法第六十二条规定以外的货物短少的情形,由进出口货物的发货人、承运人或者保险公司赔偿相应货款的,纳税义务人自缴纳税款之日起1年内,可以向海关申请退还赔偿货款部分的相应税款。

纳税义务人向海关申请退税时,应当提交下列材料:

(一)《退税申请书》;

(二)原进口或者出口报关单、税款缴款书、发票;

(三)已经赔偿货款的证明文件。

第六十四条 海关收到纳税义务人的退税申请后应当进行审核。纳税义务人提交的申请材料齐全且符合规定形式的,海关应当予以受理,并且以海关收到申请材料之日作为受理之日;纳税义务人提交的申请材料不全或者不符合规定形式的,海关应当在收到申请材料之日起5个工作日内一次告知纳税义务人需要补正的全部内容,并且以海关收到全部补正申请材料之日为海关受理退税申请之日。

纳税义务人按照本办法第五十九条、第六十条或者第六十四条的规定申请退税的，海关认为需要时，可以要求纳税义务人提供具有资质的商品检验机构出具的原进口或者出口货物品质不良、规格不符或者残损、短少的检验证明书或者其他有关证明文件。

海关应当自受理退税申请之日起30日内查实并且通知纳税义务人办理退税手续或者不予退税的决定。纳税义务人应当自收到海关准予退税的通知之日起3个月内办理有关退税手续。

第六十五条 海关办理退税手续时，应当填发收入退还书，并且按照以下规定办理：

（一）按照本办法第五十八条规定应当同时退还多征税款部分所产生的利息的，应退利息按照海关填发收入退还书之日中国人民银行规定的活期储蓄存款利息率计算。计算应退利息的期限自纳税义务人缴纳税款之日起至海关填发收入退还书之日止。

（二）进口环节增值税已予抵扣的，该项增值税不予退还，但国家另有规定的除外。

（三）已征收的滞纳金不予退还。

退还税款、利息涉及从国库中退库的，按照法律、行政法规有关国库管理的规定以及有关规章规定的具体实施办法执行。

第六十六条 进出口货物放行后，海关发现少征税款的，应当自缴纳税款之日起1年内，向纳税义务人补征税款；海关发现漏征税款的，应当自货物放行之日起1年内，向纳税义务人补征税款。

第六十七条 因纳税义务人违反规定造成少征税款的，海关应当自缴纳税款之日起3年内追征税款；因纳税义务人违反规定造成漏征税款的，海关应当自货物放行之日起3年内追征税款。海关除依法追征税款外，还应当自缴纳税款或者货物放行之日起至海关发现违规行为之日止按日加收少征或者漏征税款万分之五的滞纳金。

因纳税义务人违反规定造成海关监管货物少征或者漏征税款的，海关应当自纳税义务人应缴纳税款之日起3年内追征税款，并且自应缴纳税款之日起至海关发现违规行为之日止按日加收少征或者漏征税款万分之五的滞纳金。

前款所称“应缴纳税款之日”是指纳税义务人违反规定的行为发生之日；该行为发生之日不能确定的，应当以海关发现该行为之日作为应缴纳税款之日。

第六十八条 海关补征或者追征税款，应当制发《海关补征税款告知书》。纳税义务人应当自收到《海关补征税款告知书》之日起15日内到海关办理补缴税款的手续。

纳税义务人未在前款规定期限内办理补税手续的，海关应当在规定期限届满之日填发税款缴款书。

第六十九条 根据本办法第三十五条、第三十八条、第四十三条、第六十七条的有关规定，因纳税义务人违反规定需在征收税款的同时加收滞纳金的，如果纳税义务人未在规定的15天缴款期限内缴纳税款，海关依照本办法第二十条的规定另行加收自缴款期限届满之日起至缴清税款之日止滞纳税款的滞纳金。

第五章 进出口货物税款的减征与免征

第七十条 纳税义务人进出口减免税货物，应当在货物进出口前，按照规定凭有关文件向海关办理减免税审核确认手续。下列减免税进出口货物无需办理减免税审核确认手续：

(一)关税、进口环节增值税或者消费税税额在人民币50元以下的一票货物；

(二)无商业价值的广告品和货样；

(三)在海关放行前遭受损坏或者损失的货物；

(四)进出境运输工具装载的途中必需的燃料、物料和饮食用品；

(五)其他无需办理减免税审核确认手续的减征或者免征税款的货物。

第七十一条 对于本办法第七十条第(三)项所列货物，纳税义务人应当在申报时或者自海关放行货物之日起15日内书面向海关说明情况，提供相关证明材料。海关认为需要时，可以要求纳税义务人提供具有资质的商品检验机构出具的货物受损程度的检验证明书。海关根据实际受损程度予以减征或者免征税款。

第七十二条 除另有规定外，纳税义务人应当向其主管海关申请办理减免税审核确认手续。海关按照有关规定予以审核，并且签发《征免税证明》。

第七十三条 特定地区、特定企业或者有特定用途的特定减免税进口货物，应当接受海关监管。

特定减免税进口货物的监管年限为：

(一)船舶、飞机：8年；

(二)机动车辆：6年；

(三)其他货物：3年。

监管年限自货物进口放行之日起计算。

第七十四条　在特定减免税进口货物的监管年限内，纳税义务人应当自减免税货物放行之日起每年一次向主管海关报告减免税货物的状况；除经海关批准转让给其他享受同等税收优惠待遇的项目单位外，纳税义务人在补缴税款并且办理解除监管手续后，方可转让或者进行其他处置。

特定减免税进口货物监管年限届满时，自动解除海关监管。纳税义务人需要解除监管证明的，可以自监管年限届满之日起1年内，凭有关单证向海关申请领取解除监管证明。海关应当自接到纳税义务人的申请之日起20日内核实情况，并且填发解除监管证明。

第六章　进出口货物的税款担保

第七十五条　有下列情形之一，纳税义务人要求海关先放行货物的，应当按照海关初步确定的应缴税款向海关提供足额税款担保：

（一）海关尚未确定商品归类、完税价格、原产地等征税要件的；

（二）正在海关办理减免税审核确认手续的；

（三）正在海关办理延期缴纳税款手续的；

（四）暂时进出境的；

（五）进境修理和出境加工的，按保税货物实施管理的除外；

（六）因残损、品质不良或者规格不符，纳税义务人申报进口或者出口无代价抵偿货物时，原进口货物尚未退运出境或者尚未放弃交由海关处理的，或者原出口货物尚未退运进境的；

（七）其他按照有关规定需要提供税款担保的。

第七十六条　除另有规定外，税款担保期限一般不超过6个月，特殊情况需要延期的，应当经主管海关核准。

税款担保一般应当为保证金、银行或者非银行金融机构的保函，但另有规定的除外。

银行或者非银行金融机构的税款保函，其保证方式应当是连带责任保证。税款保函明确规定保证期间的，保证期间应当不短于海关批准的担保期限。

第七十七条　在海关批准的担保期限内，纳税义务人履行纳税义务的，海关应当自纳税义务人履行纳税义务之日起5个工作日内办结解除税款担保的相关手续。

在海关批准的担保期限内，纳税义务人未履行纳税义务，对收取税款保证金的，海关应当自担保期限届满之日起5个工作日内完成保证金转为税款的相关手续;对银行或者非银行金融机构提供税款保函的,海关应当自担保期限届满之日起6个月内或者在税款保函规定的保证期间内要求担保人履行相应的纳税义务。

第七章　附　　则

第七十八条　纳税义务人、担保人对海关确定纳税义务人、确定完税价格、商品归类、确定原产地、适用税率或者计征汇率、减征或者免征税款、补税、退税、征收滞纳金、确定计征方式以及确定纳税地点有异议的,应当按照海关作出的相关行政决定依法缴纳税款,并且可以依照《中华人民共和国行政复议法》和《中华人民共和国海关实施〈行政复议法〉办法》向上一级海关申请复议。对复议决定不服的,可以依法向人民法院提起诉讼。

第七十九条　违反本办法规定,构成违反海关监管规定行为、走私行为的,按照《海关法》、《中华人民共和国海关行政处罚实施条例》和其他有关法律、行政法规的规定处罚。构成犯罪的,依法追究刑事责任。

第八十条　保税货物和进出保税区、出口加工区、保税仓库及类似的保税监管场所的货物的税收管理,按照本办法规定执行。本办法未作规定的,按照有关法律、行政法规和海关规章的规定执行。

第八十一条　通过电子数据交换方式申报纳税和缴纳税款的管理办法,另行制定。

第八十二条　本办法所规定的文书由海关总署另行制定并且发布。

第八十三条　本办法由海关总署负责解释。

第八十四条　本办法自2005年3月1日起施行。1986年9月30日由中华人民共和国海关总署发布的《海关征税管理办法》同时废止。

附件 1－12

中华人民共和国海关对保税物流中心（A 型）的暂行管理办法

（2005 年 6 月 23 日海关总署令第 129 号公布　根据 2015 年 4 月 28 日海关总署令第 227 号第一次修正　根据 2017 年 12 月 20 日海关总署令第 235 号第二次修正）

第一章　总　则

第一条　为适应现代国际物流的发展，规范海关对保税物流中心（A 型）及其进出货物的管理和保税仓储物流企业的经营行为，根据《中华人民共和国海关法》和国家有关法律、行政法规，制定本办法。

第二条　本办法所称的保税物流中心（A 型）（以下简称物流中心），是指经海关批准，由中国境内企业法人经营、专门从事保税仓储物流业务的保税监管场所。

第三条　物流中心按照服务范围分为公用型物流中心和自用型物流中心。

公用型物流中心是指由专门从事仓储物流业务的中国境内企业法人经营，向社会提供保税仓储物流综合服务的保税监管场所。

自用型物流中心是指中国境内企业法人经营，仅向本企业或者本企业集团内部成员提供保税仓储物流服务的保税监管场所。

第四条　下列货物，经海关批准可以存入物流中心：

（一）国内出口货物；

（二）转口货物和国际中转货物；

（三）外商暂存货物；

（四）加工贸易进出口货物；

（五）供应国际航行船舶和航空器的物料、维修用零部件；

（六）供维修外国产品所进口寄售的零配件；

（七）未办结海关手续的一般贸易进口货物；

（八）经海关批准的其他未办结海关手续的货物。

第二章 物流中心的设立

第五条 物流中心应当设在国际物流需求量较大,交通便利且便于海关监管的地方。

第六条 物流中心经营企业应当具备下列资格条件:

(一)经工商行政管理部门注册登记,具有独立的企业法人资格;

(二)具有专门存储货物的营业场所,拥有营业场所的土地使用权。租赁他人土地、场所经营的,租期不得少于3年;

(三)具有符合海关监管要求的管理制度。

第七条 物流中心经营企业申请设立物流中心应当具备下列条件:

(一)符合海关对物流中心的监管规划建设要求;

(二)公用型物流中心的仓储面积(含堆场),东部地区不低于4000平方米,中西部地区、东北地区不低于2000平方米;

(三)自用型物流中心的仓储面积(含堆场),东部地区不低于2000平方米,中西部地区、东北地区不低于1000平方米;

(四)物流中心为储罐的,容积不低于5000立方米;

(五)建立符合海关监管要求的计算机管理系统,提供供海关查阅数据的终端设备,并按照海关规定的认证方式和数据标准与海关联网;

(六)设置符合海关监管要求的隔离设施、监管设施和办理业务必需的其他设施。

第八条 申请设立物流中心的企业应当向所在地主管海关提出书面申请,并递交以下加盖企业印章的材料:

(一)申请书;

(二)企业章程复印件;

(三)企业法人营业执照复印件;

(四)符合海关监管要求的物流中心管理制度;

(五)物流中心所用土地、场所的产权证明或者剩余租赁期限不少于3年的租赁协议及地理位置图、平面规划图;

(六)报关单位注册登记证书复印件。

第九条 企业申请设立物流中心,由主管海关受理,报直属海关审批。

第十条 企业自直属海关出具批准其筹建物流中心文件之日起1年内向海关申请验收,由主管海关按照本办法的规定进行审核验收。

物流中心验收合格后,由直属海关向企业核发《保税物流中心(A型)注册登记证书》。

物流中心在验收合格后方可以开展有关业务。

第十一条 获准设立物流中心的企业确有正当理由未按时申请验收的，经直属海关同意可以延期验收，除特殊情况外，延期不得超过6个月。

获准设立物流中心的企业无正当理由逾期未申请验收或者验收不合格的，视同其撤回设立物流中心的申请。

第三章 物流中心的经营管理

第十二条 物流中心不得转租、转借他人经营，不得下设分中心。

第十三条 物流中心经营企业可以开展以下业务：

（一）保税存储进出口货物及其他未办结海关手续货物；

（二）对所存货物开展流通性简单加工和增值服务；

（三）全球采购和国际分拨、配送；

（四）转口贸易和国际中转业务；

（五）经海关批准的其他国际物流业务。

第十四条 物流中心经营企业在物流中心内不得开展下列业务：

（一）商业零售；

（二）生产和加工制造；

（三）维修、翻新和拆解；

（四）存储国家禁止进出口货物，以及危害公共安全、公共卫生或者健康、公共道德或者秩序的国家限制进出口货物；

（五）法律、行政法规明确规定不能享受保税政策的货物；

（六）其他与物流中心无关的业务。

第十五条 物流中心负责人及其工作人员应当熟悉海关有关法律行政法规，遵守海关监管规定。

第四章 海关对物流中心的监管

第十六条 海关可以采取联网监管、视频监控、实地核查等方式对进出物流中心的货物、物品、运输工具等实施动态监管。

第十七条 海关对物流中心实施计算机联网监管。物流中心应当建立符合海关监管要求的计算机管理系统并与海关联网，形成完整真实的货物进、出、转、存电子数据，保证海关开展对有关业务数据的查询、统计、采集、交换和核查等监管工作。

第十八条 《保税物流中心(A型)注册登记证书》有效期为3年。

物流中心经营企业应当在《保税物流中心(A型)注册登记证书》每次有效期满30日前办理延期手续,由主管海关受理,报直属海关审批。

物流中心经营企业办理延期手续需提交以下加盖企业印章的材料:

(一)《保税物流中心(A型)注册登记证书》、本年度资产负债表和损益表复印件;

(二)企业进出口业务情况报告书;

(三)海关要求的其他说明材料。

对审查合格的企业准予延期3年。

第十九条 物流中心需变更经营单位名称、地址、仓储面积(容积)等事项的,主管海关受理企业申请后,报直属海关审批。

第二十条 物流中心经营企业因故终止业务的,由物流中心提出书面申请,主管海关受理后报直属海关审批,办理注销手续并交回《保税物流中心(A型)注册登记证书》。

第二十一条 物流中心内货物保税存储期限为1年。确有正当理由的,经主管海关同意可以予以延期,除特殊情况外,延期不得超过1年。

第五章 海关对物流中心进出货物的监管

第一节 物流中心与境外间的进出货物

第二十二条 物流中心与境外间进出的货物,应当按照规定向海关办理相关手续。

第二十三条 物流中心与境外间进出的货物,除实行出口被动配额管理和中华人民共和国参加或者缔结的国际条约及国家另有明确规定的以外,不实行进出口配额、许可证件管理。

第二十四条 从境外进入物流中心内的货物,其关税和进口环节海关代征税,按照下列规定办理:

(一)本办法第四条中所列的货物予以保税;

(二)物流中心企业进口自用的办公用品、交通、运输工具、生活消费用品等,以及物流中心开展综合物流服务所需进口的机器、装卸设备、管理设备等,按照进口货物的有关规定和税收政策办理相关手续。

第二节　物流中心与境内间的进出货物

第二十五条　物流中心内货物跨关区提取,可以在物流中心主管海关办理手续,也可以按照海关其他规定办理相关手续。

第二十六条　企业根据需要经主管海关批准,可以分批进出货物,并按照海关规定办理月度集中报关,但集中报关不得跨年度办理。

第二十七条　物流中心货物进入境内视同进口,按照货物实际贸易方式和实际状态办理进口报关手续;货物属许可证件管理商品的,企业还应当向海关出具有效的许可证件;实行集中申报的进出口货物,应当适用每次货物进出口时海关接受申报之日实施的税率、汇率。

第二十八条　货物从境内进入物流中心视同出口,办理出口报关手续。如需缴纳出口关税的,应当按照规定纳税;属许可证件管理商品,还应当向海关出具有效的出口许可证件。

从境内运入物流中心的原进口货物,境内发货人应当向海关办理出口报关手续,经主管海关验放;已经缴纳的关税和进口环节海关代征税,不予退还。

第二十九条　企业按照国家税务总局的有关税收管理办法办理出口退税手续。按照国家外汇管理局有关外汇管理办法办理收付汇手续。

第三十条　下列货物从物流中心进入境内时依法免征关税和进口环节海关代征税:

(一)用于在保修期限内免费维修有关外国产品并符合无代价抵偿货物有关规定的零部件;

(二)用于国际航行船舶和航空器的物料;

(三)国家规定免税的其他货物。

第三十一条　物流中心与海关特殊监管区域、其他保税监管场所之间可以进行货物流转并按照规定办理相关海关手续。

第六章　法律责任

第三十二条　保税仓储货物在存储期间发生损毁或者灭失的,除不可抗力外,物流中心经营企业应当依法向海关缴纳损毁、灭失货物的税款,并承担相应的法律责任。

第三十三条　违反本办法规定的,海关依照《中华人民共和国海关法》、《中华人民共和国海关行政处罚实施条例》予以处理;构成犯罪的,依法追究刑事责任。

第七章　附　　则

第三十四条　本办法下列用语的含义：

“流通性简单加工和增值服务”是指对货物进行分级分类、分拆分拣、分装、计量、组合包装、打膜、加刷唛码、刷贴标志、改换包装、拼装等辅助性简单作业的总称。

“国际中转货物”是指由境外启运，经中转港换装国际航线运输工具后，继续运往第三国或者地区指运口岸的货物。

第三十五条　本办法所规定的文书由海关总署另行制定并且发布。

第三十六条　本办法由海关总署负责解释。

第三十七条　本办法自 2005 年 7 月 1 日起施行。

附件 1－13

中华人民共和国海关对保税物流中心（B 型）的暂行管理办法

（2005 年 6 月 23 日海关总署令第 130 号公布　根据 2015 年 4 月 28 日海关总署令第 227 号第一次修正　根据 2017 年 12 月 20 日海关总署令第 235 号第二次修正）

第一章　总　　则

第一条　为适应现代国际物流业的发展，规范海关对保税物流中心（B 型）及其进出货物的管理和保税仓储物流企业的经营行为，根据《中华人民共和国海关法》和国家有关法律、行政法规，制定本办法。

第二条　本办法所称保税物流中心（B 型）（以下简称物流中心）是指经海关批准，由中国境内一家企业法人经营，多家企业进入并从事保税仓储物流业务的保税监管场所。

第三条　下列货物，经海关批准可以存入物流中心：

（一）国内出口货物；

（二）转口货物和国际中转货物；

（三）外商暂存货物；

（四）加工贸易进出口货物；

（五）供应国际航行船舶和航空器的物料、维修用零部件；

（六）供维修外国产品所进口寄售的零配件；

（七）未办结海关手续的一般贸易进口货物；

（八）经海关批准的其他未办结海关手续的货物。

第二章　物流中心及中心内企业的设立

第一节　物流中心的设立

第四条　设立物流中心应当具备下列条件：

（一）物流中心仓储面积，东部地区不低于 5 万平方米，中西部地区、东北地区不低于2万平方米；

（二）符合海关对物流中心的监管规划建设要求；

（三）选址在靠近海港、空港、陆路交通枢纽及内陆国际物流需求量较大，交通便利，设有海关机构且便于海关集中监管的地方；

（四）经省级人民政府确认，符合地方经济发展总体布局，满足加工贸易发展对保税物流的需求；

（五）建立符合海关监管要求的计算机管理系统，提供供海关查阅数据的终端设备，并按照海关规定的认证方式和数据标准，通过“电子口岸”平台与海关联网，以便海关在统一平台上与国税、外汇管理等部门实现数据交换及信息共享；

（六）设置符合海关监管要求的隔离设施、监管设施和办理业务必需的其他设施。

第五条 物流中心经营企业应当具备下列资格条件：

（一）经工商行政管理部门注册登记，具有独立企业法人资格；

（二）具备对中心内企业进行日常管理的能力；

（三）具备协助海关对进出物流中心的货物和中心内企业的经营行为实施监管的能力。

第六条 物流中心经营企业具有以下责任和义务：

（一）设立管理机构负责物流中心的日常管理工作；

（二）遵守海关法及有关管理规定；

（三）制定完善的物流中心管理制度，协助海关实施对进出物流中心的货物及中心内企业经营行为的监管。

物流中心经营企业不得在本物流中心内直接从事保税仓储物流的经营活动。

第七条 申请设立物流中心的企业应当向直属海关提出书面申请，并递交以下加盖企业印章的材料：

（一）申请书；

（二）省级人民政府意见书；

（三）企业章程复印件；

（四）企业法人营业执照复印件；

（五）法定代表人的身份证明复印件；

（六）物流中心所用土地使用权的合法证明及地理位置图、平面规划图。

第八条 物流中心内只能设立仓库、堆场和海关监管工作区。不得建立商业性消费设施。

第九条 设立物流中心的申请由直属海关受理，报海关总署会同有关部门审批。

企业自海关总署等部门出具批准其筹建物流中心文件之日起1年内向海关总署申请验收,由海关总署会同有关部门或者委托被授权的机构按照本办法的规定进行审核验收。

物流中心验收合格后,由海关总署向物流中心经营企业核发《保税物流中心(B型)注册登记证书》。

物流中心在验收合格后方可以开展有关业务。

第十条 获准设立物流中心的企业确有正当理由未按时申请验收的,经海关总署同意可以延期验收。

获准设立物流中心的企业无正当理由逾期未申请验收或者验收不合格的,视同其撤回设立物流中心的申请。

第二节 中心内企业的设立

第十一条 中心内企业应当具备下列条件:

(一)具有独立的法人资格或者特殊情况下的中心外企业的分支机构;

(二)建立符合海关监管要求的计算机管理系统并与海关联网;

(三)在物流中心内有专门存储海关监管货物的场所。

第十二条 企业申请进入物流中心应当向所在地主管海关提出书面申请,并递交以下加盖企业印章的材料:

(一)申请书;

(二)符合海关监管要求的企业管理制度;

(三)企业法人营业执照复印件;

(四)物流中心内所承租仓库位置图、仓库布局图及承租协议;

(五)报关单位注册登记证书复印件。

第十三条 主管海关受理后对符合条件的企业制发《保税物流中心(B型)企业注册登记证书》。

第三章 物流中心的经营管理

第十四条 物流中心不得转租、转借他人经营,不得下设分中心。

第十五条 中心内企业可以开展以下业务:

(一)保税存储进出口货物及其他未办结海关手续货物;

(二)对所存货物开展流通性简单加工和增值服务;

(三)全球采购和国际分拨、配送;

（四）转口贸易和国际中转；

（五）经海关批准的其他国际物流业务。

第十六条 中心内企业不得在物流中心内开展下列业务：

（一）商业零售；

（二）生产和加工制造；

（三）维修、翻新和拆解；

（四）存储国家禁止进出口货物，以及危害公共安全、公共卫生或者健康、公共道德或者秩序的国家限制进出口货物；

（五）法律、行政法规明确规定不能享受保税政策的货物；

（六）其他与物流中心无关的业务。

第十七条 物流中心经营企业及中心内企业负责人及其工作人员应当熟悉海关有关法律法规，遵守海关监管规定。

第四章 海关对物流中心及中心内企业的监管

第十八条 海关可以采取联网监管、视频监控、实地核查等方式对进出物流中心的货物、物品、运输工具等实施动态监管。

第十九条 海关对物流中心及中心内企业实施计算机联网监管。物流中心及中心内企业应当建立符合海关监管要求的计算机管理系统并与海关联网，形成完整真实的货物进、出、转、存电子数据，保证海关开展对有关业务数据的查询、统计、采集、交换和核查等监管工作。

第二十条 《保税物流中心（B型）注册登记证书》有效期为3年。

物流中心经营企业应当在《保税物流中心（B型）注册登记证书》每次有效期满30日前办理延期手续，由直属海关受理，报海关总署审批。

物流中心经营企业办理延期手续需提交以下加盖企业印章的材料：

（一）《保税物流中心（B型）注册登记证书》、本年度资产负债表和损益表复印件；

（二）海关要求的其他说明材料。

对审查合格的企业准予延期3年。

第二十一条 物流中心需变更名称、地址、面积及所有权等事项的，由直属海关受理报海关总署审批。其他变更事项报直属海关备案。

第二十二条 中心内企业需变更有关事项的，应当向主管海关备案。

第二十三条 物流中心经营企业因故终止业务的，物流中心经营企业向直属海关提出书面申请，经海关总署会同有关部门审批后，办理注销手续并交回《保税物流中心(B型)注册登记证书》。

第二十四条 物流中心内货物保税存储期限为2年。确有正当理由的,经主管海关同意可以予以延期,除特殊情况外,延期不得超过1年。

第五章 海关对物流中心进出货物的监管

第一节 物流中心与境外间的进出货物

第二十五条 物流中心与境外间进出的货物,应当按照规定向海关办理相关手续。

第二十六条 物流中心与境外之间进出的货物,除实行出口被动配额管理和中华人民共和国参加或者缔结的国际条约及国家另有明确规定的以外,不实行进出口配额、许可证件管理。

第二十七条 从境外进入物流中心内的货物,其关税和进口环节海关代征税,按照下列规定办理:

(一)本办法第三条中所列的货物予以保税;

(二)中心内企业进口自用的办公用品、交通、运输工具、生活消费用品等,以及企业在物流中心内开展综合物流服务所需的进口机器、装卸设备、管理设备等,按照进口货物的有关规定和税收政策办理相关手续。

第二节 物流中心与境内间的进出货物

第二十八条 物流中心货物跨关区提取,可以在物流中心主管海关办理手续,也可以按照海关其他规定办理相关手续。

第二十九条 中心内企业根据需要经主管海关批准,可以分批进出货物,并按照海关规定办理月度集中报关,但集中报关不得跨年度办理。

第三十条 物流中心货物进入境内视同进口,按照货物实际贸易方式和实际状态办理进口报关手续;货物属许可证件管理商品的,企业还应当向海关出具有效的许可证件;实行集中申报的进出口货物,应当适用每次货物进出口时海关接受申报之日实施的税率、汇率。

第三十一条 除另有规定外,货物从境内进入物流中心视同出口,办理出口报关手续,享受出口退税。如需缴纳出口关税的,应当按照规定纳税;属许可证件管理商品,还应当向海关出具有效的出口许可证件。

从境内运入物流中心的原进口货物,境内发货人应当向海关办理出口报关手续,经主管海关验放;已经缴纳的关税和进口环节海关代征税,不予退还。

第三十二条 企业按照国家税务总局的有关税收管理办法办理出口退税手续。按照国家外汇管理局有关外汇管理办法办理收付汇手续。

第三十三条 下列货物从物流中心进入境内时依法免征关税和进口环节海关代征税：

(一)用于在保修期限内免费维修有关外国产品并符合无代价抵偿货物有关规定的零部件；

(二)用于国际航行船舶和航空器的物料；

(三)国家规定免税的其他货物。

第三十四条 物流中心与海关特殊监管区域、其他保税监管场所之间可以进行货物流转并按照规定办理相关海关手续。

第三节 中心内企业间的货物流转

第三十五条 物流中心内货物可以在中心内企业之间进行转让、转移并办理相关海关手续。未经海关批准，中心内企业不得擅自将所存货物抵押、质押、留置、移作他用或者进行其他处置。

第六章 法律责任

第三十六条 保税仓储货物在存储期间发生损毁或者灭失的，除不可抗力外，中心内企业应当依法向海关缴纳损毁、灭失货物的税款，并承担相应的法律责任。

第三十七条 违反本办法规定的，海关依照《中华人民共和国海关法》、《中华人民共和国海关行政处罚实施条例》予以处理；构成犯罪的，依法追究刑事责任。

第七章 附 则

第三十八条 本办法下列用语的含义：

"中心内企业"是指经海关批准进入物流中心开展保税仓储物流业务的企业。

"流通性简单加工和增值服务"是指对货物进行分级分类、分拆分拣、分装、计量、组合包装、打膜、加刷唛码、刷贴标志、改换包装、拼装等辅助性简单作业的总称。

"国际中转货物"是指由境外启运，经中转港换装国际航线运输工具后，继续运往第三国或地区指运口岸的货物。

第三十九条 本办法所规定的文书由海关总署另行制定并且发布。

第四十条 本办法由海关总署负责解释。

第四十一条 本办法自 2005 年 7 月 1 日起施行。

附件 1－14

中华人民共和国海关对出口监管仓库及所存货物的管理办法

（2005 年 11 月 28 日海关总署令第 133 号公布　根据 2015 年 4 月 28 日海关总署令第 227 号第一次修正　根据 2017 年 12 月 20 日海关总署令第 235 号第二次修正）

第一章　总　则

第一条　为规范海关对出口监管仓库及所存货物的管理，根据《中华人民共和国海关法》和其他有关法律、行政法规，制定本办法。

第二条　本办法所称出口监管仓库，是指经海关批准设立，对已办结海关出口手续的货物进行存储、保税物流配送、提供流通性增值服务的仓库。

第三条　出口监管仓库的设立、经营管理以及对出口监管仓库所存货物的管理适用本办法。

第四条　出口监管仓库分为出口配送型仓库和国内结转型仓库。

出口配送型仓库是指存储以实际离境为目的的出口货物的仓库。

国内结转型仓库是指存储用于国内结转的出口货物的仓库。

第五条　出口监管仓库的设立应当符合海关对出口监管仓库布局的要求。

第六条　出口监管仓库的设立，由出口监管仓库所在地主管海关受理，报直属海关审批。

第七条　经海关批准，出口监管仓库可以存入下列货物：

（一）一般贸易出口货物；

（二）加工贸易出口货物；

（三）从其他海关特殊监管区域、场所转入的出口货物；

（四）出口配送型仓库可以存放为拼装出口货物而进口的货物，以及为改换出口监管仓库货物包装而进口的包装物料；

（五）其他已办结海关出口手续的货物。

第八条　出口监管仓库不得存放下列货物：

（一）国家禁止进出境货物；

（二）未经批准的国家限制进出境货物；

（三）海关规定不得存放的其他货物。

第二章　出口监管仓库的设立

第九条　申请设立出口监管仓库的经营企业，应当具备下列条件：

（一）已经在工商行政管理部门注册登记，具有企业法人资格；

（二）具有进出口经营权和仓储经营权；

（三）具有专门存储货物的场所，其中出口配送型仓库的面积不得低于2000平方米，国内结转型仓库的面积不得低于1000平方米。

第十条　企业申请设立出口监管仓库，应当向仓库所在地主管海关递交以下加盖企业印章的书面材料和证件：

（一）《出口监管仓库申请书》；

（二）《出口监管仓库申请事项表》；

（三）申请设立出口监管仓库企业的申请报告；

（四）营业执照复印件；

（五）报关单位注册登记证书复印件；

（六）出口监管仓库库址土地使用权证明文件或者租赁仓库的租赁协议复印件；

（七）仓库地理位置示意图及平面图。

第十一条　海关依据《中华人民共和国行政许可法》和《中华人民共和国海关实施〈中华人民共和国行政许可法〉办法》的规定，受理、审查设立出口监管仓库的申请。对于符合条件的，作出准予设立出口监管仓库的行政许可决定，并出具批准文件；对于不符合条件的，作出不予设立出口监管仓库的行政许可决定，并应当书面告知申请企业。

第十二条　申请设立出口监管仓库的企业应当自海关出具批准文件之日起1年内向海关申请验收出口监管仓库。

申请验收应当符合以下条件：

（一）符合本办法第九条第三项规定的条件；

（二）具有符合海关监管要求的隔离设施、监管设施和办理业务必需的其他设施；

（三）具有符合海关监管要求的计算机管理系统，并与海关联网；

（四）建立了出口监管仓库的章程、机构设置、仓储设施及账册管理等仓库管理制度；

（五）自有仓库的，具有出口监管仓库的产权证明；租赁仓库的，具有租赁期限5年以上的租赁合同。

企业无正当理由逾期未申请验收或者验收不合格的，该出口监管仓库的批准文件自动失效。

第十三条 出口监管仓库验收合格后，经海关注册登记并核发《出口监管仓库注册登记证书》，方可以开展有关业务。《出口监管仓库注册登记证书》有效期为3年。

第三章 出口监管仓库的管理

第十四条 出口监管仓库必须专库专用，不得转租、转借给他人经营，不得下设分库。

第十五条 海关对出口监管仓库实施计算机联网管理。

第十六条 海关可以随时派员进入出口监管仓库检查货物的进、出、转、存情况及有关账册、记录。

海关可以会同出口监管仓库经营企业共同对出口监管仓库加锁或者直接派员驻库监管。

第十七条 出口监管仓库经营企业负责人和出口监管仓库管理人员应当熟悉和遵守海关有关规定，并接受海关培训。

第十八条 出口监管仓库经营企业应当如实填写有关单证、仓库账册、真实记录并全面反映其业务活动和财务状况，编制仓库月度进、出、转、存情况表和年度财务会计报告，并定期报送主管海关。

第十九条 出口监管仓库经营企业需变更企业名称、组织形式、法定代表人等事项的，应当在变更前向直属海关提交书面报告，说明变更事项、事由和变更时间。变更后，海关按照本办法第九条的规定对其进行重新审核。出口监管仓库变更类型的，按照本办法第二章出口监管仓库的设立的有关规定办理。

出口监管仓库需变更名称、地址、仓储面积等事项的，主管海关受理企业申请后，报直属海关审批。

第二十条 出口监管仓库有下列情形之一的，海关注销其注册登记，并收回《出口监管仓库注册登记证书》：

（一）无正当理由逾期未申请延期审查或者延期审查不合格的；

（二）仓库经营企业书面申请变更出口监管仓库类型的；

（三）仓库经营企业书面申请终止出口监管仓库仓储业务的；

（四）仓库经营企业，丧失本办法第九条规定的条件的；

（五）法律、法规规定的应当注销行政许可的其他情形。

第四章 出口监管仓库货物的管理

第二十一条 出口监管仓库所存货物存储期限为6个月。经主管海关同意可以延期，但延期不得超过6个月。

货物存储期满前，仓库经营企业应当通知发货人或者其代理人办理货物的出境或者进口手续。

第二十二条 存入出口监管仓库的货物不得进行实质性加工。

经主管海关同意，可以在仓库内进行品质检验、分级分类、分拣分装、加刷唛码、刷贴标志、打膜、改换包装等流通性增值服务。

第二十三条 对经批准享受入仓即予退税政策的出口监管仓库，海关在货物入仓结关后予以办理出口货物退税证明手续。

对不享受入仓即予退税政策的出口监管仓库，海关在货物实际离境后办理出口货物退税证明手续。

第二十四条 出口监管仓库与海关特殊监管区域、其他保税监管场所之间的货物流转应当符合海关监管要求并按照规定办理相关手续。

货物流转涉及出口退税的，按照国家有关规定办理。

第二十五条 存入出口监管仓库的出口货物，按照国家规定应当提交许可证件或者缴纳出口关税的，发货人或者其代理人应当提交许可证件或者缴纳税款。

第二十六条 出口货物存入出口监管仓库时，发货人或者其代理人应当按照规定办理海关手续。发货人或者其代理人除按照海关规定提交有关单证外，还应当提交仓库经营企业填制的《出口监管仓库货物入仓清单》。

海关对报关入仓货物的品种、数量、金额等进行审核、核注和登记。

经主管海关批准，对批量少、批次频繁的入仓货物，可以办理集中报关手续。

第二十七条 出仓货物出口时，仓库经营企业或者其代理人应当按照规定办理海关手续。仓库经营企业或者其代理人除按照海关规定提交有关单证外，还应当提交仓库经营企业填制的《出口监管仓库货物出仓清单》。

第二十八条 出口监管仓库货物转进口的，应当经海关批准，按照进口货物有关规定办理相关手续。

第二十九条 对已存入出口监管仓库因质量等原因要求更换的货物，经仓库所在地主管海关批准，可以更换货物。被更换货物出仓前，更换货物应当先行入仓,并应当与原货物的商品编码、品名、规格型号、数量和价值相同。

第三十条 出口监管仓库货物,因特殊原因确需退运、退仓,应当经海关批准,并按照有关规定办理相关手续。

第五章 法律责任

第三十一条 出口监管仓库所存货物在存储期间发生损毁或者灭失的,除不可抗力外,仓库应当依法向海关缴纳损毁、灭失货物的税款,并承担相应的法律责任。

第三十二条 企业以隐瞒真实情况、提供虚假资料等不正当手段取得设立出口监管仓库行政许可的,由海关依法予以撤销。

第三十三条 出口监管仓库经营企业有下列行为之一的,海关责令其改正,可以给予警告,或者处1万元以下的罚款;有违法所得的,处违法所得3倍以下的罚款,但最高不得超过3万元:

(一)未经海关批准,在出口监管仓库擅自存放非出口监管仓库货物;

(二)出口监管仓库货物管理混乱,账目不清的;

(三)违反本办法第十四条规定的;

(四)经营事项发生变更,未按照本办法第十九条的规定办理海关手续的。

第三十四条 违反本办法的其他违法行为,由海关依照《中华人民共和国海关法》、《中华人民共和国海关行政处罚实施条例》予以处理。构成犯罪的,依法追究刑事责任。

第六章 附　　则

第三十五条 出口监管仓库经营企业应当为海关提供办公场所和必要的办公条件。

第三十六条 本办法所规定的文书由海关总署另行制定并且发布。

第三十七条 本办法由海关总署负责解释。

第三十八条 本办法自2006年1月1日起施行。1992年5月1日起实施的《中华人民共和国海关对出口监管仓库的暂行管理办法》同时废止。

附件 1－15

中华人民共和国海关
对保税物流园区的管理办法

（2005 年 11 月 28 日海关总署令第 134 号公布　根据 2010 年 3 月 15 日海关总署令第 190 号第一次修正　根据 2017 年 12 月 20 日海关总署令第 235 号第二次修正）

第一章　总　则

第一条　为了规范海关对保税物流园区及其进出货物、保税物流园区企业及其经营行为的管理，根据《中华人民共和国海关法》和有关法律、行政法规的规定，制定本办法。

第二条　本办法所称的保税物流园区（以下简称园区）是指经国务院批准，在保税区规划面积或者毗邻保税区的特定港区内设立的、专门发展现代国际物流业的海关特殊监管区域。

第三条　海关在园区派驻机构，依照本办法对进出园区的货物、运输工具、个人携带物品及园区内相关场所实施监管。

第四条　园区与中华人民共和国境内的其他地区（以下简称区外）之间，应当设置符合海关监管要求的卡口、围网隔离设施、视频监控系统及其他海关监管所需的设施。

第五条　园区内设立仓库、堆场、查验场和必要的业务指挥调度操作场所，不得建立工业生产加工场所和商业性消费设施。

海关、园区行政管理机构及其经营主体、在园区内设立的企业（以下简称园区企业）等单位的办公场所应当设置在园区规划面积内、围网外的园区综合办公区内。除安全保卫人员和相关部门、企业值班人员外，其他人员不得在园区内居住。

第六条　经海关总署会同国务院有关部门对本办法第四条、第五条第一款规定的有关设施、场所验收合格后，园区可以开展有关业务。

第七条　园区可以开展下列业务：

（一）存储进出口货物及其他未办结海关手续货物；

（二）对所存货物开展流通性简单加工和增值服务；

（三）国际转口贸易；

（四）国际采购、分销和配送；

（五）国际中转；

（六）检测、维修；

（七）商品展示；

（八）经海关批准的其他国际物流业务。

第八条 园区内不得开展商业零售、加工制造、翻新、拆解及其他与园区无关的业务。

第九条 有下列情形的，园区企业应当在规定的时间内书面报告园区主管海关并办理相关手续：

（一）遭遇不可抗力等灾害；

（二）海关监管货物被行政执法部门或者司法机关采取查封、扣押等强制措施；

（三）海关监管货物被盗窃；

（四）法律、行政法规规定的其他情形。

上述情形的报告时间，第（一）项在发生之日起5个工作日内，第（二）至（四）项在发生之日起3个工作日内。

第十条 对园区与区外之间进出的海关监管货物，园区主管海关可以要求企业提供相应的担保。

第十一条 法律、行政法规禁止进出口的货物、物品不得进出园区。

第二章 海关对园区企业的管理

第十二条 园区企业应当具备下列条件：

（一）具有企业法人资格；

（二）在园区内拥有专门的营业场所。

第十三条 特殊情况下，经园区主管海关核准，区外法人企业可以依法在园区内设立分支机构。

第十四条 园区企业变更营业场所面积、地址、名称、组织机构、性质、法定代表人等注册登记内容的，应当在变更后5个工作日内向主管海关书面报告。

园区企业有前款以外的其他变更情形的，应当按照法律、行政法规的有关规定向园区主管海关报告并办理相关手续。

第十五条 海关对园区企业实行电子账册监管制度和计算机联网管理制度。

园区行政管理机构或者其经营主体应当在海关指导下通过“电子口岸”建立供海关、园区企业及其他相关部门进行电子数据交换和信息共享的计算机公共信息平台。

园区企业应当建立符合海关监管要求的计算机管理系统，提供供海关查阅数据的终端设备，按照海关规定的认证方式和数据标准与海关进行联网。

第十六条 园区企业应当依照《中华人民共和国会计法》及有关法律、行政法规的规定，规范财务管理，设置符合海关监管要求的账簿、报表，记录本企业的财务状况和有关进出园区货物、物品的库存、转让、转移、销售、简单加工、使用等情况，如实填写有关单证、账册，凭合法、有效的凭证记账和核算。

园区企业应当编制月度货物进、出、转、存情况表和年度财务会计报告，并定期报送园区主管海关。

第三章 海关对进出园区货物的监管

第一节 对园区与境外之间进出货物的监管

第十七条 海关对园区与境外之间进、出的货物实行备案制管理，但园区自用的免税进口货物、国际中转货物或者法律、行政法规另有规定的货物除外。境外货物到港后，园区企业(或者其代理人)可以先凭舱单将货物直接运至园区，再凭进境货物备案清单向园区主管海关办理申报手续。

第十八条 园区与境外之间进出的货物，应当按照规定向海关办理相关手续。

第十九条 园区内开展整箱进出、二次拼箱等国际中转业务的，由开展此项业务的企业向海关发送电子舱单数据，园区企业向园区主管海关申请提箱、集运等，凭舱单等单证办理进出境申报手续。

第二十条 从园区运往境外的货物，除法律、行政法规另有规定外，免征出口关税。

第二十一条 下列货物、物品从境外进入园区，海关予以办理免税手续：

(一)园区的基础设施建设项目所需的设备、物资等；

(二)园区企业为开展业务所需的机器、装卸设备、仓储设施、管理设备及其维修用消耗品、零配件及工具；

(三)园区行政管理机构及其经营主体和园区企业自用合理数量的办公用品。

第二十二条 下列货物从境外进入园区，海关予以办理保税手续：

（一）园区企业为开展业务所需的货物及其包装物料；

（二）加工贸易进口货物；

（三）转口贸易货物；

（四）外商暂存货物；

（五）供应国际航行船舶和航空器的物料、维修用零配件；

（六）进口寄售货物；

（七）进境检测、维修货物及其零配件；

（八）供看样订货的展览品、样品；

（九）未办结海关手续的一般贸易货物；

（十）经海关批准的其他进境货物。

第二十三条 园区行政管理机构及其经营主体和园区企业从境外进口的自用交通运输工具、生活消费用品，按一般贸易进口货物的有关规定向海关办理申报手续。

第二十四条 园区与境外之间进出的货物，不实行进出口许可证件管理，但法律、行政法规、规章另有规定的除外。

第二节 对园区与区外之间进出货物的监管

第二十五条 园区与区外之间进出的货物，由园区企业或者区外收、发货人（或者其代理人）按照规定向海关办理相关手续。

第二十六条 园区货物运往区外视同进口，园区企业或者区外收货人（或者其代理人）按照规定向海关办理相关手续，海关按照货物出园区时的实际监管方式的有关规定办理。

第二十七条 园区企业跨关区配送货物或者异地企业跨关区到园区提取货物的，应当按照规定向海关办理相关手续。

第二十八条 除法律、行政法规、规章规定不得集中申报的货物外，园区企业少批量、多批次进、出货物的，经园区主管海关批准可以办理集中申报手续，并适用每次货物进出口时海关接受该货物申报之日实施的税率、汇率。集中申报的期限不得超过1个月，且不得跨年度办理。

第二十九条 区外货物运入园区视同出口，由园区企业或者区外发货人（或者其代理人）按照规定向海关办理相关手续。属于应当征收出口关税的商品，海关按照有关规定征收出口关税；属于许可证件管理的商品，应当同时向海关出具有效的出口许可证件，但法律、行政法规、规章另有规定在出境申报环节提交出口许可证件的除外。

境内区外货物、设备以出口报关方式进入园区的，其出口退税按照国家有关规定办理。境内区外货物、设备属于原进口货物、设备的,原已缴纳的关税、进口环节海关代征税海关不予退还。

第三十条 从园区到区外的货物涉及免税的,海关按照进口免税货物的有关规定办理。

第三十一条 经园区主管海关批准,园区企业可以在园区综合办公区专用的展示场所举办商品展示活动。展示的货物应当在园区主管海关备案,并接受海关监管。

园区企业在区外其他地方举办商品展示活动的,应当比照海关对暂时进口货物的管理规定办理有关手续。

第三十二条 园区行政管理机构及其经营主体和园区企业使用的机器、设备和办公用品等,需要运往区外进行检测、维修的,应当向园区主管海关提出申请,经园区主管海关核准、登记后可以运往区外。

第三十三条 运往区外检测、维修的机器、设备和办公用品等不得留在区外使用,并自运出之日起60日内运回园区。因特殊情况不能如期运回的,园区行政管理机构及其经营主体和园区企业应当于期满前10日内,以书面形式向园区主管海关申请延期,延长期限不得超过30日。

第三十四条 检测、维修完毕运回园区的机器、设备等应当为原物。有更换新零配件或者附件的,原零配件或者附件应当一并运回园区。

对在区外更换的国产零配件或者附件,如需退税,由企业按照出口货物的有关规定办理手续。

第三十五条 区外原进口货物需要退运出境或者原出口货物需要复运进境的,不得经过园区进出境或者进入园区存储。

根据无代价抵偿货物规定进行更换的区外原进口货物,留在区外不退运出境的,也不得进入园区。

第三节　对园区内货物的监管

第三十六条 园区内货物可以自由流转。园区企业转让、转移货物时应当将货物的具体品名、数量、金额等有关事项向海关进行电子数据备案,并在转让、转移后向海关办理报核手续。

第三十七条 未经园区主管海关许可,园区企业不得将所存货物抵押、质押、留置、移作他用或者进行其他处置。

按照本办法第二十一条规定免税进入园区的货物、物品,适用本条前款的规定。

第三十八条 园区企业可以对所存货物开展流通性简单加工和增值服

务，包括分级分类、分拆分拣、分装、计量、组合包装、打膜、加刷唛码、刷贴标志、改换包装、拼装等具有商业增值的辅助性作业。

第三十九条 申请在园区内开展维修业务的企业应当具有企业法人资格，并在园区主管海关登记备案。在园区内开展保税维修业务的企业，海关按照相关规定进行监管。

第四十条 园区企业自开展业务之日起，应当每年向园区主管海关办理报核手续。园区主管海关应当自受理报核申请之日起30日内予以核库。企业有关账册、原始数据应当自核库结束之日起至少保留3年。

第四十一条 进入园区的国内出口货物尚未办理退税手续的，因品质或者规格原因需要退还出口企业时，园区企业应当在货物申报进入园区之日起1年内提出申请，并提供出口企业所在地主管税务部门出具的未办理出口退税证明，经园区主管海关批准后，可以办理退运手续，且无需缴纳进口关税、进口环节增值税和消费税；海关已征收出口关税的，应当予以退还。货物以转关方式进入园区的，园区企业出具启运地海关退运联系单后，园区主管海关办理相关手续。

进境货物未经流通性简单加工，需原状退运出境的，园区企业可以向园区主管海关申请办理退运手续。

已办理出口退税的货物或者已经流通性简单加工的货物（包括进境货物）如需退运，按照进出口货物的有关规定办理海关手续。

第四十二条 除已经流通性简单加工的货物外，区外进入园区的货物，因质量、规格型号与合同不符等原因，需原状返还出口企业进行更换的，园区企业应当在货物申报进入园区之日起1年内向园区主管海关申请办理退换手续。海关按照《中华人民共和国海关进出口货物征税管理办法》的有关规定办理。

更换的货物进入园区时，可以免领出口许可证件，免征出口关税。

第四十三条 除法律、行政法规规定不得声明放弃的货物外，园区企业可以申请放弃货物。

放弃货物由园区主管海关依法提取变卖，变卖收入由海关按照有关规定处理。依法变卖后，企业凭放弃该批货物的申请和园区主管海关提取变卖该货物的有关单证办理核销手续；确因无使用价值无法变卖并经海关核准的，由企业自行处理，园区主管海关直接办理核销手续。放弃货物在海关提取变卖前所需的仓储等费用，由企业自行承担。

对按照规定应当销毁的放弃货物，由企业负责销毁，园区主管海关可以派员监督。园区主管海关凭有关主管部门的证明材料办理核销手续。

第四十四条 因不可抗力造成园区货物损坏、损毁、灭失的,园区企业应当及时书面报告园区主管海关,说明理由并提供保险、灾害鉴定部门的有关证明。经园区主管海关核实确认后,按照下列规定处理:

(一)货物灭失,或者虽未灭失但完全失去使用价值的,海关予以办理核销和免税手续;

(二)进境货物损坏、损毁,失去原使用价值但可以再利用的,园区企业可以向园区主管海关办理退运手续。如不退运出境并要求运往区外的,由园区企业提出申请,并经园区主管海关核准,根据受灾货物的使用价值进行估价、征税后运出园区外;

(三)区外进入园区的货物损坏、损毁,失去原使用价值但可以再利用,且需向出口企业进行退换的,可以退换为与损坏货物同一品名、规格、数量、价格的货物,并向园区主管海关办理退运手续。

需退运到区外的,如属于尚未办理出口退税手续的,可以向园区主管海关办理退运手续;如属已经办理出口退税手续的,按照本条第(二)项进境货物运往区外的有关规定办理。

第四十五条 因保管不善等非不可抗力因素造成货物损坏、损毁、灭失的,按下列规定办理:

(一)对于从境外进入园区的货物,园区企业应当按照一般贸易进口货物的规定,以货物进入园区时海关接受申报之日适用的税率、汇率,依法向海关缴纳损毁、灭失货物原价值的关税、进口环节增值税和消费税;

(二)对于从区外进入园区的货物,园区企业应当重新缴纳因出口而退还的国内环节有关税收,海关据此办理核销手续。

第四十六条 除国家另有规定外,园区货物不设存储期限。

第四节 对园区与其他海关特殊监管区域、保税监管场所之间往来货物的监管

第四十七条 海关对于园区与海关特殊监管区域或者保税监管场所之间往来的货物,继续实行保税监管。但货物从未实行国内货物入区(仓)环节出口退税制度的海关特殊监管区域或者保税监管场所转入园区的,按照货物实际离境的有关规定办理申报手续。

第四十八条 园区与其他海关特殊监管区域、保税监管场所之间的货物交易、流转,不征收进出口环节和国内流通环节的有关税收。

第四章　对进出园区运输工具和人员携带货物、物品的监管

第四十九条　运输工具和人员应当经海关指定的专用通道进出园区。

第五十条　对园区和其他口岸、海关特殊监管区域或者保税监管场所之间进出的货物，应当由经海关备案或者核准的运输工具承运。承运人应当遵守海关有关运输工具及其所载货物的管理规定。

第五十一条　园区与区外非海关特殊监管区域或者保税监管场所之间货物的往来，企业可以使用其他非海关监管车辆承运。承运车辆进出园区通道时应当经海关登记，海关可以对货物和承运车辆进行查验、检查。

第五十二条　下列货物进出园区时，按照海关规定办理相关手续并经园区主管海关查验后，可以由园区企业指派专人携带或者自行运输：

（一）价值1万美元及以下的小额货物；

（二）因品质不合格复运区外退换的货物；

（三）已办理进口纳税手续的货物；

（四）企业不要求出口退税的货物；

（五）其他经海关核准的货物。

第五章　附　　则

第五十三条　除国际中转货物和其他另有规定的货物外，从境外运入园区的货物和从园区运往境外的货物列入海关进出口统计。从区外运入园区和从园区运往区外的货物，列入海关单项统计。

园区企业之间转让、转移的货物，以及园区与其他海关特殊监管区域或者保税监管场所之间往来的货物，不列入海关统计。

第五十四条　本办法下列用语的含义：

园区综合办公区，是指园区行政管理机构或者其经营主体在园区围网外投资建立，供海关、园区企业和其他有关机构使用的具有办公、商务、报关、商品展示等功能的场所。

拼箱，是指从境外启运的国际集装箱中转货物，在中转港存放期间由园区企业根据收发货人指令单独进行流通性简单加工和增值服务，或者与中转港所在国、地区的其他进口或者出口货物重新组合拼箱后，再次装船集中运往境外同一目的港的物流活动。

核库，是指经企业申请，由海关盘查企业实际库存，并对海关及企业电子账册进、出、转、存的数据进行比对确认的行为。

保税监管场所，是指经海关批准设立的保税物流中心（A、B型）、保税仓库、出口监管仓库及其他保税监管场所。

第五十五条 违反本办法规定，构成走私或者违反海关监管规定行为的，海关按照《中华人民共和国海关法》、《中华人民共和国海关行政处罚实施条例》的有关规定进行处理；构成犯罪的，依法追究刑事责任。

第五十六条 本办法由海关总署负责解释。

第五十七条 本办法自2006年1月1日起施行。

附件 1－16

中华人民共和国海关行业标准管理办法(试行)

(2005 年 12 月 29 日海关总署第 140 号令公布　根据 2017 年 12 月 20 日海关总署令第 235 号修正)

第一章　总　则

第一条　为了加强海关行业标准的管理,建立科学、完整的海关标准体系,根据《中华人民共和国海关法》、《中华人民共和国标准化法》以及其他有关法律、行政法规的规定,制定本办法。

第二条　海关行业标准是在海关行业范围内,对需要进行统一规范的业务和信息技术要求所制定的标准。

第三条　海关行业标准分为海关业务标准和海关信息技术标准。

海关业务标准指海关各项业务工作所涉及的规范性操作程序、定量管理方法以及为此而采取的技术手段和要求,主要包括单证格式与代码标准、化验指标、业务规范等标准。

海关信息技术标准是指海关各项信息资源使用及管理规范,主要包括信息与网络技术、通信技术、信息系统安全等标准。

第四条　海关行业标准的编号由海关行业标准代号、年代号及标准顺序号组成。海关行业标准代号为 HS。

第五条　海关行业标准的制定应当依据国家有关海关工作和标准工作的法律、行政法规,符合科学、合理、可行的原则,不得与强制性国家标准不一致。

第二章　标准的管理

第六条　海关总署标准化管理委员会是海关行业标准的最高决策管理机构,承担下列职责:

(一)审批海关行业标准化工作的中长期发展规划;

(二)审批具有基础性、全局性的海关行业标准;

(三)协调解决海关行业标准工作中出现的重大问题。

第七条 海关总署法制部门是海关行业标准的主管部门，负责统一管理海关行业标准，承担下列职责：

（一）制定并组织实施海关行业标准管理办法和相关管理制度；

（二）组织制定海关行业标准化工作的规划和年度计划，建立和完善海关行业标准体系；

（三）组织审查海关行业标准；

（四）审批、发布海关行业标准并报国家标准化主管部门备案；

（五）组织海关行业标准的实施并对实施情况进行指导、监督和检查，协调处理标准化工作的有关问题；

（六）组织海关行业标准的复审；

（七）组织海关标准化工作的培训、宣传和对外交流。

海关总署科技部门负责海关行业标准中海关信息技术标准的制定、审查、实施、培训等工作。

第八条 海关总署各部门承担下列职责：

（一）提出本部门业务范围内海关行业标准的立项申请；

（二）起草本部门业务范围内海关行业标准；

（三）在本部门业务范围内负责海关行业标准的具体实施及监督检查。

第九条 直属海关承担下列职责：

（一）提出制定海关行业标准的需求；

（二）根据海关总署委托，参与海关行业标准的制定；

（三）在本关区内负责海关行业标准的实施和监督检查。

第三章 海关行业标准的立项

第十条 海关行业标准工作实行年度立项制度，每年的 3 月 1 日起至次年 2 月最后一日为一个标准化工作年度。

海关总署各部门应当于新的工作年度开始前向海关总署法制部门报送制定或者修订海关行业标准的立项申请。

立项申请应当包括拟确立的标准内容、项目负责人、经办人、拟完成起草的时间等内容的说明。

第十一条 海关总署法制部门负责组织对上报的海关行业标准立项申请进行审核，确定本年度的海关行业标准项目以及负责起草的部门，拟定海关总署的标准项目年度计划，经海关总署标准化管理委员会审议通过后，于每年 3 月公布标准的工作年度计划。

在确定年度工作计划过程中，海关总署法制部门应当与海关行业标准立项申请部门进行充分沟通和协调。

第十二条 申请立项制定、修订的海关行业标准应当符合以下条件：

（一）海关实际工作需要；

（二）无符合相应需求的国家标准或者行业标准，或者现行的行业标准应当予以修改；

（三）属于海关行业标准体系管理的范围。

第十三条 海关行业标准年度计划应当严格执行。

确有特殊原因需要在年中补充立项的，经海关总署法制部门审查合格并报分管署领导批准，可以补充列入标准项目年度计划。

第十四条 列入标准项目年度计划的海关行业标准，起草部门应当在年度内完成海关行业标准的报批稿，并送海关总署法制部门审批。

因特殊原因不能在年度内完成的标准项目，可以向海关总署法制部门书面申请转入下一工作年度。

第四章 海关行业标准的制定、修订、发布与实施

第十五条 根据标准项目年度计划的安排，海关总署各部门负责组织海关行业标准制定与修订的起草工作。

第十六条 海关行业标准应当按照国家标准 GB/T1《标准化工作导则》的有关规定编写。

第十七条 负责海关行业标准起草工作的部门应当成立标准起草小组。起草小组成员应当具备相应的法律、业务、技术和标准化等专业知识。

起草小组负责标准的草拟、提出标准征求意见稿和标准编制或者修订说明。

起草部门负责将标准征求意见稿送相关部门和单位征求意见，同时编制意见汇总表。标准中有涉及海关管理相对人权利义务事项的，起草过程中应当以适当方式征求有关管理相对人的意见。

第十八条 起草部门完成起草工作后，应当将标准送审稿、标准编制或者修订说明、标准审查会议纪要、意见汇总表和其他有关附件及时报送审查。

第十九条 海关行业标准送审稿由海关总署法制部门组织审查小组进行审查。

海关行业标准审查小组的成员应当包括相关的法律专家、业务专家、具有高级技术职称的技术人员和熟悉标准化工作的管理人员。

第二十条 对海关行业标准的审查应当采用审查会议的方式进行，出席审查会议的成员不得少于7人。

审查会议应当进行充分讨论，需要表决时，应当有不少于出席会议成员人数的四分之三同意为通过。

审查会议的结果应当编写会议纪要，如实反映各方面的意见。

第二十一条 起草部门应当将经审查小组审查的海关行业标准整理成报批稿，并连同审查会议纪要及时报送海关总署法制部门。

第二十二条 海关行业标准由海关总署法制部门负责审批。具有基础性、全局性的核心标准由海关总署法制部门审核后报海关总署标准化管理委员会批准。

海关总署法制部门在审核中认为需要作重大修改或者有重要意见分歧的，应当退起草部门再次征求意见并予修改。

第二十三条 海关行业标准在制定过程中应当充分发挥行业协会、科研机构和学术团体的作用，并充分听取各方意见。

第二十四条 经审核批准的海关行业标准应当由海关总署法制部门统一编号，并以海关总署公告的形式对外发布。

第二十五条 海关总署法制部门应当在海关行业标准发布后30日内，将已发布的海关行业标准及编制或者修订说明连同发布文件送国家标准化主管部门备案。

第二十六条 海关行业标准发布后，应当严格执行。

海关总署各部门和各直属海关对在标准实施过程中发现的问题应当及时报告海关总署法制部门和标准起草部门。

第五章　附　　则

第二十七条 海关行业标准实施后，海关总署法制部门应当根据业务的变化和科学技术的发展适时组织起草部门进行复审，复审周期一般不超过5年。

第二十八条 出现下列情况时，相关的海关行业标准应当废止：

（一）标准的适用环境或者条件已不复存在；

（二）相应的国家标准或者新的行业标准已经发布；

（三）与新发布的法律、法规、制度相违背；

（四）其他应当修改和废止的情况。

第二十九条 本办法由海关总署负责解释。

第三十条 本办法自2006年2月1日起施行。

附件 1－17

中华人民共和国海关
珠澳跨境工业区珠海园区管理办法

（2007 年 3 月 8 日海关总署令第 160 号公布　根据 2010 年 3 月 15 日海关总署令第 189 号第一次修正　根据 2017 年 12 月 20 日海关总署令第 235 号第二次修正）

第一章　总　　则

第一条　为了规范海关对珠澳跨境工业区珠海园区（以下简称珠海园区）的监管，根据《中华人民共和国海关法》（以下简称《海关法》）和其他有关法律、行政法规的规定，制定本办法。

第二条　珠海园区是经国务院批准设立的海关特殊监管区域。珠海园区实行保税区政策，与中华人民共和国关境内的其他地区（以下称区外）之间进出货物在税收方面实行出口加工区政策。

第三条　海关在珠海园区派驻机构，依照本办法对进出珠海园区的货物、物品、运输工具以及珠海园区内企业、场所实施监管。

第四条　珠海园区实行封闭式管理。珠海园区与区外以及澳门园区之间，应当设置符合海关监管要求的围网隔离设施、卡口、视频监控系统以及其他海关监管所需的设施。

珠海园区和澳门园区之间设立专用口岸通道，用于两个园区的货物、物品、运输工具以及人员进出。珠海园区和区外之间设立进出区卡口通道，用于珠海园区与区外之间的货物、物品、运输工具以及人员进出。

第五条　珠海园区内不得建立商业性生活消费设施。除安全保卫人员和企业值班人员外，其他人员不得在珠海园区居住。

第六条　珠海园区可以开展以下业务：

（一）加工制造；

（二）检测、维修、研发；

（三）储存进出口货物以及其他未办结海关手续货物；

（四）国际转口贸易；

（五）国际采购、分销和配送；

（六）国际中转；

（七）商品展示、展销；

（八）经海关批准的其他加工和物流业务。

第七条　珠海园区内企业（以下简称区内企业）应当具有法人资格。特殊情况下，经珠海园区主管海关核准，区外法人企业可以依法在园区内设立分支机构。

第八条　区内企业应当依据《中华人民共和国会计法》以及国家有关法律、行政法规的规定，设置符合海关监管要求的账簿、报表，记录本企业的财务状况和有关进出珠海园区货物、物品的库存、转让、转移、销售、加工、使用和损耗等情况，如实填写有关单证、账册，凭合法、有效凭证记账并且进行核算。

第九条　海关对区内企业实行电子账册监管制度和计算机联网管理制度，电子账册的备案、核销等作业按有关规定执行。

珠海园区行政管理机构或者其经营主体应当在海关指导下通过“电子口岸”平台建立供海关、区内企业以及其他相关部门进行电子数据交换和信息共享的计算机公共信息平台。

区内企业应当建立符合海关联网监管要求的计算机管理系统，按照海关规定的认证方式，提供符合海关查阅格式的电子数据并且与海关信息系统联网。

第十条　有下列情形之一的，区内企业应当在情况发生之日起5个工作日内书面报告海关，并且办理相关手续：

（一）遭遇不可抗力的；

（二）海关监管货物被盗窃的；

（三）区内企业分立、合并、破产的。

第十一条　法律、行政法规禁止进出口的货物、物品，不得进出珠海园区。

第二章　对珠海园区与境外之间进出货物的监管

第十二条　海关对珠海园区与境外之间进出的货物实行备案制管理，但法律、行政法规另有规定的货物除外。珠海园区与境外之间进出的货物，由货物的收发货人或者代理人填写进出境货物备案清单，向海关备案。

对于珠海园区与境外之间进出的货物，区内企业提出书面申请并且经海关批准的，可以办理集中申报手续，但法律、行政法规和规章另有规定的除外。

第十三条　珠海园区与境外之间进出的货物应当按照规定向海关办理相关手续。

第十四条　珠海园区与境外之间进出的货物，不实行进出口配额、许可证件管理,但法律、行政法规和规章另有规定的除外。

第十五条 从境外进入珠海园区的货物,除法律、行政法规另有规定外,按照以下规定征收进口关税和进口环节税:

(一)珠海园区生产性的基础设施建设项目所需的机器、设备和其他物资,予以免税;

(二)区内企业自用的生产、管理设备和自用合理数量的办公用品及其所需的维修零配件,建设生产厂房、仓储设施所需的物资、设备,予以免税;

(三)珠海园区行政管理机构自用合理数量的管理设备和办公用品及其所需的维修零配件,予以免税;

(四)区内企业为加工出口产品所需的原材料、零部件、元器件、包装物料,予以保税;

(五)转口货物、在珠海园区储存的货物和展览品、样品,予以保税;

(六)上述规定范围外的货物或者物品从境外进入珠海园区,应当依法纳税。

本条前款规定的从境外免税进入珠海园区的货物出区进入区外的,海关按照货物进口的有关规定办理手续;需要征税的,按照货物出区时的实际状态征税;属于配额、许可证件管理商品的,区内企业或者区外收货人还应当向海关出具进口配额、许可证件。

从珠海园区运往境外的货物免征出口关税,但法律、行政法规另有规定的除外。

第三章 对珠海园区与区外之间进出货物的监管

第十六条 珠海园区内货物运往区外视同进口,海关按照货物进口的有关规定办理手续。需要征税的,按照货物出区时的实际状态征税;属于配额、许可证件管理商品的,区内企业或者区外收货人还应当向海关出具进口配额、许可证件。

以一般贸易方式经珠海园区进入区外,并且获得香港或者澳门签证机构签发的 CEPA 优惠原产地证书的货物,可以按照规定享受 CEPA 零关税优惠。

第十七条 区内企业在加工生产过程中产生的边角料、废品,以及加工生产、储存、运输等过程中产生的包装物料,区内企业提出书面申请并且经海关批准的,可以运往区外,海关按出区时的实际状态征税。属于进口配额、许可证件管理商品的,免领进口配额、许可证件;属于列入《禁止进口废物目录》的废物以及其他危险废物需出区进行处置的,有关企业凭珠海园区行政管理机构以及所在地的市级环保部门批件等材料,向海关办理出区手续。

区内企业在加工生产过程中产生的残次品内销出区的,海关按内销时的实际状态征税。属于进口配额、许可证件管理的,企业应当向海关出具进口配额、许可证件。

第十八条 珠海园区内货物运往区外的,由区内企业、区外收货人或者其代理人向海关办理申报手续。

第十九条 区内企业跨关区配送货物或者异地企业跨关区到珠海园区提取货物的,可以在珠海园区主管海关办理申报手续,也可以按照规定在异地企业所在地海关办理申报手续。

第二十条 区内企业需要将模具、原材料、半成品等运往区外进行加工的,应当在开展外发加工前,凭承揽加工合同或者协议、承揽企业营业执照复印件和区内企业签章确认的承揽企业生产能力状况等材料,向珠海园区主管海关办理外发加工手续。

委托区外企业加工的期限不得超过合同或者协议有效期,加工完毕后的货物应当按期运回珠海园区。在区外开展外发加工产生的边角料、废品、残次品、副产品不运回珠海园区的,海关应当按照实际状态征税。区内企业凭出区时委托区外加工申请书以及有关单证,向海关办理验放核销手续。

第二十一条 经珠海园区主管海关批准,区内企业可以在区外进行商品展示,也可以承接区外商品的展示,并且比照海关对暂时进出境货物的有关规定办理进出区手续。

第二十二条 在珠海园区内使用的机器、设备、模具和办公用品等海关监管货物,区内企业或者珠海园区行政管理机构向珠海园区主管海关提出书面申请,并且经珠海园区主管海关核准、登记后,可以运往区外进行检测、维修。区内企业将模具运往区外进行检测、维修的,应当留存模具所生产产品的样品或者图片资料。

运往区外进行检测、维修的机器、设备、模具和办公用品等,不得在区外用于加工生产和使用,并且应当自运出之日起60日内运回珠海园区。因特殊情况不能如期运回的,区内企业或者珠海园区行政管理机构应当在期限届满前7日内,以书面形式向海关申请延期,延长期限不得超过30日。

检测、维修完毕运回珠海园区的机器、设备、模具和办公用品等应当为原物。有更换新零件、配件或者附件的,原零件、配件或者附件应当一并运回区内。对在区外更换的国产零件、配件或者附件,需要退税的,由企业按照出口货物的有关规定办理手续。

第二十三条 货物从区外进入珠海园区视同出口,海关按照货物出口的有关规定办理手续。属于出口应税商品的,按照有关规定进行征税;属于配额、许可证件管理商品的,区内企业或者区外发货人还应当向海关出具出口配额、许可证件。

境内区外货物、设备以出口报关方式进入园区的,其出口退税按照国家有关规定办理。境内区外货物、设备属于原进口货物、设备的,原已缴纳的关税、进口环节海关代征税海关不予退还。

第二十四条 区内企业运往区外进行外发加工的货物,加工生产过程中使用国内料件并且属于出口应税商品的,加工产品运回区内时,所使用的国内料件应当按规定缴纳出口关税。

从区外运到区内供区内企业自用并且不再出区的物资,区内企业应当向海关提供有关物资清单,经海关批准放行。

第二十五条 对于珠海园区与区外之间进出的货物,企业提出书面申请并且经海关批准的,可以办理集中申报手续,并且适用每次货物进出时海关接受该货物申报之日实施的税率、汇率,但法律、行政法规和规章另有规定的除外。集中申报的期限不得超过30日,并且不得跨年度办理。

第四章 对珠海园区内货物的监管

第二十六条 珠海园区内货物可以在区内自由流转。区内企业之间转让、转移货物的,双方企业应当及时将转让、转移货物的品名、数量、金额等有关事项向海关备案。

第二十七条 区内企业可以将本企业加工生产的产品转入其他海关特殊监管区域以及区外加工贸易企业进一步加工后复出口,海关参照出口加工区货物出区深加工结转的有关规定实施监管。

第二十八条 区内企业自开展业务之日起,应当每年向珠海园区主管海关办理报核手续,珠海园区主管海关应当自受理报核申请之日起30日内予以核销。区内企业有关账册、原始单证应当自核销结束之日起至少保留3年。

第二十九条 因不可抗力造成珠海园区内货物损坏、灭失的,区内企业应当及时书面报告珠海园区主管海关,并且提供保险、灾害鉴定部门的有关证明。经珠海园区主管海关核实确认后,按照以下规定处理:

(一)货物灭失,或者虽未灭失但完全失去使用价值的,海关依法办理核销和免税手续;

(二)进境货物损坏,失去原使用价值但可以再利用的,区内企业可以向海关办理退运手续。要求运往区外的,由区内企业提出申请,并且经珠海园区

主管海关核准后,按照出区时的实际状态办理海关手续;

(三)区外进入珠海园区的货物损坏,失去原使用价值但可以再利用,并且向区外出口企业进行退换的,可以退换为与损坏货物同一品名、规格、数量、价格的货物,并且向珠海园区主管海关办理退运手续。

需要退运到区外的货物,区内企业向珠海园区主管海关提出退运申请,提供注册地税务主管部门证明其货物未办理出口退税或者所退税款已退还税务主管部门的证明材料和出口单证,并且经珠海园区主管海关批准的,可以办理退运手续;属于已经办理出口退税手续并且所退税款未退还税务主管部门的,按照本条第一款第(二)项的有关规定办理。

第三十条 因保管不善等非不可抗力因素造成货物损坏、灭失的,按照以下规定办理:

(一)对于从境外进入珠海园区的货物,区内企业应当按照一般贸易进口货物的规定,以货物进入珠海园区时海关接受申报之日适用的税率、汇率,依法向海关缴纳损毁、灭失货物原价值的进口环节税;

(二)对于从区外进入珠海园区的货物,区内企业应当重新缴纳出口退还的国内环节有关税款,海关根据有关单证办理核销手续。

第三十一条 区内企业生产属于被动配额管理的出口产品,应当事先报经有关部门批准。

第三十二条 海关对于珠海园区与其他海关特殊监管区域或者海关保税监管场所之间流转的保税货物,实行继续保税监管。货物从未实行国内货物入区(仓)环节出口退税制度的海关特殊监管区域或者海关保税监管场所转入珠海园区的,按照货物实际离境的有关规定办理申报手续。

第五章　对进出珠海园区运输工具和个人携带货物、物品的监管

第三十三条 运输工具和个人进出珠海园区的,应当经由海关指定的专用通道,并且接受海关监管和检查。

第三十四条 货运车辆、非货运车辆进出珠澳跨境工业区专用口岸通道的,应当经主管部门批准,并且按照《中华人民共和国海关关于来往香港、澳门公路货运企业及其车辆和驾驶员的管理办法》(以下简称《港澳车辆管理办法》)向珠海园区主管海关办理备案手续。

澳门车辆进出珠澳跨境工业区专用口岸通道的,申请人应当在报经主管部门批准后,凭主管部门批文、车主/企业、汽车、驾驶员等有关资料向珠海园

区主管海关申请备案，并且提供海关认可的担保，海关签发《来往澳门汽车进出境签证本》。

第三十五条 港/澳籍货运车辆、非货运车辆以及澳门车辆从珠澳跨境工业区专用口岸通道进境后，应当在3个月内复出境；特殊情况下，经珠海园区主管海关同意，可以在车辆备案有效期内予以延期，延长期限不得超过3个月。

第三十六条 对于从珠澳跨境工业区专用口岸通道进境的货运车辆，海关按照港澳车辆管理办法及其有关规定进行监管。

对于从珠澳跨境工业区专用口岸通道进境的非货运车辆、澳门车辆，海关比照港澳车辆管理办法及其有关规定进行监管。

第三十七条 进境的港/澳籍货运车辆、非货运车辆可以从珠海园区进入珠海市区或者从珠海市区进入珠海园区。

从珠澳跨境工业区专用口岸通道进入珠海园区的澳门车辆，不得从珠海园区进入区外。

第三十八条 经珠澳跨境工业区专用口岸通道进出珠海园区、澳门园区人员携带的行李物品，应当以自用合理为限，海关按照进出境旅客行李物品监管的有关规定进行监管。

进出珠澳跨境工业区专用口岸通道车辆的备用物料和驾驶员携带的行李物品，应当以旅途需要为限，超出旅途需要的，海关不予放行。

第三十九条 珠海园区与区外之间进出的下列货物，经海关批准，可以由区内企业指派专人携带或者自行运输：

(一)价值1万美元以下的小额货物；

(二)因品质不合格复运区外退换的货物；

(三)已办理进口纳税手续的货物；

(四)企业不要求出口退税的货物；

(五)其他经海关批准的货物。

第六章　附　　则

第四十条 除国际中转货物和其他另有规定的货物外，珠海园区与境外之间进出的货物，列入海关进出口统计。珠海园区与区外之间进出的货物，列入海关单项统计。

区内企业之间转让、转移的货物，以及珠海园区与其他海关特殊监管区域或者海关保税监管场所之间流转的货物，不列入海关统计。

第四十一条　本办法下列用语含义：

澳门园区，是指经国务院批准设立的珠澳跨境工业区的澳门园区。

货运车辆，是指依照港澳车辆管理办法规定在海关备案，从事来往粤澳公路货物运输的粤澳两地牌照车辆。

非货运车辆，是指经主管部门批准，并且按照规定在海关备案、来往粤澳的粤澳两地牌照商务车辆、私人小汽车。

澳门车辆，是指在珠海园区投资设厂的境外商户的澳门籍货运车辆和私人小汽车，以及澳门专业货运公司的货运车辆。

第四十二条　海关对珠海园区管理的其他事项，由拱北海关比照本办法以及国家有关规定予以处理。

第四十三条　违反本办法，构成走私行为、违反海关监管规定行为或者其他违反《海关法》行为的，由海关依照《海关法》和《中华人民共和国海关行政处罚实施条例》的有关规定予以处理；构成犯罪的，依法追究刑事责任。

第四十四条　本办法由海关总署负责解释。

第四十五条　本办法自2007年4月8日起施行。

附件 1－18

中华人民共和国海关关于大嶝对台小额商品交易市场管理办法

（2007 年 8 月 31 日海关总署第 163 号令公布　根据 2013 年 12 月 31 日海关总署令第 214 号第一次修正　根据 2017 年 12 月 20 日海关总署令第 235 号第二次修正）

第一条　为了加强大嶝对台小额商品交易市场（以下简称交易市场）的管理，维护交易市场的正常经营秩序，促进海峡两岸民间商品交流健康发展，根据《中华人民共和国海关法》（以下简称《海关法》）及其他有关法律、行政法规的规定制定本办法。

第二条　大嶝对台小额商品交易市场是经国家批准在厦门市翔安区大嶝岛内专门设立，用于开展对台民间小额商品交易活动，并且实行封闭管理的海关监管区。

第三条　对进出交易市场的货物、物品、运输工具，以及交易市场的有关场所，海关依法进行监督管理。

第四条　在交易市场内从事经营活动的法人和其他组织应当向海关办理备案登记手续。

第五条　台湾船舶及其人员运输或者携带进入交易市场的货物仅限原产于台湾的土特产品、生活日用小商品以及旅游商品，具体商品范围由海关总署另行确定并且发布。进入交易市场的台湾商品暂不征收进口关税和进口环节海关代征税。

国家限制进出口和实行许可证管理的商品，按照国家有关规定办理。从台湾进口到交易市场的台湾产卷烟，可以免于交验《自动进口许可证》。

国家禁止进出境的货物、物品不得进出交易市场。

第六条　进境运输工具负责人、进口货物收货人及其代理人应当如实向海关申报运进交易市场货物的品名、数量、价格等，并且按照海关要求交验有关单证。

第七条　进入交易市场的人员每日携带出交易市场的台湾商品总值在人民币 6000 元以下的，免征进口关税和进口环节海关代征税。超过人民币 6000 元的，超过部分按照一般贸易的管理规定办理进口手续。

仅限在规定数量内携带出交易市场的商品及数量限制由海关总署另行确定并且发布。超出规定数量的,应当按照一般贸易的管理规定办理进口手续。

第八条 从境外运入交易市场的货物和从交易市场运往境外的货物列入进、出口统计。从交易市场内运往市场外的货物,实施单项统计。

第九条 对台小额贸易公司从交易市场采购商品进口、台湾居民从交易市场采购商品出口以及进出交易市场专用码头的船舶,由海关按照原外经贸部、海关总署发布的《对台湾地区小额贸易的管理办法》进行管理。

第十条 在交易市场与专用码头之间运输台湾商品的运输工具,应当符合海关监管要求,并且办理有关手续。

第十一条 违反本办法,构成走私行为、违反海关监管规定行为或者其他违反《海关法》行为的,由海关依照《海关法》和《中华人民共和国海关行政处罚实施条例》的有关规定予以处理;构成犯罪的,依法追究刑事责任。

第十二条 本办法自2007年10月1日起施行。1999年3月3日海关总署批准、1999年3月26日厦门海关公布的《厦门海关对大嶝对台小额商品交易市场的监管办法》同时废止。

附件 1－19

中华人民共和国海关保税港区管理暂行办法

（2007 年 9 月 3 日海关总署令第 164 号公布　根据 2010 年 3 月 15 日海关总署令第 191 号第一次修正　根据 2017 年 12 月 20 日海关总署令第 235 号第二次修正）

第一章　总　　则

第一条　为了规范海关对保税港区的管理，根据《中华人民共和国海关法》（以下简称海关法）和有关法律、行政法规的规定，制定本办法。

第二条　本办法所称的保税港区是指经国务院批准，设立在国家对外开放的口岸港区和与之相连的特定区域内，具有口岸、物流、加工等功能的海关特殊监管区域。

第三条　海关依照本办法对进出保税港区的运输工具、货物、物品以及保税港区内企业、场所进行监管。

第四条　保税港区实行封闭式管理。保税港区与中华人民共和国关境内的其他地区（以下称区外）之间，应当设置符合海关监管要求的卡口、围网、视频监控系统以及海关监管所需的其他设施。

第五条　保税港区内不得居住人员。除保障保税港区内人员正常工作、生活需要的非营利性设施外，保税港区内不得建立商业性生活消费设施和开展商业零售业务。

海关及其他行政管理机构的办公场所应当设置在保税港区围网以外。

第六条　保税港区管理机构应当建立信息共享的计算机公共信息平台，并通过“电子口岸”实现区内企业及相关单位与海关之间的电子数据交换。

第七条　保税港区的基础和监管设施、场所等应当符合《海关特殊监管区域基础和监管设施验收标准》。经海关总署会同国务院有关部门验收合格后，保税港区可以开展有关业务。

第八条　保税港区内可以开展下列业务：

（一）存储进出口货物和其他未办结海关手续的货物；

（二）国际转口贸易；

（三）国际采购、分销和配送；

(四)国际中转;

(五)检测和售后服务维修;

(六)商品展示;

(七)研发、加工、制造;

(八)港口作业;

(九)经海关批准的其他业务。

第九条 保税港区内企业(以下简称区内企业)应当具有法人资格。特殊情况下,经保税港区主管海关核准,区外法人企业可以依法在保税港区内设立分支机构。

第十条 海关对区内企业实行计算机联网管理制度和海关稽查制度。

区内企业应当应用符合海关监管要求的计算机管理系统,提供供海关查阅数据的终端设备和计算机应用的软件接口,按照海关规定的认证方式和数据标准与海关进行联网,并确保数据真实、准确、有效。

海关依法对区内企业开展海关稽查,监督区内企业规范管理和守法自律。

第十一条 区内企业应当依照《中华人民共和国会计法》及有关法律、行政法规的规定,规范财务管理,设置符合海关监管要求的账册和报表,记录本企业的财务状况和有关进出保税港区货物、物品的库存、转让、转移、销售、加工和使用等情况,如实填写有关单证、账册,凭合法、有效的凭证记账和核算。

第十二条 保税港区内港口企业、航运企业的经营和相关活动应当符合有关法律、行政法规和海关监管的规定。

第十三条 国家禁止进出口的货物、物品不得进出保税港区。

第十四条 区内企业的生产经营活动应当符合国家产业发展要求,不得开展高耗能、高污染和资源性产品以及列入《加工贸易禁止类商品目录》商品的加工贸易业务。

第二章 对保税港区与境外之间进出货物的监管

第十五条 保税港区与境外之间进出的货物应当按照规定向海关办理相关手续。

第十六条 海关对保税港区与境外之间进出的货物实行备案制管理,对从境外进入保税港区的货物予以保税,但本办法第十七条、第十八条和第三十八条规定的情形除外。

按照本条前款规定实行备案制管理的,货物的收发货人或者代理人应当如实填写进出境货物备案清单,向海关备案。

第十七条 除法律、行政法规另有规定外，下列货物从境外进入保税港区，海关免征进口关税和进口环节海关代征税：

（一）区内生产性的基础设施建设项目所需的机器、设备和建设生产厂房、仓储设施所需的基建物资；

（二）区内企业生产所需的机器、设备、模具及其维修用零配件；

（三）区内企业和行政管理机构自用合理数量的办公用品。

第十八条 从境外进入保税港区，供区内企业和行政管理机构自用的交通运输工具、生活消费用品，按进口货物的有关规定办理报关手续，海关按照有关规定征收进口关税和进口环节海关代征税。

第十九条 从保税港区运往境外的货物免征出口关税，但法律、行政法规另有规定的除外。

第二十条 保税港区与境外之间进出的货物，不实行进出口配额、许可证件管理，但法律、行政法规和规章另有规定的除外。

对于同一配额、许可证件项下的货物，海关在进区环节已经验核配额、许可证件的，在出境环节不再要求企业出具配额、许可证件原件。

第三章 对保税港区与区外之间进出货物的监管

第二十一条 保税港区与区外之间进出的货物，区内企业或者区外收发货人按照规定向海关办理相关手续。需要征税的，除另有规定外，区内企业或者区外收发货人按照货物进出区时的实际状态缴纳税款；属于配额、许可证件管理商品的，区内企业或者区外收货人还应当向海关出具配额、许可证件。对于同一配额、许可证件项下的货物，海关在进境环节已经验核配额、许可证件的，在出区环节不再要求企业出具配额、许可证件原件。

第二十二条 海关监管货物从保税港区与区外之间进出的，保税港区主管海关可以要求提供相应的担保。

第二十三条 区内企业在加工生产过程中产生的边角料、废品，以及加工生产、储存、运输等过程中产生的包装物料，区内企业提出书面申请并且经海关批准的，可以运往区外，海关按出区时的实际状态征税。属于进口配额、许可证件管理商品的，免领进口配额、许可证件；属于列入《禁止进口废物目录》的废物以及其他危险废物需出区进行处置的，有关企业凭保税港区行政管理机构以及所在地的市级环保部门批件等材料，向海关办理出区手续。

区内企业在加工生产过程中产生的残次品、副产品出区内销的，海关按内销时的实际状态征税。属于进口配额、许可证件管理的，企业应当向海关出具进口配额、许可证件。

第二十四条 经保税港区运往区外的优惠贸易协定项下货物,符合海关总署相关原产地管理规定的,可以申请享受协定税率或者特惠税率。

第二十五条 经海关核准,区内企业可以办理集中申报手续。实行集中申报的区内企业应当对1个自然月内的申报清单数据进行归并,填制进出口货物报关单,在次月底前向海关办理集中申报手续。

集中申报适用报关单集中申报之日实施的税率、汇率,集中申报不得跨年度办理。

第二十六条 境内区外货物、设备以出口报关方式进入保税港区的,其出口退税按照国家有关规定办理;境内区外货物、设备属于原进口货物、设备的,原已缴纳的关税、进口环节海关代征税海关不予退还。

除另有规定外,海关对前款货物比照保税货物进行管理,对前款设备比照减免税设备进行管理。

第二十七条 经保税港区主管海关批准,区内企业可以在保税港区综合办公区专用的展示场所举办商品展示活动。展示的货物应当在海关备案,并接受海关监管。

区内企业在区外其他地方举办商品展示活动的,应当比照海关对暂时进境货物的管理规定办理有关手续。

第二十八条 保税港区内使用的机器、设备、模具和办公用品等海关监管货物,可以比照进境修理货物的有关规定,运往区外进行检测、维修。区内企业将模具运往区外进行检测、维修的,应当留存模具所生产产品的样品或者图片资料。

运往区外进行检测、维修的机器、设备、模具和办公用品等,不得在区外用于加工生产和使用,并且应当自运出之日起60日内运回保税港区。因特殊情况不能如期运回的,区内企业或者保税港区行政管理机构应当在期限届满前7日内,以书面形式向海关申请延期,延长期限不得超过30日。

检测、维修完毕运回保税港区的机器、设备、模具和办公用品等应当为原物。有更换新零件、配件或者附件的,原零件、配件或者附件应当一并运回保税港区。对在区外更换的国产零件、配件或者附件,需要退税的,由企业按照出口货物的有关规定办理手续。

第二十九条 区内企业需要将模具、原材料、半成品等运往区外进行加工的,应当在开展外发加工前,凭承揽加工合同或者协议、承揽企业营业执照复印件和区内企业签章确认的承揽企业生产能力状况等材料,向保税港区主管海关办理外发加工手续。

委托区外企业加工的期限不得超过合同或者协议有效期,加工完毕后的货物应当按期运回保税港区。在区外开展外发加工产生的边角料、废品、残次品、副产品不运回保税港区的,海关应当按照实际状态征税。区内企业凭出区时委托区外加工申请书以及有关单证,向海关办理验放核销手续。

第四章 对保税港区内货物的监管

第三十条 保税港区内货物可以自由流转。区内企业转让、转移货物的,双方企业应当及时向海关报送转让、转移货物的品名、数量、金额等电子数据信息。

第三十一条 区内企业设立电子账册,电子账册的备案、核销等作业按有关规定执行,海关对保税港区内加工贸易货物不实行单耗标准管理。区内企业应当自开展业务之日起,定期向海关报送货物的进区、出区和储存情况。

第三十二条 申请在保税港区内开展维修业务的企业应当具有企业法人资格,并在保税港区主管海关登记备案。在保税港区内开展保税维修业务的企业,海关按照相关规定进行监管。

第三十三条 区内企业申请放弃的货物,经海关及有关主管部门核准后,由保税港区主管海关依法提取变卖,变卖收入由海关按照有关规定处理,但法律、行政法规和海关规章规定不得放弃的货物除外。

第三十四条 因不可抗力造成保税港区货物损毁、灭失的,区内企业应当及时书面报告保税港区主管海关,说明情况并提供灾害鉴定部门的有关证明。经保税港区主管海关核实确认后,按照下列规定处理:

(一)货物灭失,或者虽未灭失但完全失去使用价值的,海关予以办理核销和免税手续;

(二)进境货物损毁,失去部分使用价值的,区内企业可以向海关办理退运手续。如不退运出境并要求运往区外的,由区内企业提出申请,经保税港区主管海关核准,按照海关审定的价格进行征税;

(三)区外进入保税港区的货物损毁,失去部分使用价值,且需向出口企业进行退换的,可以退换为与损毁货物相同或者类似的货物,并向保税港区主管海关办理退运手续。

需退运到区外的,属于尚未办理出口退税手续的,可以向保税港区主管海关办理退运手续;属于已经办理出口退税手续的,按照本条第一款第(二)项进境货物运往区外的有关规定办理。

第三十五条 因保管不善等非不可抗力因素造成货物损毁、灭失的,区内企业应当及时书面报告保税港区主管海关,说明情况。经保税港区主管海关

核实确认后,按照下列规定办理:

(一)从境外进入保税港区的货物,区内企业应当按照一般贸易进口货物的规定,按照海关审定的货物损毁或灭失前的完税价格,以货物损毁或灭失之日适用的税率、汇率缴纳关税、进口环节海关代征税;

(二)从区外进入保税港区的货物,区内企业应当重新缴纳因出口而退还的国内环节有关税收,海关据此办理核销手续,已缴纳出口关税的,不予以退还。

第三十六条 除国家另有规定外,保税港区货物不设存储期限。

第三十七条 海关对于保税港区与其他海关特殊监管区域或者保税监管场所之间往来的货物,实行保税监管。但货物从未实行国内货物入区(仓)环节出口退税制度的海关特殊监管区域或者保税监管场所转入保税港区的,视同货物实际离境。

保税港区与其他海关特殊监管区域或者保税监管场所之间的流转货物,不征收进出口环节的有关税收。

第五章 对直接进出口货物以及进出保税港区运输工具和个人携带货物、物品的监管

第三十八条 通过保税港区直接进出口的货物,海关按照进出口的有关规定进行监管;出口货物的发货人或者其代理人可以在货物运抵保税港区前向海关申报。

第三十九条 运输工具和个人进出保税港区的,应当接受海关监管和检查。

第四十条 进出境运输工具服务人员及进出境旅客携带个人物品进出保税港区的,海关按照进出境旅客行李物品的有关规定进行监管。

第四十一条 保税港区与区外之间进出的下列货物,经海关批准,可以由区内企业指派专人携带或者自行运输:

(一)价值1万美元以下的小额货物;

(二)因品质不合格复运区外退换的货物;

(三)已办理进口纳税手续的货物;

(四)企业不要求出口退税的货物;

(五)其他经海关批准的货物。

第六章　附　　则

第四十二条　从境外运入保税港区的货物和从保税港区运往境外的货物列入海关进出口统计，但法律、行政法规和海关规章另有规定的除外。从区外运入保税港区和从保税港区运往区外的货物，列入海关单项统计。

区内企业之间转让、转移的货物，以及保税港区与其他海关特殊监管区域或者保税监管场所之间往来的货物，不列入海关统计。

第四十三条　违反本办法，构成走私行为、违反海关监管规定行为或者其他违反海关法行为的，由海关依照海关法和《中华人民共和国海关行政处罚实施条例》的有关规定予以处理；构成犯罪的，依法追究刑事责任。

第四十四条　经国务院批准设立在内陆地区的具有保税港区功能的综合保税区，参照本办法进行管理。

第四十五条　本办法由海关总署负责解释。

第四十六条　本办法自 2007 年 10 月 3 日起施行。

附件1－20

中华人民共和国海关进出境运输工具舱单管理办法

（2008年3月28日海关总署令第172号公布　根据2017年12月20日海关总署令第235号修正）

第一章　总　　则

第一条　为了规范海关对进出境运输工具舱单的管理，促进国际贸易便利，保障国际贸易安全，根据《中华人民共和国海关法》（以下简称《海关法》）以及有关法律、行政法规的规定，制定本办法。

第二条　本办法所称进出境运输工具舱单（以下简称舱单）是指反映进出境运输工具所载货物、物品及旅客信息的载体，包括原始舱单、预配舱单、装（乘）载舱单。

进出境运输工具载有货物、物品的，舱单内容应当包括总提（运）单及其项下的分提（运）单信息。

第三条　海关对进出境船舶、航空器、铁路列车以及公路车辆舱单的管理适用本办法。

第四条　进出境运输工具负责人、无船承运业务经营人、货运代理企业、船舶代理企业、邮政企业以及快件经营人等舱单电子数据传输义务人（以下统称“舱单传输人”）应当按照海关备案的范围在规定时限向海关传输舱单电子数据。

海关监管作业场所经营人、理货部门、出口货物发货人等舱单相关电子数据传输义务人应当在规定时限向海关传输舱单相关电子数据。

对未按照本办法规定传输舱单及相关电子数据的，海关可以暂不予办理运输工具进出境申报手续。

因计算机故障等特殊情况无法向海关传输舱单及相关电子数据的，经海关同意，可以采用纸质形式在规定时限向海关递交有关单证。

第五条　海关以接受原始舱单主要数据传输的时间为进口舱单电子数据传输时间；海关以接受预配舱单主要数据传输的时间为出口舱单电子数据传输的时间。

第六条 舱单传输人、海关监管作业场所经营人、理货部门、出口货物发货人应当向其经营业务所在地直属海关或者经授权的隶属海关备案。

舱单传输人办理备案手续时，应当向海关提交下列文件：

（一）《备案登记表》；

（二）提（运）单和装货单的样本；

（三）企业印章以及相关业务印章的印模；

（四）海关需要的其他文件。

海关监管作业场所经营人、理货部门、出口货物发货人办理备案手续时，应当向海关提交前款第一项、第四项文件。

提交复印件的，应当同时出示原件供海关验核。

在海关备案的有关内容如果发生改变的，舱单传输人、海关监管作业场所经营人、理货部门、出口货物发货人应当凭书面申请和有关文件向海关办理备案变更手续。

第七条 舱单传输人可以书面向海关提出为其保守商业秘密的要求，并具体列明需要保密的内容。

海关应当按照国家有关规定承担保密义务，妥善保管舱单传输人及相关义务人提供的涉及商业秘密的资料。

第二章 进境舱单的管理

第八条 原始舱单电子数据传输以前，运输工具负责人应当将运输工具预计抵达境内目的港的时间通知海关。

运输工具抵港以前，运输工具负责人应当将运输工具确切的抵港时间通知海关。

运输工具抵达设立海关的地点时，运输工具负责人应当向海关进行运输工具抵港申报。

第九条 进境运输工具载有货物、物品的，舱单传输人应当在下列时限向海关传输原始舱单主要数据：

（一）集装箱船舶装船的 24 小时以前，非集装箱船舶抵达境内第一目的港的 24 小时以前；

（二）航程 4 小时以下的，航空器起飞前；航程超过 4 小时的，航空器抵达境内第一目的港的 4 小时以前；

（三）铁路列车抵达境内第一目的站的 2 小时以前；

（四）公路车辆抵达境内第一目的站的 1 小时以前。

舱单传输人应当在进境货物、物品运抵目的港以前向海关传输原始舱单其他数据。

海关接受原始舱单主要数据传输后，收货人、受委托报关企业方可向海关办理货物、物品的申报手续。

第十条　海关发现原始舱单中列有我国禁止进境的货物、物品，可以通知运输工具负责人不得装载进境。

第十一条　进境运输工具载有旅客的，舱单传输人应当在下列时限向海关传输原始舱单电子数据：

（一）船舶抵达境内第一目的港的2小时以前；

（二）航程在1小时以下的，航空器抵达境内第一目的港的30分钟以前；航程在1小时至2小时的，航空器抵达境内第一目的港的1小时以前；航程在2小时以上的，航空器抵达境内第一目的港的2小时以前；

（三）铁路列车抵达境内第一目的站的2小时以前；

（四）公路车辆抵达境内第一目的站的1小时以前。

第十二条　海关接受原始舱单主要数据传输后，对决定不准予卸载货物、物品或者下客的，应当以电子数据方式通知舱单传输人，并告知不准予卸载货物、物品或者下客的理由。

海关因故无法以电子数据方式通知的，应当派员实地办理本条第一款规定的相关手续。

第十三条　理货部门或者海关监管作业场所、旅客通关类、邮件类场所经营人应当在进境运输工具卸载货物、物品完毕后的6小时以内以电子数据方式向海关提交理货报告。

需要二次理货的，经海关同意，可以在进境运输工具卸载货物、物品完毕后的24小时以内以电子数据方式向海关提交理货报告。

第十四条　海关应当将原始舱单与理货报告进行核对，对二者不相符的，以电子数据方式通知运输工具负责人。运输工具负责人应当在卸载货物、物品完毕后的48小时以内向海关报告不相符的原因。

第十五条　原始舱单中未列名的进境货物、物品，海关可以责令原运输工具负责人直接退运。

第十六条　进境货物、物品需要分拨的，舱单传输人应当以电子数据方式向海关提出分拨货物、物品申请，经海关同意后方可分拨。

分拨货物、物品运抵海关监管作业场所、旅客通关类、邮件类场所时，相关场所经营人应当以电子数据方式向海关提交分拨货物、物品运抵报告。

在分拨货物、物品拆分完毕后的2小时以内，理货部门或者相关场所经营人应当以电子数据方式向海关提交分拨货物、物品理货报告。

第十七条 货物、物品需要疏港分流的,海关监管作业场所、旅客通关类、邮件类场所经营人应当以电子数据方式向海关提出疏港分流申请,经海关同意后方可疏港分流。

疏港分流完毕后,相关场所经营人应当以电子数据方式向海关提交疏港分流货物、物品运抵报告。

第十八条 疏港分流货物、物品提交运抵报告后,海关即可办理货物、物品的查验、放行手续。

第十九条 进境运输工具载有旅客的,运输工具负责人或者旅客通关类场所经营人应当在进境运输工具下客完毕后3小时以内向海关提交进境旅客及其行李物品结关申请,并提供实际下客人数、托运行李物品提取数量以及未运抵行李物品数量。经海关核对无误的,可以办理结关手续;原始舱单与结关申请不相符的,运输工具负责人或者旅客通关类场所经营人应当在进境运输工具下客完毕后24小时以内向海关报告不相符的原因。

运输工具负责人或者旅客通关类场所经营人应当将无人认领的托运行李物品转交海关处理。

第三章 出境舱单的管理

第二十条 以集装箱运输的货物、物品,出口货物发货人应当在货物、物品装箱以前向海关传输装箱清单电子数据。

第二十一条 出境运输工具预计载有货物、物品的,舱单传输人应当在办理货物、物品申报手续以前向海关传输预配舱单主要数据。

海关接受预配舱单主要数据传输后,舱单传输人应当在下列时限向海关传输预配舱单其他数据:

(一)集装箱船舶装船的24小时以前,非集装箱船舶在开始装载货物、物品的2小时以前;

(二)航空器在开始装载货物、物品的4小时以前;

(三)铁路列车在开始装载货物、物品的2小时以前;

(四)公路车辆在开始装载货物、物品的1小时以前。

出境运输工具预计载有旅客的,舱单传输人应当在出境旅客开始办理登机(船、车)手续的1小时以前向海关传输预配舱单电子数据。

第二十二条 出境货物、物品运抵海关监管作业场所、旅客通关类、邮件类场所时,相关场所经营人应当以电子数据方式向海关提交运抵报告。

运抵报告提交后,海关即可办理货物、物品的查验、放行手续。

第二十三条 舱单传输人应当在运输工具开始装载货物、物品的30分钟以前向海关传输装载舱单电子数据。

装载舱单中所列货物、物品应当已经海关放行。

第二十四条 舱单传输人应当在旅客办理登机(船、车)手续后、运输工具上客以前向海关传输乘载舱单电子数据。

第二十五条 海关接受装(乘)载舱单电子数据传输后,对决定不准予装载货物、物品或者上客的,应当以电子数据方式通知舱单传输人,并告知不准予装载货物、物品或者上客的理由。

海关因故无法以电子数据方式通知的,应当派员实地办理本条第一款规定的相关手续。

第二十六条 运输工具负责人应当在运输工具驶离设立海关的地点的2小时以前将驶离时间通知海关。

对临时追加的运输工具,运输工具负责人应当在运输工具驶离设立海关的地点以前将驶离时间通知海关。

第二十七条 运输工具负责人应当在货物、物品装载完毕或者旅客全部登机(船、车)后向海关提交结关申请,经海关办结手续后,出境运输工具方可离境。

第二十八条 出境运输工具驶离装货港的6小时以内,海关监管作业场所经营人或者理货部门应当以电子数据方式向海关提交理货报告。

第二十九条 海关应当将装载舱单与理货报告进行核对,对二者不相符的,以电子数据方式通知运输工具负责人。运输工具负责人应当在装载货物、物品完毕后的48小时以内向海关报告不相符的原因。

海关应当将乘载舱单与结关申请进行核对,对二者不相符的,以电子数据方式通知运输工具负责人。运输工具负责人应当在出境运输工具结关完毕后的24小时以内向海关报告不相符的原因。

第四章 舱单变更的管理

第三十条 已经传输的舱单电子数据需要变更的,舱单传输人可以在原始舱单和预配舱单规定的传输时限以前直接予以变更,但是货物、物品所有人已经向海关办理货物、物品申报手续的除外。

舱单电子数据传输时间以海关接受舱单电子数据变更的时间为准。

第三十一条 在原始舱单和预配舱单规定的传输时限后,有下列情形之

一的,舱单传输人可以向海关办理变更手续:

(一)货物、物品因不可抗力灭失、短损,造成舱单电子数据不准确的;

(二)装载舱单中所列的出境货物、物品,因装运、配载等原因造成部分或者全部货物、物品退关或者变更运输工具的;

(三)大宗散装货物、集装箱独立箱体内载运的散装货物的溢短装数量在规定范围以内的;

(四)其他客观原因造成传输错误的。

第三十二条 按照本办法第三十七条的规定处理后,需要变更舱单电子数据的,舱单传输人应当按照海关的要求予以变更。

第三十三条 舱单传输人向海关申请变更货物、物品舱单时,应当提交下列文件:

(一)《舱单变更申请表》;

(二)提(运)单的复印件;

(三)加盖有舱单传输人公章的正确的纸质舱单;

(四)其他能够证明舱单变更合理性的文件。

舱单传输人向海关申请变更旅客舱单时,应当提交上述(一)、(三)、(四)项文件。

提交复印件的,应当同时出示原件供海关验核。

第五章 附 则

第三十四条 本办法下列用语的含义是:

"原始舱单",是指舱单传输人向海关传输的反映进境运输工具装载货物、物品或者乘载旅客信息的舱单。

"预配舱单",是指反映出境运输工具预计装载货物、物品或者乘载旅客信息的舱单。

"装(乘)载舱单",是指反映出境运输工具实际配载货物、物品或者载有旅客信息的舱单。

"提(运)单",是指用以证明货物、物品运输合同和货物、物品已经由承运人接收或者装载,以及承运人保证据以交付货物、物品的单证。

"总提(运)单",是指由运输工具负责人、船舶代理企业所签发的提(运)单。

"分提(运)单",是指在总提(运)单项下,由无船承运业务经营人、货运代理人或者快件经营人等企业所签发的提(运)单。

"运抵报告",是指进出境货物运抵海关监管作业场所时,海关监管作业场所经营人向海关提交的反映货物实际到货情况的记录,以及进出境物品运抵旅客通关类、邮件类场所时,相关场所经营人向海关提交的反映物品实际到货情况的记录。

"理货报告",是指海关监管作业场所、旅客通关类、邮件类场所经营人或者理货部门对进出境运输工具所载货物、物品的实际装卸情况予以核对、确认的记录。

"疏港分流",是指为防止货物、物品积压、阻塞港口,根据港口行政管理部门的决定,将相关货物、物品疏散到其他海关监管作业场所、旅客通关类、邮件类场所的行为。

"分拨",是指海关监管作业场所、旅客通关类、邮件类场所经营人将进境货物、物品从一场所运至另一场所的行为。

"装箱清单",是指反映以集装箱运输的出境货物、物品在装箱以前的实际装载信息的单据。

"以上"、"以下"、"以内",均包括本数在内。

第三十五条 舱单中的提(运)单编号2年内不得重复。

自海关接受舱单等电子数据之日起3年内,舱单传输人、海关监管作业场所、旅客通关类、邮件类场所经营人、理货部门应当妥善保管纸质舱单、理货报告、运抵报告以及相关帐册等资料。

第三十六条 本办法中下列舱单等电子数据的格式,由海关总署另行制定:

(一)原始舱单(包括主要数据和其他数据);

(二)理货报告;

(三)分拨货物、物品申请;

(四)分拨货物、物品理货报告;

(五)疏港分流申请;

(六)疏港分流货物、物品运抵报告;

(七)装箱清单;

(八)预配舱单(包括主要数据和其他数据);

(九)运抵报告;

(十)装(乘)载舱单。

第三十七条 违反本办法,构成走私行为、违反海关监管规定行为或者其他违反海关法行为的,由海关依照《海关法》和《中华人民共和国海关行政处罚实施条例》的有关规定予以处理;构成犯罪的,依法追究刑事责任。

第三十八条 本办法所规定的文书由海关总署另行制定并且发布。

第三十九条 本办法由海关总署负责解释。

第四十条 本办法自2009年1月1日起施行。1999年2月1日海关总署令第70号公布的《中华人民共和国海关舱单电子数据传输管理办法》同时废止。

附件 1－21

中华人民共和国海关进出口货物减免税管理办法

（2008 年 12 月 29 日海关总署第 179 号令公布　根据 2017 年 12 月 20 日海关总署令第 235 号修正）

第一章　总　　则

第一条　为了规范海关进出口货物减免税管理工作，保障行政相对人合法权益，根据《中华人民共和国海关法》（以下简称《海关法》）、《中华人民共和国进出口关税条例》（以下简称《关税条例》）及有关法律和行政法规的规定，制定本办法。

第二条　进出口货物减征或者免征关税、进口环节海关代征税（以下简称减免税）事务，除法律、行政法规另有规定外，海关依照本办法实施管理。

第三条　进出口货物减免税申请人（以下简称减免税申请人）应当向其所在地海关申请办理减免税备案、审批手续，特殊情况除外。

投资项目所在地海关与减免税申请人所在地海关不是同一海关的，减免税申请人应当向投资项目所在地海关申请办理减免税备案、审批手续。

投资项目所在地涉及多个海关的，减免税申请人可以向其所在地海关或者有关海关的共同上级海关申请办理减免税备案、审批手续。有关海关的共同上级海关可以指定相关海关办理减免税备案、审批手续。

投资项目由投资项目单位所属非法人分支机构具体实施的，在获得投资项目单位的授权并经投资项目所在地海关审核同意后，该非法人分支机构可以向投资项目所在地海关申请办理减免税备案、审批手续。

第四条　减免税申请人可以自行向海关申请办理减免税备案、审批、税款担保和后续管理业务等相关手续，也可以委托他人办理前述手续。

委托他人办理的，应当由被委托人凭减免税申请人出具的《减免税手续办理委托书》及其他相关材料向海关申请，海关审核同意后可准予被委托人办理相关手续。

第五条　已经在海关办理注册登记并取得报关注册登记证书的报关企业或者进出口货物收发货人可以接受减免税申请人委托，代为办理减免税相关事宜。

第二章　减免税备案

第六条　减免税申请人按照有关进出口税收优惠政策的规定申请减免税进出口相关货物,海关需要事先对减免税申请人的资格或者投资项目等情况进行确认的,减免税申请人应当在申请办理减免税审批手续前,向主管海关申请办理减免税备案手续,并同时提交下列材料:

(一)《进出口货物减免税备案申请表》;

(二)企业营业执照或者事业单位法人证书、国家机关设立文件、社团登记证书、民办非企业单位登记证书、基金会登记证书等证明材料;

(三)相关政策规定的享受进出口税收优惠政策资格的证明材料;

(四)海关认为需要提供的其他材料。

减免税申请人按照本条规定提交证明材料的,应当交验原件,同时提交加盖减免税申请人有效印章的复印件。

第七条　海关收到减免税申请人的减免税备案申请后,应当审查确认所提交的申请材料是否齐全、有效,填报是否规范。

减免税申请人的申请材料符合规定的,海关应当予以受理,海关收到申请材料之日为受理之日;减免税申请人的申请材料不齐全或者不符合规定的,海关应当一次性告知减免税申请人需要补正的有关材料,海关收到全部补正的申请材料之日为受理之日。

不能按照规定向海关提交齐全、有效材料的,海关不予受理。

第八条　海关受理减免税申请人的备案申请后,应当对其主体资格、投资项目等情况进行审核。

经审核符合有关进出口税收优惠政策规定的,应当准予备案;经审核不予备案的,应当书面通知减免税申请人。

第九条　海关应当自受理之日起10个工作日内作出是否准予备案的决定。

因政策规定不明确或者涉及其他部门管理职责需与相关部门进一步协商、核实有关情况等原因在10个工作日内不能作出决定的,海关应当书面向减免税申请人说明理由。

有本条第二款规定情形的,海关应当自情形消除之日起15个工作日内作出是否准予备案的决定。

第十条　减免税申请人要求变更或者撤销减免税备案的,应当向主管海关递交申请。经审核符合相关规定的,海关应当予以办理。

变更或者撤销减免税备案应当由项目审批部门出具意见的,减免税申请人应当在申请变更或者撤销时一并提供。

第三章　减免税审批

第十一条　减免税申请人应当在货物申报进出口前,向主管海关申请办理进出口货物减免税审批手续,并同时提交下列材料:

(一)《进出口货物征免税申请表》;

(二)企业营业执照或者事业单位法人证书、国家机关设立文件、社团登记证书、民办非企业单位登记证书、基金会登记证书等证明材料;

(三)进出口合同、发票以及相关货物的产品情况资料;

(四)相关政策规定的享受进出口税收优惠政策资格的证明材料;

(五)海关认为需要提供的其他材料。

减免税申请人按照本条规定提交证明材料的,应当交验原件,同时提交加盖减免税申请人有效印章的复印件。

第十二条　海关收到减免税申请人的减免税审批申请后,应当审核确认所提交的申请材料是否齐全、有效,填报是否规范。对应当进行减免税备案的,还应当审核是否已经按照规定办理备案手续。

减免税申请人的申请材料符合规定的,海关应当予以受理,海关收到申请材料之日为受理之日;减免税申请人提交的申请材料不齐全或者不符合规定的,海关应当一次性告知减免税申请人需要补正的有关材料,海关收到全部补正的申请材料之日为受理之日。

不能按照规定向海关提交齐全、有效材料,或者未按照规定办理减免税备案手续的,海关不予受理。

第十三条　海关受理减免税申请人的减免税审批申请后,应当对进出口货物相关情况是否符合有关进出口税收优惠政策规定、进出口货物的金额、数量等是否在减免税额度内等情况进行审核。对应当进行减免税备案的,还需要对减免税申请人、进出口货物等是否符合备案情况进行审核。

经审核符合相关规定的,应当作出进出口货物征税、减税或者免税的决定,并签发《中华人民共和国海关进出口货物征免税证明》(以下简称《征免税证明》)。

第十四条　海关应当自受理减免税审批申请之日起10个工作日内作出是否准予减免税的决定。

有下列情形之一,不能在受理减免税审批申请之日起10个工作日内作出决定的,海关应当书面向减免税申请人说明理由:

(一)政策规定不明确或者涉及其他部门管理职责需要与相关部门进一步协商、核实有关情况的;

(二)需要对货物进行化验、鉴定以确定是否符合减免税政策规定的;

(三)因其他合理原因不能在本条第一款规定期限内作出决定的。

有本条第二款规定情形的,海关应当自情形消除之日起15个工作日内作出是否准予减免税的决定。

第十五条 减免税申请人申请变更或者撤销已签发的《征免税证明》的,应当在《征免税证明》有效期内向主管海关提出申请,说明理由,并提交相关材料。

经审核符合规定的,海关准予变更或者撤销。准予变更的,海关应当在变更完成后签发新的《征免税证明》,并收回原《征免税证明》。准予撤销的,海关应当收回原《征免税证明》。

第十六条 减免税申请人应当在《征免税证明》有效期内办理有关进出口货物通关手续。不能在有效期内办理,需要延期的,应当在《征免税证明》有效期内向海关提出延期申请。经海关审核同意,准予办理延长《征免税证明》有效期手续。

《征免税证明》可以延期一次,延期时间自有效期届满之日起算,延长期限不得超过6个月。海关总署批准的特殊情况除外。

《征免税证明》有效期限届满仍未使用的,该《征免税证明》效力终止。减免税申请人需要减免税进出口该《征免税证明》所列货物的,应当重新向海关申请办理。

第十七条 减免税申请人遗失《征免税证明》需要补办的,应当在《征免税证明》有效期内向主管海关提出申请。

经核实原《征免税证明》尚未使用的,主管海关应当重新签发《征免税证明》,原《征免税证明》同时作废。

原《征免税证明》已经使用的,不予补办。

第十八条 除国家政策调整等原因并经海关总署批准外,货物征税放行后,减免税申请人申请补办减免税审批手续的,海关不予受理。

第四章 减免税货物税款担保

第十九条 有下列情形之一的,减免税申请人可以向海关申请凭税款担保先予办理货物放行手续：

(一)主管海关按照规定已经受理减免税备案或者审批申请，尚未办理完毕的；

(二)有关进出口税收优惠政策已经国务院批准，具体实施措施尚未明确，海关总署已确认减免税申请人属于享受该政策范围的；

(三)其他经海关总署核准的情况。

第二十条 减免税申请人需要办理税款担保手续的，应当在货物申报进出口前向主管海关提出申请，并按照有关进出口税收优惠政策的规定向海关提交相关材料。

主管海关应当在受理申请之日起 7 个工作日内，作出是否准予担保的决定。准予担保的，应当出具《中华人民共和国海关准予办理减免税货物税款担保证明》(以下简称《准予担保证明》)；不准予担保的，应当出具《中华人民共和国海关不准予办理减免税货物税款担保决定》。

第二十一条 进出口地海关凭主管海关出具的《准予担保证明》，办理货物的税款担保和验放手续。

国家对进出口货物有限制性规定，应当提供许可证件而不能提供的，以及法律、行政法规规定不得担保的其他情形，进出口地海关不得办理减免税货物凭税款担保放行手续。

第二十二条 减免税货物税款担保期限不超过 6 个月，经主管海关核准可以予以延期，延期时间自税款担保期限届满之日起算，延长期限不超过 6 个月。

特殊情况仍需要延期的，应当经直属海关核准。

第二十三条 海关依照本办法规定延长减免税备案、审批手续办理时限的，减免税货物税款担保时限可以相应延长，主管海关应当及时通知减免税申请人向海关申请办理减免税货物税款担保延期的手续。

第二十四条 减免税申请人在减免税货物税款担保期限届满前未取得《征免税证明》，申请延长税款担保期限的，应当在《准予担保证明》规定期限届满的 10 个工作日以前向主管海关提出申请。主管海关应当在受理申请后 7 个工作日内，作出是否准予延长担保期限的决定。准予延长的，应当出具《中华人民共和国海关准予办理减免税货物税款担保延期证明》(以下简称《准予延期证明》)；不准予延长的，应当出具《中华人民共和国海关不准予办理减免税货物税款担保延期决定》。

减免税申请人按照海关要求申请延长减免税货物税款担保期限的，比照本条第一款规定办理。

进出口地海关凭《准予延期证明》办理减免税货物税款担保延期手续。

第二十五条 减免税申请人在减免税货物税款担保期限届满前取得《征免税证明》的，海关应当解除税款担保，办理征免税进出口手续。担保期限届满，减免税申请人未按照规定申请办理减免税货物税款担保延期手续的，海关应当要求担保人履行相应的担保责任或者将税款保证金转为税款。

第五章 减免税货物的处置

第二十六条 在进口减免税货物的海关监管年限内，未经海关许可，减免税申请人不得擅自将减免税货物转让、抵押、质押、移作他用或者进行其他处置。

第二十七条 按照国家有关规定在进口时免予提交许可证件的进口减免税货物，减免税申请人向海关申请进行转让、抵押、质押、移作他用或者其他处置时，按照规定需要补办许可证件的，应当补办有关许可证件。

第二十八条 在海关监管年限内，减免税申请人将进口减免税货物转让给进口同一货物享受同等减免税优惠待遇的其他单位的，应当按照下列规定办理减免税货物结转手续：

（一）减免税货物的转出申请人凭有关单证向转出地主管海关提出申请，转出地主管海关审核同意后，通知转入地主管海关。

（二）减免税货物的转入申请人向转入地主管海关申请办理减免税审批手续。转入地主管海关审核无误后签发《征免税证明》。

（三）转出、转入减免税货物的申请人应当分别向各自的主管海关申请办理减免税货物的出口、进口报关手续。转出地主管海关办理转出减免税货物的解除监管手续。结转减免税货物的监管年限应当连续计算。转入地主管海关在剩余监管年限内对结转减免税货物继续实施后续监管。

转入地海关和转出地海关为同一海关的，按照本条第一款规定办理。

第二十九条 在海关监管年限内，减免税申请人将进口减免税货物转让给不享受进口税收优惠政策或者进口同一货物不享受同等减免税优惠待遇的其他单位的，应当事先向减免税申请人主管海关申请办理减免税货物补缴税款和解除监管手续。

第三十条 在海关监管年限内，减免税申请人需要将减免税货物移作他用的，应当事先向主管海关提出申请。经海关批准，减免税申请人可以按照海关批准的使用地区、用途、企业将减免税货物移作他用。

本条第一款所称移作他用包括以下情形：

（一）将减免税货物交给减免税申请人以外的其他单位使用；

（二）未按照原定用途、地区使用减免税货物；

（三）未按照特定地区、特定企业或者特定用途使用减免税货物的其他情形。

除海关总署另有规定外，按照本条第一款规定将减免税货物移作他用的，减免税申请人还应当按照移作他用的时间补缴相应税款；移作他用时间不能确定的，应当提交相应的税款担保，税款担保不得低于剩余监管年限应补缴税款总额。

第三十一条　在海关监管年限内，减免税申请人要求以减免税货物向金融机构办理贷款抵押的，应当向主管海关提出书面申请。经审核符合有关规定的，主管海关可以批准其办理贷款抵押手续。

减免税申请人不得以减免税货物向金融机构以外的公民、法人或者其他组织办理贷款抵押。

第三十二条　减免税申请人以减免税货物向境内金融机构办理贷款抵押的，应当向海关提供下列形式的担保：

（一）与货物应缴税款等值的保证金；

（二）境内金融机构提供的相当于货物应缴税款的保函；

（三）减免税申请人、境内金融机构共同向海关提交《进口减免税货物贷款抵押承诺保证书》，书面承诺当减免税申请人抵押贷款无法清偿需要以抵押物抵偿时，抵押人或者抵押权人先补缴海关税款，或者从抵押物的折（变）价款中优先偿付海关税款。

减免税申请人以减免税货物向境外金融机构办理贷款抵押的，应当向海关提交本条第一款第（一）项或者第（二）项规定形式的担保。

第三十三条　海关在收到贷款抵押申请材料后，应当审核申请材料是否齐全、有效，必要时可以实地核查减免税货物情况，了解减免税申请人经营状况。

经审核同意的，主管海关应当出具《中华人民共和国海关准予进口减免税货物贷款抵押通知》。

第三十四条　海关同意以进口减免税货物办理贷款抵押的，减免税申请人应当于正式签订抵押合同、贷款合同之日起30日内将抵押合同、贷款合同正本或者复印件交海关备案。提交复印件备案的，减免税申请人应当在复印件上标注“与正本核实一致”，并予以签章。

抵押合同、贷款合同的签订日期不是同一日的，按照后签订的日期计算本条第一款规定的备案时限。

第三十五条 贷款抵押需要延期的,减免税申请人应当在贷款期限届满前20日内向主管海关申请办理贷款抵押的延期手续。

经审核同意的,主管海关签发准予延期通知,并出具《中华人民共和国海关准予办理进口减免税货物贷款抵押延期通知》。

第六章 减免税货物的管理

第三十六条 除海关总署另有规定外,在海关监管年限内,减免税申请人应当按照海关规定保管、使用进口减免税货物,并依法接受海关监管。

进口减免税货物的监管年限为:

(一)船舶、飞机:8年;

(二)机动车辆:6年;

(三)其他货物:3年。

监管年限自货物进口放行之日起计算。

第三十七条 在海关监管年限内,减免税申请人应当自进口减免税货物放行之日起,在每年的第1季度向主管海关递交《减免税货物使用状况报告书》,报告减免税货物使用状况。

减免税申请人未按照本条第一款规定向海关报告其减免税货物状况,向海关申请办理减免税备案、审批手续的,海关不予受理。

第三十八条 在海关监管年限内,减免税货物应当在主管海关核准的地点使用。需要变更使用地点的,减免税申请人应当向主管海关提出申请,说明理由,经海关批准后方可变更使用地点。

减免税货物需要移出主管海关管辖地使用的,减免税申请人应当事先凭有关单证以及需要异地使用的说明材料向主管海关申请办理异地监管手续,经主管海关审核同意并通知转入地海关后,减免税申请人可以将减免税货物运至转入地海关管辖地,转入地海关确认减免税货物情况后进行异地监管。

减免税货物在异地使用结束后,减免税申请人应当及时向转入地海关申请办结异地监管手续,经转入地海关审核同意并通知主管海关后,减免税申请人应当将减免税货物运回主管海关管辖地。

第三十九条 在海关监管年限内,减免税申请人发生分立、合并、股东变更、改制等变更情形的,权利义务承受人(以下简称承受人)应当自营业执照颁发之日起30日内,向原减免税申请人的主管海关报告主体变更情况及原减免税申请人进口减免税货物的情况。

经海关审核,需要补征税款的,承受人应当向原减免税申请人主管海关办理补税手续;可以继续享受减免税待遇的,承受人应当按照规定申请办理减免税备案变更或者减免税货物结转手续。

第四十条 在海关监管年限内,因破产、改制或者其他情形导致减免税申请人终止,没有承受人的,原减免税申请人或者其他依法应当承担关税及进口环节海关代征税缴纳义务的主体应当自资产清算之日起30日内向主管海关申请办理减免税货物的补缴税款和解除监管手续。

第四十一条 在海关监管年限内,减免税申请人要求将进口减免税货物退运出境或者出口的,应当报主管海关核准。

减免税货物退运出境或者出口后,减免税申请人应当凭出口报关单向主管海关办理原进口减免税货物的解除监管手续。

减免税货物退运出境或者出口的,海关不再对退运出境或者出口的减免税货物补征相关税款。

第四十二条 减免税货物海关监管年限届满的,自动解除监管。

在海关监管年限内的进口减免税货物,减免税申请人书面申请提前解除监管的,应当向主管海关申请办理补缴税款和解除监管手续。按照国家有关规定在进口时免予提交许可证件的进口减免税货物,减免税申请人还应当补交有关许可证件。

减免税申请人需要海关出具解除监管证明的,可以自办结补缴税款和解除监管等相关手续之日或者自海关监管年限届满之日起1年内,向主管海关申请领取解除监管证明。海关审核同意后出具《中华人民共和国海关进口减免税货物解除监管证明》。

第四十三条 在海关监管年限及其后3年内,海关依照《海关法》和《中华人民共和国海关稽查条例》有关规定对减免税申请人进口和使用减免税货物情况实施稽查。

第四十四条 减免税货物转让给进口同一货物享受同等减免税优惠待遇的其他单位的,不予恢复减免税货物转出申请人的减免税额度,减免税货物转入申请人的减免税额度按照海关审定的货物结转时的价格、数量或者应缴税款予以扣减。

减免税货物因品质或者规格原因原状退运出境,减免税申请人以无代价抵偿方式进口同一类型货物的,不予恢复其减免税额度;未以无代价抵偿方式进口同一类型货物的,减免税申请人在原减免税货物退运出境之日起3个月内向海关提出申请,经海关批准,可以恢复其减免税额度。

对于其他提前解除监管的情形,不予恢复减免税额度。

第四十五条 减免税货物因转让或者其他原因需要补征税款的,补税的完税价格以海关审定的货物原进口时的价格为基础，按照减免税货物已进口时间与监管年限的比例进行折旧，其计算公式如下：

$$补税的完税价格 = 海关审定的货物原进口时的价格 \times \left[1 - \frac{减免税货物已进口时间}{监管年限 \times 12}\right]$$

减免税货物已进口时间自减免税货物的放行之日起按月计算。不足1个月但超过15日的按1个月计算；不超过15日的，不予计算。

第四十六条 按照本办法第四十五条规定计算减免税货物补征税款的，已进口时间的截止日期按以下规定确定：

（一）转让减免税货物的，应当以海关接受减免税申请人申请办理补税手续之日作为计算其已进口时间的截止之日；

（二）减免税申请人未经海关批准，擅自转让减免税货物的，应当以货物实际转让之日作为计算其已进口时间的截止之日；转让之日不能确定的，应当以海关发现之日作为截止之日；

（三）在海关监管年限内，减免税申请人发生破产、撤销、解散或者其他依法终止经营情形的，已进口时间的截止日期应当为减免税申请人破产清算之日或者被依法认定终止生产经营活动的日期。

第四十七条 减免税申请人将减免税货物移作他用，应当补缴税款的，税款的计算公式为：

$$补缴税款 = 海关审定的货物原进口时的价格 \times 税率 \times \left[\frac{需补缴税款的时间}{监管年限 \times 12 \times 30}\right]$$

上述计算公式中的税率，应当按照《关税条例》的有关规定，采用相应的适用税率；需补缴税款的时间是指减免税货物移作他用的实际时间，按日计算，每日实际生产不满8小时或者超过8小时的均按1日计算。

第四十八条 海关在办理减免税货物异地监管、结转、主体变更、退运出口、解除监管、贷款抵押等后续管理事务时，应当自受理申请之日起10个工作日内作出是否同意的决定。

因特殊情形不能在10个工作日内作出决定的，海关应当书面向申请人说明理由。

第四十九条 海关总署对重大减免税事项实施备案管理。

第七章 附 则

第五十条 违反本办法，构成走私行为、违反海关监管规定行为或者其他违反海关法行为的，由海关依照《海关法》和《中华人民共和国海关行政处罚实施条例》有关规定予以处理；构成犯罪的，依法追究刑事责任。

第五十一条 本办法下列用语的含义：

进出口货物减免税申请人，是指根据有关进出口税收优惠政策和有关法律法规的规定，可以享受进出口税收优惠，并依照本办法向海关申请办理减免税相关手续的具有独立法人资格的企事业单位、社会团体、国家机关；符合本办法第三条第四款规定的非法人分支机构；经海关总署审查确认的其他组织。

减免税申请人所在地海关，当减免税申请人为企业法人时，所在地海关是指其办理企业法人登记地的海关；当减免税申请人为国家机关、事业单位、社会团体等非企业法人组织时，所在地海关是指其住所地海关；当减免税申请人为符合本办法第三条第四款规定的非法人分支机构时，所在地海关是指该分支机构办理工商注册登记地的海关。

情形消除之日，是指因政策规定不明确等原因，海关总署或者直属海关发文明确之日。

减免税额度，是指根据有关进出口税收优惠政策规定确定的减免税申请人可以减税或者免税进出口货物的金额、数量，或者可以减征、免征的进出口关税及进口环节海关代征税的税款。

第五十二条 本办法所列文书格式由海关总署另行制定并公告。

第五十三条 本办法由海关总署负责解释。

第五十四条 本办法自2009年2月1日起施行。

附件 1 – 22

中华人民共和国海关
加工贸易货物监管办法

（2014 年 3 月 12 日海关总署令第 219 号公布　根据 2017 年 12 月 20 日海关总署令第 235 号修正）

第一章　总　　则

第一条　为了促进加工贸易健康发展,规范海关对加工贸易货物管理,根据《中华人民共和国海关法》(以下简称《海关法》)以及其他有关法律、行政法规,制定本办法。

第二条　本办法适用于办理加工贸易货物手册设立、进出口报关、加工、监管、核销手续。

加工贸易经营企业、加工企业、承揽者应当按照本办法规定接受海关监管。

第三条　本办法所称"加工贸易"是指经营企业进口全部或者部分原辅材料、零部件、元器件、包装物料(以下统称料件),经过加工或者装配后,将制成品复出口的经营活动,包括来料加工和进料加工。

第四条　除国家另有规定外,加工贸易进口料件属于国家对进口有限制性规定的,经营企业免于向海关提交进口许可证件。

加工贸易出口制成品属于国家对出口有限制性规定的,经营企业应当向海关提交出口许可证件。

第五条　加工贸易项下进口料件实行保税监管的,加工成品出口后,海关根据核定的实际加工复出口的数量予以核销。

加工贸易项下进口料件按照规定在进口时先行征收税款的,加工成品出口后,海关根据核定的实际加工复出口的数量退还已征收的税款。

加工贸易项下的出口产品属于应当征收出口关税的,海关按照有关规定征收出口关税。

第六条　海关按照国家规定对加工贸易货物实行担保制度。

未经海关批准,加工贸易货物不得抵押。

第七条　海关对加工贸易实行分类监管,具体管理办法由海关总署另行制定。

第八条 海关可以对加工贸易企业进行核查,企业应当予以配合。

海关核查不得影响企业的正常经营活动。

第九条 加工贸易货物的手册设立、进出口报关、核销,应当采用纸质单证、电子数据的形式。

第十条 加工贸易企业应当根据《中华人民共和国会计法》以及海关有关规定,设置符合海关监管要求的账簿、报表以及其他有关单证,记录与本企业加工贸易货物有关的进口、存储、转让、转移、销售、加工、使用、损耗和出口等情况,凭合法、有效凭证记账并且进行核算。

加工贸易企业应当将加工贸易货物与非加工贸易货物分开管理。加工贸易货物应当存放在经海关备案的场所,实行专料专放。企业变更加工贸易货物存放场所的,应当事先通知海关,并办理备案变更手续。

第二章 加工贸易货物手册设立

第十一条 经营企业应当向加工企业所在地主管海关办理加工贸易货物的手册设立手续。

第十二条 除另有规定外,经营企业办理加工贸易货物的手册设立,应当向海关如实申报贸易方式、单耗、进出口口岸,以及进口料件和出口成品的商品名称、商品编号、规格型号、价格和原产地等情况,并且提交下列单证:

(一)经营企业自身有加工能力的,应当提交主管部门签发的《加工贸易加工企业生产能力证明》;

(二)经营企业委托加工的,应当提交经营企业与加工企业签订的委托加工合同、主管部门签发的加工企业《加工贸易加工企业生产能力证明》;

(三)经营企业对外签订的合同;

(四)海关认为需要提交的其他证明文件和材料。

第十三条 经营企业按照本办法第十一条、第十二条规定,提交齐全、有效的单证材料,申报设立手册的,海关应当自接受企业手册设立申报之日起5个工作日内完成加工贸易手册设立手续。

需要办理担保手续的,经营企业按照规定提供担保后,海关办理手册设立手续。

第十四条 有下列情形之一的,海关应当在经营企业提供相当于应缴税款金额的保证金或者银行、非银行金融机构保函后办理手册设立手续:

(一)涉嫌走私,已经被海关立案侦查,案件尚未审结的;

（二）由于管理混乱被海关要求整改，在整改期内的。

第十五条 有下列情形之一的，海关可以要求经营企业在办理手册设立手续时提供相当于应缴税款金额的保证金或者银行、非银行金融机构保函：

（一）租赁厂房或者设备的；

（二）首次开展加工贸易业务的；

（三）加工贸易手册延期两次（含两次）以上的；

（四）办理异地加工贸易手续的；

（五）涉嫌违规，已经被海关立案调查，案件尚未审结的。

第十六条 加工贸易企业有下列情形之一的，不得办理手册设立手续：

（一）进口料件或者出口成品属于国家禁止进出口的；

（二）加工产品属于国家禁止在我国境内加工生产的；

（三）进口料件不宜实行保税监管的；

（四）经营企业或者加工企业属于国家规定不允许开展加工贸易的；

（五）经营企业未在规定期限内向海关报核已到期的加工贸易手册，又重新申报设立手册的。

第十七条 经营企业办理加工贸易货物的手册设立，申报内容、提交单证与事实不符的，海关应当按照下列规定处理：

（一）货物尚未进口的，海关注销其手册；

（二）货物已进口的，责令企业将货物退运出境。

本条第一款第（二）项规定情形下，经营企业可以向海关申请提供相当于应缴税款金额的保证金或者银行、非银行金融机构保函，并且继续履行合同。

第十八条 已经办理加工贸易货物的手册设立手续的经营企业可以向海关领取加工贸易手册分册、续册。

第十九条 加工贸易货物手册设立内容发生变更的，经营企业应当在加工贸易手册有效期内办理变更手续。

第三章 加工贸易货物进出口、加工

第二十条 经营企业进口加工贸易货物，可以从境外或者海关特殊监管区域、保税监管场所进口，也可以通过深加工结转方式转入。

经营企业出口加工贸易货物，可以向境外或者海关特殊监管区域、保税监管场所出口，也可以通过深加工结转方式转出。

第二十一条 经营企业应当凭加工贸易手册、加工贸易进出口货物专用报关单等有关单证办理加工贸易货物进出口报关手续。

第二十二条 经营企业以加工贸易方式进出口的货物,列入海关统计。

第二十三条 加工贸易企业开展深加工结转的,转入企业、转出企业应当向各自的主管海关申报,办理实际收发货以及报关手续。具体管理规定由海关总署另行制定并公布。

有下列情形之一的,加工贸易企业不得办理深加工结转手续:

(一)不符合海关监管要求,被海关责令限期整改,在整改期内的;

(二)有逾期未报核手册的;

(三)由于涉嫌走私已经被海关立案调查,尚未结案的。

加工贸易企业未按照海关规定进行收发货的,不得再次办理深加工结转手续。

第二十四条 经营企业开展外发加工业务,应当按照外发加工的相关管理规定自外发之日起3个工作日内向海关办理备案手续。

经营企业开展外发加工业务,不得将加工贸易货物转卖给承揽者;承揽者不得将加工贸易货物再次外发。

经营企业将全部工序外发加工的,应当在办理备案手续的同时向海关提供相当于外发加工货物应缴税款金额的保证金或者银行、非银行金融机构保函。

第二十五条 外发加工的成品、剩余料件以及生产过程中产生的边角料、残次品、副产品等加工贸易货物,经营企业向所在地主管海关办理相关手续后,可以不运回本企业。

第二十六条 海关对加工贸易货物实施监管的,经营企业和承揽者应当予以配合。

第二十七条 加工贸易货物应当专料专用。

经海关核准,经营企业可以在保税料件之间、保税料件与非保税料件之间进行串换,但是被串换的料件应当属于同一企业,并且应当遵循同品种、同规格、同数量、不牟利的原则。

来料加工保税进口料件不得串换。

第二十八条 由于加工工艺需要使用非保税料件的,经营企业应当事先向海关如实申报使用非保税料件的比例、品种、规格、型号、数量。

经营企业按照本条第一款规定向海关申报的,海关核销时应当在出口成品总耗用量中予以核扣。

第二十九条 经营企业进口料件由于质量存在瑕疵、规格型号与合同不符等原因,需要返还原供货商进行退换,以及由于加工贸易出口产品售后服务需要而出口未加工保税料件的,可以直接向口岸海关办理报关手续。

已经加工的保税进口料件不得进行退换。

第四章 加工贸易货物核销

第三十条 经营企业应当在规定的期限内将进口料件加工复出口，并且自加工贸易手册项下最后一批成品出口或者加工贸易手册到期之日起30日内向海关报核。

经营企业对外签订的合同提前终止的，应当自合同终止之日起30日内向海关报核。

第三十一条 经营企业报核时应当向海关如实申报进口料件、出口成品、边角料、剩余料件、残次品、副产品以及单耗等情况，并且按照规定提交相关单证。

经营企业按照本条第一款规定向海关报核，单证齐全、有效的，海关应当受理报核。

第三十二条 海关核销可以采取纸质单证核销、电子数据核销的方式，必要时可以下厂核查，企业应当予以配合。

海关应当自受理报核之日起30日内予以核销。特殊情况需要延长的，经直属海关关长或者其授权的隶属海关关长批准可以延长30日。

第三十三条 加工贸易保税进口料件或者成品内销的，海关对保税进口料件依法征收税款并且加征缓税利息，另有规定的除外。

进口料件属于国家对进口有限制性规定的，经营企业还应当向海关提交进口许可证件。

第三十四条 经营企业因故将加工贸易进口料件退运出境的，海关凭有关退运单证核销。

第三十五条 经营企业在生产过程中产生的边角料、剩余料件、残次品、副产品和受灾保税货物，按照海关对加工贸易边角料、剩余料件、残次品、副产品和受灾保税货物的管理规定办理，海关凭有关单证核销。

第三十六条 经营企业遗失加工贸易手册的，应当及时向海关报告。

海关按照有关规定处理后对遗失的加工贸易手册予以核销。

第三十七条 对经核销结案的加工贸易手册，海关向经营企业签发《核销结案通知书》。

第三十八条 经营企业已经办理担保的，海关在核销结案后按照规定解除担保。

第三十九条 加工贸易货物的手册设立和核销单证自加工贸易手册核销

结案之日起留存3年。

第四十条 加工贸易企业出现分立、合并、破产、解散或者其他停止正常生产经营活动情形的,应当及时向海关报告,并且办结海关手续。

加工贸易货物被人民法院或者有关行政执法部门封存的,加工贸易企业应当自加工贸易货物被封存之日起5个工作日内向海关报告。

第五章 附 则

第四十一条 违反本办法,构成走私行为、违反海关监管规定行为或者其他违反《海关法》行为的,由海关依照《海关法》和《中华人民共和国海关行政处罚实施条例》的有关规定予以处理;构成犯罪的,依法追究刑事责任。

第四十二条 本办法中下列用语的含义:

来料加工,是指进口料件由境外企业提供,经营企业不需要付汇进口,按照境外企业的要求进行加工或者装配,只收取加工费,制成品由境外企业销售的经营活动。

进料加工,是指进口料件由经营企业付汇进口,制成品由经营企业外销出口的经营活动。

加工贸易货物,是指加工贸易项下的进口料件、加工成品以及加工过程中产生的边角料、残次品、副产品等。

加工贸易企业,包括经海关注册登记的经营企业和加工企业。

经营企业,是指负责对外签订加工贸易进出口合同的各类进出口企业和外商投资企业,以及经批准获得来料加工经营许可的对外加工装配服务公司。

加工企业,是指接受经营企业委托,负责对进口料件进行加工或者装配,并且具有法人资格的生产企业,以及由经营企业设立的虽不具有法人资格,但是实行相对独立核算并已经办理工商营业证(执照)的工厂。

单位耗料量,是指加工贸易企业在正常生产条件下加工生产单位出口成品所耗用的进口料件的数量,简称单耗。

深加工结转,是指加工贸易企业将保税进口料件加工的产品转至另一加工贸易企业进一步加工后复出口的经营活动。

承揽者,是指与经营企业签订加工合同,承接经营企业委托的外发加工业务的企业或者个人。

外发加工,是指经营企业委托承揽者对加工贸易货物进行加工,在规定期限内将加工后的产品最终复出口的行为。

核销,是指加工贸易经营企业加工复出口或者办理内销等海关手续后,凭规定单证向海关报核，海关按照规定进行核查以后办理解除监管手续的行为。

第四十三条 保税工厂开展加工贸易业务，按照海关对加工贸易保税工厂的管理规定办理。

第四十四条 进料加工保税集团开展加工贸易业务，按照海关对进料加工保税集团的管理规定办理。

第四十五条 实施联网监管的加工贸易企业开展加工贸易业务，按照海关对加工贸易企业实施计算机联网监管的管理规定办理。

第四十六条 加工贸易企业在海关特殊监管区域内开展加工贸易业务，按照海关对海关特殊监管区域的相关管理规定办理。

第四十七条 单耗的申报与核定，按照海关对加工贸易单耗的管理规定办理。

第四十八条 海关对加工贸易货物进口时先征收税款出口后予以退税的管理规定另行制定。

第四十九条 本办法由海关总署负责解释。

第五十条 本办法自公布之日起施行。2004 年 2 月 26 日以海关总署令第 113 号发布，并经海关总署令第 168 号、195 号修正的《中华人民共和国海关对加工贸易货物监管办法》同时废止。

附件 1－23

中华人民共和国海关报关单位注册登记管理规定

（2014 年 3 月 13 日海关总署令第 221 号公布　根据 2017 年 12 月 20 日海关总署令第 235 号修正）

第一章　总　　则

第一条　为了规范海关对报关单位的注册登记管理，根据《中华人民共和国海关法》（以下简称《海关法》）以及其他有关法律和行政法规，制定本规定。

第二条　中华人民共和国海关是报关单位注册登记管理的主管机关。

第三条　报关单位办理报关业务应当遵守国家有关法律、行政法规和海关规章的规定，承担相应的法律责任。

报关单位对其所属报关人员的报关行为应当承担相应的法律责任。

第四条　除法律、行政法规或者海关规章另有规定外，办理报关业务的报关单位，应当按照本规定到海关办理注册登记。

第五条　报关单位注册登记分为报关企业注册登记和进出口货物收发货人注册登记。

报关企业应当经所在地直属海关或者其授权的隶属海关办理注册登记许可后，方能办理报关业务。

进出口货物收发货人可以直接到所在地海关办理注册登记。

报关单位应当在每年 6 月 30 日前向注册地海关提交《报关单位注册信息年度报告》。

报关单位所属人员从事报关业务的，报关单位应当到海关办理备案手续，海关予以核发证明。

报关单位可以在办理注册登记手续的同时办理所属报关人员备案。

第六条　进出口货物收发货人应当通过本单位所属的报关人员办理报关业务，或者委托海关准予注册登记的报关企业，由报关企业所属的报关人员代为办理报关业务。

海关可以将报关单位的报关业务情况以及所属报关人员的执业情况予以

公布。

第七条 已经在海关办理注册登记的报关单位，再次向海关提出注册登记申请的，海关不予受理。

第二章 报关企业注册登记

第八条 报关企业应当具备下列条件：

（一）具备境内企业法人资格条件；

（二）法定代表人无走私记录；

（三）无因走私违法行为被海关撤销注册登记许可记录；

（四）有符合从事报关服务所必需的固定经营场所和设施；

（五）海关监管所需要的其他条件。

第九条 申请报关企业注册登记许可，应当提交下列文件材料：

（一）《报关单位情况登记表》；

（二）企业法人营业执照副本复印件；

（三）报关服务营业场所所有权证明或者使用权证明；

（四）其他与申请注册登记许可相关的材料。

申请人按照本条第一款规定提交复印件的，应当同时向海关交验原件。

第十条 申请人应当到所在地海关提出申请并递交申请注册登记许可材料。

直属海关应当对外公布受理申请的场所。

第十一条 申请人可以委托代理人提出注册登记许可申请。

申请人委托代理人代为提出申请的，应当出具授权委托书。

第十二条 对申请人提出的申请，海关应当根据下列情况分别作出处理：

（一）申请人不具备报关企业注册登记许可申请资格的，应当作出不予受理的决定；

（二）申请材料不齐全或者不符合法定形式的，应当当场或者在签收申请材料后五日内一次告知申请人需要补正的全部内容，逾期不告知的，自收到申请材料之日起即为受理；

（三）申请材料仅存在文字性或者技术性等可以当场更正的错误的，应当允许申请人当场更正，并且由申请人对更正内容予以签章确认；

（四）申请材料齐全、符合法定形式，或者申请人按照海关的要求提交全部补正申请材料的，应当受理报关企业注册登记许可申请，并作出受理决定。

第十三条 所在地海关受理申请后，应当根据法定条件和程序进行全面审查,并且于受理注册登记许可申请之日起20日内审查完毕。

直属海关未授权隶属海关办理注册登记许可的,应当自收到所在地海关报送的审查意见之日起20日内作出决定。

直属海关授权隶属海关办理注册登记许可的,隶属海关应当自受理或者收到所在地海关报送的审查意见之日起20日内作出决定。

第十四条 申请人的申请符合法定条件的,海关应当依法作出准予注册登记许可的书面决定,并送达申请人,同时核发《中华人民共和国海关报关单位注册登记证书》。

申请人的申请不符合法定条件的,海关应当依法作出不准予注册登记许可的书面决定,并且告知申请人享有依法申请行政复议或者提起行政诉讼的权利。

第十五条 报关企业在取得注册登记许可的直属海关关区外从事报关服务的,应当依法设立分支机构,并且向分支机构所在地海关备案。

报关企业在取得注册登记许可的直属海关关区内从事报关服务的,可以设立分支机构,并且向分支机构所在地海关备案。

报关企业分支机构可以在备案海关关区内从事报关服务。备案海关为隶属海关的,报关企业分支机构可以在备案海关所属直属海关关区内从事报关服务。

报关企业对其分支机构的行为承担法律责任。

第十六条 报关企业设立分支机构应当向其分支机构所在地海关提交下列备案材料:

(一)《报关单位情况登记表》;

(二)报关企业《中华人民共和国海关报关单位注册登记证书》复印件;

(三)分支机构营业执照副本复印件;

(四)报关服务营业场所所有权证明复印件或者使用权证明复印件;

(五)海关要求提交的其他备案材料。

申请人按照本条第一款规定提交复印件的,应当同时向海关交验原件。

经审查符合备案条件的,海关应当核发《中华人民共和国海关报关单位注册登记证书》。

第十七条 报关企业注册登记许可期限为2年。被许可人需要延续注册登记许可有效期的,应当办理注册登记许可延续手续。

报关企业分支机构备案有效期为2年,报关企业分支机构应当在有效期届满前30日凭本规定第十六条规定的材料到分支机构所在地海关办理换证手续。

第十八条 报关企业的企业名称、法定代表人发生变更的，应当凭《报关单位情况登记表》、《中华人民共和国海关报关单位注册登记证书》、变更后的工商营业执照或者其他批准文件及复印件，以书面形式到注册地海关申请变更注册登记许可。

报关企业分支机构企业名称、企业性质、企业住所、负责人等海关备案内容发生变更的，应当自变更生效之日起30日内，凭变更后的营业执照副本或者其他批准文件及复印件，到所在地海关办理变更手续。

所属报关人员备案内容发生变更的，报关企业及其分支机构应当在变更事实发生之日起30日内，凭变更证明文件等相关材料到注册地海关办理变更手续。

第十九条 对被许可人提出的变更注册登记许可申请，注册地海关应当参照注册登记许可程序进行审查。经审查符合注册登记许可条件的，应当作出准予变更的决定，同时办理注册信息变更手续。

经审查不符合注册登记许可条件的，海关不予变更其注册登记许可。

第二十条 报关企业办理注册登记许可延续手续，应当在有效期届满40日前向海关提出申请，同时提交本规定第九条第一款第（一）项至第（四）项规定的文件材料。依照海关规定提交复印件的，还应当同时交验原件。

报关企业应当在办理注册登记许可延续的同时办理换领《中华人民共和国海关报关单位注册登记证书》手续。

报关企业未按照本条第一款规定的时限提出延续申请的，海关不再受理其注册登记许可延续申请。

第二十一条 海关应当参照注册登记许可程序在有效期届满前对报关企业的延续申请予以审查。经审查认定符合注册登记许可条件，以及法律、行政法规、海关规章规定的延续注册登记许可应当具备的其他条件的，应当依法作出准予延续2年有效期的决定。

海关应当在注册登记许可有效期届满前作出是否准予延续的决定。有效期届满时仍未作出决定的，视为准予延续，海关应当依法为其办理注册登记许可延续手续。

海关对不再具备注册登记许可条件，或者不符合法律、行政法规、海关规章规定的延续注册登记许可应当具备的其他条件的报关企业，不准予延续其注册登记许可。

第二十二条 有下列情形之一的，海关应当依法注销注册登记许可：

（一）有效期届满未申请延续的；

（二）报关企业依法终止的；

（三）注册登记许可依法被撤销、撤回，或者注册登记许可证件依法被吊销的；

（四）由于不可抗力导致注册登记许可事项无法实施的；

（五）法律、行政法规规定的应当注销注册登记许可的其他情形。

海关依据本条第一款规定注销报关企业注册登记许可的，应当同时注销该报关企业设立的所有分支机构。

第三章　进出口货物收发货人注册登记

第二十三条　进出口货物收发货人应当按照规定到所在地海关办理报关单位注册登记手续。

进出口货物收发货人在海关办理注册登记后可以在中华人民共和国关境内口岸或者海关监管业务集中的地点办理本企业的报关业务。

第二十四条　进出口货物收发货人申请办理注册登记，应当提交下列文件材料，另有规定的除外：

（一）《报关单位情况登记表》；

（二）营业执照副本复印件；

（三）对外贸易经营者备案登记表复印件或者外商投资企业（台港澳侨投资企业）批准证书复印件；

（四）其他与注册登记有关的文件材料。

申请人按照本条第一款规定提交复印件的，应当同时向海关交验原件。

海关可以通过网络共享获取本条第一款规定材料的，申请人无需另行提交。

第二十五条　注册地海关依法对申请注册登记材料进行核对。经核对申请材料齐全、符合法定形式的，应当核发《中华人民共和国海关报关单位注册登记证书》。

第二十六条　除海关另有规定外，进出口货物收发货人《中华人民共和国海关报关单位注册登记证书》长期有效。

第二十七条　下列单位未取得对外贸易经营者备案登记表，按照国家有关规定需要从事非贸易性进出口活动的，应当办理临时注册登记手续：

（一）境外企业、新闻、经贸机构、文化团体等依法在中国境内设立的常驻代表机构；

（二）少量货样进出境的单位；

（三）国家机关、学校、科研院所等组织机构；

(四)临时接受捐赠、礼品、国际援助的单位;

(五)其他可以从事非贸易性进出口活动的单位。

第二十八条 临时注册登记单位在向海关申报前,应当向所在地海关办理备案手续。特殊情况下可以向拟进出境口岸或者海关监管业务集中地海关办理备案手续。

第二十九条 办理临时注册登记,应当凭本单位出具的委派证明或者授权证明以及非贸易性活动证明材料。

第三十条 临时注册登记的,海关可以出具临时注册登记证明,但是不予核发注册登记证书。

临时注册登记有效期最长为1年,有效期届满后应当重新办理临时注册登记手续。

已经办理报关注册登记的进出口货物收发货人,海关不予办理临时注册登记手续。

第三十一条 进出口货物收发货人企业名称、企业性质、企业住所、法定代表人(负责人)等海关注册登记内容发生变更的,应当自变更生效之日起30日内,凭变更后的营业执照副本或者其他批准文件以及复印件,到注册地海关办理变更手续。

所属报关人员发生变更的,进出口货物收发货人应当在变更事实发生之日起30日内,凭变更证明文件等相关材料到注册地海关办理变更手续。

第三十二条 进出口货物收发货人有下列情形之一的,应当以书面形式向注册地海关办理注销手续。海关在办结有关手续后,应当依法办理注销注册登记手续。

(一)破产、解散、自行放弃报关权或者分立成两个以上新企业的;

(二)被工商行政管理机关注销登记或者吊销营业执照的;

(三)丧失独立承担责任能力的;

(四)对外贸易经营者备案登记表或者外商投资企业批准证书失效的;

(五)其他依法应当注销注册登记的情形。

进出口货物收发货人未依照本条第一款主动办理注销手续的,海关可以在办结有关手续后,依法注销其注册登记。

第四章 报关单位的管理

第三十三条 报关单位有权向海关查询其办理的报关业务情况。

第三十四条 报关单位应当妥善保管海关核发的注册登记证书等相关证

明文件。发生遗失的,报关单位应当及时书面向海关报告并说明情况。

海关应当自收到情况说明之日起 20 日内予以补发相关证明文件。遗失的注册登记证书等相关证明文件在补办期间仍然处于有效期间的,报关单位可以办理报关业务。

第三十五条 报关单位向海关提交的纸质进出口货物报关单应当加盖本单位的报关专用章。

报关专用章应当按照海关总署统一规定的要求刻制。

报关企业及其分支机构的报关专用章仅限在其取得注册登记许可或者备案的直属海关关区内使用。

进出口货物收发货人的报关专用章可以在全关境内使用。

第三十六条 报关单位在办理注册登记业务时,应当对所提交的申请材料以及所填报信息内容的真实性负责并且承担法律责任。

第三十七条 海关依法对报关单位从事报关活动及其经营场所进行监督和实地检查,依法查阅或者要求报关单位报送有关材料。报关单位应当积极配合,如实提供有关情况和材料。

第三十八条 海关对报关单位办理海关业务中出现的报关差错予以记录,并且公布记录情况的查询方式。

报关单位对报关差错记录有异议的,可以自报关差错记录之日起 15 日内向记录海关以书面方式申请复核。

海关应当自收到书面申请之日起 15 日内进行复核,对记录错误的予以更正。

第五章 附 则

第三十九条 报关单位、报关人员违反本规定,构成走私行为、违反海关监管规定行为或者其他违反《海关法》行为的,由海关依照《海关法》和《中华人民共和国海关行政处罚实施条例》的有关规定予以处理;构成犯罪的,依法追究刑事责任。

第四十条 报关单位有下列情形之一的,海关予以警告,责令其改正,可以处 1 万元以下罚款:

(一)报关单位企业名称、企业性质、企业住所、法定代表人(负责人)等海关注册登记内容发生变更,未按照规定向海关办理变更手续的;

(二)向海关提交的注册信息中隐瞒真实情况、弄虚作假的。

第四十一条 《中华人民共和国海关报关单位注册登记证书》、《报关单位情况登记表》、《报关单位注册信息年度报告》等法律文书以及格式文本,由海关总署另行制定公布。

第四十二条　本规定规定的期限以工作日计算，不含法定节假日、休息日。

第四十三条　本规定中下列用语的含义：

报关单位，是指按照本规定在海关注册登记的报关企业和进出口货物收发货人。

报关企业，是指按照本规定经海关准予注册登记，接受进出口货物收发货人的委托，以委托人的名义或者以自己的名义，向海关办理代理报关业务，从事报关服务的中华人民共和国关境内的企业法人。

进出口货物收发货人，是指依法直接进口或者出口货物的中华人民共和国关境内的法人、其他组织或者个人。

报关人员，是指经报关单位向海关备案，专门负责办理所在单位报关业务的人员。

报关差错率，是指报关单位被记录报关差错的总次数，除以同期申报总次数的百分比。

第四十四条　海关特殊监管区域内企业可以申请注册登记成为特殊监管区域双重身份企业，海关按照报关企业有关规定办理注册登记手续。

特殊监管区域双重身份企业在海关特殊监管区域内拥有进出口货物收发货人和报关企业双重身份，在海关特殊监管区外仅具报关企业身份。

除海关特殊监管区域双重身份企业外，报关单位不得同时在海关注册登记为进出口货物收发货人和报关企业。

第四十五条　本规定由海关总署负责解释。

第四十六条　本规定自公布之日起施行。2005 年 3 月 31 日以海关总署令第 127 号发布的《中华人民共和国海关对报关单位注册登记管理规定》同时废止。

关于修改《科学研究和教学用品免征进口税收规定》的决定

（2017 年 12 月 20 日财政部、海关总署、国家税务总局令第 93 号公布　自 2018 年 1 月 1 日起施行　国法备字［2018000359］）

在第七条后增加一条作为第八条，原第八条和第九条相应顺延，增加内容为：“财政部、海关总署、税务总局等有关部门及其工作人员在政策执行过程中,存在违反本规定的行为,以及其他滥用职权、玩忽职守、徇私舞弊等违法违纪行为的,依照国家有关规定追究相应责任;涉嫌犯罪的,依法移送司法机关处理"。

本决定自2018年1月1日起施行。

环境保护部关于修改部分规章的决定

(2017年12月20日环境保护部令第47号公布 自公布之日起施行 国法备字[2018000336])

按照国务院关于做好"放管服"改革涉及的规章清理工作要求,环境保护部对有关规章进行了清理,决定对两部规章的部分条款予以修改。

一、对《国家级自然保护区监督检查办法》作出修改

(一)将第十三条第四项修改为:"(四)涉及国家级自然保护区且其环境影响评价文件依法由地方环境保护行政主管部门审批的建设项目在审批前,其环境影响评价文件中的生态影响专题报告是否征得省级环境保护行政主管部门的同意"。

第六项修改为:"(六)在国家级自然保护区的实验区开展参观、旅游活动的,自然保护区管理机构是否编制方案,编制的方案是否符合自然保护区管理目标;国家级自然保护区的参观、旅游活动是否按照编制的方案进行"。

(二)将第十九条第二项修改为:"(二)开展参观、旅游活动未编制方案或者编制的方案不符合自然保护区管理目标的"。

第四项修改为:"(四)不按照编制的方案开展参观、旅游活动的"。

二、对《放射性同位素与射线装置安全许可管理办法》作出修改

将第四条第一款修改为:"除医疗使用Ⅰ类放射源、制备正电子发射计算机断层扫描用放射性药物自用的单位外,生产放射性同位素、销售和使用Ⅰ类放射源、销售和使用Ⅰ类射线装置的辐射工作单位的许可证,由国务院环境保护主管部门审批颁发。"

第二款修改为:"除国务院环境保护主管部门审批颁发的许可证外,其他辐射工作单位的许可证,由省、自治区、直辖市人民政府环境保护主管部门审批颁发。"

《国家级自然保护区监督检查办法》《放射性同位素与射线装置安全许可管理办法》根据本决定作相应修改,重新公布。

民族统计工作管理办法

（2017年12月20日国家民族事务委员会令2017年第2号公布
自公布之日起施行　国法备字［2018000335］）

第一章　总　　则

第一条　为科学、有效、规范地组织民族统计工作，保障民族统计资料的真实性、准确性、完整性和及时性，充分发挥统计在民族工作中的重要作用，根据《中华人民共和国统计法》及其实施细则和《部门统计调查项目管理暂行办法》，制定本办法。

第二条　本办法适用于各级民族工作部门单独或与其他部门联合组织实施的统计调查活动。

第三条　民族统计工作的基本任务是对少数民族和民族自治地方经济社会发展情况进行统计调查，提供统计资料。

第四条　民族统计工作实行统一领导、分级负责的管理体制。

国家民委是民族统计工作的主管部门，在国家统计局的业务指导下，对民族统计工作实行统一管理和组织协调。

地方各级民族工作部门在上级民族工作部门和同级人民政府统计部门的业务指导下，负责本行政区域内的民族统计工作。

第五条　各级民族工作部门应当加强对民族统计工作的组织领导，确定专门负责此项工作的人员，建立工作责任机制，为统计工作提供必要的保障，定期检查并监督本办法的执行情况。

第六条　加强民族统计科学研究，健全统计指标体系，提高统计的科学性与真实性。各级民族工作部门应重视统计信息化建设，为民族统计工作提供必要的技术装备和其他各项条件，推进统计信息的搜集、处理、传输和共享。

第七条　各级民族工作部门应当按照有关规定如实提供有关统计资料，不得虚报、瞒报、拒报、迟报，不得伪造、篡改。对在民族统计工作中知悉的国家秘密、商业秘密和个人信息应当予以保密。

第二章　统计机构和统计人员

第八条　各级民族工作部门应当在其内设机构中明确承担统计工作的职能,并指定统计工作负责人。

第九条　国家民委统计机构履行以下职责:

(一)健全统计工作制度,对全国民族统计工作进行管理、指导和监督;保障民族统计工作经费;

(二)健全民族统计指标体系,制定全国少数民族和民族自治地方国民经济和社会发展统计报表制度,按程序报国家统计局审批或备案;

(三)负责与国家统计局、教育部、科技部、民政部、住房城乡建设部、文化部、卫生计生委、新闻出版广电总局、体育总局等同级有关部门的统计业务合作,组织、指导、协调各级民族工作部门的统计工作;

(四)搜集、整理、审核、发布全国民族统计资料;

(五)统筹建设、管理民族地区经济社会运行监测系统;

(六)组织或指导全国各级民族工作部门统计人员的业务培训;

(七)开展全国民族地区统计分析和监测工作。

第十条　地方各级民族工作部门统计机构履行以下职责:

(一)完成上级民族工作部门部署的统计调查任务,审核并按时向上级民族工作部门报送本地区的民族统计数据和其他统计资料;

(二)开展与本地区统计局等同级有关部门的统计业务合作,组织、指导、协调下级各民族工作部门的统计工作;

(三)按照国家民委统计机构的统一部署,按要求及时填报民族地区经济社会运行监测系统;

(四)组织开展本行政区域民族统计人员的业务培训。

第十一条　各级民族工作部门统计机构和统计员应恪守职业道德、依法履行职责,如实搜集、录入、审核、报送统计资料,不得伪造、篡改统计资料。同时,认真审核调查对象或下级民族工作部门报送的原始资料,努力减少数据处理偏差。

第十二条　各级民族工作部门要保障部门统计调查所需人力、物力和财力,合理配置统计员,不断充实统计力量。统计员队伍应保持相对稳定,因工作需要调离统计岗位时,应选派有能力承担规定责任的人员接替并做好统计工作交接,并及时告知上级民族工作部门。加强对统计人员的专业培训和职业道德教育。对不称职、不合格的统计人员及时进行调整。

第三章 统计调查管理

第十三条 统计指标的标准由国家统计局或国家统计局和国家民委共同制定，保障统计调查中采用的指标涵义、计算方法、分类目录、调查表式、统计编码等方面标准化。

第十四条 各级民族工作部门向上级民族工作部门报送统计数据和其他统计材料，须经本部门主管领导审核、签署。对审核中发现的异常数据，应当逐级核实确认，并对数据中异常变动情况予以说明。

第十五条 统计数据报出后，如发现内容有误，报送单位应按照国家有关规定及时进行更正并书面说明理由。

第四章 统计资料的管理和公布

第十六条 民族统计资料实行分级管理制度。全国民族统计资料由国家民委统计机构统一管理；地方各级民族统计资料由本部门统计机构统一管理。

第十七条 国家民委按照法律法规和国家有关规定，管理和发布全国民族统计资料。地方各级民族工作部门按照法律法规和国家有关规定，管理和发布本行政区域民族统计资料。

第十八条 尚未公布的民族统计资料，不得擅自对外提供，不得公开。属于国家秘密的统计资料，必须保密。

第五章 监督检查和法律责任

第十九条 国家民委每年以办公厅的名义对在保障民族统计资料真实性、准确性、完整性、及时性方面作出显著成绩的统计员给予表彰。

第二十条 各级民族工作部门负责人有下列行为之一的，依照《中华人民共和国统计法》第三十七条规定予以处理：

（一）自行修改统计资料、编造虚假统计数据的；

（二）要求统计机构、统计人员或者其他机构、人员伪造、篡改统计资料的；

（三）对依法履行职责或者拒绝、抵制统计违法行为的统计人员打击报复的；

（四）对本地方、本部门、本单位发生的严重统计违法行为失察的。

第二十一条　各级民族工作部门有下列行为之一的,对直接负责的主管人员和其他直接责任人员,依照《中华人民共和国统计法》第三十九条规定予以处理:

(一)违法公布统计资料的;

(二)违反国家有关规定,造成统计资料毁损、灭失的。

第二十二条　各级民族工作部门有下列行为之一的,对直接负责的主管人员和其他直接责任人员,依照《中华人民共和国统计法》第四十一条规定予以处理:

(一)拒绝提供统计资料或者经催报后仍未按时提供统计资料的;

(二)提供不真实或者不完整的统计资料的。

第六章　附　　则

第二十三条　本办法由国家民委负责解释。

第二十四条　本办法自公布之日起施行。

水利部关于废止和修改部分规章的决定

(2017 年 12 月 22 日中华人民共和国水利部令第 49 号公布
自公布之日起施行　国法备字[2018000342])

为了贯彻落实国务院简政放权、放管结合、优化服务改革措施,水利部对部门规章进行了全面清理,经商有关部门,决定废止 3 件、修改 17 件。

一、废止《开发建设项目水土保持方案管理办法》(1994 年 11 月 22 日水利部、国家计委、国家环保局水保〔1994〕513 号发布)。

二、废止《开发建设项目水土保持设施验收管理办法》(2002 年 10 月 14 日水利部令第 16 号发布,2005 年 7 月 8 日水利部令第 24 号修改,2015 年 12 月 16 日水利部令第 47 号第二次修改)。

三、废止《水利工程启闭机使用许可管理办法》(2010 年 10 月 10 日水利部令第 41 号发布,2015 年 12 月 16 日水利部令第 47 号修改)。

四、将《黄河下游浮桥建设管理办法》(1990 年 8 月 31 日水利部水政〔1990〕17 号发布,1997 年 12 月 25 日水利部水政资〔1997〕537 号修改)第三条第二款修改为:"建设单位应当按照河道管理权限,于开工前将浮桥建设方案一式五份报送当地黄河河道主管机关,经审查同意后,方可开工建设。”

第九条修改为:“建设单位应在浮桥开工前将施工方案报送当地黄河河道主管机关备案。施工完毕后必须经河道主管机关验收合格后方可启用。”

第十三条中的“《中华人民共和国治安管理处罚条例》”修改为“《中华人民共和国治安管理处罚法》”。

五、将《河道管理范围内建设项目管理的有关规定》(1992 年 4 月 3 日水利部、国家计委水政〔1992〕7 号发布)第三条第一款中的“方可按照基本建设程序履行审批手续”修改为“方可开工建设”。

删去第五条第三款。

第七条第一款修改为:“河道主管机关应在法定期限内将审查意见书面通知申请单位,同意兴建的,应发给审查同意书,并抄知上级水行政主管部门和建设单位的上级主管部门。建设单位在取得河道主管机关的审查同意书后,方可开工建设。”

第八条修改为:“河道主管机关对建设单位的申请进行审查后,作出不同意建设的决定,或者要求就有关问题进一步修改补充后再行审查的,应当在批复中说明理由和依据。建设单位对批复持有异议的,可依法提出行政复议申请。”

第十条修改为:“建设项目开工前,建设单位应当将施工安排送河道主管机关备案。施工安排应包括施工占用河道管理范围内土地的情况和施工期防汛措施。”

六、将《开发建设项目水土保持方案编报审批管理规定》(1995 年 5 月 30 日水利部令第 5 号发布,2005 年 7 月 8 日水利部令第 24 号修改)第七条修改为:“水土保持方案经过水行政主管部门审查批准,开发建设项目方可开工建设。”

七、将《水利工程质量管理规定》(1997 年 12 月 21 日水利部令第 7 号发布)第一条中的“国务院《质量振兴纲要(1996 年—2010 年)》和有关规定”修改为“《建筑法》《建设工程质量管理条例》等有关规定”。

删去第五条第二款中的“受水利部的委托”。

删去第十一条第一款。

删去第十二条。

第十四条改为第十三条,修改为:“水利工程质量监督实施以抽查为主的监督方式,运用法律和行政手段,做好监督抽查后的处理工作。工程竣工验收前,质量监督机构应对工程质量结论进行核备。未经质量核备的工程,项目法人不得报验,工程主管部门不得验收。”

第十五条改为第十四条,将第一款中的"经计量认证合格的检测单位"修改为"具有相应资质的检测单位"。删去第二款、第三款。

第二十三条改为第二十二条,将其中的"监理工程师上岗必须持有水利部颁发的监理工程师岗位证书,一般监理人员上岗要经过岗前培训"修改为"监理工程师应当持证上岗"。

第三十九条改为第三十八条,第一款修改为:"水利工程保修期从通过单项合同工程完工验收之日算起,保修期限按法律法规和合同约定执行。"

第四十四条改为第四十三条,第(八)项修改为:"(八)工程质量等级评定为不合格,或者工程需加固、拆除的。"

八、将《水利工程建设程序管理暂行规定》(1998 年 1 月 7 日水利部水建〔1998〕16 号发布,2014 年 8 月 19 日水利部令第 46 号修改,2016 年 8 月 1 日水利部令第 48 号第二次修改)第五条第 3 项修改为:"3. 可行性研究报告,按国家现行规定的审批权限报批。申报项目可行性研究报告,必须同时提出项目法人组建方案及运行机制、资金筹措方案、资金结构及回收资金的办法。"

九、将《水利水电建设工程蓄水安全鉴定暂行办法》(1999 年 4 月 16 日水利部水建管〔1999〕177 号发布)第十四条修改为:"项目法人认为工程符合蓄水安全鉴定条件时,可决定组织蓄水安全鉴定。蓄水安全鉴定,由项目法人委托具有相应鉴定经验和能力的单位承担,与之签定蓄水安全鉴定合同,并报工程验收主持单位核备。接受委托负责蓄水安全鉴定的单位(即鉴定单位)应成立专家组,并将专家组组成情况报工程验收主持单位和相应的水利工程质量监督部门核备。"

十、将《珠江河口管理办法》(1999 年 9 月 24 日水利部令第 10 号发布)第九条修改为:"在珠江河口管理范围内规划滩涂开发利用、河道整治、航道整治、桥梁、港口、码头等建设项目时,工程规划方案应经广东省人民政府水行政主管部门初审后报珠江水利委员会就其是否符合河口整治规划的总体安排、是否超出规划治导线、是否符合防洪和河口水质要求等进行审查,并取得珠江水利委员会出具的规划意见。"

删去第十条、第十一条和第十三条第(五)项。

第十五条改为第十三条,修改为:"水行政主管部门受理建设单位申请后,同意兴建的,出具审查同意文书。不同意建设或要求就有关问题进一步修改补充后再行审查的,应当在批复中说明理由和依据。建设单位在取得河道主管机关的审查同意书后,方可开工建设。"

第十六条改为第十四条,修改为:"建设单位如对建设项目的性质、规模、地点作重大变更,应当重新办理工程建设方案审查同意文书。"

第十八条改为第十六条，修改为："建设项目开工前，建设单位应当将施工安排送出具审查同意文书的水行政主管部门备案。施工安排应包括占用水域、滩涂、岸线情况或跨越河道、穿越河床的位置和界限以及施工期间防汛措施。安排施工时，应当按照水行政主管部门审查批准的位置和界限进行。"

第十九条改为第十七条，第二款修改为："建设项目竣工验收时，应当通知出具审查同意文书的水行政主管部门参加，水行政主管部门应当对河道和堤防安全严格把关。建设单位应在竣工验收后6个月内报送有关竣工资料。"

十一、将《水利部行政复议工作暂行规定》(1999年10月18日水利部水政法〔1999〕552号发布)第五条第(一)项至第(七)项、第六条第(二)项、第七条第一款、第十条第四款中的"省、自治区、直辖市水利(水电)厅(局)"修改为"省级水行政主管部门"。

删去第五条第(二)项中的"资格证"。删去第(六)项中的"水利工程建设监理资格证、施工企业资质证"。

十二、将《建设项目水资源论证管理办法》(2002年3月24日水利部、国家计委第15号令发布，2015年12月16日水利部第47号令修改)第一条中的"根据《取水许可制度实施办法》和《水利产业政策》"修改为"根据《取水许可和水资源费征收管理条例》"。

第七条修改为："业主单位在向具有审批权限的取水许可审批机关提交取水许可申请材料时，应当一并提交建设项目水资源论证报告书，作为取水许可审批的重要依据。未提交建设项目水资源论证报告书且经一次告知仍不补正的，视为放弃取水许可申请。"

第八条第二款修改为："建设项目水资源论证报告书技术审查意见和审定后的报告书是审批取水许可申请的重要依据。"

第九条第一款第(一)项中的"取水许可(预)申请"修改为"取水许可申请"。

第十条修改为："水行政主管部门或流域管理机构应严格依据国家发布的有关政策法规、技术标准、规程和规范，客观、公正、合理地组织报告书审查工作，提出技术审查意见，并对审查结论的真实性、科学性负责。"

十三、将《水利工程建设安全生产管理规定》(2005年7月22日水利部令第26号发布，2014年8月19日水利部令第46号修改)第二十五条中的"应当经水行政主管部门安全生产考核合格后方可任职"修改为"应当经水行政主管部门对其安全生产知识和管理能力考核合格"。

第二十七条第(三)项修改为："(三)组织、指导全国水利工程建设安全生产监督机构的建设、管理以及水利水电工程施工单位的主要负责人、项目负责人和专职安全生产管理人员的安全生产考核工作”。

删去第三十条第二款中的“安全生产监督机构以及安全生产监督人员应当经水利部考核合格”。

十四、将《水利工程建设监理规定》(2006 年 12 月 18 日水利部令第 28 号发布)第六条第一款修改为:“项目法人委托监理业务,合同价格不得低于成本。监理单位不得违反标准规范规定或合同约定,通过降低服务质量、减少服务内容等手段进行恶性竞争,扰乱正常市场秩序。”

第十条第一款修改为:“监理单位应当聘用一定数量的监理人员从事水利工程建设监理业务。监理人员包括总监理工程师、监理工程师和监理员。总监理工程师、监理工程师应当具有监理工程师职业资格,总监理工程师还应当具有工程类高级专业技术职称。”

十五、将《水利工程建设监理单位资质管理办法》(2006 年 12 月 18 日水利部令第 29 号发布,2010 年 5 月 14 日水利部令第 40 号修改,2015 年 12 月 16 日水利部令第 47 号第二次修改)第七条第(一)项中的“《水利水电工程等级划分及洪水标准》(SL252 - 2000)”修改为“《水利水电工程等级划分及洪水标准》(SL252 - 2017)”。

删去第十一条第一款第(五)项中的“总监理工程师岗位证书”。

第十六条修改为:“监理单位发生合并、重组、分立的,可以确定由一家单位承继原单位资质,该单位应当自合并、重组、分立之日起 30 个工作日内,按照本办法第十条、第十一条的规定,提交有关申请材料以及合并、重组、分立决议和监理业绩分割协议。经审核,注册人员等事项满足资质标准要求的,直接进行证书变更。重组、分立后其他单位申请获得水利工程建设监理单位资质的,按照首次申请办理。”

第二十三条中的“被降低资质等级的,两年内不得申请晋升资质等级”修改为“因违法违规行为被降低资质等级的,两年内不得申请晋升资质等级”。

附件一第一部分第(一)项、第二部分第(一)项、第三部分第(一)项中的“总监理工程师岗位证书”修改为“监理工程师资格证书”。

删去附件一第一部分第(二)项、第二部分第(二)项、第三部分第(二)项中的“总监理工程师”和“水利工程”。

删去附表一各专业资质等级对总监理工程师人数的要求。

十六、将《水利工程建设项目验收管理规定》(2006 年 12 月 18 日水利部令第 30 号发布,2014 年 8 月 19 日水利部令第 46 号修改,2016 年 8 月 1 日水利部令第 48 号第二次修改)第十六条修改为:“法人验收后,质量评定结论应当报该项目的质量监督机构核备。未经核备的，不得组织下一阶段验收。”

十七、将《水工程建设规划同意书制度管理办法(试行)》(2007 年 11 月 29 日水利部令第 31 号发布，2015 年 12 月 16 日水利部令第 47 号修改)第四条第一款、第二款合并为一款，作为第一款，修改为：“水工程未取得流域管理机构或者县级以上地方人民政府水行政主管部门按照管理权限审查签署的水工程建设规划同意书的，不得开工建设。”

第六条修改为：“水工程建设单位(以下简称建设单位)应当向有水工程建设规划同意书审查签署权限的流域管理机构或者县级以上地方人民政府水行政主管部门(以下简称审查签署机关)提出水工程建设规划同意书申请，并提交下列材料：

“(一)水工程建设规划同意书申请表；

“(二)拟报批水工程的(预)可行性研究报告(项目申请报告、备案材料)；

“(三)与第三者利害关系的相关说明；

“(四)审查签署机关要求的其他材料。”

十八、将《取水许可管理办法》(2008 年 4 月 9 日水利部令第 34 号发布，2015 年 12 月 16 日水利部令第 47 号修改)第五条修改为：“建设项目取得取水许可申请批准文件，申请人方可兴建取水工程或者设施。”

第十条第(三)项修改为：“(三)建设项目水资源论证报告书”。

删去第二十二条。

十九、将《三峡水库调度和库区水资源与河道管理办法》(2008 年 11 月 3 日水利部令第 35 号发布)第二十条第二款修改为：“直接从三峡库区取用水资源的，应当按照取水许可和水资源费征收管理的有关规定，向有关县级以上地方人民政府水行政主管部门或者长江水利委员会申请领取取水许可证，缴纳水资源费。在取水许可申请受理阶段需一并提交建设项目水资源论证报告书(表)，作为取水许可审批的重要依据。”

二十、将《水利工程质量检测管理规定》(2008 年 11 月 3 日水利部令第 36 号发布)第三条第二款中的“检测单位资质等级标准见附件”修改为“检测单位资质等级标准由水利部另行制定并向社会公告”。

删去第四条中的“或者行业自律管理”。

第五条第二款中的“每年集中审批一次”修改为“采用集中审批方式”。

第六条修改为：“检测单位应当向审批机关提交下列申请材料：

“(一)《水利工程质量检测单位资质等级申请表》；

“(二)事业单位法人证书或者工商营业执照复印件；

“(三)计量认证资质证书和证书附表复印件;

“(四)主要试验检测仪器、设备清单;

“(五)主要负责人、技术负责人的职称证书复印件,检测人员的从业资格证明材料复印件;

“(六)管理制度及质量控制措施。

“申请甲级资质的,还需提交乙级资质证书复印件和近三年承担质量检测业务的业绩及相关证明材料。

“检测单位可以同时申请不同专业类别的资质。”

第七条第二款修改为:“审批机关应当在法定期限内作出批准或者不予批准的决定。听证、专家评审及公示所需时间不计算在法定期限内,行政机关应当将所需时间书面告知申请人。决定予以批准的,颁发《水利工程质量检测单位资质等级证书》(以下简称《资质等级证书》);不予批准的,应当书面通知检测单位并说明理由。”

第二十一条第一款第(三)项修改为:“(三)是否存在转包、违规分包检测业务及租借、挂靠资质等违规行为”。

第二十五条中的“并给予警告,一年之内不得再次申请资质”修改为“并给予警告或者通报批评,二年之内不得再次申请资质”。

同时,对相关规章的条文顺序作了相应调整。

本决定自公布之日起施行。

基层法律服务所管理办法

(2000 年 3 月 30 日司法部令第 59 号公布 根据 2017 年 12 月 25 日司法部令第 137 号修订 自 2018 年 2 月 1 日起施行 国法备字[2018000329])

第一章 总 则

第一条 为加强对基层法律服务所的监督和管理,保障基层法律服务所依法执业,根据有关法律法规,结合基层法律服务工作实际和发展需要,制定本办法。

第二条 基层法律服务所是在乡镇和街道设立的法律服务组织,是基层法律服务工作者的执业机构。

第三条 基层法律服务所按照司法部规定的业务范围和执业要求,面向基层的政府机关、基层群众性自治组织、企业事业单位、社会组织和承包经营户、个体工商户、合伙组织以及公民提供法律服务,维护当事人合法权益,维护法律正确实施,促进社会稳定、经济发展和法治建设。

第四条 基层法律服务所依法执业受法律保护,任何组织和个人不得侵害其合法权益。

第五条 基层法律服务所应当把拥护中国共产党领导、拥护社会主义法治作为从业的基本要求。

第六条 司法行政机关依据本办法对基层法律服务所进行管理和指导。

第二章 执业管理

第七条 基层法律服务所应当有规范的名称和章程;有三名以上符合司法部规定条件、能够专职执业的基层法律服务工作者;有住所和必要的资产。

事业体制基层法律服务所除应当符合第一款规定外,还应当持有事业单位登记管理机关颁发的《事业单位法人证书》。

普通合伙制基层法律服务所除应当符合第一款规定外,还应当至少有两名具有三年以上执业经历、能够专职执业的基层法律服务工作者作为合伙人,并有经全体合伙人协商一致并签名的合伙协议。

基层法律服务所的人员、财务、职能应当与司法所分离。

第八条 基层法律服务所只能使用一个名称。名称应当由以下三部分内容依次排列组成:县级行政区划名称,乡镇、街道行政区划名称或者字号,法律服务所。

第九条 基层法律服务所章程应当载明下列事项:

(一)名称、住所;

(二)本所法定代表人或者负责人的职责;

(三)执业工作制度;

(四)基层法律服务工作者及辅助工作人员的聘用、管理办法;

(五)财务管理制度、分配制度;

(六)其他内部管理制度;

(七)停办、解散及清算办法;

(八)章程修改的程序;

(九)其他需要载明的事项。

第十条 基层法律服务所变更名称、法定代表人或者负责人、合伙人、住所和修改章程的,应当由所在地县级司法行政机关审查同意后报设区的市级司法行政机关批准,或者由直辖市的区(县)司法行政机关批准。

第十一条 基层法律服务所有下列情形之一的,应当终止:

(一)不符合本办法第七条规定的基层法律服务所应当具备的条件,经限期整改仍不符合相关规定的;

(二)停办或者决定解散的;

(三)法律、行政法规规定应当终止的其他情形。

基层法律服务所无正当理由停止业务活动满一年的,视为自行停办、解散,应当终止。

第十二条 基层法律服务所在终止事由发生后,应当向社会公告,按照有关规定进行清算,并不得受理新的业务。

基层法律服务所应当在清算结束后十五日内,经所在地县级司法行政机关审查后报设区的市级司法行政机关办理注销手续,或者由直辖市的区(县)司法行政机关办理注销手续。基层法律服务所拒不履行公告、清算义务的,可以由县级司法行政机关向社会公告后报设区的市级司法行政机关办理注销手续,或者由直辖市的区(县)司法行政机关向社会公告后办理注销手续。

第十三条《基层法律服务所执业证》分正本和副本。正本应当悬挂于执业场所,副本用于接受查验。正本和副本具有同等的法律效力。执业证不得伪造、涂改、抵押、出租、出借。

第十四条 设区的市级或者直辖市的区(县)司法行政机关应当按年度将本地区基层法律服务所变更、注销的情况报省、自治区、直辖市司法行政机关备案。

第三章 工作制度

第十五条 基层法律服务所应当依据本办法建立健全各项管理制度,完善工作运行机制。

第十六条 基层法律服务所设主任一名,根据需要可以设副主任。基层法律服务所主任,除应当取得基层法律服务工作者执业证外,还应当有三年以上从事基层法律服务工作或者基层司法行政工作的经历。

第十七条 基层法律服务所主任,应当经基层法律服务所民主推选或者按照有关规定产生。

第十八条 基层法律服务所主任为该所的法定代表人或者负责人,负责管理本所行政事务和组织开展业务工作,负责向所在地县级司法行政机关或者直辖市的区(县)司法行政机关报告工作。

第十九条 基层法律服务所应当建立基层法律服务工作者会议制度，民主管理本所重大事务，行使下列职权：

(一)制定本所发展规划和年度工作计划；

(二)制定本所管理规章制度；

(三)审议本所年度工作总结报告；

(四)审议本所年度预决算报告和重大财务开支项目；

(五)决定对本所基层法律服务工作者和辅助工作人员的奖惩；

(六)审议其他重要事项。

第二十条 基层法律服务所应当依法与在本所执业的基层法律服务工作者签订聘用合同或者劳动合同。

第二十一条 基层法律服务所应当建立健全执业管理、业务培训、投诉查处、人员奖惩等内部管理制度，对基层法律服务工作者加强职业道德和执业纪律教育，加强业务知识和技能的培训，加强执业活动的检查、监督。

第二十二条 基层法律服务所对违反职业道德、执业纪律，司法行政机关管理规定和本所章程、制度或者有其他违法行为的基层法律服务工作者，可以依据有关规定予以处分或者处理。

第二十三条 基层法律服务所根据工作需要，可以按照有关规定聘用文秘、财务、行政等辅助工作人员，依法签订聘用合同或者劳动合同。

辅助工作人员的聘用、变更情况，应当报所在地县级司法行政机关或者直辖市的区(县)司法行政机关备案。

第二十四条 基层法律服务所组织基层法律服务工作者开展业务活动，应当遵守下列要求：

(一)严格执行司法部关于基层法律服务业务范围、工作原则和服务程序的规定，建立统一收案、统一委派、疑难法律事务集体讨论、重要案件报告等制度；

(二)建立对基层法律服务工作者遵守职业道德、执业纪律和服务质量、效率的检查、监督、考评制度；

(三)接受国家、社会和委托人的监督；

(四)由基层法律服务所按照有关规定统一收取服务费，公开收费项目和收费标准，严格遵守基层法律服务收费管理制度；

(五)对符合规定条件的当事人提供法律援助；

(六)建立健全基层法律服务业务档案管理制度。

第二十五条 基层法律服务所应当按照规定建立健全财务管理制度，建立和实行合理的分配制度以及激励机制。

第二十六条 基层法律服务所应当根据本所收支情况和实际需要，留存用于事业发展、社会保障和奖励等事项的费用。

第二十七条 基层法律服务所应当按照国家和地方有关社会保障的政策和规定，为基层法律服务工作者和辅助工作人员办理社会保险。

第二十八条 基层法律服务所应当积极创造条件，加强办公用房、办公设施、办公装备的建设，不断改善执业条件，提高服务质量，提升工作效率。

第四章 检查监督

第二十九条 设区的市级或者直辖市的区（县）司法行政机关应当每年对基层法律服务所进行年度考核。

对基层法律服务所进行年度考核的具体办法，由省、自治区、直辖市司法行政机关依据本办法和有关规定制定。

第三十条 基层法律服务所接受年度考核，应当提交下列材料：

（一）上年度本所工作总结报告和本年度工作计划；

（二）上年度本所财务报表；

（三）《基层法律服务所执业证》副本；

（四）司法行政机关要求提交的其他材料。

第三十一条 基层法律服务所的年度考核材料，经所在地县级司法行政机关审查后报送设区的市级司法行政机关审核，或者由直辖市的区（县）司法行政机关审核。

第三十二条 设区的市级或者直辖市的区（县）司法行政机关在年度考核中，对有本办法第三十六条所列行为、尚未处理的基层法律服务所，按照本办法第三十六条至第三十九条的规定进行处理。

在年度考核中，不符合本办法规定条件的基层法律服务所，应当在所在地县级司法行政机关或者直辖市的区（县）司法行政机关监督下，限期整改。期满后仍不符合本办法相关规定的，应当办理注销手续。

第三十三条 省、自治区、直辖市司法行政机关应当建立基层法律服务所和基层法律服务工作者信息管理系统，按照有关规定向社会公开基层法律服务所、基层法律服务工作者基本信息和年度考核结果、奖惩情况，并将基层法律服务所、基层法律服务工作者信用记录纳入本省、自治区、直辖市信用信息共享平台。

第三十四条 县级司法行政机关或者直辖市的区（县）司法行政机关对基层法律服务所的日常执业活动和内部管理工作进行指导和监督，可以按照有关规定对基层法律服务所进行检查,要求基层法律服务所报告工作、说明情况、提交有关材料。司法所可以根据县级司法行政机关或者直辖市的区(县)司法行政机关要求,承担对基层法律服务所进行指导监督的具体工作。

第三十五条 司法行政机关对工作成绩显著、队伍建设良好、管理制度完善的基层法律服务所,按照有关规定给予表彰奖励。

第三十六条 基层法律服务所有下列行为之一的,由所在地县级司法行政机关或者直辖市的区(县)司法行政机关予以警告;有违法所得的,依照法律、法规的规定没收违法所得,并由设区的市级或者直辖市的区(县)司法行政机关处以违法所得三倍以下的罚款,罚款数额最高为三万元:

(一)超越业务范围和诉讼代理执业区域的;

(二)违反规定不以基层法律服务所名义统一接受委托、统一收取服务费,不向委托人出具有效收费凭证的;

(三)冒用律师事务所名义执业的;

(四)以贬损他人、抬高自己、虚假承诺或者支付介绍费等不正当手段争揽业务的;

(五)伪造、涂改、抵押、出租、出借本所执业证的;

(六)违反规定变更本所名称、法定代表人或者负责人、合伙人、住所和章程的;

(七)不按规定接受年度考核,或者在年度考核中弄虚作假的;

(八)违反财务管理规定,私分、挪用或者以其他方式非法处置本所资产的;

(九)聘用未获准基层法律服务工作者执业的人员以基层法律服务工作者名义承办业务的;

(十)放纵、包庇本所基层法律服务工作者的违法违纪行为的;

(十一)内部管理混乱,无法正常开展业务的;

(十二)法律、法规、规章规定应予处罚的其他行为。

第三十七条 司法行政机关对基层法律服务所实施行政处罚,应当依照《中华人民共和国行政处罚法》和司法部有关规定进行。

第三十八条 基层法律服务所对行政处罚不服的,可以依照《中华人民共和国行政复议法》和司法部有关规定申请行政复议。

第三十九条 司法行政机关对基层法律服务所实施行政处罚的,应当按照有关规定追究其法定代表人或者负责人的责任。

第四十条 司法行政机关对基层法律服务所实施行政处罚的同时,应当责令其限期整改。期满后仍不能改正,不宜继续执业的,由设区的市级或者直辖市的区(县)司法行政机关予以注销。

第四十一条 司法行政机关应当建立对基层法律服务所的投诉监督制度,设立投诉电话、投诉信箱,受理公民、法人和其他非法人组织对基层法律服务所及其从业人员的投诉。

涉及委托人与基层法律服务所发生争议的投诉,由基层法律服务所所在地县级司法行政机关或者直辖市的区(县)司法行政机关予以调解处理;涉及基层法律服务所及其从业人员违法违纪的投诉,司法行政机关应当立案调查处理,并将查处结果告知投诉人。

第四十二条 上级司法行政机关认为下级司法行政机关在年度考核和行政处罚工作中有错误或者不当的,应当及时责令其改正。

司法行政机关及其工作人员不履行管理职责或者侵犯基层法律服务所合法权益的,应当追究主管人员和直接责任人员的行政责任。

第五章 附 则

第四十三条 《基层法律服务所执业证》由司法部统一制作。

第四十四条 本办法由司法部负责解释。

第四十五条 本办法自2018年2月1日起施行。司法部此前制定的有关基层法律服务所管理的规章、规范性文件与本办法相抵触的,以本办法为准。

基层法律服务工作者管理办法

(2000年3月30日司法部令第60号公布 根据2017年12月25日司法部令第138号修订 国法备字[2018000330])

第一章 总 则

第一条 为加强对基层法律服务工作者的监督和管理,保障基层法律服务工作者依法执业,根据有关法律法规,制定本办法。

第二条 符合本办法规定的执业条件,经司法行政机关核准取得《基层法律服务工作者执业证》,在基层法律服务所执业,为社会提供法律服务的人员,是基层法律服务工作者。

第三条 基层法律服务工作者的职责是按照司法部规定的业务范围和执业要求，开展法律服务，维护当事人合法权益，维护法律正确实施，促进社会稳定、经济发展和法治建设。

基层法律服务工作者依法执业受法律保护，任何组织和个人不得侵害其合法权益。

第四条 基层法律服务工作者应当把拥护中国共产党领导、拥护社会主义法治作为从业的基本要求。

第五条 司法行政机关依据本办法对基层法律服务工作者进行管理和指导。

第二章 执业条件

第六条 申请基层法律服务工作者执业，应当具备下列条件：

（一）拥护中华人民共和国宪法；

（二）高等学校法律专业本科毕业，参加省、自治区、直辖市司法行政机关组织的考试合格；

（三）品行良好；

（四）身体健康；

（五）在基层法律服务所实习满一年，但具有二年以上其他法律职业经历的除外。

各省、自治区、直辖市的自治县（旗），国务院审批确定的国家扶贫开发工作重点县，西部地区省、自治区、直辖市所辖县，可以将前款第二项规定的学历专业条件放宽为高等学校法律专业专科毕业，或者非法律专业本科毕业并具有法律专业知识。

第七条 具有法律职业资格或者曾经取得基层法律服务工作者执业资格的人员，符合本办法第六条第一款第一、三、四、五项规定的，也可以申请基层法律服务工作者执业核准。

第八条 有下列情形之一的人员，不得参加本办法第六条第一款第二项规定的考试或者申请执业核准：

（一）因故意犯罪受到刑事处罚的；

（二）被开除公职的；

（三）无民事行为能力或者限制民事行为能力的。

第三章 执业核准

第九条 设区的市级或者直辖市的区(县)司法行政机关负责基层法律服务工作者执业核准,颁发《基层法律服务工作者执业证》。

第十条 申请基层法律服务工作者执业核准的,应当填写申请执业登记表,并提交下列材料:

(一)符合本办法第六条规定的学历证书和考试合格证明,或者第七条规定的资格证书;

(二)基层法律服务所对申请人实习表现的鉴定意见,或者具有二年以上其他法律职业经历的证明;

(三)基层法律服务所出具的同意接收申请人的证明;

(四)申请人的身份证明。

第十一条 申请执业核准材料,由拟聘用申请人的基层法律服务所提交所在地县级司法行政机关审查,由其出具审查意见后报设区的市级司法行政机关审核,或者由拟聘用申请人的基层法律服务所报所在地直辖市的区(县)司法行政机关审核。

第十二条 执业核准机关应当自决定受理申请之日起二十日内完成审核,作出准予执业核准或者不准予执业核准的书面决定。不准予执业核准的,应当在决定中说明理由。

对准予执业核准的申请人,由执业核准机关颁发《基层法律服务工作者执业证》。

申请人对不准予执业核准决定有异议的,可以依照《中华人民共和国行政复议法》和司法部有关规定申请行政复议。

第十三条 对有下列情形之一的申请执业核准的人员,司法行政机关应当作出不准予执业核准的决定:

(一)具有本办法第八条规定情形之一的;

(二)曾因严重违法违纪违规行为被基层法律服务所解除聘用合同或者劳动合同的;

(三)曾被吊销律师执业证书或者受到停止执业处罚期限未满的;

(四)具有法律职业资格或者律师资格、公证员资格并已在律师事务所或者公证机构执业的。

第十四条 符合本办法第六条或者第七条规定的条件,在教育科研部门工作、民营企业工作或者务农的人员,经基层法律服务所聘用,可以兼职从事基层法律服务工作,但在教育科研部门工作的人员按照有关规定不得兼职的除外。申请兼职基层法律服务者执业核准,按照本办法规定的条件和程序办理。

基层法律服务所聘用兼职基层法律服务工作者的人数,不得超过专职基层法律服务工作者的人数。

第十五条 基层法律服务工作者变更执业机构的,持与原执业的基层法律服务所解除聘用关系、劳动关系的证明和拟变更的基层法律服务所同意接收的证明,按照本办法规定的程序,申请更换《基层法律服务工作者执业证》。

有下列情形之一的,基层法律服务工作者不得变更执业机构:

(一)本人承办的业务或者工作交接手续尚未办结;

(二)本人与所在基层法律服务所尚存在债权债务关系;

(三)本人有正在接受调查处理的违反执业纪律的行为。

第十六条 基层法律服务工作者有下列情形之一的,由执业核准机关注销并收回《基层法律服务工作者执业证》:

(一)因严重违法违纪违规行为被基层法律服务所解除聘用合同或者劳动合同的;

(二)因与基层法律服务所解除聘用合同、劳动合同或者所在的基层法律服务所被注销,在六个月内未被其他基层法律服务所聘用的;

(三)因本人申请注销的;

(四)因其他原因停止执业的。

第十七条 基层法律服务工作者应当妥善保管《基层法律服务工作者执业证》,不得伪造、涂改、抵押、出借、出租。

《基层法律服务工作者执业证》遗失或者损坏无法使用的,持证人应当立即向所在地县级司法行政机关或者直辖市的区(县)司法行政机关申请办理补发或更换手续。

第四章 人员管理

第十八条 基层法律服务所应当依法与在本所执业的基层法律服务工作者签订聘用合同或者劳动合同。

第十九条 基层法律服务所应当为基层法律服务工作者执业提供必要的工作条件,维护其在执业活动和本所管理工作中应享有的合法权利,保障其应享有的劳动报酬、保险和福利待遇。

第二十条 基层法律服务所应当建立对基层法律服务工作者执业实绩和

遵守职业道德、执业纪律情况的年度考核制度。

年度考核结果分为优秀、称职、基本称职、不称职四个等次。年度考核结果应当作为对基层法律服务工作者奖惩的依据。

第二十一条 基层法律服务所对年度考核被评为优秀或者在平时执业中有突出事迹或者显著贡献的基层法律服务工作者,应当给予奖励。

对事迹特别突出的,可以报请有关司法行政机关给予表彰。

第二十二条 基层法律服务所对违反职业道德和执业纪律,违反司法行政机关管理规定和本所章程、制度或者有其他违法行为的基层法律服务工作者,可以按照有关规定予以处分或者处理。

第二十三条 基层法律服务工作者有下列情形之一的,基层法律服务所可以按照有关规定解除聘用合同或者劳动合同:

(一)在年度考核中连续两年被评为不称职的;

(二)严重违反本所规章制度,经多次教育仍不改正的;

(三)无正当理由连续停止执业满三个月的;

(四)因患病或者非因公负伤,在规定的医疗期满后不能从事基层法律服务工作的。

基层法律服务所按照前款规定与基层法律服务工作者解除聘用合同或者劳动合同的,应当报所在地县级司法行政机关备案,并按照规定程序办理注销手续。

第二十四条 基层法律服务所和基层法律服务工作者对履行聘用合同发生争议的,可以提请所在地的县级司法行政机关或者直辖市的区(县)司法行政机关进行调解处理。

第五章 执业权利和义务

第二十五条 基层法律服务工作者应当遵守宪法和法律,恪守职业道德和执业纪律,做到依法执业、诚信执业、规范执业。

基层法律服务工作者执业应当以事实为依据,以法律为准绳。

基层法律服务工作者应当接受国家、社会和当事人的监督。

第二十六条 基层法律服务工作者可以从事下列业务:

(一)担任法律顾问;

(二)代理参加民事、行政诉讼活动;

(三)代理非诉讼法律事务;

(四)接受委托,参加调解、仲裁活动;

（五）解答法律咨询；

（六）代写法律事务文书。

第二十七条 基层法律服务工作者办理本办法第二十六条第二项规定的业务，应当符合下列条件之一：

（一）至少有一方当事人的住所位于其执业的基层法律服务所所在的县级行政区划辖区或者直辖市的区（县）行政区划辖区内。

（二）案件由其执业的基层法律服务所所在的县级行政区划辖区或者直辖市的区（县）行政区划辖区内的基层人民法院审理；该案进入二审、审判监督程序的，可以继续接受原当事人的委托，担任诉讼代理人。

省、自治区、直辖市司法行政机关根据本地实际，认为确有必要的，可以适当调整前款第一项规定的条件。

第二十八条 基层法律服务工作者持基层法律服务所出具的介绍信、当事人的委托书和《基层法律服务工作者执业证》，经有关单位或者个人同意，可以依法向其调查、收集与承办法律事务有关的证据材料；依法查阅所代理案件有关材料。

第二十九条 基层法律服务工作者对坚持非法要求、故意隐瞒重大事实、提供虚假证据或者严重违反委托合同约定义务的当事人，可以拒绝为其代理或者解除委托关系。

第三十条 基层法律服务工作者在执业中发现本地区政府机关、基层群众性自治组织、企业事业单位、社会组织在执行法律、法规和规章方面存在问题的，可以向其提出法律服务建议。

第三十一条 基层法律服务工作者在执业期间，有权获得执业所需的工作条件，参加政治学习和业务培训，参与本所民主管理，获得劳动报酬和享受保险、福利待遇。

第三十二条 基层法律服务工作者对违反本办法第三十一条规定，或者侵犯其执业权利的行为，可以请求司法行政机关、基层法律服务行业协会依法予以保障其合法权益。

第三十三条 基层法律服务工作者应当遵守基层法律服务所统一收案、统一委派、统一收费的相关规定。

第三十四条 基层法律服务工作者应当按照有关规定履行法律援助义务。

第三十五条 基层法律服务工作者在执业过程中应当遵守司法、仲裁和行政执法活动的有关制度，尊重司法机关、仲裁委员会和行政执法机关及其工作人员依法行使职权。

曾担任法官的基层法律服务工作者,不得担任原任职法院办理案件的诉讼代理人。

第三十六条 基层法律服务工作者应当尊重同行,同业互助,公平竞争,共同提高执业水平。

第三十七条 基层法律服务工作者应当保守在执业活动中知悉的国家秘密、商业秘密和个人隐私。

第三十八条 基层法律服务工作者应当爱岗敬业、坚持原则、诚实守信、举止文明、廉洁自律,自觉维护执业声誉和社会形象。

第三十九条 基层法律服务工作者应当勤奋学习,加强职业修养,积极参加司法行政机关组织的业务培训,不断提高专业水平和服务技能。

第六章 检查监督

第四十条 设区的市级或者直辖市的区(县)司法行政机关应当对基层法律服务工作者进行年度考核。

对基层法律服务工作者进行年度考核的具体办法,由省、自治区、直辖市司法行政机关依据本办法和有关规定确定。

第四十一条 基层法律服务工作者参加年度考核,应当提交下列材料:

(一)上年度执业情况和遵守职业道德、执业纪律情况的个人总结;

(二)基层法律服务所出具的执业表现年度考核意见;

(三)《基层法律服务工作者执业证》。

第四十二条 基层法律服务工作者年度考核材料,由基层法律服务所报经所在地县级司法行政机关审查后报设区的市级司法行政机关审核,或者由基层法律服务所报所在地直辖市的区(县)司法行政机关审核。

第四十三条 设区的市级或者直辖市的区(县)司法行政机关在年度考核中,对有本办法第四十六条所列行为、尚未处理的基层法律服务工作者,按照本办法第四十六条至第四十八条的规定进行处理。

第四十四条 县级司法行政机关或者直辖市的区(县)司法行政机关对基层法律服务工作者的日常执业活动和遵守职业道德、执业纪律的情况进行指导和监督,可以按照有关规定对基层法律服务工作者的执业情况进行检查,要求有关人员报告工作、说明情况、提交有关材料。司法所可以根据县级司法行政机关或者直辖市的区(县)司法行政机关要求,承担对基层法律服务工作者进行指导监督的具体工作。

第四十五条 司法行政机关对有突出事迹或者显著贡献的基层法律服务

工作者，按照有关规定给予表彰奖励。

第四十六条 基层法律服务工作者有下列行为之一的，由所在地县级司法行政机关或者直辖市的区（县）司法行政机关予以警告；有违法所得的，依照法律、法规的规定没收违法所得，并由设区的市级或者直辖市的区（县）司法行政机关处以违法所得三倍以下的罚款，罚款数额最高为三万元：

（一）超越业务范围和诉讼代理执业区域的；

（二）以贬损他人、抬高自己、虚假承诺或者支付介绍费等不正当手段争揽业务的；

（三）曾担任法官的基层法律服务工作者，担任原任职法院办理案件的诉讼代理人的；

（四）冒用律师名义执业的；

（五）同时在基层法律服务所和律师事务所或者公证机构执业，或者同时在两个以上基层法律服务所执业的；

（六）无正当理由拒绝履行法律援助义务的；

（七）明知委托人的要求是非法的、欺诈性的，仍为其提供帮助的；

（八）在代理活动中超越代理权限或者滥用代理权，侵犯被代理人合法利益的；

（九）在同一诉讼、仲裁、行政裁决中，为双方当事人或者有利害关系的第三人代理的；

（十）不遵守与当事人订立的委托合同，拒绝或者疏怠履行法律服务义务，损害委托人合法权益的；

（十一）在调解、代理、法律顾问等执业活动中压制、侮辱、报复当事人，造成恶劣影响的；

（十二）不按规定接受年度考核，或者在年度考核中弄虚作假的；

（十三）泄露在执业活动中知悉的商业秘密或者个人隐私的；

（十四）以影响案件审判、仲裁或者行政裁定结果为目的，违反规定会见有关司法、仲裁或者行政执法人员，或者向其请客送礼的；

（十五）私自接受委托承办法律事务，或者私自收取费用，或者向委托人索要额外报酬的；

（十六）在代理活动中收受对方当事人、利害关系人财物或者与其恶意串通，损害委托人合法权益的；

（十七）违反司法、仲裁、行政执法工作有关制度规定，干扰或者阻碍司法、仲裁、行政执法工作正常进行的；

（十八）泄露在执业活动中知悉的国家秘密的；

(十九)伪造、隐匿、毁灭证据或者故意协助委托人伪造、隐匿、毁灭证据的;

(二十)向有关司法人员、仲裁员或者行政执法人员行贿、介绍贿赂,或者指使、诱导委托人向其行贿的;

(二十一)法律、法规、规章规定应予处罚的其他行为。

司法行政机关对基层法律服务工作者实施上述行政处罚的同时,应当责令其改正。

第四十七条 司法行政机关对基层法律服务工作者实施行政处罚,应当依照《中华人民共和国行政处罚法》和司法部有关规定进行。

第四十八条 基层法律服务工作者对行政处罚不服的,可以依照《中华人民共和国行政复议法》和司法部有关规定申请行政复议。

第四十九条 基层法律服务工作者有下列情形之一的,基层法律服务所可以按照有关规定解除聘用合同或者劳动合同:

(一)有本办法第四十六条第一款第十三至第十七项规定行为,情节严重的;

(二)有本办法第四十六条第一款第十八、十九、二十项规定行为之一的;

(三)因故意犯罪受到刑事处罚的。

第五十条 司法行政机关应当建立对基层法律服务工作者执业的投诉监督制度,设立投诉电话、投诉信箱,受理当事人和其他公民对基层法律服务工作者违法违纪行为的投诉,将调查处理结果告知投诉人。

第五十一条 上级司法行政机关认为下级司法行政机关在执业核准、年度考核和行政处罚工作中有错误或者不当的,应当及时责令其纠正。

司法行政机关不履行管理职责或者干涉基层法律服务工作者执业、侵犯其合法权益的,应当追究主管人员和直接责任人员的行政责任。

第七章 附 则

第五十二条 省、自治区、直辖市司法行政机关应当从解决乡镇和欠发达地区律师资源不足问题、满足基层人民群众的法律服务需求出发,制定本地区基层法律服务队伍发展方案。

第五十三条 《基层法律服务工作者执业证》由司法部统一制作。

第五十四条 本办法由司法部负责解释。

第五十五条 本办法自 2018 年 2 月 1 日起施行。司法部此前制定的有关基层法律服务工作者管理的规章、规范性文件与本办法相抵触的,以本办法为准。

中华人民共和国海关预裁定管理暂行办法

（2017 年 12 月 26 日海关总署令第 236 号公布　自 2018 年 2 月 1 日起施行　国法备字［2018000346］）

第一条　为了促进贸易安全与便利，优化营商环境，增强企业对进出口贸易活动的可预期性，根据《中华人民共和国海关法》以及有关法律、行政法规和我国政府缔结或者加入的有关国际条约、协定的规定，制定本办法。

第二条　在货物实际进出口前，海关应申请人的申请，对其与实际进出口活动有关的海关事务作出预裁定，适用本办法。

第三条　在货物实际进出口前，申请人可以就下列海关事务申请预裁定：

（一）进出口货物的商品归类；

（二）进出口货物的原产地或者原产资格；

（三）进口货物完税价格相关要素、估价方法；

（四）海关总署规定的其他海关事务。

前款所称“完税价格相关要素”，包括特许权使用费、佣金、运保费、特殊关系，以及其他与审定完税价格有关的要素。

第四条　预裁定的申请人应当是与实际进出口活动有关，并且在海关注册登记的对外贸易经营者。

第五条　申请人申请预裁定的，应当提交《中华人民共和国海关预裁定申请书》（以下简称《预裁定申请书》）以及海关要求的有关材料。材料为外文的，申请人应当同时提交符合海关要求的中文译本。

申请人应当对提交材料的真实性、准确性、完整性、规范性承担法律责任。

第六条　申请人需要海关为其保守商业秘密的，应当以书面方式向海关提出要求，并且列明具体内容。海关按照国家有关规定承担保密义务。

第七条　申请人应当在货物拟进出口 3 个月之前向其注册地直属海关提出预裁定申请。

特殊情况下，申请人确有正当理由的，可以在货物拟进出口前 3 个月内提出预裁定申请。

一份《预裁定申请书》应当仅包含一类海关事务。

第八条　海关应当自收到《预裁定申请书》以及相关材料之日起 10 日内审核决定是否受理该申请，制发《中华人民共和国海关预裁定申请受理决定书》或者《中华人民共和国海关预裁定申请不予受理决定书》。

申请材料不符合有关规定的,海关应当在决定是否受理前一次性告知申请人在规定期限内进行补正,制发《中华人民共和国海关预裁定申请补正通知书》。补正申请材料的期间,不计入本条第一款规定的期限内。

申请人未在规定期限内提交材料进行补正的,视为未提出预裁定申请。

海关自收到《预裁定申请书》以及相关材料之日起10日内未作出是否受理的决定,也没有一次性告知申请人进行补正的,自收到材料之日起即为受理。

第九条 有下列情形之一的,海关应当作出不予受理决定,并且说明理由:

(一)申请不符合本办法第三条、第四条、第五条或者第七条规定的;

(二)海关规章、海关总署公告已经对申请预裁定的海关事务有明确规定的;

(三)申请人就同一事项已经提出预裁定申请并且被受理的。

第十条 海关对申请人申请预裁定的海关事务应当依据有关法律、行政法规、海关规章以及海关总署公告作出预裁定决定,制发《中华人民共和国海关预裁定决定书》(以下简称《预裁定决定书》)。

作出预裁定决定过程中,海关可以要求申请人在规定期限内提交与申请海关事务有关的材料或者样品;申请人也可以向海关补充提交有关材料。

第十一条 海关应当自受理之日起60日内制发《预裁定决定书》。

《预裁定决定书》应当送达申请人,并且自送达之日起生效。

需要通过化验、检测、鉴定、专家论证或者其他方式确定有关情况的,所需时间不计入本条第一款规定的期限内。

第十二条 有下列情形之一的,海关可以终止预裁定,并且制发《中华人民共和国海关终止预裁定决定书》:

(一)申请人在预裁定决定作出前以书面方式向海关申明撤回其申请,海关同意撤回的;

(二)申请人未按照海关要求提供有关材料或者样品的;

(三)由于申请人原因致使预裁定决定未能在第十一条第一款规定的期限内作出的。

第十三条 预裁定决定有效期为3年。

预裁定决定所依据的法律、行政法规、海关规章以及海关总署公告相关规定发生变化,影响其效力的,预裁定决定自动失效。

申请人就海关对其作出的预裁定决定所涉及的事项,在有效期内不得再次申请预裁定。

第十四条 预裁定决定对于其生效前已经实际进出口的货物没有溯及力。

第十五条 申请人在预裁定决定有效期内进出口与预裁定决定列明情形相同的货物,应当按照预裁定决定申报,海关予以认可。

第十六条 已生效的预裁定决定有下列情形之一的,由海关予以撤销,并且通知申请人:

(一)因申请人提供的材料不真实、不准确、不完整,造成预裁定决定需要撤销的;

(二)预裁定决定错误的;

(三)其他需要撤销的情形。

撤销决定自作出之日起生效。依照前款第(一)项的规定撤销预裁定决定的,经撤销的预裁定决定自始无效。

第十七条 除涉及商业秘密的外,海关可以对外公开预裁定决定的内容。

第十八条 申请人对预裁定决定不服的,可以向海关总署申请行政复议;对复议决定不服的,可以依法向人民法院提起行政诉讼。

第十九条 申请人提供虚假材料或者隐瞒相关情况的,海关给予警告,可以处1万元以下罚款。

第二十条 本办法列明的法律文书,由海关总署另行制定格式文本并且发布。

本办法关于期限规定的"日"是指自然日。

第二十一条 本办法由海关总署负责解释。

第二十二条 本办法自2018年2月1日起施行。

企业境外投资管理办法

(2017年12月26日国家发展和改革委员会令第11号公布
自2018年3月1日起施行 国法备字[2018000362])

第一章 总 则

第一条 为加强境外投资宏观指导,优化境外投资综合服务,完善境外投资全程监管,促进境外投资持续健康发展,维护我国国家利益和国家安全,根据《中华人民共和国行政许可法》《国务院关于投资体制改革的决定》《国务院对确需保留的行政审批项目设定行政许可的决定》等法律法规，制定本办法。

第二条 本办法所称境外投资，是指中华人民共和国境内企业（以下称"投资主体"）直接或通过其控制的境外企业，以投入资产、权益或提供融资、担保等方式，获得境外所有权、控制权、经营管理权及其他相关权益的投资活动。

前款所称投资活动，主要包括但不限于下列情形：

（一）获得境外土地所有权、使用权等权益；

（二）获得境外自然资源勘探、开发特许权等权益；

（三）获得境外基础设施所有权、经营管理权等权益；

（四）获得境外企业或资产所有权、经营管理权等权益；

（五）新建或改扩建境外固定资产；

（六）新建境外企业或向既有境外企业增加投资；

（七）新设或参股境外股权投资基金；

（八）通过协议、信托等方式控制境外企业或资产。

本办法所称企业，包括各种类型的非金融企业和金融企业。

本办法所称控制，是指直接或间接拥有企业半数以上表决权，或虽不拥有半数以上表决权，但能够支配企业的经营、财务、人事、技术等重要事项。

第三条 投资主体依法享有境外投资自主权，自主决策、自担风险。

第四条 投资主体开展境外投资，应当履行境外投资项目（以下称"项目"）核准、备案等手续，报告有关信息，配合监督检查。

第五条 投资主体开展境外投资，不得违反我国法律法规，不得威胁或损害我国国家利益和国家安全。

第六条 国家发展和改革委员会（以下称"国家发展改革委"）在国务院规定的职责范围内，履行境外投资主管部门职责，根据维护我国国家利益和国家安全的需要，对境外投资进行宏观指导、综合服务和全程监管。

第七条 国家发展改革委建立境外投资管理和服务网络系统（以下称"网络系统"）。投资主体可以通过网络系统履行核准和备案手续、报告有关信息；涉及国家秘密或不适宜使用网络系统的事项，投资主体可以另行使用纸质材料提交。网络系统操作指南由国家发展改革委发布。

第二章 境外投资指导和服务

第八条 投资主体可以就境外投资向国家发展改革委咨询政策和信息、

反映情况和问题、提出意见和建议。

第九条 国家发展改革委在国务院规定的职责范围内,会同有关部门根据国民经济和社会发展需要制定完善相关领域专项规划及产业政策,为投资主体开展境外投资提供宏观指导。

第十条 国家发展改革委在国务院规定的职责范围内,会同有关部门加强国际投资形势分析,发布境外投资有关数据、情况等信息,为投资主体提供信息服务。

第十一条 国家发展改革委在国务院规定的职责范围内,会同有关部门参与国际投资规则制定,建立健全投资合作机制,加强政策交流和协调,推动有关国家和地区为我国企业开展投资提供公平环境。

第十二条 国家发展改革委在国务院规定的职责范围内,推动海外利益安全保护体系和能力建设,指导投资主体防范和应对重大风险,维护我国企业合法权益。

第三章 境外投资项目核准和备案

第一节 核准、备案的范围

第十三条 实行核准管理的范围是投资主体直接或通过其控制的境外企业开展的敏感类项目。核准机关是国家发展改革委。

本办法所称敏感类项目包括:

(一)涉及敏感国家和地区的项目;

(二)涉及敏感行业的项目。

本办法所称敏感国家和地区包括:

(一)与我国未建交的国家和地区;

(二)发生战争、内乱的国家和地区;

(三)根据我国缔结或参加的国际条约、协定等,需要限制企业对其投资的国家和地区;

(四)其他敏感国家和地区。

本办法所称敏感行业包括:

(一)武器装备的研制生产维修;

(二)跨境水资源开发利用;

(三)新闻传媒;

(四)根据我国法律法规和有关调控政策,需要限制企业境外投资的行业。

敏感行业目录由国家发展改革委发布。

第十四条 实行备案管理的范围是投资主体直接开展的非敏感类项目，也即涉及投资主体直接投入资产、权益或提供融资、担保的非敏感类项目。

实行备案管理的项目中，投资主体是中央管理企业(含中央管理金融企业、国务院或国务院所属机构直接管理的企业，下同)的，备案机关是国家发展改革委；投资主体是地方企业，且中方投资额3亿美元及以上的，备案机关是国家发展改革委；投资主体是地方企业，且中方投资额3亿美元以下的，备案机关是投资主体注册地的省级政府发展改革部门。

本办法所称非敏感类项目，是指不涉及敏感国家和地区且不涉及敏感行业的项目。

本办法所称中方投资额，是指投资主体直接以及通过其控制的境外企业为项目投入的货币、证券、实物、技术、知识产权、股权、债权等资产、权益以及提供融资、担保的总额。

本办法所称省级政府发展改革部门，包括各省、自治区、直辖市及计划单列市人民政府发展改革部门和新疆生产建设兵团发展改革部门。

第十五条 投资主体可以向核准、备案机关咨询拟开展的项目是否属于核准、备案范围，核准、备案机关应当及时予以告知。

第十六条 两个以上投资主体共同开展的项目，应当由投资额较大一方在征求其他投资方书面同意后提出核准、备案申请。如各方投资额相等，应当协商一致后由其中一方提出核准、备案申请。

第十七条 对项目所需前期费用(包括履约保证金、保函手续费、中介服务费、资源勘探费等)规模较大的，投资主体可以参照本办法第十三条、第十四条规定对项目前期费用提出核准、备案申请。经核准或备案的项目前期费用计入项目中方投资额。

第二节 核准的程序和时限

第十八条 实行核准管理的项目，投资主体应当通过网络系统向核准机关提交项目申请报告并附具有关文件。其中，投资主体是中央管理企业的，由其集团公司或总公司向核准机关提交；投资主体是地方企业的，由其直接向核准机关提交。

第十九条 项目申请报告应当包括以下内容：

(一) 投资主体情况；

(二) 项目情况，包括项目名称、投资目的地、主要内容和规模、中方投资额等；

(三) 项目对我国国家利益和国家安全的影响分析;

(四) 投资主体关于项目真实性的声明。

项目申请报告的通用文本以及应当附具的文件(以下称“附件”)清单由国家发展改革委发布。

第二十条 项目申请报告可以由投资主体自行编写,也可以由投资主体自主委托具有相关经验和能力的中介服务机构编写。

第二十一条 项目申请报告和附件齐全、符合法定形式的,核准机关应当予以受理。

项目申请报告或附件不齐全、不符合法定形式的,核准机关应当在收到项目申请报告之日起 5 个工作日内一次性告知投资主体需要补正的内容。逾期不告知的,自收到项目申请报告之日起即为受理。

核准机关受理或不予受理项目申请报告,都应当通过网络系统告知投资主体。投资主体需要受理或不予受理凭证的,可以通过网络系统自行打印或要求核准机关出具。

第二十二条 项目涉及有关部门职责的,核准机关应当商请有关部门在 7 个工作日内出具书面审查意见。有关部门逾期没有反馈书面审查意见的,视为同意。

第二十三条 核准机关在受理项目申请报告后,如确有必要,应当在 4 个工作日内委托咨询机构进行评估。除项目情况复杂的,评估时限不得超过 30 个工作日。项目情况复杂的,经核准机关同意,可以延长评估时限,但延长的时限不得超过 60 个工作日。

核准机关应当将咨询机构进行评估所需的时间告知投资主体。

接受委托的咨询机构应当在规定时限内提出评估报告,并对评估结论承担责任。

评估费用由核准机关承担,咨询机构及其工作人员不得收取投资主体任何费用。

第二十四条 核准机关可以结合有关单位意见、评估意见等,建议投资主体对项目申请报告有关内容进行调整,或要求投资主体对有关情况或材料作进一步澄清、补充。

第二十五条 核准机关应当在受理项目申请报告后 20 个工作日内作出是否予以核准的决定。项目情况复杂或需要征求有关单位意见的,经核准机关负责人批准,可以延长核准时限,但延长的核准时限不得超过 10 个工作日,并应当将延长时限的理由告知投资主体。

前款规定的核准时限,包括征求有关单位意见的时间,不包括咨询机构评估的时间。

第二十六条 核准机关对项目予以核准的条件为：

（一）不违反我国法律法规；

（二）不违反我国有关发展规划、宏观调控政策、产业政策和对外开放政策；

（三）不违反我国缔结或参加的国际条约、协定；

（四）不威胁、不损害我国国家利益和国家安全。

第二十七条 对符合核准条件的项目，核准机关应当予以核准，并向投资主体出具书面核准文件。

对不符合核准条件的项目，核准机关应当出具不予核准书面通知，并说明不予核准的理由。

第二十八条 项目违反有关法律法规、违反有关规划或政策、违反有关国际条约或协定、威胁或损害我国国家利益和国家安全的，核准机关可以不经过征求意见、委托评估等程序，直接作出不予核准的决定。

第三节 备案的程序和时限

第二十九条 实行备案管理的项目，投资主体应当通过网络系统向备案机关提交项目备案表并附具有关文件。其中，投资主体是中央管理企业的，由其集团公司或总公司向备案机关提交；投资主体是地方企业的，由其直接向备案机关提交。

项目备案表格式文本及附件清单由国家发展改革委发布。

第三十条 项目备案表和附件齐全、符合法定形式的，备案机关应当予以受理。

项目备案表或附件不齐全、项目备案表或附件不符合法定形式、项目不属于备案管理范围、项目不属于备案机关管理权限的，备案机关应当在收到项目备案表之日起 5 个工作日内一次性告知投资主体。逾期不告知的，自收到项目备案表之日起即为受理。

备案机关受理或不予受理项目备案表，都应当通过网络系统告知投资主体。投资主体需要受理或不予受理凭证的，可以通过网络系统自行打印或要求备案机关出具。

第三十一条 备案机关在受理项目备案表之日起 7 个工作日内向投资主体出具备案通知书。

备案机关发现项目违反有关法律法规、违反有关规划或政策、违反有关国际条约或协定、威胁或损害我国国家利益和国家安全的，应当在受理项目备案表之日起 7 个工作日内向投资主体出具不予备案书面通知,并说明不予备案的理由。

第四节 核准、备案的效力、变更和延期

第三十二条 属于核准、备案管理范围的项目,投资主体应当在项目实施前取得项目核准文件或备案通知书。

本办法所称项目实施前,是指投资主体或其控制的境外企业为项目投入资产、权益(已按照本办法第十七条办理核准、备案的项目前期费用除外)或提供融资、担保之前。

第三十三条 属于核准、备案管理范围的项目,投资主体未取得有效核准文件或备案通知书的,外汇管理、海关等有关部门依法不予办理相关手续,金融企业依法不予办理相关资金结算和融资业务。

第三十四条 已核准、备案的项目,发生下列情形之一的,投资主体应当在有关情形发生前向出具该项目核准文件或备案通知书的机关提出变更申请:

(一) 投资主体增加或减少;

(二) 投资地点发生重大变化;

(三) 主要内容和规模发生重大变化;

(四) 中方投资额变化幅度达到或超过原核准、备案金额的 20%,或中方投资额变化 1 亿美元及以上;

(五) 需要对项目核准文件或备案通知书有关内容进行重大调整的其他情形。

核准机关应当在受理变更申请之日起 20 个工作日内作出是否同意变更核准的书面决定。备案机关应当在受理变更申请之日起 7 个工作日内作出是否同意变更备案的书面决定。

第三十五条 核准文件、备案通知书有效期 2 年。确需延长有效期的,投资主体应当在有效期届满的 30 个工作日前向出具该项目核准文件或备案通知书的机关提出延长有效期的申请。

核准机关应当在受理延期申请之日起 20 个工作日内作出是否同意延长核准文件有效期的书面决定。备案机关应当在受理延期申请之日起 7 个工作日内作出是否同意延长备案通知书有效期的书面决定。

第三十六条 核准、备案机关应当依法履行职责,严格按照规定权限、程序、时限等要求实施核准、备案行为,提高行政效能,提供优质服务。

第三十七条 对核准、备案机关实施的核准、备案行为,相关利害关系人

有权依法申请行政复议或提起行政诉讼。

第三十八条 对不符合本办法规定条件的项目予以核准、备案,或违反本办法规定权限和程序予以核准、备案的,应当依法予以撤销。

第三十九条 核准、备案机关应当按照《政府信息公开条例》规定将核准、备案有关信息予以公开。

第四章 境外投资监管

第四十条 国家发展改革委和省级政府发展改革部门根据境外投资有关法律法规和政策,按照本办法第十三条、第十四条规定的分工,联合同级政府有关部门建立协同监管机制,通过在线监测、约谈函询、抽查核实等方式对境外投资进行监督检查,对违法违规行为予以处理。

第四十一条 倡导投资主体创新境外投资方式、坚持诚信经营原则、避免不当竞争行为、保障员工合法权益、尊重当地公序良俗、履行必要社会责任、注重生态环境保护、树立中国投资者良好形象。

第四十二条 投资主体通过其控制的境外企业开展大额非敏感类项目的,投资主体应当在项目实施前通过网络系统提交大额非敏感类项目情况报告表,将有关信息告知国家发展改革委。

投资主体提交的大额非敏感类项目情况报告表内容不完整的,国家发展改革委应当在收到之日起 5 个工作日内一次性告知投资主体需要补正的内容。逾期不告知的,视作内容完整。大额非敏感类项目情况报告表格式文本由国家发展改革委发布。

本办法所称大额非敏感类项目,是指中方投资额 3 亿美元及以上的非敏感类项目。

第四十三条 境外投资过程中发生外派人员重大伤亡、境外资产重大损失、损害我国与有关国家外交关系等重大不利情况的,投资主体应当在有关情况发生之日起 5 个工作日内通过网络系统提交重大不利情况报告表。重大不利情况报告表格式文本由国家发展改革委发布。

第四十四条 属于核准、备案管理范围的项目,投资主体应当在项目完成之日起 20 个工作日内通过网络系统提交项目完成情况报告表。项目完成情况报告表格式文本由国家发展改革委发布。

前款所称项目完成,是指项目所属的建设工程竣工、投资标的股权或资产交割、中方投资额支出完毕等情形。

第四十五条 国家发展改革委、省级政府发展改革部门可以就境外投资过程中的重大事项向投资主体发出重大事项问询函。投资主体应当按照重大事项问询函载明的问询事项和时限要求提交书面报告。

国家发展改革委、省级政府发展改革部门认为确有必要的,可以公示重大事项问询函及投资主体提交的书面报告。

第四十六条 投资主体按照本办法第四十二条、第四十三条、第四十四条、第四十五条规定提交有关报告表或书面报告后,需要凭证的,可以通过网络系统自行打印提交完成凭证。

第四十七条 国家发展改革委、省级政府发展改革部门可以根据其掌握的国际国内经济社会运行情况和风险状况,向投资主体或利益相关方发出风险提示,供投资主体或利益相关方参考。

第四十八条 投资主体应当对自身通过网络系统和线下提交的各类材料的真实性、合法性、完整性负责,不得有虚假、误导性陈述和重大遗漏。

第四十九条 有关部门和单位、驻外使领馆等发现企业违反本办法规定的,可以告知核准、备案机关。公民、法人或其他组织发现企业违反本办法规定的,可以据实向核准、备案机关举报。

国家发展改革委建立境外投资违法违规行为记录,公布并更新企业违反本办法规定的行为及相应的处罚措施,将有关信息纳入全国信用信息共享平台、国家企业信用信息公示系统、“信用中国”网站等进行公示,会同有关部门和单位实施联合惩戒。

第五章 法律责任

第五十条 国家发展改革委工作人员有下列行为之一的,责令其限期改正,并依法追究有关责任人的行政责任;构成犯罪的,依法追究刑事责任:

(一) 滥用职权、玩忽职守、徇私舞弊、索贿受贿的;

(二) 违反本办法规定程序和条件办理项目核准、备案的;

(三) 其他违反本办法规定的行为。

第五十一条 投资主体通过恶意分拆项目、隐瞒有关情况或提供虚假材料等手段申请核准、备案的,核准、备案机关不予受理或不予核准、备案,对投资主体及主要责任人处以警告。

第五十二条 投资主体通过欺骗、贿赂等不正当手段取得项目核准文件或备案通知书的,核准、备案机关应当撤销该核准文件或备案通知书,对投资主体及主要责任人处以警告;构成犯罪的,依法追究刑事责任。

第五十三条 属于核准、备案管理范围的项目,投资主体有下列行为之一的，由核准、备案机关责令投资主体中止或停止实施该项目并限期改正，对投资主体及有关责任人处以警告；构成犯罪的，依法追究刑事责任：

（一）未取得核准文件或备案通知书而擅自实施的；

（二）应当履行核准、备案变更手续，但未经核准、备案机关同意而擅自实施变更的。

第五十四条 投资主体有下列行为之一的，由国家发展改革委或投资主体注册地的省级政府发展改革部门责令投资主体限期改正；情节严重或逾期不改正的，对投资主体及有关责任人处以警告：

（一）未按本办法第四十二条、第四十三条、第四十四条、第四十五条规定报告有关信息的；

（二）违反本办法第四十八条规定的。

第五十五条 投资主体在境外投资过程中实施不正当竞争行为、扰乱境外投资市场秩序的，由国家发展改革委或投资主体注册地的省级政府发展改革部门责令投资主体中止或停止开展该项目并限期改正，对投资主体及主要责任人处以警告。

第五十六条 境外投资威胁我国国家利益和国家安全的，由国家发展改革委或投资主体注册地的省级政府发展改革部门责令投资主体中止实施项目并限期改正。

境外投资损害我国国家利益和国家安全的，由国家发展改革委或投资主体注册地的省级政府发展改革部门责令投资主体停止实施项目、限期改正并采取补救措施，对投资主体及有关责任人处以警告；构成犯罪的，依法追究刑事责任。

投资主体按照本办法第四十三条规定及时提交重大不利情况报告表并主动改正的，可以减轻或免除本条规定的行政处罚。

第五十七条 金融企业为属于核准、备案管理范围但未取得核准文件或备案通知书的项目提供融资、担保的，由国家发展改革委通报该违规行为并商请有关金融监管部门依法依规处罚该金融企业及有关责任人。

第六章 附 则

第五十八条 各省级政府发展改革部门要加强对本地企业境外投资的指导、服务和监管，可以按照本办法的规定制定具体实施办法。

第五十九条 国家发展改革委对省级政府发展改革部门的境外投资管理工作进行指导和监督，对发现的问题及时予以纠正。

第六十条 核准、备案机关及其工作人员，以及被核准机关征求意见、受核准机关委托进行评估的单位及其工作人员，依法对投资主体根据本办法提交的材料负有保守商业秘密的义务。

第六十一条 事业单位、社会团体等非企业组织对境外开展投资参照本办法执行。

第六十二条 投资主体直接或通过其控制的企业对香港、澳门、台湾地区开展投资的，参照本办法执行。

投资主体通过其控制的香港、澳门、台湾地区企业对境外开展投资的，参照本办法执行。

第六十三条 境内自然人通过其控制的境外企业或香港、澳门、台湾地区企业对境外开展投资的，参照本办法执行。

境内自然人直接对境外开展投资不适用本办法。境内自然人直接对香港、澳门、台湾地区开展投资不适用本办法。

第六十四条 法律、行政法规对境外投资管理有专门规定的，从其规定。

第六十五条 本办法由国家发展改革委负责解释。

第六十六条 本办法自2018年3月1日起施行。《境外投资项目核准和备案管理办法》（国家发展和改革委员会令第9号）同时废止。

政府采购质疑和投诉办法

（2017年12月26日财政部令第94号公布　自2018年3月1日起施行　国法备字[2018000360]）

第一章　总　则

第一条 为了规范政府采购质疑和投诉行为，保护参加政府采购活动当事人的合法权益，根据《中华人民共和国政府采购法》《中华人民共和国政府采购法实施条例》和其他有关法律法规规定，制定本办法。

第二条 本办法适用于政府采购质疑的提出和答复、投诉的提起和处理。

第三条 政府采购供应商（以下简称供应商）提出质疑和投诉应当坚持依法依规、诚实信用原则。

第四条 政府采购质疑答复和投诉处理应当坚持依法依规、权责对等、公平公正、简便高效原则。

第五条 采购人负责供应商质疑答复。采购人委托采购代理机构采购的,采购代理机构在委托授权范围内作出答复。

县级以上各级人民政府财政部门(以下简称财政部门)负责依法处理供应商投诉。

第六条 供应商投诉按照采购人所属预算级次,由本级财政部门处理。

跨区域联合采购项目的投诉,采购人所属预算级次相同的,由采购文件事先约定的财政部门负责处理,事先未约定的,由最先收到投诉的财政部门负责处理;采购人所属预算级次不同的,由预算级次最高的财政部门负责处理。

第七条 采购人、采购代理机构应当在采购文件中载明接收质疑函的方式、联系部门、联系电话和通讯地址等信息。

县级以上财政部门应当在省级以上财政部门指定的政府采购信息发布媒体公布受理投诉的方式、联系部门、联系电话和通讯地址等信息。

第八条 供应商可以委托代理人进行质疑和投诉。其授权委托书应当载明代理人的姓名或者名称、代理事项、具体权限、期限和相关事项。供应商为自然人的,应当由本人签字;供应商为法人或者其他组织的,应当由法定代表人、主要负责人签字或者盖章,并加盖公章。

代理人提出质疑和投诉,应当提交供应商签署的授权委托书。

第九条 以联合体形式参加政府采购活动的,其投诉应当由组成联合体的所有供应商共同提出。

第二章 质疑提出与答复

第十条 供应商认为采购文件、采购过程、中标或者成交结果使自己的权益受到损害的,可以在知道或者应知其权益受到损害之日起7个工作日内,以书面形式向采购人、采购代理机构提出质疑。

采购文件可以要求供应商在法定质疑期内一次性提出针对同一采购程序环节的质疑。

第十一条 提出质疑的供应商(以下简称质疑供应商)应当是参与所质疑项目采购活动的供应商。

潜在供应商已依法获取其可质疑的采购文件的,可以对该文件提出质疑。对采购文件提出质疑的,应当在获取采购文件或者采购文件公告期限届满之日起7个工作日内提出。

第十二条 供应商提出质疑应当提交质疑函和必要的证明材料。质疑函应当包括下列内容:

（一）供应商的姓名或者名称、地址、邮编、联系人及联系电话；

（二）质疑项目的名称、编号；

（三）具体、明确的质疑事项和与质疑事项相关的请求；

（四）事实依据；

（五）必要的法律依据；

（六）提出质疑的日期。

供应商为自然人的，应当由本人签字；供应商为法人或者其他组织的，应当由法定代表人、主要负责人，或者其授权代表签字或者盖章，并加盖公章。

第十三条 采购人、采购代理机构不得拒收质疑供应商在法定质疑期内发出的质疑函，应当在收到质疑函后7个工作日内作出答复，并以书面形式通知质疑供应商和其他有关供应商。

第十四条 供应商对评审过程、中标或者成交结果提出质疑的，采购人、采购代理机构可以组织原评标委员会、竞争性谈判小组、询价小组或者竞争性磋商小组协助答复质疑。

第十五条 质疑答复应当包括下列内容：

（一）质疑供应商的姓名或者名称；

（二）收到质疑函的日期、质疑项目名称及编号；

（三）质疑事项、质疑答复的具体内容、事实依据和法律依据；

（四）告知质疑供应商依法投诉的权利；

（五）质疑答复人名称；

（六）答复质疑的日期。

质疑答复的内容不得涉及商业秘密。

第十六条 采购人、采购代理机构认为供应商质疑不成立，或者成立但未对中标、成交结果构成影响的，继续开展采购活动；认为供应商质疑成立且影响或者可能影响中标、成交结果的，按照下列情况处理：

（一）对采购文件提出的质疑，依法通过澄清或者修改可以继续开展采购活动的，澄清或者修改采购文件后继续开展采购活动；否则应当修改采购文件后重新开展采购活动。

（二）对采购过程、中标或者成交结果提出的质疑，合格供应商符合法定数量时，可以从合格的中标或者成交候选人中另行确定中标、成交供应商的，应当依法另行确定中标、成交供应商；否则应当重新开展采购活动。

质疑答复导致中标、成交结果改变的，采购人或者采购代理机构应当将有关情况书面报告本级财政部门。

第三章　投诉提起

第十七条　质疑供应商对采购人、采购代理机构的答复不满意,或者采购人、采购代理机构未在规定时间内作出答复的,可以在答复期满后15个工作日内向本办法第六条规定的财政部门提起投诉。

第十八条　投诉人投诉时,应当提交投诉书和必要的证明材料,并按照被投诉采购人、采购代理机构(以下简称被投诉人)和与投诉事项有关的供应商数量提供投诉书的副本。投诉书应当包括下列内容:

(一)投诉人和被投诉人的姓名或者名称、通讯地址、邮编、联系人及联系电话;

(二)质疑和质疑答复情况说明及相关证明材料;

(三)具体、明确的投诉事项和与投诉事项相关的投诉请求;

(四)事实依据;

(五)法律依据;

(六)提起投诉的日期。

投诉人为自然人的,应当由本人签字;投诉人为法人或者其他组织的,应当由法定代表人、主要负责人,或者其授权代表签字或者盖章,并加盖公章。

第十九条　投诉人应当根据本办法第七条第二款规定的信息内容,并按照其规定的方式提起投诉。

投诉人提起投诉应当符合下列条件:

(一)提起投诉前已依法进行质疑;

(二)投诉书内容符合本办法的规定;

(三)在投诉有效期限内提起投诉;

(四)同一投诉事项未经财政部门投诉处理;

(五)财政部规定的其他条件。

第二十条　供应商投诉的事项不得超出已质疑事项的范围,但基于质疑答复内容提出的投诉事项除外。

第四章　投诉处理

第二十一条　财政部门收到投诉书后,应当在5个工作日内进行审查,审查后按照下列情况处理:

(一)投诉书内容不符合本办法第十八条规定的,应当在收到投诉书5个工作日内一次性书面通知投诉人补正。补正通知应当载明需要补正的事项和合理的补正期限。未按照补正期限进行补正或者补正后仍不符合规定的,不予受理。

(二)投诉不符合本办法第十九条规定条件的,应当在3个工作日内书面告知投诉人不予受理,并说明理由。

(三)投诉不属于本部门管辖的,应当在3个工作日内书面告知投诉人向有管辖权的部门提起投诉。

(四)投诉符合本办法第十八条、第十九条规定的,自收到投诉书之日起即为受理,并在收到投诉后8个工作日内向被投诉人和其他与投诉事项有关的当事人发出投诉答复通知书及投诉书副本。

第二十二条 被投诉人和其他与投诉事项有关的当事人应当在收到投诉答复通知书及投诉书副本之日起5个工作日内,以书面形式向财政部门作出说明,并提交相关证据、依据和其他有关材料。

第二十三条 财政部门处理投诉事项原则上采用书面审查的方式。财政部门认为有必要时,可以进行调查取证或者组织质证。

财政部门可以根据法律、法规规定或者职责权限,委托相关单位或者第三方开展调查取证、检验、检测、鉴定。

质证应当通知相关当事人到场,并制作质证笔录。质证笔录应当由当事人签字确认。

第二十四条 财政部门依法进行调查取证时,投诉人、被投诉人以及与投诉事项有关的单位及人员应当如实反映情况,并提供财政部门所需要的相关材料。

第二十五条 应当由投诉人承担举证责任的投诉事项,投诉人未提供相关证据、依据和其他有关材料的,视为该投诉事项不成立;被投诉人未按照投诉答复通知书要求提交相关证据、依据和其他有关材料的,视同其放弃说明权利,依法承担不利后果。

第二十六条 财政部门应当自收到投诉之日起30个工作日内,对投诉事项作出处理决定。

第二十七条 财政部门处理投诉事项,需要检验、检测、鉴定、专家评审以及需要投诉人补正材料的,所需时间不计算在投诉处理期限内。

前款所称所需时间,是指财政部门向相关单位、第三方、投诉人发出相关文书、补正通知之日至收到相关反馈文书或材料之日。

财政部门向相关单位、第三方开展检验、检测、鉴定、专家评审的,应当将所需时间告知投诉人。

第二十八条 财政部门在处理投诉事项期间,可以视具体情况书面通知采购人和采购代理机构暂停采购活动,暂停采购活动时间最长不得超过30日。

采购人和采购代理机构收到暂停采购活动通知后应当立即中止采购活动,在法定的暂停期限结束前或者财政部门发出恢复采购活动通知前,不得进行该项采购活动。

第二十九条 投诉处理过程中,有下列情形之一的,财政部门应当驳回投诉:

(一)受理后发现投诉不符合法定受理条件;

(二)投诉事项缺乏事实依据,投诉事项不成立;

(三)投诉人捏造事实或者提供虚假材料;

(四)投诉人以非法手段取得证明材料。证据来源的合法性存在明显疑问,投诉人无法证明其取得方式合法的,视为以非法手段取得证明材料。

第三十条 财政部门受理投诉后,投诉人书面申请撤回投诉的,财政部门应当终止投诉处理程序,并书面告知相关当事人。

第三十一条 投诉人对采购文件提起的投诉事项,财政部门经查证属实的,应当认定投诉事项成立。经认定成立的投诉事项不影响采购结果的,继续开展采购活动;影响或者可能影响采购结果的,财政部门按照下列情况处理:

(一)未确定中标或者成交供应商的,责令重新开展采购活动。

(二)已确定中标或者成交供应商但尚未签订政府采购合同的,认定中标或者成交结果无效,责令重新开展采购活动。

(三)政府采购合同已经签订但尚未履行的,撤销合同,责令重新开展采购活动。

(四)政府采购合同已经履行,给他人造成损失的,相关当事人可依法提起诉讼,由责任人承担赔偿责任。

第三十二条 投诉人对采购过程或者采购结果提起的投诉事项,财政部门经查证属实的,应当认定投诉事项成立。经认定成立的投诉事项不影响采购结果的,继续开展采购活动;影响或者可能影响采购结果的,财政部门按照下列情况处理:

(一)未确定中标或者成交供应商的,责令重新开展采购活动。

(二)已确定中标或者成交供应商但尚未签订政府采购合同的,认定中标或者成交结果无效。合格供应商符合法定数量时,可以从合格的中标或者成交候选人中另行确定中标或者成交供应商的,应当要求采购人依法另行确定中标、成交供应商;否则责令重新开展采购活动。

（三）政府采购合同已经签订但尚未履行的，撤销合同。合格供应商符合法定数量时，可以从合格的中标或者成交候选人中另行确定中标或者成交供应商的，应当要求采购人依法另行确定中标、成交供应商；否则责令重新开展采购活动。

（四）政府采购合同已经履行，给他人造成损失的，相关当事人可依法提起诉讼，由责任人承担赔偿责任。

投诉人对废标行为提起的投诉事项成立的，财政部门应当认定废标行为无效。

第三十三条 财政部门作出处理决定，应当制作投诉处理决定书，并加盖公章。投诉处理决定书应当包括下列内容：

（一）投诉人和被投诉人的姓名或者名称、通讯地址等；

（二）处理决定查明的事实和相关依据，具体处理决定和法律依据；

（三）告知相关当事人申请行政复议的权利、行政复议机关和行政复议申请期限，以及提起行政诉讼的权利和起诉期限；

（四）作出处理决定的日期。

第三十四条 财政部门应当将投诉处理决定书送达投诉人和与投诉事项有关的当事人，并及时将投诉处理结果在省级以上财政部门指定的政府采购信息发布媒体上公告。

投诉处理决定书的送达，参照《中华人民共和国民事诉讼法》关于送达的规定执行。

第三十五条 财政部门应当建立投诉处理档案管理制度，并配合有关部门依法进行的监督检查。

第五章 法律责任

第三十六条 采购人、采购代理机构有下列情形之一的，由财政部门责令限期改正；情节严重的，给予警告，对直接负责的主管人员和其他直接责任人员，由其行政主管部门或者有关机关给予处分，并予通报：

（一）拒收质疑供应商在法定质疑期内发出的质疑函；

（二）对质疑不予答复或者答复与事实明显不符，并不能作出合理说明；

（三）拒绝配合财政部门处理投诉事宜。

第三十七条 投诉人在全国范围 12 个月内三次以上投诉查无实据的，由财政部门列入不良行为记录名单。

投诉人有下列行为之一的，属于虚假、恶意投诉，由财政部门列入不良行为记录名单，禁止其1至3年内参加政府采购活动：

（一）捏造事实；

（二）提供虚假材料；

（三）以非法手段取得证明材料。证据来源的合法性存在明显疑问，投诉人无法证明其取得方式合法的，视为以非法手段取得证明材料。

第三十八条 财政部门及其工作人员在履行投诉处理职责中违反本办法规定及存在其他滥用职权、玩忽职守、徇私舞弊等违法违纪行为的，依照《中华人民共和国政府采购法》《中华人民共和国公务员法》《中华人民共和国行政监察法》《中华人民共和国政府采购法实施条例》等国家有关规定追究相应责任；涉嫌犯罪的，依法移送司法机关处理。

第六章　附　　则

第三十九条 质疑函和投诉书应当使用中文。质疑函和投诉书的范本，由财政部制定。

第四十条 相关当事人提供外文书证或者外国语视听资料的，应当附有中文译本，由翻译机构盖章或者翻译人员签名。

相关当事人向财政部门提供的在中华人民共和国领域外形成的证据，应当说明来源，经所在国公证机关证明，并经中华人民共和国驻该国使领馆认证，或者履行中华人民共和国与证据所在国订立的有关条约中规定的证明手续。

相关当事人提供的在香港特别行政区、澳门特别行政区和台湾地区内形成的证据，应当履行相关的证明手续。

第四十一条 财政部门处理投诉不得向投诉人和被投诉人收取任何费用。但因处理投诉发生的第三方检验、检测、鉴定等费用，由提出申请的供应商先行垫付。投诉处理决定明确双方责任后，按照“谁过错谁负担”的原则由承担责任的一方负担；双方都有责任的，由双方合理分担。

第四十二条 本办法规定的期间开始之日，不计算在期间内。期间届满的最后一日是节假日的，以节假日后的第一日为期间届满的日期。期间不包括在途时间，质疑和投诉文书在期满前交邮的，不算过期。

本办法规定的“以上”“以下”均含本数。

第四十三条 对在质疑答复和投诉处理过程中知悉的国家秘密、商业秘密、个人隐私和依法不予公开的信息，财政部门、采购人、采购代理机构等相关知情人应当保密。

第四十四条　省级财政部门可以根据本办法制定具体实施办法。

第四十五条　本办法自2018年3月1日起施行。财政部2004年8月11日发布的《政府采购供应商投诉处理办法》(财政部令第20号)同时废止。

国家卫生计生委关于修改《新食品原料安全性审查管理办法》等7件部门规章的决定

(2017年12月26日国家卫生和计划生育委员会令第18号公布　自公布之日起施行　国法备字[2018000343])

为深入推进政府职能转变和行政审批制度改革,依法推动简政放权、放管结合、优化服务,根据国务院取消、下放和调整行政审批项目等事项的决定,我委决定对以下部门规章的部分条款予以修改。

一、《新食品原料安全性审查管理办法》

(一)将第五条第二款修改为:"国家卫生计生委新食品原料技术审评机构(以下简称审评机构)负责新食品原料安全性技术审查,提出综合审查结论及建议。"

(二)在第十四条后增加一条:"审评机构提出的综合审查结论,应当包括安全性审查结果和社会稳定风险评估结果。"

(三)将第二十一条第二款修改为:"以欺骗、贿赂等不正当手段通过新食品原料安全性审查并取得许可的,国家卫生计生委应当撤销许可,且申请人在三年内不得再次申请新食品原料许可。"

二、《食品添加剂新品种管理办法》

(一)将该办法中的"卫生部"统一修改为:"国家卫生计生委"。

(二)第五条增加一款作为第二款:"国家卫生计生委食品添加剂新品种技术审评机构(以下简称审评机构)负责食品添加剂新品种技术审查,提出综合审查结论及建议。"

(三)删除第十条第三款。

(四)在第十一条后增加一条:"审评机构提出的综合审查结论,应当包括安全性、技术必要性审查结果和社会稳定风险评估结果。"

(五)在第十四条后增加一条:"申请人隐瞒有关情况或者提供虚假材料

申请食品添加剂新品种许可的,国家卫生计生委不予受理或者不予行政许可,并给予警告,且申请人在一年内不得再次申请食品添加剂新品种许可。

“以欺骗、贿赂等不正当手段通过食品添加剂新品种审查并取得许可的,国家卫生计生委应当撤销许可,且申请人在三年内不得再次申请食品添加剂新品种许可。”

三、《公共场所卫生管理条例实施细则》

(一)将第十九条第三款修改为:“公共场所经营者应当在醒目位置如实公示检测结果,并对其卫生检测的真实性负责,依法依规承担相应后果。”

(二)将第二十五条第二款修改为:“公共场所卫生许可证有效期为四年。”

(三)删除第三十四条第二款。

(四)删除第三十七条第九项。

四、《消毒管理办法》

(一)将第二十一条中的“一个月”修改为:“二十日”。

(二)将第二十三条第二款修改为:“消毒产品生产企业卫生许可证有效期届满三十日前,生产企业应当向原发证机关申请延续。经审查符合要求的,予以延续,换发新证。新证延用原卫生许可证编号。”

(三)将第四十条修改为:“消毒产品生产企业应当按照国家卫生标准和卫生规范要求对消毒产品理化指标、微生物指标、杀灭微生物指标、毒理学指标等进行检验。不具备检验能力的,可以委托检验。

“消毒产品的检验活动应当符合国家有关规定。检验报告应当客观、真实,符合有关法律、法规、标准、规范和规定。检验报告在全国范围内有效。”

(四)删除第四十一条。

五、《血站管理办法》

(一)将第四十一条第二款修改为:“禁止临床医疗用途的人体血液、血浆进出口。”

(二)删除第四十九条第四项、第六十一条第一款第十四项。

六、《卫生行政许可管理办法》

(一)将该办法中的“卫生部”统一修改为:“国家卫生计生委”,将“卫生行政部门”统一修改为:“卫生计生行政部门”。

(二)删除第六十九条。

(三)将附件“卫生行政许可文书样本”中“行政许可申请不予受理决定书”、“不予行政许可决定书”、“不予变更/延续行政许可决定书”、“行政许可证件撤销决定书”中的“或在三个月内向人民法院提起行政诉讼”统一修改为:“或在六个月内向人民法院提起行政诉讼。”

七、《卫生行政执法文书规范》

(一)将该办法中的“卫生部”统一修改为:“国家卫生计生委”,将“卫生行政部门”统一修改为:“卫生计生行政部门”。

(二)将附件“卫生行政执法文书目录”中“查封、扣押决定书”、“行政处罚决定书”、“当场行政处罚决定书”中的“3 个月内向______人民法院起诉”统一修改为:“6 个月内向______人民法院起诉。”

此外,相关部门规章的条文顺序根据本决定作相应的调整。

本决定自公布之日施行。

国家发展改革委关于废止有关规章和规范性文件的决定

(2017 年 12 月 27 日国家发展和改革委员会令第 12 号公布 自 2018 年 1 月 1 日起施行 国法备字[2018000363])

为贯彻落实党中央、国务院关于“简政放权、放管结合、优化服务”改革和生态文明建设、环境保护等要求,经商国务院相关部门,现决定废止《关于印发〈关于改进工程建设概预算定额管理工作的若干规定〉等三个文件的通知》等 9 件规章(见附件 1)和《关于颁发〈电力网电能损耗管理规定〉的通知》等 143 件规范性文件(见附件 2)。

本决定自 2018 年 1 月 1 日起施行。

附件 1

国家发展改革委决定废止的规章目录（9 件）

序号	文件名称	文号	发布部门
1	关于印发《关于改进工程建设概预算定额管理工作的若干规定》等三个文件的通知	计标［1985］352 号	国家计委、中国人民建设银行
2	国家粮油仓库仓储设施管理试行办法	商储［粮］字［1992］211 号	商业部
3	关于发布《乡镇煤矿管理条例实施办法》的通知	煤办字［1995］151 号	煤炭工业部
4	关于发布《并网核电厂电力生产安全管理规定》的通知	电安生［1997］239 号	电力工业部
5	关于发布《农产品成本调查管理办法》的通知	计价格［1999］797 号	国家计委
6	印发《拒绝提供价格监督检查所需资料或者提供虚假资料行为的处罚办法》的通知	计价检［2000］226 号	国家计委
7	排污费征收标准管理办法	国家计委等 4 部委第 31 号令	国家计委、财政部、环保总局、国家经贸委
8	农药生产管理办法	国家发展改革委第 23 号令	国家发展改革委
9	棉花加工资格认定和市场管理暂行办法	国家发展改革委等 3 部委第 49 号令	国家发展改革委、工商总局、质检总局

附件 2

国家发展改革委决定废止的规范性文件目录(143 件)

序号	文件名称	文号	发布部门
1	关于颁发《电力系统电压和无功电力管理条例》的通知	能源电[1988]18 号	能源部
2	关于颁发《电力网电能损耗管理规定》的通知	能源节能[1990]1149 号	能源部
3	关于颁发《能源部电力企事业单位抗震防灾工作规定》的通知	能源办[1991]253 号	能源部
4	关于查处乱收费行为有关问题的通知	价检字[1991]561 号	国家物价局
5	关于计算机软件著作权登记收费的通知	价费字[1992]112 号	国家物价局、财政部
6	关于发布测绘系统行政事业性收费项目及标准的通知	价费字[1992]176 号	国家物价局、财政部
7	关于发布中央管理的建设系统行政事业性收费项目及标准的通知	价费字[1992]179 号	国家物价局、财政部
8	关于发布中央管理的林业系统行政事业性收费项目及标准的通知	价费字[1992]196 号	国家物价局、财政部
9	关于收养登记收费的通知	价费字[1992]349 号	国家物价局、财政部
10	关于发布中央管理的新闻出版系统行政事业性收费项目及标准的通知	价费字[1992]402 号	国家物价局、财政部
11	关于瓦楞纸箱生产许可证收费标准的复函	价费字[1992]317 号	国家物价局、财政部
12	关于对外国律师事务所办事处收费的复函	价费字[1992]618 号	国家物价局、财政部
13	关于溶解乙炔等产品生产许可证收费标准的复函	价费字[1993]135 号	国家物价局、财政部
14	关于药品行政保护收费的复函	价费字[1993]143 号	国家物价局、财政部

续表

序号	文件名称	文号	发布部门
15	关于中药品种保护审评收费的通知	价费字[1993]178号	国家物价局、财政部
16	关于制止新疆自治区擅自征收铁路建设费的通知	计物价[1993]1254号	国家计委
17	关于废止《关于自筹投资认购重点企业债券的紧急通知》等文件的通知	计办政研[1993]550号	国家计委
18	关于调整水电工程设计阶段的通知	电计[1993]567号	电力工业部
19	关于中沧输气管线输气费的批复	计价格[1994]55号	国家计委
20	关于发布进出口商品检验鉴定收费办法及收费标准的通知	计价格[1994]794号	国家计委、财政部
21	关于发布进出境动植物检疫收费管理办法及收费标准的通知	计价格[1994]795号	国家计委、财政部
22	关于发布国境卫生检疫收费管理办法及收费标准的通知	计价格[1994]796号	国家计委、财政部
23	关于调整药品审批、检验收费标准的通知	计价格[1995]340号	国家计委、财政部
24	关于核定73种工业产品生产许可证收费标准的通知	计价费[1996]1500号	国家计委、财政部
25	关于吐哈油田天然气、鄯—乌管线输气费、净化费定价问题的批复	计价管[1996]2454号	国家计委
26	关于加强电气化铁路谐波治理工作的通知	电安生[1997]115号	电力工业部
27	关于发布《电力系统破坏性地震应急预案》的通知	电安生[1997]132号	电力工业部
28	关于颁发《核事故应急状态下保障供电规定》(试行)的通知	电安生[1997]176号	电力工业部
29	关于调整渔业船舶登记收费标准的通知	计价费[1997]1148号	国家计委、财政部

续表

序号	文件名称	文号	发布部门
30	关于外交部代发电报收费标准的通知	计价费[1997]1687号	国家计委、财政部
31	关于印发《国家体改委关于企业集团建立母子公司体制的指导意见》的通知	体改生[1998]27号	国家体改委
32	关于发布船舶及船用产品检验计费标准的通知	计价费[1998]800号	国家计委
33	关于－5号轻柴油品质比率的批复	计价格[1999]173号	国家计委
34	关于植物新品种保护权申请费、审查费、年费标准有关问题的通知	计价格[1999]290号	国家计委、财政部
35	关于城市放射性废物库收贮费标准管理权限的通知	计价格[1999]750号	国家计委、财政部
36	关于陕甘宁至银川天然气管道运输价格的批复	计价格[1999]798号	国家计委
37	关于陕京管线榆林段天然气管道运输价格的批复	计价格[1999]2341号	国家计委
38	关于对手机不得收取注册登记费问题的复函	计办价格[2000]245号	国家计委、财政部、信息产业部
39	关于水生野生动物资源保护费收费标准及其有关事项的通知	计价格[2000]393号	国家计委、财政部
40	关于调整渔业船舶及船用产品检验费标准的通知	计价格[2000]559号	国家计委、财政部
41	关于野生动植物进出口管理费收费标准的通知	计价格[2000]1004号	国家计委、财政部
42	关于认真贯彻《价格法》严格规范市场价格竞争秩序的通知	计经调[2000]1206号	国家计委
43	关于中国农业科学院研究生院研究生培养收费标准的通知	计办价格[2000]1017号	国家计委、财政部
44	关于陆生野生动物资源保护管理费收取范围有关问题的通知	计价格[2002]599号	国家计委、财政部

续表

序号	文件名称	文号	发布部门
45	关于下达京津风沙源治理工程2002年中央预算内专项资金(国债)投资计划的通知	计投资[2002]631号	国家计委、国家林业局、农业部、水利部
46	关于西气东输天然气价格有关问题的复函	计价格[2002]1024号	国家计委
47	关于核定塔中—轮南和轮南—库尔勒天然气管输价格的通知	计价格[2002]1692号	国家计委
48	关于农业转基因生物安全评价收费标准的通知	计价格[2003]131号	国家计委、财政部
49	关于调整药品检验收费标准及有关事项的通知	发改价格[2003]213号	国家发展改革委、财政部
50	关于中共中央党校委托培养在职研究生学费等收费标准的通知	发改价格[2003]1011号	国家发展改革委、财政部
51	关于西气东输天然气价格有关问题的通知	发改价格[2003]1323号	国家发展改革委
52	关于印发风电特许权项目前期工作管理办法及有关技术规定的通知	发改能源[2003]1403号	国家发展改革委
53	关于新增工业产品生产许可证产品质量检验费收费标准有关问题的通知	发改价格[2003]1793号	国家发展改革委、财政部
54	关于印发《出入境检验检疫收费办法》的通知	发改价格[2003]2357号	国家发展改革委、财政部
55	关于药品生产经营质量管理规范认证收费标准及有关问题的通知	发改价格[2004]59号	国家发展改革委、财政部
56	关于集中治理整顿“大吨小标”等不符合要求载货类汽车产品的公告	国家发展改革委公告[2004]第31号	国家发展改革委
57	关于实行企业投资项目备案制指导意见的通知	发改投资[2004]2656号	国家发展改革委
58	关于进一步巩固电石、铁合金、焦炭行业清理整顿成果规范其健康发展的有关意见的通知	发改产业[2004]2930号	国家发展改革委

续表

序号	文件名称	文号	发布部门
59	关于忠县—武汉输气管道工程天然气价格有关问题的批复	发改价格［2004］2971号	国家发展改革委
60	关于测绘产品价格有关问题的通知	发改价格［2004］3031号	国家发展改革委
61	关于计算机软件著作权合同登记费收费标准及有关问题的通知	发改价格［2004］3004号	国家发展改革委、财政部
62	关于印发《煤矿瓦斯治理经验五十条》的通知	发改能源［2005］457号	国家发展改革委、国家安监总局、国家煤矿安监局
63	关于家用电冰箱、房间空气调节器能源效率标识制度实施有关问题的通知	发改环资［2005］505号	国家发展改革委、国家质检总局、国家认监委
64	关于陕京管道输气系统天然气价格有关问题的通知	发改价格［2005］1281号	国家发展改革委
65	关于进一步加强内资项目进口设备免税确认管理工作的通知	发改办规划［2005］1537号	国家发展改革委
66	关于进口棉花入国家储备查验工作有关问题的通知	发改办经贸［2005］2170号	国家发展改革委、财政部、国家质检总局
67	关于秦皇岛市煤粉尘排污费有关问题的复函	发改价格［2006］228号	国家发展改革委、财政部、环保总局
68	关于加强纯碱工业建设管理促进行业健康发展的通知	发改办工业［2006］391号	国家发展改革委
69	关于做好水库移民政策法规宣传工作的通知	发改办农经［2006］1710号	国家发展改革委
70	关于汽车工业结构调整意见的通知	发改工业［2006］2882号	国家发展改革委
71	关于印发固定资产投资项目节能评估和审查指南(2006)的通知	发改环资［2007］21号	国家发展改革委

续表

序号	文件名称	文号	发布部门
72	关于印发《医药价格工作守则(试行)》的通知	发改办价格[2007]228号	国家发展改革委
73	关于认真落实行政事业性收费统计报告制度的通知	发改价格[2007]259号	国家发展改革委
74	关于发布项目申请报告通用文本的通知	发改投资[2007]1169号	国家发展改革委
75	关于调整植物新品种保护权收费标准有关问题的通知	发改价格[2007]1968号	国家发展改革委、财政部
76	关于降低出入境检验检疫标志(标记)成本费收费标准的通知	发改价格[2007]2216号	国家发展改革委、财政部
77	关于农业转基因生物安全评价费和检测费收费标准及有关问题的通知	发改价格[2007]3704号	国家发展改革委、财政部
78	关于推进企业债券市场发展、简化发行核准程序有关事项的通知	发改财金[2008]7号	国家发展改革委
79	关于计量收费标准及有关问题的通知	发改价格[2008]74号	国家发展改革委、财政部
80	关于进一步加强农药行业管理工作的通知	发改办工业[2008]485号	国家发展改革委
81	《铁合金行业准入条件(2008年修订)》和《电解金属锰行业准入条件(2008年修订)》	国家发展改革委公告[2008]第13号	国家发展改革委
82	关于组织开展汽车零部件再制造试点工作的通知	发改办环资[2008]523号	国家发展改革委
83	关于重新核定进口废物环境保护审查登记费标准的通知	发改价格[2008]702号	国家发展改革委、财政部
84	关于中型水库项目审核工作有关规定的通知	发改办农经[2008]1092号	国家发展改革委、水利部
85	关于实施第三批能效标识产品有关要求的通知	发改环资[2008]1347号	国家发展改革委、国家质检总局

续表

序号	文件名称	文号	发布部门
86	关于适当降低计量检定收费标准及有关问题的通知	发改价格[2009]234号	国家发展改革委、财政部
87	关于印发《煤炭生产监管咨询专家聘用办法》的通知	发改办运行[2009]281号	国家发展改革委
88	关于政府组织山东省跨省外迁至东北三省大中型水库移民后期扶持政策的通知	发改农经[2009]774号	国家发展改革委
89	关于国家石油储备第二期项目可行性研究工作有关问题的通知	发改办能源[2009]940号	国家发展改革委
90	关于改进中央补助地方小型水利项目投资管理方式的通知	发改农经[2009]1981号	国家发展改革委、水利部
91	关于国家储备肉交易手续费收费标准的通知	发改价格[2009]2176号	国家发展改革委、财政部
92	关于咨询评估有关要求的通知	发改办投资[2009]2358号	国家发展改革委
93	关于长江河道砂石资源费收费标准及有关问题的通知	发改价格[2009]3085号	国家发展改革委、财政部
94	关于调整进口原油出入境检验检疫收费标准的通知	发改价格[2010]134号	国家发展改革委、财政部
95	关于加快江苏沿海潮间带风电示范项目建设有关要求的通知	发改办能源[2010]576号	国家发展改革委
96	关于进一步淘汰落后产能推进煤矿整顿关闭工作的通知	发改能源[2010]1118号	国家发展改革委、国家能源局、国家安监总局、国家煤矿安监局
97	关于开展服务业综合改革试点的通知	发改产业[2010]1826号	国家发展改革委
98	关于生物质发电项目建设管理的通知	发改能源[2010]1803号	国家发展改革委
99	关于印发《农村电网改造升级项目管理办法》的通知	发改办能源[2010]2520号	国家发展改革委

续表

序号	文件名称	文号	发布部门
100	印发关于加强高铝粉煤灰资源开发利用的指导意见的通知	发改办产业［2011］310 号	国家发展改革委
101	当前优先发展的高技术产业化重点领域指南(2011 年度)	国家发展改革委等 5 部委公告［2011］第 10 号	国家发展改革委、科技部、工业和信息化部、商务部、知识产权局
102	关于印发《煤矿地质补充勘探项目管理暂行办法》的通知	发改能源［2011］1641 号	国家发展改革委
103	关于加大发展改革系统工作力度推进保障性安居工程建设的通知	发改投资［2011］1697 号	国家发展改革委
104	关于建立国家适应气候变化协调联络工作机制的通知	发改办气候［2011］1934 号	国家发展改革委
105	关于"十二五"期间进一步推进煤炭行业淘汰落后产能工作的通知	发改能源［2011］2091 号	国家发展改革委、能源局、国家安监总局、煤矿安监局
106	关于组织实施大小兴安岭林区接替产业专项的指导意见	发改东北［2011］2191 号	国家发展改革委
107	关于加强资源型城市吸纳就业、资源综合利用、发展接续替代产业和多元化产业体系培育专项项目监督管理的通知	发改办东北［2012］723 号	国家发展改革委
108	关于印发基层医疗卫生机构管理信息系统建设项目指导意见的通知	发改办社会［2012］991 号	国家发展改革委、卫生部
109	关于境内非金融机构赴香港特别行政区发行人民币债券有关事项的通知	发改外资［2012］1162 号	国家发展改革委
110	关于加强水库移民信息报送工作的通知	发改办农经［2012］1128 号	国家发展改革委
111	关于开展海水淡化产业发展试点示范工作的通知	发改办环资［2012］1305 号	国家发展改革委

续表

序号	文件名称	文号	发布部门
112	关于印发全国红色旅游经典景区二期总体建设方案的通知	发改社会[2012]1654号	国家发展改革委
113	关于印发鼓励民间投资发展实施细则文件汇编的通知	发改办投资[2012]2069号	国家发展改革委
114	关于正确把握投资方向加快中央预算内投资计划执行进度的通知	发改投资[2012]2784号	国家发展改革委
115	关于进一步做好股权投资企业监管工作有关问题的通知	发改办财金[2012]2799号	国家发展改革委
116	关于印发《中国低碳发展宏观战略研究项目管理办法》和《中国低碳发展宏观战略研究项目资金管理办法》的通知	发改办气候[2012]3227号	国家发展改革委
117	关于印发再制造单位质量技术控制规范(试行)的通知	发改办环资[2013]191号	国家发展改革委、财政部、工业和信息化部、质检总局
118	关于印发《完善基层医疗卫生服务体系建设方案》的通知	发改社会[2013]423号	国家发展改革委、卫生部
119	战略性新兴产业重点产品和服务指导目录	国家发展改革委公告[2013]第16号	国家发展改革委
120	关于印发《食品安全风险监测能力(设备配置)建设方案》的通知	发改社会[2013]422号	国家发展改革委、卫生部
121	关于印发《境内非金融机构赴香港特别行政区发行人民币债券申请报告示范大纲》的通知	发改外资[2013]477号	国家发展改革委
122	关于进一步做好股权投资企业备案管理工作的通知	发改办财金[2013]694号	国家发展改革委
123	关于印发地市级医院建设方案的通知	发改社会[2013]637号	国家发展改革委、卫生计生委
124	关于请尽快下放一批国家采用补助、贴息等方式扶持地方项目的通知	发改投资[2013]714号	国家发展改革委

续表

序号	文件名称	文号	发布部门
125	关于印发重大疾病防治设施建设方案的通知	发改社会[2013]722号	国家发展改革委、卫生计生委
126	关于坚决遏制产能严重过剩行业盲目扩张的通知	发改产业[2013]892号	国家发展改革委、工业和信息化部
127	印发关于推进城区老工业区搬迁改造工作方案的通知	发改办东北[2013]1192号	国家发展改革委
128	关于印发再制造产品“以旧换再”试点实施方案的通知	发改办环资[2013]1303号	国家发展改革委、财政部、工业和信息化部、商务部、质检总局
129	关于进一步改进企业债券发行工作的通知	发改办财金[2013]1890号	国家发展改革委
130	关于印发10个物联网发展专项行动计划的通知	发改高技[2013]1718号	国家发展改革委、工业和信息化部、教育部、科技部、公安部、财政部、国土资源部、商务部、国税总局、统计局、知识产权局、中国科学院、中国工程院、国家标准委
131	关于做好固定资产投资项目节能评估和审查同步取消和下放有关工作的通知	发改办环资[2013]2306号	国家发展改革委
132	落实国务院关于促进健康服务业发展的若干意见有关事项的通知	发改办社会[2013]2524号	国家发展改革委
133	关于印发《农村饮水安全工程建设管理办法》的通知	发改农经[2013]2673号	国家发展改革委、水利部、卫生计生委、环境保护部、财政部

续表

序号	文件名称	文号	发布部门
134	关于做好城区老工业区搬迁改造试点工作的通知	发改东北[2014]551号	国家发展改革委
135	关于印发《招标师注册执业管理办法》的通知	发改法规[2014]1431号	国家发展改革委
136	关于印发核准文件格式文本的通知	发改办投资[2014]1454号	国家发展改革委
137	关于印发东北和内蒙古大豆市场价格监测实施方案的通知	发改办价监测[2014]1648号	国家发展改革委
138	关于印发《单位国内生产总值二氧化碳排放降低目标责任考核评估办法》的通知	发改气候[2014]1828号	国家发展改革委
139	关于调整排污费征收标准等有关问题的通知	发改价格[2014]2008号	国家发展改革委、财政部、环境保护部
140	关于印发再制造产品“以旧换再”试点实施有关文件的通知	发改办环资[2014]2202号	国家发展改革委、财政部、工业和信息化部、商务部、质检总局
141	关于严格执行《政府核准的投资项目目录(2014年本)》做好相关后续工作的通知	发改办投资[2014]2993号	国家发展改革委
142	关于大豆目标价格改革试点工作实施方案的批复	发改价格[2015]2116号	国家发展改革委、财政部
143	关于规范跨省发电、供电计划和省级发电、供电计划备案核准报送审批工作的通知	发改运行[2016]744号	国家发展改革委

泄密案件查处办法

（2017 年 12 月 29 日国家保密局令 2017 年第 2 号公布　自 2018 年 1 月 1 日起施行　国法备字[2018000352]）

第一章　总　　则

第一条　为保守国家秘密，维护国家安全和利益，规范和加强保密行政管理部门泄密案件查处工作，根据《中华人民共和国保守国家秘密法》（以下简称保密法）及其实施条例等法律法规，制定本办法。

第二条　保密行政管理部门对公民举报、机关和单位报告、保密检查发现、有关部门移送的涉嫌泄露国家秘密的案件线索，依法调查或者组织、督促有关机关、单位调查处理，适用本办法。

第三条　查处泄密案件，应当坚持教育和惩处相结合，以事实为依据，以法律为准绳，做到事实清楚，证据确实、充分，定性准确，程序合法，处理适当。

第四条　本办法所称“泄露国家秘密”是指违反保密法律、法规和规章的下列行为之一：

（一）使国家秘密被不应知悉者知悉的；

（二）使国家秘密超出了限定的接触范围，而不能证明未被不应知悉者知悉的。

第五条　存在下列情形之一的，按泄露国家秘密处理：

（一）属于国家秘密的文件资料或者其他物品下落不明的，自发现之日起，绝密级 10 日内，机密级、秘密级 60 日内查无下落的；

（二）未采取符合国家保密规定或者标准的保密措施，在互联网及其他公共信息网络、有线和无线通信中传递国家秘密的；

（三）使用连接互联网或者其他公共信息网络的计算机、移动存储介质等信息设备存储、处理国家秘密，且该信息设备被远程控制的。

第六条　泄密案件查处工作主要包括：

（一）查明所泄露的国家秘密事项的内容与密级；

（二）查明案件事实、主要情节和有关责任人员；

（三）要求有关机关、单位采取必要的补救措施；

（四）根据有关法律、法规和规章等对责任人员提出处理建议，并督促机关、单位作出处理；

（五）针对案件暴露出的问题，督促机关、单位加强和改进保密工作。

第七条 泄密案件查处实行分级办理、各负其责的工作制度。国家保密行政管理部门主管全国的泄密案件查处工作。地方各级保密行政管理部门在上级保密行政管理部门指导下，负责本行政区域的泄密案件查处工作。

有关机关、单位在保密行政管理部门的组织、督促、指导下，对泄密案件进行查处，并采取相应整改补救措施。

第八条 上级保密行政管理部门对下级保密行政管理部门，地方保密行政管理部门对本行政区域内机关、单位泄密案件查处工作进行指导、监督。发现查处不当的，应当及时予以纠正。

第九条 办案人员与案件有利害关系或者其他关系可能影响案件公正处理的，应当自行回避；案件当事人有权要求其回避。

办案人员的回避，由其所属保密行政管理部门决定。保密行政管理部门负责人的回避，由上一级保密行政管理部门决定。

第十条 保密行政管理部门及其办案人员对案件查处工作中获取的国家秘密、工作秘密、商业秘密及个人隐私，应当保密。

第二章 管 辖

第十一条 泄密案件由泄密行为发生地县级以上保密行政管理部门管辖。由有关机关、单位所在地或者案件当事人居住地保密行政管理部门管辖更便于查处工作开展的，可以由有关机关、单位所在地或者案件当事人居住地保密行政管理部门管辖。

移交有关机关、单位所在地或者案件当事人居住地保密行政管理部门管辖的泄密案件，泄密行为发生地保密行政管理部门在移交前应当及时收集证据，并配合开展调查取证工作。

第十二条 国家保密行政管理部门依法调查或者组织、督促查处下列泄密案件：

（一）中央和国家机关发生的；

（二）涉及多个省（自治区、直辖市）的；

（三）全国范围内重大、复杂案件。

第十三条 省（自治区、直辖市）保密行政管理部门依法调查或者组织、督促查处下列泄密案件：

（一）省级机关及省（自治区、直辖市）直属机关发生的；

（二）涉及本行政区域内多个市（地、州、盟）或者部门的；

（三）中央和国家机关设在省（自治区、直辖市）的直属机构发生的；

（四）本辖区内重大、复杂案件。

第十四条 中央和国家机关认为本系统发生泄密案件的有关单位情况特殊，不宜由地方保密行政管理部门查处的，可以向国家保密行政管理部门提交书面材料说明理由，由国家保密行政管理部门决定。

第十五条 对于重大、复杂的泄密案件，上级保密行政管理部门可以指定管辖；具有管辖权的保密行政管理部门由于特殊原因不能调查或者组织、督促查处的，可以报请上一级保密行政管理部门指定管辖；同级保密行政管理部门之间因管辖权发生争议的，应当本着有利于开展查处工作的原则协商解决，必要时报请共同的上级保密行政管理部门指定管辖。

上级保密行政管理部门应当在接到指定管辖申请之日起7个工作日内，作出指定管辖决定，并书面通知被指定管辖的保密行政管理部门和其他有关保密行政管理部门。原受理案件的保密行政管理部门收到上级保密行政管理部门书面通知后，应当立即将案卷材料移送被指定管辖的保密行政管理部门，并书面通知有关机关、单位。

第十六条 保密行政管理部门发现案件不属于本部门管辖的，应当自发现之日起7个工作日内移送具有管辖权的保密行政管理部门或者其他部门。

接受移送的保密行政管理部门对管辖权有异议的，应当报请上一级保密行政管理部门指定管辖，不得再自行移送。

第三章 证 据

第十七条 可以用于证明案件事实的材料，都是证据。证据包括：

（一）物证；

（二）书证；

（三）证人证言；

（四）案件当事人陈述；

（五）视听资料、电子数据；

（六）保密检查、勘验笔录，技术核查报告；

（七）密级鉴定书。

第十八条 保密行政管理部门在案件调查过程中，应当合法、及时、客观、全面地收集、调取证据材料，并予以审查、核实。

第十九条 收集、调取的物证应当是原物。在原物不便搬运、不易保存，依法应当由有关机关、单位保管、处理或者依法应当返还时，可以拍摄或者制作足以反映原物外形或者内容的照片、录像。物证的照片、录像，经与原物核实无误或者经鉴定证明为真实的，可以作为证据使用。

第二十条 收集、调取的书证应当是原件。在取得原件确有困难时，可以使用副本或者复制件。

书证的副本、复制件，经与原件核实无误的，可以作为证据使用。书证有更改或者更改迹象不能作出合理解释的，或者书证的副本、复制件不能反映书证原件及其内容的，不能作为证据使用。

第二十一条 办案人员应当收集电子数据的原始载体。收集原始载体确有困难时，可以拷贝复制或者进行镜像备份。

第二十二条 书证的副本、复制件，视听资料、电子数据的复制件，物证的照片、录像，应当附原件、原物存放处的文字说明。

第四章 受 理

第二十三条 保密行政管理部门对公民举报、机关和单位报告、保密检查发现、有关部门移送的涉嫌泄露国家秘密的案件线索，应当依法及时受理。

第二十四条 保密行政管理部门受理涉嫌泄露国家秘密的案件线索举报，举报人不愿意公开个人或者单位信息的，应当在受理登记时注明，并为其保密。

保密行政管理部门应当对举报人提供的有关证据材料、物品等进行登记，出具接收清单，并妥善保管；必要时，可以拍照、录音或者录像。

第二十五条 保密行政管理部门受理涉嫌泄露国家秘密的案件线索，应当分别作出处理：

（一）已经或者可能泄露国家秘密的，应当进行初查；

（二）经核实，存在违反保密法律法规行为，但情节显著轻微，没有造成危害后果的，可以责成有关机关、单位对责任人员进行批评教育；

（三）没有泄密事实或者案件线索无法核实的，不予处理。

第二十六条 保密行政管理部门受理涉嫌泄露国家秘密的案件线索，发现需要采取补救措施的，应当立即责令有关机关、单位和人员停止违法行为，采取有效措施，防止泄密范围扩大。

第五章 初查与立案

第二十七条 保密行政管理部门在决定是否立案前，应当对涉嫌泄露国

家秘密的案件线索进行初查,了解是否存在泄密事实。初查内容包括:

(一)案件线索涉及人员的主体身份及基本情况;

(二)案件线索所反映的问题是否属实,是否造成国家秘密泄露,是否达到刑事立案标准。

第二十八条 初查结束后,应当形成初查情况报告,内容包括案件线索情况、初查情况和处理建议。

第二十九条 保密行政管理部门应当根据初查情况分别作出处理:

(一)确有泄露国家秘密事实,且已经达到刑事立案标准的,应当移送有关部门查处;

(二)确有泄露国家秘密事实,尚未达到刑事立案标准,且具有管辖权的,应当予以立案,不具有管辖权的,应当移交具有管辖权的保密行政管理部门处理;

(三)确有泄露国家秘密事实,但案件线索内容不全或者有误,通知案件线索移送部门或者举报人、报告人补充,经补充案件线索内容仍不具备查处条件的,暂不予以立案,有关材料存档备查;

(四)未造成国家秘密泄露,但存在违反保密法律法规事实的,应当督促、指导有关机关、单位进行调查处理,必要时保密行政管理部门可以直接调查;

(五)未违反保密法律法规,但存在其他涉嫌违法或者违纪事实的,移交有关职能部门处理;

(六)案件线索反映的情况失实的,不予处理,必要时可以向有关机关、单位和案件当事人说明情况。

第三十条 初查时限为2个月,必要时可以延长1个月。重大、复杂的案件线索,在延长期内仍不能初查完毕的,经保密行政管理部门负责人批准后可以延长。

初查时限自接到案件线索之日算起,至呈报初查情况报告之日止。

第三十一条 经初查应当予以立案的,办案人员应当填报立案表,并附案件线索材料、初查情况报告,报请保密行政管理部门负责人审批。

第三十二条 保密行政管理部门在立案后,应当制作立案通知书,通知有关机关、单位;通知立案可能影响案件查处工作的,可以直接通知其上级主管部门。

第六章 调查与处理

第三十三条 案件立案后,保密行政管理部门应当指派2名以上办案人员进行调查或者指导、督促有关机关、单位进行调查。

对于重大、复杂案件，保密行政管理部门可以组织相关部门成立专案组，开展案件调查。

第三十四条　案件调查内容包括：

（一）案件当事人的基本情况；

（二）案件当事人是否实施违反保密法律法规行为；

（三）实施违反保密法律法规行为的时间、地点、手段、后果以及其他情节；

（四）有无法定从重、从轻、减轻或者免予处理的情形；

（五）与案件有关的其他事实。

第三十五条　保密行政管理部门直接调查、检查时，办案人员不得少于2人，并应当出示证件，表明身份。

第三十六条　机关、单位应当积极配合案件调查工作，提供相关证据。

机关、单位应当对案件当事人出国（境）进行审查，可能影响案件查处的，不得批准其出国（境）。

第三十七条　案件当事人应当自觉接受、配合调查，如实说明情况；不得与同案人或者知情人串通情况，不得对抗调查；不得将案件查处情况告知他人。

第三十八条　办案人员在案件调查过程中可以询问案件当事人、证人或者其他案件关系人，并制作询问笔录。询问应当个别进行。

第三十九条　询问内容应当包括：

（一）被询问人的基本情况；

（二）被询问人与案件当事人或者与案件的联系；

（三）证明案件当事人是否负有责任以及责任轻重的事实；

（四）所证明的事实发生的原因、时间、地点、手段、情节等；

（五）其他与案件有关的内容。

第四十条　询问笔录应当采取问答式，如实对办案人员的提问和被询问人的回答进行记录。记录被询问人的陈述应当详细具体，忠于原意。对于被询问人声明记忆不清的情节，笔录中应当如实反映。

询问笔录应当交被询问人核对，对没有阅读能力的，应当向其宣读。记录有误或者遗漏的，应当允许被询问人更正或者补充。被询问人确认笔录无误后，应当在询问笔录上逐页签名。拒绝签名的，询问人员应当在询问笔录中注明。

询问时，可以全程录音、录像，并保持录音、录像资料的完整性。

第四十一条　案件当事人、证人或者其他案件关系人请求自行提供书面材料的，应当准许。必要时，办案人员也可以要求案件当事人、证人或者其他案件关系人自行书写。

案件当事人、证人或者其他案件关系人应当在其提供的书面材料结尾处签名。打印的书面材料应当逐页签名。办案人员收到书面材料后，应当在首页注明收到日期，并签名。

第四十二条　询问案件当事人时，办案人员应当听取案件当事人的陈述和申辩。对其陈述和申辩，应当进行核查。

第四十三条　办案人员在案件调查过程中可以查阅、复制与案件有关的文件资料、会议记录、工作笔记等材料，查阅、了解案件当事人的身份信息、现实表现情况等信息，有关机关、单位和个人应当予以配合。

第四十四条　办案人员在案件调查过程中可以对与泄密案件有关的场所、物品进行检查。检查时，被检查人或者见证人应当在场。

办案人员可以根据检查情况制作检查笔录。检查笔录由办案人员、被检查人或者见证人签名；被检查人或者见证人不在场、拒绝签名的，办案人员应当在检查笔录中注明。

第四十五条　在案件调查过程中对国家秘密载体或者相关设施、设备、文件资料等登记保存，依照《中华人民共和国行政强制法》相关规定进行。办案人员应当会同持有人或者见证人查点清楚，当场开列登记保存清单一式二份，写明登记保存对象的名称、规格、数量、特征、登记保存地点等，由办案人员和持有人或者见证人签名后，各执一份。

对于登记保存在有关机关、单位的设施、设备，应当采取足以防止有关证据灭失或者转移的措施。

第四十六条　对涉及计算机、移动存储介质等信息设备的泄密案件，保密行政管理部门可以组织或者委托具有技术核查取证职能的部门或者单位进行技术核查取证。

第四十七条　案件调查过程中，需要对有关事项是否属于国家秘密以及属于何种密级进行鉴定的，应当及时提请具有密级鉴定权的保密行政管理部门鉴定。

第四十八条　案件调查过程中，保密行政管理部门发现有关机关、单位存在泄密隐患的，应当立即要求其采取措施，限期整改；对存在泄密隐患的设施、设备、场所，依法责令停止使用。

第四十九条　经调查，证据不足无法认定存在泄密事实的，经保密行政管理部门负责人批准，应当作出撤销案件的决定。撤销案件的决定应当及时书面通知有关机关、单位。

第五十条 经调查,保密行政管理部门认为案件当事人实施的违反保密法律法规行为涉嫌构成犯罪的,应当连同案件材料及时移送有关部门查处。

第五十一条 调查结束后,保密行政管理部门认为存在泄密事实,需要追究责任的,应当向有关机关、单位提出人员处理建议。有关机关、单位应当及时将处理结果书面告知同级保密行政管理部门。

有关机关、单位对责任人员不依法给予处分的,保密行政管理部门应当依法建议纠正。对拒不纠正的,保密行政管理部门应当依法提请其上一级机关或者监察机关对该机关、单位负有责任的领导人员和直接责任人员依法予以处理。

第五十二条 保密行政管理部门应当针对案件暴露出的问题,督促有关机关、单位采取整改措施,加强和改进保密工作。

机关、单位应当在规定时限内将整改情况书面报送保密行政管理部门。保密行政管理部门可以对机关、单位的整改情况进行复查。

第七章 结 案

第五十三条 泄密案件调查终结应当具备下列条件:

(一)泄露国家秘密的事实已经调查清楚;

(二)已经采取必要的补救措施;

(三)已经对案件相关责任人员作出处理,或者移送有关部门查处;

(四)有关机关、单位已经采取整改措施。

第五十四条 办案人员在案件调查处理工作完成后,应当提交结案报告,经立案的保密行政管理部门负责人批准后结案。结案报告应当包括以下内容:

(一)泄密案件的发生、发现经过;

(二)案件涉及国家秘密的密级、数量、载体形式以及概要内容;

(三)泄密案件已经或者可能造成的危害;

(四)案件发生的主要原因;

(五)已经采取的补救措施;

(六)责任人员处理情况;

(七)有关机关、单位整改情况;

(八)其他需要说明的情况。

第五十五条 泄密案件查处时限为3个月,自立案之日起3个月未能查结的，经查处泄密案件的保密行政管理部门负责人批准可延长1个月。

在延长期内仍不能查结的，查处泄密案件的保密行政管理部门应当向上一级保密行政管理部门说明原因，逾期未说明原因或者理由不充分的，上一级保密行政管理部门应当予以检查、督促。

第八章　配合机制

第五十六条　省（自治区、直辖市）保密行政管理部门与中央和国家机关保密工作机构在泄密案件查处工作中应当相互配合。

设区的市、自治州一级及以下地方保密行政管理部门需要中央和国家机关保密工作机构配合工作的，应当报请所属省（自治区、直辖市）保密行政管理部门协调。

第五十七条　保密行政管理部门应当加强与同级纪检监察、网信、审判、检察、公安、国家安全等机关的协调配合，建立健全协调配合机制，共同做好泄密案件查处工作。

第五十八条　在泄密案件查处工作中需要军地双方配合的，军队相应保密工作部门和地方保密行政管理部门可以直接联系，相互之间应当支持配合。

第九章　法律责任

第五十九条　在泄密案件查处工作中，有关机关、单位及其工作人员拒不配合，弄虚作假，隐匿、销毁证据，以其他方式逃避、妨碍案件查处的，对直接负责的主管人员和其他直接责任人员依法给予处分。

企事业单位及其工作人员协助机关、单位逃避、妨碍案件查处的，由有关主管部门依法予以处罚。

第六十条　保密行政管理部门办理泄密案件，未依法履行职责，或者滥用职权、玩忽职守、徇私舞弊的，对直接负责的主管人员和其他直接责任人员依法给予处分；构成犯罪的，依法追究刑事责任。

第十章　附　　则

第六十一条　机关、单位工作人员实施保密法第四十八条规定的其他违法行为，保密行政管理部门可以参照本办法调查或者组织、督促机关、单位调查处理。

第六十二条　执行本办法所需要的文书式样，由国家保密行政管理部门统一制定。国家保密行政管理部门没有制定式样，执法工作中需要的其他文书，省（自治区、直辖市）保密行政管理部门可以自行制定式样。

第六十三条　本办法由国家保密局负责解释。

第六十四条　本办法自2018年1月1日起施行。国家保密局1992年11月20日印发的《泄密事件查处办法（试行）》同时废止。

关于修改《中国清洁发展机制基金管理办法》的决定

（2017年12月29日财政部、国家发展和改革委员会、外交部、科技部、环境保护部、农业部、中国气象局令第95号公布　自2018年1月1日起施行　国法备字［2018000361］）

在第三十五条后增加一条作为第三十六条，原第三十六条相应顺延，增加内容为：“基金的管理机构及其工作人员在基金赠款项目和有偿使用项目管理、基金年度财务收支预算与决算及其他重大业务事项审核或审批工作中，存在违反本办法规定的行为，以及其他滥用职权、玩忽职守、徇私舞弊等违法违纪行为的，按照《中华人民共和国预算法》《中华人民共和国公务员法》《中华人民共和国行政监察法》《财政违法行为处罚处分条例》等国家有关规定追究相应责任；涉嫌犯罪的，依法移送司法机关处理”。

本决定自2018年1月1日起施行。

国土资源部关于修改和废止部分规章的决定

（2017年12月29日国土资源部令第78号公布　自公布之日起施行　国法备字［2018000333］）

为了深入贯彻依法治国基本方略，依法推进简政放权、放管结合、优化服务改革，根据国务院取消、下放行政审批项目等事项的决定和《中共国土资源部党组关于全面推进法治国土建设的意见》，国土资源部对国务院决定取消、下放行政审批项目等事项涉及的规章进行了清理。经清理，国土资源部决定：

一、对一部规章的部分条款予以修改

将《中华人民共和国海洋倾废管理条例实施办法》(国家海洋局令第2号)第三条修改为:"国家海洋局及其派出机构(以下简称海区主管部门)是实施本办法的主管部门。"

第十二条修改为:"申请倾倒许可证应填报倾倒废弃物申请书。"

第十六条修改为:"检验工作由海区主管部门委托检验机构依照有关评价规范开展。"

二、废止三部规章

废止《委托签发废弃物海洋倾倒许可证管理办法》(国土资源部令第25号)。

废止《土地登记办法》(国土资源部令第40号)。

废止《海洋标准化管理规定》(国家海洋局令第4号)。

本决定自公布之日起施行。

《中华人民共和国海洋倾废管理条例实施办法》(国家海洋局令第2号)根据本决定作相应修改,重新公布。

中华人民共和国海洋倾废管理条例实施办法

(1990年9月25日国家海洋局令第2号公布　根据2016年1月5日《国土资源部关于修改和废止部分规章的决定》第一次修正　根据2017年12月29日《国土资源部关于修改和废止部分规章的决定》第二次修正)

第一条　根据《中华人民共和国海洋环境保护法》第四十七条的规定,为实施《中华人民共和国海洋倾废管理条例》(以下简称《条例》),加强海洋倾废管理,制定本办法。

第二条　本办法适用于任何法人、自然人和其他经济实体向中华人民共和国的内海、领海、大陆架和其他一切管辖海域倾倒废弃物和其他物质的活动。

本办法还适用于《条例》第三条二、三、四款所规定的行为和因不可抗拒的原因而弃置船舶、航空器、平台和其他载运工具的行为。

第三条　国家海洋局及其派出机构(以下简称海区主管部门)是实施本办法的主管部门。

第四条 为防止或减轻海洋倾废对海洋环境的污染损害,向海洋倾倒的废弃物及其他物质应视其毒性进行必要的预处理。

第五条 废弃物依据其性质可分为一、二、三类废弃物。

一类废弃物是指列入《条例》附件一的物质,该类废弃物禁止向海洋倾倒。除非在陆地处置会严重危及人类健康,而海洋倾倒是防止威胁的唯一办法时可以例外。

二类废弃物是指列入《条例》附件二的物质和附件一第一、三款属"痕量沾污"或能够"迅速无害化"的物质。

三类废弃物是指未列入《条例》附件一、附件二的低毒、无害的物质和附件二第一款,其含量小于"显著量"的物质。

第六条 未列入《条例》附件一、附件二的物质,在不能肯定其海上倾倒是无害时,须事先进行评价,确定该物质类别。

第七条 海洋倾倒区分为一、二、三类倾倒区,试验倾倒区和临时倾倒区。

一、二、三类倾倒区是为处置一、二、三类废弃物而相应确定的,其中一类倾倒区是为紧急处置一类废弃物而确定的。

试验倾倒区是为倾倒试验而确定的(使用期不超过两年)。

临时倾倒区是因工程需要等特殊原因而划定的一次性专用倾倒区。

第八条 一类、二类倾倒区由国家海洋局组织选划。

三类倾倒区、试验倾倒区、临时倾倒区由海区主管部门组织选划。

第九条 一、二、三类倾倒区经商有关部门后,由国家海洋局报国务院批准,国家海洋局公布。

试验倾倒区由海区主管部门(分局级)商海区有关单位后,报国家海洋局审查确定,并报国务院备案。

试验倾倒区经试验可行,商有关部门后,再报国务院批准为正式倾倒区。

临时倾倒区由海区主管部门(分局级)审查批准,报国家海洋局备案。使用期满,立即封闭。

第十条 海洋倾废实行许可证制度。

倾倒许可证应载明倾倒单位,有效期限和废弃物的数量、种类、倾倒方法等。

倾倒许可证分为紧急许可证、特别许可证、普通许可证。

第十一条 凡向海洋倾倒废弃物的废弃物所有者及疏浚工程单位,应事先向主管部门提出倾倒申请,办理倾倒许可证。

废弃物所有者或疏浚工程单位与实施倾倒作业单位有合同约定,依合同规定实施倾倒作业单位也可向主管部门申请办理倾倒许可证。

第十二条 申请倾倒许可证应填报倾倒废弃物申请书。

第十三条 主管部门在收到申请书后两个月内应予以答复。经审查批准的应签发倾倒许可证。

紧急许可证由国家海洋局签发或者经国家海洋局批准,由海区主管部门签发。

特别许可证、普通许可证由海区主管部门签发。

第十四条 紧急许可证为一次性使用许可证。

特别许可证有效期不超过六个月。

普通许可证有效期不超过一年。

许可证有效期满仍需继续倾倒的,应在有效期满前二个月到发证主管部门办理换证手续。

倾倒许可证不得转让;倾倒许可证使用期满后十五日内交回发证机关。

第十五条 申请倾倒许可证和更换倾倒许可证应缴纳费用。具体收费项目和收费标准由国家物价局、国家海洋局另行规定。

第十六条 检验工作由海区主管部门委托检验机构依照有关评价规范开展。

第十七条 一类废弃物禁止向海上倾倒。但在符合本办法第五条第二款规定的条件下,可以申请获得紧急许可证,到指定的一类倾倒区倾倒。

第十八条 二类废弃物须申请获得特别许可证,到指定的二类倾倒区倾倒。

第十九条 三类废弃物须申请获得普通许可证,到指定的三类倾倒区倾倒。

第二十条 含有《条例》附件一、二所列物质的疏浚物的倾倒,按"疏浚物分类标准和评价程序"实施管理。

第二十一条 向海洋处置船舶、航空器、平台和其他海上人工构造物,须获得海区主管部门签发的特别许可证,按许可证的规定处置。

第二十二条 油污水和垃圾回收船对所回收的油污水、废弃物经处理后,需要向海洋倾倒的,应向海区主管部门提出申请,取得倾倒许可证后,到指定区域倾倒。

第二十三条 向海洋倾倒军事废弃物的,应由军队有关部门按本办法的规定向海区主管部门申请,按许可证的要求倾倒。

第二十四条 为开展科学研究,需向海洋投放物质的单位,应按本办法的规定程序向海区主管部门申请,并附报投放试验计划和海洋环境影响评估报告,海区主管部门核准签发相应类别许可证。

第二十五条　所有进行倾倒作业的船舶、飞机和其他载运工具应持有倾倒许可证（或许可证副本），未取得许可证的船舶、飞机和其他载运工具不得进行倾倒。

第二十六条　进行倾倒作业的船舶、飞机和其他载运工具在装载废弃物时，应通知发证主管部门核实。

利用船舶运载出港的，应在离港前通知就近港务监督核实。

凡在军港装运的，应通知军队有关部门核实。

如发现实际装载与倾倒许可证注明内容不符，则不予放行，并及时通知发证主管部门处理。

第二十七条　进行倾倒作业的船舶、飞机和其他载运工具应将作业情况如实详细填写在倾倒情况记录表和航行日志上，并在返港后十五日内将记录表报发证机关。

第二十八条　"中国海监"船舶、飞机、车辆负责海上倾倒活动的监视检查和监督管理。必要时海洋监察人员也可登船或随倾废船舶或其他载运工具进行监督检查。实施倾倒作业的船舶（或其他载运工具）应为监察人员履行公务提供方便。

第二十九条　主管部门对海洋倾倒区进行监测，如认定倾倒区不宜继续使用时，应予以封闭，并报国务院备案。

主管部门在封闭倾倒区之前两个月向倾倒单位发出通告，倾倒单位须从倾倒区封闭之日起终止在该倾倒区的倾倒。

第三十条　为紧急避险、救助人命而未能按本办法规定的程序申请倾倒的或未能按倾倒许可证要求倾倒的，倾倒单位应在倾倒后十日内向海区主管部门提交书面报告。报告内容应包括：倾倒时间和地点，倾倒物质特性和数量，倾倒时的海况和气象情况，倾倒的详细过程，倾倒后采取的措施及其他事项等。

航空器应在紧急放油后十日内向海区主管部门提交书面报告，报告内容应包括航空器国籍、所有人、机号、放油时间、地点、数量、高度及具体放油原因等。

第三十一条　因不可抗拒的原因而弃置的船舶、航空器、平台和其他载运工具，应尽可能地关闭所有油舱（柜）的阀门和通气孔，防止溢油。弃置后其所有人应在十日内向海区主管部门和就近的港务监督报告，并根据要求进行处置。

第三十二条　向海洋弃置船舶、航空器、平台和其他海上人工构造物前，应排出所有的油类和其他有害物质。

第三十三条 需要设置海上焚烧设施,应事先向海区主管部门申请,申请时附报该设施详细技术资料,经海区主管部门批准后,方可建立。设施建成后,须经海区主管部门检验核准。

实施焚烧作业的单位,应按本办法的规定程序向海区主管部门申请海上焚烧许可证。

第三十四条 违反《条例》和本实施办法,造成或可能造成海洋环境污染损害的,海区主管部门可依照《条例》第十七条、第二十条和第二十一条的规定,予以处罚。

未获得主管部门签发的倾倒许可证,擅自倾倒和未按批准的条件或区域进行倾倒的,按《条例》第二十条有关规定处罚。

第三十五条 对处罚不服者,可在收到行政处罚决定之日起十五日内向作出处罚决定机关的上一级机关申请复议。对复议结果不服的,从收到复议决定之日起十五日内,向人民法院起诉;当事人也可在收到处罚决定之日起十五日内直接向人民法院起诉。

当事人逾期不申请复议,也不向人民法院起诉,又不履行处罚决定的,由作出处罚决定的机关申请人民法院强制执行。

第三十六条 违反《条例》和本实施办法,造成海洋环境污染损害和公私财产损失的,肇事者应承担赔偿责任。

第三十七条 赔偿责任包括:

1. 受害方为清除、治理污染所支付的费用及对污染损害所采取的预防措施所支付的费用。

2. 污染对公私财产造成的经济损失,对海水水质、生物资源等的损害。

3. 为处理海洋倾废引起的污染损害事件所进行的调查费用。

第三十八条 赔偿责任和赔偿金额的纠纷,当事人可依照民事诉讼程序向人民法院提起诉讼;也可请求海区主管部门进行调解处理。对调解不服的,也可以向人民法院起诉;涉外案件还可以按仲裁程序解决。

第三十九条 因环境污染损害赔偿提起诉讼的时效期间为三年,从当事人知道或应当知道受到污染损害时计算。

赔偿纠纷处理结束后,受害方不得就同一污染事件再次提出索赔要求。

第四十条 由于战争行为、不可抗拒的自然灾害或由于第三者的过失,虽经及时采取合理措施,但仍不能避免造成海洋环境污染损害的,可免除倾倒单位的赔偿责任。

由于第三者的责任造成污染损害的,由第三者承担赔偿责任。

因不可抗拒的原因而弃置的船舶、航空器、平台和其他载运工具,不按本办法第三十一条规定要求进行处置而造成污染损害的应承担赔偿责任。

海区主管部门对免除责任的条件调查属实后，可做出免除赔偿责任的决定。

第四十一条 本办法下列用语的含义是：

1. “内海”系指领海基线内侧的全部海域（包括海湾、海峡、海港、河口湾）；领海基线与海岸之间的海域；被陆地包围或通过狭窄水道连接海洋的海域。

2. “疏浚物倾倒”系指任何通过或利用船舶或其他载运工具，有意地在海上以各种方式抛弃和处置疏浚物。“疏浚物”系指任何疏通、挖深港池、航道工程和建设、挖掘港口、码头、海底与岸边工程所产生的泥土、沙砾和其他物质。

3. “海上焚烧”系指以热摧毁方式在海上用焚烧设施有目的地焚烧有害废弃物的行为，但不包括船舶或其他海上人工构造物在正常操作中所附带发生的此类行为。

4. “海上焚烧设施”系指为在海上焚烧目的作业的船舶、平台或人工构造物。

5. “废弃物和其他物质”系指为弃置的目的，向海上倾倒或拟向海上倾倒的任何形式和种类的物质与材料。

6. “迅速无害化”系指列入《条例》附件一的某些物质能通过海上物理、化学和生物过程转化为无害，并不会使可食用的海洋生物变味或危及人类健康和家畜家禽的正常生长。

7. “痕量沾污”即《条例》附件一中的“微含量”，系指列入《条例》附件一的某些物质在海上倾倒不会产生有害影响，特别是不会对海洋生物或人类健康产生急性或慢性效应，不论这类毒性效应是否是由于这类物质在海洋生物尤其是可食用的海洋生物富集而引起的。

8. “显著量”即《条例》附件二中的“大量”。系指列入《条例》附件二的某些物质的海上倾倒，经生物测定证明对海洋生物有慢性毒性效应，则认为该物质的含量为显著量。

9. “特别管理措施”系指倾倒非“痕量沾污”，又不能“迅速无害化”的疏浚物时，须采取的一些行政或技术管理措施。通过这些措施降低疏浚物中所含附件一或附件二物质对环境的影响，使其不对人类健康和生物资源产生危害。

第四十二条 本办法由国家海洋局负责解释。

第四十三条 本办法自发布之日起开始施行。

中国地震局关于废止部分部门规章和规范性文件的决定

（2017 年 12 月 29 日中国地震局令第 10 号公布　自公布之日起施行　国法备字〔2018000351〕）

为贯彻落实国务院有关“简政放权、放管结合、优化服务”改革要求，中国地震局对涉及取消地震安全性评价人员执业资格、单位资质审批事项的部门规章和规范性文件进行了清理。现决定：

一、废止《地震安全性评价资质管理办法》（2002 年 2 月 25 日中国地震局令第 8 号公布）。

二、废止以下规范性文件：

（一）关于印发《地震安全性评价工程师制度暂行规定》、《地震安全性评价工程师资格考试实施办法》和《地震安全性评价工程师资格考核认定办法》（中震发防〔2006〕86 号，2006 年 9 月 12 日公布）；

（二）关于进一步规范和加强地震安全性评价工作的通知（中震发防〔2007〕112 号，2007 年 10 月 17 日公布）；

（三）关于印发《一级地震安全性评价工程师注册实施办法》的通知（中震防发〔2008〕153 号，2008 年 9 月 28 日公布）；

（四）《关于地震安全性评价上岗证书管理制度向地震安全性评价工程师制度过渡有关问题的通知》（中震防发〔2008〕154 号，2008 年 9 月 28 日公布）；

（五）关于印发《地震安全性评价单位资质认定行政许可实施细则（试行）》的通知（中震防发〔2009〕96 号，2009 年 9 月 23 日公布）；

（六）《关于做好地震安全性评价工程师和单位资质重新认定工作的通知》（中震防发〔2010〕38 号，2010 年 8 月 13 日公布）；

（七）关于印发《地震安全性评价乙级 丙级资质单位申请上一级资质的补充规定》的通知（中震防发〔2011〕14 号，2011 年 2 月 15 日公布）；

（八）关于印发《地震安全性评价工程师继续教育管理办法（试行）》的通知（中震防发〔2012〕56 号，2012 年 9 月 11 日公布）；

（九）关于印发《地震安全性评价工程师执业管理办法（试行）》的通知（中震防发〔2012〕57 号，2012 年 9 月 11 日公布）；

(十)《关于进一步加强地震安全性评价资质管理的通知》(中震防发〔2013〕79号,2013年12月24日公布)。

本决定自公布之日起施行。

增值税一般纳税人登记管理办法

(2017年12月29日国家税务总局令第43号公布　自2018年2月1日起施行　国法备字[2018000349])

第一条　为了做好增值税一般纳税人(以下简称"一般纳税人")登记管理,根据《中华人民共和国增值税暂行条例》及其实施细则有关规定,制定本办法。

第二条　增值税纳税人(以下简称"纳税人"),年应税销售额超过财政部、国家税务总局规定的小规模纳税人标准(以下简称"规定标准")的,除本办法第四条规定外,应当向主管税务机关办理一般纳税人登记。

本办法所称年应税销售额,是指纳税人在连续不超过12个月或四个季度的经营期内累计应征增值税销售额,包括纳税申报销售额、稽查查补销售额、纳税评估调整销售额。

销售服务、无形资产或者不动产(以下简称"应税行为")有扣除项目的纳税人,其应税行为年应税销售额按未扣除之前的销售额计算。纳税人偶然发生的销售无形资产、转让不动产的销售额,不计入应税行为年应税销售额。

第三条　年应税销售额未超过规定标准的纳税人,会计核算健全,能够提供准确税务资料的,可以向主管税务机关办理一般纳税人登记。

本办法所称会计核算健全,是指能够按照国家统一的会计制度规定设置账簿,根据合法、有效凭证进行核算。

第四条　下列纳税人不办理一般纳税人登记:

(一)按照政策规定,选择按照小规模纳税人纳税的;

(二)年应税销售额超过规定标准的其他个人。

第五条　纳税人应当向其机构所在地主管税务机关办理一般纳税人登记手续。

第六条　纳税人办理一般纳税人登记的程序如下:

(一)纳税人向主管税务机关填报《增值税一般纳税人登记表》(附件1),如实填写固定生产经营场所等信息,并提供税务登记证件;

（二）纳税人填报内容与税务登记信息一致的，主管税务机关当场登记；

（三）纳税人填报内容与税务登记信息不一致，或者不符合填列要求的，税务机关应当场告知纳税人需要补正的内容。

第七条 年应税销售额超过规定标准的纳税人符合本办法第四条第一项规定的，应当向主管税务机关提交书面说明（附件 2）。

第八条 纳税人在年应税销售额超过规定标准的月份（或季度）的所属申报期结束后 15 日内按照本办法第六条或者第七条的规定办理相关手续；未按规定时限办理的，主管税务机关应当在规定时限结束后 5 日内制作《税务事项通知书》，告知纳税人应当在 5 日内向主管税务机关办理相关手续；逾期仍不办理的，次月起按销售额依照增值税税率计算应纳税额，不得抵扣进项税额，直至纳税人办理相关手续为止。

第九条 纳税人自一般纳税人生效之日起，按照增值税一般计税方法计算应纳税额，并可以按照规定领用增值税专用发票，财政部、国家税务总局另有规定的除外。

本办法所称的生效之日，是指纳税人办理登记的当月 1 日或者次月 1 日，由纳税人在办理登记手续时自行选择。

第十条 纳税人登记为一般纳税人后，不得转为小规模纳税人，国家税务总局另有规定的除外。

第十一条 主管税务机关应当加强对税收风险的管理。对税收遵从度低的一般纳税人，主管税务机关可以实行纳税辅导期管理，具体办法由国家税务总局另行制定。

第十二条 本办法自 2018 年 2 月 1 日起施行，《增值税一般纳税人资格认定管理办法》（国家税务总局令第 22 号公布）同时废止。

附件 1

增值税一般纳税人登记表

纳税人名称			社会信用代码 （纳税人识别号）	
法定代表人 （负责人、业主）		证件名称及号码		联系电话
财务负责人		证件名称及号码		联系电话
办税人员		证件名称及号码		联系电话
税务登记日期				
生产经营地址				
注册地址				
纳税人类别：企业☐ 非企业性单位☐ 个体工商户☐ 其他☐				
主营业务类别：工业 ☐ 商业 ☐ 服务业 ☐ 其他☐				
会计核算健全：是☐				
一般纳税人生效之日：当月 1 日 ☐ 次月 1 日 ☐				
纳税人（代理人）承诺： 会计核算健全，能够提供准确税务资料，上述各项内容真实、可靠、完整。如有虚假，愿意承担相关法律责任。 经办人： 法定代表人： 代理人： （签章） 年 月 日				
以下由税务机关填写				
税务机关受理情况	受理人： 受理税务机关（章） 年 月 日			

填表说明：1. 本表由纳税人如实填写。

2. 表中“证件名称及号码”相关栏次，根据纳税人的法定代表人、财务负责人、办税人员的居民身份证、护照等有效身份证件及号码填写。

3. 表中“一般纳税人生效之日”由纳税人自行勾选。

4. 本表一式二份，主管税务机关和纳税人各留存一份。

附件 2

选择按小规模纳税人纳税的情况说明

<table>
<tr><td>纳税人名称</td><td colspan="2"></td><td>社会信用代码
（纳税人识别号）</td><td></td></tr>
<tr><td colspan="3" rowspan="2">连续不超过 12 个月或四个季度的经营期内累计应税销售额</td><td colspan="2">货物劳务： 年 月至 年 月共 元。</td></tr>
<tr><td colspan="2">应税行为： 年 月至 年 月共 元。</td></tr>
<tr><td>情况说明</td><td colspan="4"></td></tr>
<tr><td colspan="5">纳税人（代理人）承诺：
上述各项内容真实、可靠、完整。如有虚假，愿意承担相关法律责任。

经办人： 法定代表人： 代理人： （签章）
年 月 日</td></tr>
<tr><td colspan="5">以下由税务机关填写</td></tr>
<tr><td>税务机关受理情况</td><td colspan="4">受理人： 受理税务机关（章）
年 月 日</td></tr>
</table>

填表说明：1.“情况说明”栏由纳税人填写符合财政部、国家税务总局规定可选择按小规模纳税人纳税的具体情形及理由。

2. 本表一式二份，主管税务机关和纳税人各留存一份。

国家发展改革委决定宣布失效的规章目录

（2017年12月29日国家发展和改革委员会令第13号公布 国法备字[2018000327]）

根据投诉举报处理工作实际情况，并考虑到适用主体、调整对象均发生了变化，现决定宣布失效《电力监管机构举报处理规定》（国家电力监管委员会令第17号）、《电力监管机构投诉处理规定》（国家电力监管委员会令第18号）。

宣布失效的文件，自本决定印发之日起停止执行，不再作为行政管理的依据。

国家发展改革委决定宣布失效的规章目录（共2件）

序号	文件名称	文号及时间	发布部门
1	电力监管机构举报处理规定	国家电力监管委员会第17号令 2006年4月1日	国家电力监管委员会
2	电力监管机构投诉处理规定	国家电力监管委员会第18号令 2006年4月1日	国家电力监管委员会

国家税务总局关于公布失效废止的税务部门规章和税收规范性文件目录的决定

（2017年12月29日国家税务总局令第42号公布 国法备字[2018000348]）

根据国务院办公厅关于做好“放管服”改革涉及的部门规章、规范性文件清理工作的有关要求，国家税务总局对现行有效的税务部门规章和税收规范性文件进行了清理。清理结果已经2017年11月30日国家税务总局2017年度第2次局务会议审议通过。现将《全文废止的税务部门规章目录》《全文失效废止的税收规范性文件目录》《部分条款废止的税收规范性文件目录》予以公布。

一、全文废止的税务部门规章目录

序号	制定机关	标题	发文日期	文号
1	国家税务总局	注册税务师管理暂行办法	2005年12月30日	国家税务总局令第14号公布

二、全文失效废止的税收规范性文件目录

序号	制定机关	标题	发文日期	文号
1	国家税务总局	国家税务总局关于地质矿产部所属地勘单位征税问题的通知	1995年8月16日	国税函发〔1995〕453号
2	国家税务总局	国家税务总局关于地质矿产部所属地勘单位征税问题的补充通知	1996年11月12日	国税函〔1996〕656号
3	国家税务总局	国家税务总局关于税务稽查工作中几个具体问题的批复	1997年3月13日	国税函〔1997〕147号
4	国家税务总局	国家税务总局关于印发《注册税务师注册管理暂行办法》的通知	1999年4月29日	国税发〔1999〕79号
5	国家税务总局	国家税务总局关于印发《有限责任税务师事务所设立及审批暂行办法》和《合伙税务师事务所设立及审批暂行办法》的通知	1999年10月11日	国税发〔1999〕192号
6	国家税务总局	国家税务总局关于在税收工作中发挥注册税务师作用的通知	2000年3月6日	国税发〔2000〕43号
7	国家税务总局	国家税务总局关于协税员不得核发《税务检查证》的批复	2001年1月2日	国税函〔2001〕41号

续表

序号	制定机关	标题	发文日期	文号
8	国家税务总局	国家税务总局关于加强国家税务局地方税务局协作的意见	2004年1月7日	国税发〔2004〕4号
9	国家税务总局	国家税务总局关于严厉打击虚开增值税专用发票等涉税违法行为的紧急通知	2004年4月30日	国税函〔2004〕536号
10	国家税务总局	国家税务总局关于合并、变更、注销税务师事务所实行备案管理的通知	2004年6月28日	国税函〔2004〕850号
11	国家税务总局	国家税务总局关于进一步规范税收执法和税务代理工作的通知	2004年8月11日	国税函〔2004〕957号
12	国家税务总局	国家税务总局关于转发《专业技术人员资格考试违纪违规行为处理规定》的通知	2004年12月13日	国税函〔2004〕1363号
13	国家税务总局	国家税务总局关于解决办税服务厅排队拥挤问题的通知	2005年9月19日	国税发〔2005〕161号
14	国家税务总局	国家税务总局关于加强房地产税收分析工作的通知	2005年9月22日	国税发〔2005〕151号
15	国家税务总局	国家税务总局关于进一步加强重大税收违法案件管理工作的意见	2007年4月5日	国税发〔2007〕39号
16	国家税务总局	国家税务总局关于有限责任税务师事务所设立分所有关问题的通知	2007年4月16日	国税发〔2007〕47号

续表

序号	制定机关	标题	发文日期	文号
17	国家税务总局	国家税务总局关于落实“两个减负”优化纳税服务工作的意见	2007年8月30日	国税发〔2007〕106号
18	国家税务总局	国家税务总局办公厅关于调整税务师事务所设立审批管理方式的通知	2009年1月16日	国税办发〔2009〕5号
19	国家税务总局	国家税务总局关于税务师事务所设立审批有关问题的批复	2009年3月16日	国税函〔2009〕137号
20	国家税务总局	国家税务总局关于建筑企业所得税征管有关问题的通知	2010年1月26日	国税函〔2010〕39号
21	国家税务总局	国家税务总局关于新办文化企业企业所得税有关政策问题的通知	2010年3月2日	国税函〔2010〕86号
22	国家税务总局	国家税务总局关于转变职能改进作风更好为广大纳税人服务的公告	2013年7月4日	国家税务总局公告2013年第37号
23	国家税务总局	国家税务总局关于发布《税收减免管理办法》的公告	2015年6月8日	国家税务总局公告2015年第43号

三、部分条款废止的税收规范性文件目录

序号	制定机关	标题	发文日期	文号	废止条款
1	国家税务局	关于检发《关于土地使用税若干具体问题的解释和暂行规定》的通知	1988年10月24日	(88)国税地字第015号	废止第十七条
2	国家税务局	关于印花税若干具体问题的规定	1988年12月12日	(88)国税地字第025号	废止第十三条

续表

序号	制定机关	标题	发文日期	文号	废止条款
3	国家税务局	关于对保险公司征收印花税有关问题的通知	1988年12月31日	(88)国税地字第037号	废止第三条
4	国家税务总局	国家税务总局关于实行税务检查计划制度的通知	1999年11月12日	国税发〔1999〕211号	废止第四条
5	国家税务总局	国家税务总局关于耕地占用税征收管理有关问题的通知	2007年12月12日	国税发〔2007〕129号	废止第四条
6	国家税务总局	国家税务总局关于实施国家重点扶持的公共基础设施项目企业所得税优惠问题的通知	2009年4月16日	国税发〔2009〕80号	废止第七条
7	国家税务总局	国家税务总局关于境外注册中资控股企业依据实际管理机构标准认定为居民企业有关问题的通知	2009年4月22日	国税发〔2009〕82号	废止第七条第一款"境外中资企业可向其实际管理机构所在地或中国主要投资者所在地主管税务机关提出居民企业申请,主管税务机关对其居民企业身份进行初步审核后,层报国家税务总局确认。"的内容
8	国家税务总局	国家税务总局关于技术转让所得减免企业所得税有关问题的通知	2009年4月24日	国税函〔2009〕212号	废止第四条

续表

序号	制定机关	标题	发文日期	文号	废止条款
9	国家税务总局	国家税务总局关于实施创业投资企业所得税优惠问题的通知	2009年4月30日	国税发〔2009〕87号	废止第四条
10	国家税务总局	国家税务总局关于发布《企业境外所得税收抵免操作指南》的公告	2010年7月2日	国家税务总局公告2010年第1号	废止"22.我国企业所得税法目前尚未单方面规定税收饶让抵免,……,经企业主管税务机关确认,可在其申报境外所得税额时视为已缴税额(参见示例六)。"中"经企业主管税务机关确认"的内容
11	国家税务总局	国家税务总局关于发布《出口货物劳务增值税和消费税管理办法》的公告	2012年6月14日	国家税务总局公告2012年第24号	废止第三条第(一)(二)(四)(五)项,第十一条第(三)项
12	国家税务总局	国家税务总局关于《出口货物劳务增值税和消费税管理办法》有关问题的公告	2013年3月13日	国家税务总局公告2013年第12号	废止第五条第(一)(十)项
13	国家税务总局	国家税务总局关于电网企业电网新建项目享受所得税优惠政策问题的公告	2013年5月24日	国家税务总局公告2013年第26号	废止第二条

续表

序号	制定机关	标题	发文日期	文号	废止条款
14	国家税务总局	国家税务总局关于执行软件企业所得税优惠政策有关问题的公告	2013年7月25日	国家税务总局公告2013年第43号	废止第一条“经认定并”及“所称经认定，是指经国家规定的软件企业认定机构按照软件企业认定管理的有关规定进行认定并取得软件企业认定证书”的内容，废止第四条、第五条
15	国家税务总局、国家发展改革委	国家税务总局 国家发展改革委关于落实节能服务企业合同能源管理项目企业所得税优惠政策有关征收管理问题的公告	2013年12月17日	国家税务总局 国家发展改革委公告2013年第77号	废止第六条
16	国家税务总局	国家税务总局关于非居民企业间接转让财产企业所得税若干问题的公告	2015年2月3日	国家税务总局公告2015年第7号	废止第十三条

国土资源执法监督规定

（2018年1月2日国土资源部令第79号公布　自2018年3月1日起施行　国法备字[2018000334]）

第一条　为了规范国土资源执法监督行为，依法履行国土资源执法监督职责，切实保护国土资源，维护公民、法人和其他组织的合法权益，根据《中华人民共和国土地管理法》《中华人民共和国矿产资源法》等法律法规，制定本规定。

第二条 本规定所称国土资源执法监督，是指县级以上国土资源主管部门依照法定职权和程序，对公民、法人和其他组织执行和遵守国土资源法律法规的情况进行监督检查，并对违反国土资源法律法规的行为进行制止和查处的行政执法活动。

第三条 国土资源执法监督，遵循依法、规范、严格、公正、文明的原则。

第四条 县级以上国土资源主管部门应当强化遥感监测、视频监控等科技和信息化手段的应用，也可以通过购买社会服务等方式，发挥现代科技对执法监督工作的支撑作用，提升执法监督效能。

第五条 对在执法监督工作中认真履行职责，依法执行公务成绩显著的国土资源主管部门及其执法人员，由上级国土资源主管部门给予通报表扬。

第六条 县级以上国土资源主管部门依照法律法规规定，履行下列执法监督职责：

（一）对执行和遵守国土资源法律法规的情况进行检查；

（二）对发现的违反国土资源法律法规的行为进行制止，责令限期改正；

（三）对涉嫌违反国土资源法律法规的行为进行调查；

（四）对违反国土资源法律法规的行为依法实施行政处罚和行政处理；

（五）对违反国土资源法律法规依法应当追究国家工作人员行政纪律责任的，依照有关规定提出行政处分建议；

（六）对违反国土资源法律法规涉嫌犯罪的，向公安、检察机关移送案件有关材料；

（七）法律法规规定的其他职责。

第七条 县级以上地方国土资源主管部门根据工作需要，可以委托国土资源执法监督队伍行使执法监督职权。具体职权范围由委托机关决定。

上级国土资源主管部门应当加强对下级国土资源主管部门行政执法行为的监督和指导。

第八条 县级以上地方国土资源主管部门应当加强与人民法院、人民检察院和公安机关的沟通和协作，依法配合有关机关查处涉嫌国土资源犯罪的行为。

第九条 从事国土资源执法监督的工作人员应当具备下列条件：

（一）具有较高的政治素质，忠于职守、秉公执法、清正廉明；

（二）熟悉国土资源法律法规和相关专业知识；

（三）取得国土资源执法证件。

第十条 国土资源执法人员经过考核合格后，方可取得国土资源执法证件。

国土资源主管部门应当定期组织对执法人员的业务培训。

执法人员不得超越法定职权使用执法证件，不得将执法证件用于国土资源执法监督以外的活动。

第十一条 国土资源部负责省级以上国土资源主管部门执法证件的颁发工作。

省级国土资源主管部门负责市、县国土资源主管部门执法证件的颁发工作。

国土资源执法证件的样式，由国土资源部规定。

第十二条 单位名称、执法人员信息等发生变化的，应当申领新的执法证件。

遗失执法证件的，应当及时向所在国土资源主管部门书面报告。有关国土资源主管部门在门户网站声明作废后，核发新的执法证件。

省级国土资源主管部门应当在每年 1 月底前，通过国土资源执法综合监管平台将上年度执法人员基本信息、培训、发证以及变更、注销、撤销等情况报国土资源部备案。

国土资源部和省级国土资源主管部门应当结合备案情况定期审验相关信息。

第十三条 因调离、辞职、退休或者其他情形不再履行国土资源执法监督职责的，有关国土资源主管部门应当收回其执法证件，由发证机关予以注销。

第十四条 有下列情形之一的，有关国土资源主管部门应当收回其执法证件，并报发证机关备案：

（一）因涉嫌违法违纪被立案审查，尚未作出结论的；

（二）暂时停止履行执法监督职责的；

（三）擅自涂改、转借执法证件的；

（四）利用执法证件开展与执法监督职责无关的活动，尚未造成严重后果的；

（五）因其他原因应当收回执法证件的。

本条第一、二种情形消除后，经审查合格，可以继续履行执法监督职责的，应当将执法证件及时发还。

第十五条 有下列情形之一的，有关国土资源主管部门应当收回其执法证件，逐级上报发证机关，由发证机关予以撤销，并在门户网站上公布：

（一）弄虚作假取得执法证件的；

（二）在执法监督活动中存在徇私舞弊、滥用职权、玩忽职守等行为，不再适合履行执法监督职责的；

（三）利用执法证件开展与执法监督职责无关的活动，造成严重后果的；

（四）有其他依法应当撤销执法证件情形的。

执法证件被撤销的，不得再重新申领。

第十六条 国土资源执法人员依法履行执法监督职责时，应当主动出示执法证件，并且不得少于2人。

第十七条 县级以上国土资源主管部门可以组织特邀国土资源监察专员参与国土资源执法监督活动，为国土资源执法监督工作提供意见和建议。

第十八条 市、县国土资源主管部门可以根据工作需要，聘任信息员、协管员，收集国土资源违法行为信息，协助及时发现国土资源违法行为。

第十九条 县级以上国土资源主管部门履行执法监督职责，依法可以采取下列措施：

（一）要求被检查的单位或者个人提供有关文件和资料，进行查阅或者予以复制；

（二）要求被检查的单位或者个人就有关问题作出说明，询问违法案件的当事人、嫌疑人和证人；

（三）进入被检查单位或者个人违法现场进行勘测、拍照、录音和摄像等；

（四）责令当事人停止正在实施的违法行为，限期改正；

（五）对当事人拒不停止违法行为的，应当将违法事实书面报告本级人民政府和上一级国土资源主管部门，也可以提请本级人民政府协调有关部门和单位采取相关措施；

（六）对涉嫌违反国土资源法律法规的单位和个人，依法暂停办理其与该行为有关的审批或者登记发证手续；

（七）对执法监督中发现有严重违反国土资源法律法规，国土资源管理秩序混乱，未积极采取措施消除违法状态的地区，其上级国土资源主管部门可以建议本级人民政府约谈该地区人民政府主要负责人；

（八）执法监督中发现有地区存在违反国土资源法律法规的苗头性或者倾向性问题，可以向该地区的人民政府或者国土资源主管部门进行反馈，提出执法监督建议；

（九）法律法规规定的其他措施。

第二十条 县级以上地方国土资源主管部门应当按照有关规定保障国土资源执法监督工作的经费、车辆、装备等必要条件，并为执法人员提供人身意外伤害保险等职业风险保障。

第二十一条 市、县国土资源主管部门应当建立执法巡查制度，制订巡查工作计划，组织开展巡查活动，及时发现、报告和依法制止国土资源违法行为。

第二十二条 国土资源部在全国部署开展土地矿产卫片执法监督。

省级国土资源主管部门按照国土资源部的统一部署,组织所辖行政区域内的市、县国土资源主管部门开展土地矿产卫片执法监督,并向国土资源部报告结果。

第二十三条 省级以上国土资源主管部门实行国土资源违法案件挂牌督办和公开通报制度。

符合下列条件之一的违法案件可以挂牌督办:

(一)公众反映强烈,影响社会稳定的;

(二)给国家、人民群众利益造成重大损害的;

(三)造成耕地大量破坏,或者非法采出矿产品价值数额巨大的;

(四)其他需要挂牌督办的。

省级以上国土资源主管部门应当将重大典型案件和挂牌督办案件的案情、处理结果向社会公开通报。

第二十四条 对上级国土资源主管部门交办的国土资源违法案件,下级国土资源主管部门拖延办理的,上级国土资源主管部门可以发出督办通知,责令限期办理;必要时,可以派员督办或者挂牌督办。

第二十五条 县级以上国土资源主管部门实行行政执法全过程记录制度。根据情况可以采取下列记录方式,实现全过程留痕和可回溯管理:

(一)将行政执法文书作为全过程记录的基本形式;

(二)对现场检查、随机抽查、调查取证、听证、行政强制、送达等容易引发争议的行政执法过程,进行音像记录;

(三)对直接涉及重大财产权益的现场执法活动和执法场所,进行音像记录。

第二十六条 县级以上国土资源主管部门实行重大行政执法决定法制审核制度。在作出重大行政处罚决定前,由该部门的法制工作机构对拟作出决定的合法性、适当性进行审核。未经法制审核或者审核未通过的,不得作出决定。

重大行政处罚决定,包括没收违法采出的矿产品、没收违法所得、没收违法建筑物、限期拆除违法建筑物、吊销勘查许可证或者采矿许可证等。

第二十七条 县级以上国土资源主管部门的执法监督机构提请法制审核的,应当提交以下材料:

(一)处罚决定文本;

(二)案件调查报告;

(三)法律法规规章依据;

（四）相关的证据材料；

（五）需要提供的其他相关材料。

第二十八条 法制审核原则上采取书面审核的方式，审核以下内容：

（一）执法主体是否合法；

（二）是否超越本机关执法权限；

（三）违法定性是否准确；

（四）法律适用是否正确；

（五）程序是否合法；

（六）行政裁量权行使是否适当。

第二十九条 县级以上国土资源主管部门的法制工作机构自收到送审材料之日起5个工作日内完成审核。情况复杂需要进一步调查研究的，可以适当延长，但延长期限不超过10个工作日。

经过审核，对拟作出的重大行政处罚决定符合本规定第二十八条的，法制工作机构出具通过法制审核的书面意见；对不符合规定的，不予通过法制审核。

第三十条 县级以上国土资源主管部门实行行政执法公示制度。县级以上国土资源主管部门建立行政执法公示平台，依法及时向社会公开下列信息，接受社会公众监督：

（一）本部门执法查处的法律依据、管辖范围、工作流程、救济方式等相关规定；

（二）本部门国土资源执法证件持有人姓名、编号等信息；

（三）本部门作出的生效行政处罚决定和行政处理决定；

（四）本部门公开挂牌督办案件处理结果；

（五）本部门认为需要公开的其他执法监督事项。

第三十一条 有下列情形之一的，县级以上国土资源主管部门及其执法人员，应当采取相应处置措施，履行执法监督职责：

（一）对于下达《责令停止违法行为通知书》后制止无效的，及时报告本级人民政府和上一级国土资源主管部门；

（二）依法申请人民法院强制执行，人民法院不予受理的，应当作出明确记录。

第三十二条 上级国土资源主管部门应当通过检查、抽查等方式，评议考核下级国土资源主管部门执法监督工作。

评议考核结果应当在适当范围内予以通报，并作为年度责任目标考核、评优、奖惩的重要依据，以及干部任用的重要参考。

评议考核不合格的,上级国土资源主管部门可以对其主要负责人进行约谈,责令限期整改。

第三十三条 县级以上国土资源主管部门实行错案责任追究制度。国土资源执法人员在查办国土资源违法案件过程中,因过错造成损害后果的,所在的国土资源主管部门应当予以纠正,并依照有关规定追究相关人员的过错责任。

第三十四条 县级以上国土资源主管部门及其执法人员有下列情形之一,致使公共利益或者公民、法人和其他组织的合法权益遭受重大损害的,应当依法给予处分:

(一)对发现的国土资源违法行为未依法制止的;

(二)应当依法立案查处,无正当理由,未依法立案查处的;

(三)已经立案查处,依法应当申请强制执行、提出处分建议或者移送有权机关追究行政纪律或者刑事责任,无正当理由,未依法申请强制执行、提出处分建议、移送有权机关的。

第三十五条 县级以上国土资源主管部门及其执法人员有下列情形之一的,应当依法给予处分;构成犯罪的,依法追究刑事责任:

(一)伪造、销毁、藏匿证据,造成严重后果的;

(二)篡改案件材料,造成严重后果的;

(三)不依法履行职责,致使案件调查、审核出现重大失误的;

(四)违反保密规定,向案件当事人泄露案情,造成严重后果的;

(五)越权干预案件调查处理,造成严重后果的;

(六)有其他徇私舞弊、玩忽职守、滥用职权行为的。

第三十六条 阻碍国土资源主管部门依法履行执法监督职责,对国土资源执法人员进行威胁、侮辱、殴打或者故意伤害,构成违反治安管理行为的,依法给予治安管理处罚;构成犯罪的,依法追究刑事责任。

第三十七条 本规定自 2018 年 3 月 1 日起施行。原国家土地管理局 1995 年 6 月 12 日发布的《土地监察暂行规定》同时废止。

企业投资项目事中事后监管办法

(2018 年 1 月 4 日国家发展和改革委员会令第 14 号公布　自 2018 年 2 月 4 日起施行　国法备字[2018000328])

第一章　总　　则

第一条　为加强对企业投资项目的事中事后监管,规范企业投资行为,维护公共利益和企业合法权益,依据《行政许可法》《行政处罚法》《企业投资项目核准和备案管理条例》等法律法规,制定本办法。

第二条　各级发展改革部门根据核准和备案职责,对企业在境内投资建设的固定资产项目(以下简称项目)核准和备案的事中事后监督管理,适用本办法。

第三条　项目事中事后监管是指各级发展改革部门对项目开工前是否依法取得核准批复文件或者办理备案手续,并在开工后是否按照核准批复文件或者备案内容进行建设的监督管理。

各级发展改革部门开展项目事中事后监管,应当与规划、环保、国土、建设、安全生产等主管部门的事中事后监管工作各司其职、各负其责,并加强协调配合。

第四条　各级发展改革部门对项目实施分级分类监督管理。

对已经取得核准批复文件的项目,由核准机关实施监督管理;对已经备案的项目,由备案机关实施监督管理。对项目是否依法取得核准批复文件或者办理备案手续,由项目所在地县级以上地方发展改革部门实施监督管理。

第五条　各级发展改革部门应当建立健全行政监督和监管执法程序,加强监管执法队伍建设,保障监管执法经费,依法行使监督管理职权。

对政府投资项目以及企业投资项目使用政府投资的稽察工作,按照有关规定执行。

第二章　对核准项目的监管

第六条　核准机关对本机关已核准的项目,应当对以下方面进行监督管理:

（一）是否通过全国投资项目在线审批监管平台（以下简称在线平台），如实、及时报送项目开工建设、建设进度、竣工等建设实施基本信息；

（二）需要变更已核准建设地点或者对已核准建设规模、建设内容等作较大变更的，是否按规定办理变更手续；

（三）需要延期开工建设的，是否按规定办理延期开工建设手续；

（四）是否按照核准的建设地点、建设规模、建设内容等进行建设。

第七条 核准机关应当根据行业特点、监管需要和简易、可操作的原则，制定、上线核准项目报送建设实施基本信息的格式文本，并对报送的建设实施基本信息进行在线监测。

第八条 核准机关对其核准的项目，应当在项目开工后至少开展一次现场核查。

第九条 已开工核准项目未如实、及时报送建设实施基本信息的，核准机关应当责令项目单位予以纠正；拒不纠正的，给予警告。

第十条 项目未按规定办理核准批复文件、项目变更批复文件或者批复文件失效后开工建设的，核准机关应当依法责令停止建设或者责令停产，并依法处以罚款。

第十一条 项目未按照核准的建设地点、建设规模、建设内容等进行建设的，核准机关应当依法责令停止建设或者责令停产，并依法处以罚款。

对于有关部门依法认定项目建设内容属于产业政策禁止投资建设的，核准机关应当依法责令停止建设或者责令停产并恢复原状，并依法处以罚款。

第十二条 县级以上地方发展改革部门发现本行政区域内的项目列入《政府核准的投资项目目录》，但未依法办理核准批复文件、项目变更批复文件或者批复文件失效后开工建设的，应当报告对该项目有核准权限的机关，由核准机关依法责令停止建设或者责令停产，并依法处以罚款。

第三章 对备案项目的监管

第十三条 备案机关对本机关已备案的项目，应当对以下方面进行监督管理：

（一）是否通过在线平台如实、及时报送项目开工建设、建设进度、竣工等建设实施基本信息；

（二）是否属于实行核准管理的项目；

（三）是否按照备案的建设地点、建设规模、建设内容进行建设；

（四）是否属于产业政策禁止投资建设的项目。

第十四条 备案机关应当根据行业特点、监管需要和简易、可操作的原则,制定、上线备案项目报送建设实施基本信息的格式文本,并对报送的建设实施基本信息进行在线监测。

第十五条 项目自备案后2年内未开工建设或者未办理任何其他手续的,项目单位如果决定继续实施该项目,应当通过在线平台作出说明;如果不再继续实施,应当撤回已备案信息。

前款项目既未作出说明,也未撤回备案信息的,备案机关应当予以提醒。经提醒后仍未作出相应处理的,备案机关应当移除已向社会公示的备案信息,项目单位获取的备案证明文件自动失效。对其中属于故意报备不真实项目、影响投资信息准确性的,备案机关可以将项目列入异常名录,并向社会公开。

第十六条 备案机关对其备案的项目,应当根据"双随机一公开"的原则,结合投资调控实际需要,定期制定现场核查计划。对列入现场核查计划的项目,应当在项目开工后至少开展一次现场核查。列入现场核查计划的项目数量比例,由备案机关根据实际确定。

第十七条 已开工备案项目未如实、及时报送建设实施基本信息的,备案机关应当责令项目单位予以纠正;拒不纠正的,给予警告。

第十八条 项目建设与备案信息不符的,备案机关应当责令限期改正;逾期不改正的,依法处以罚款并列入失信企业名单,向社会公开。

对于有关部门依法认定项目建设内容属于产业政策禁止投资建设的,备案机关应当依法责令停止建设或者责令停产并恢复原状,并依法处以罚款。

第十九条 县级以上地方发展改革部门发现本行政区域内的已开工项目应备案但未依法备案的,应当报告对该项目有备案权限的机关,由备案机关责令其限期改正;逾期不改正的,依法处以罚款并列入失信企业名单,向社会公开。

第二十条 对本行政区域内的已开工项目,经有关部门依法认定属于产业政策禁止投资建设的,县级以上发展改革部门应当依法责令停止建设或者责令停产并恢复原状,并依法处以罚款。

第四章 监管程序和方式

第二十一条 各级发展改革部门对项目的现场核查,可以自行开展,也可以发挥工程咨询单位等机构的专业优势,以委托第三方机构的方式开展。

委托第三方机构开展现场核查的,应当建立核查机构名录,制订核查工作规范,加强对核查工作的指导和监督。委托第三方机构开展现场核查的经费由委托方承担。

第二十二条 各级发展改革部门应当依托在线平台，运用大数据、互联网、移动计算等信息技术手段，加强对各类信息的分析研判，提高发现问题线索的能力。

第二十三条 各级发展改革部门应当畅通投诉举报渠道，对投诉举报反映的问题线索及时予以处理。

第二十四条 各级发展改革部门对发现的涉嫌违法问题，应当按照法定权限和程序立案查处，并作出处理决定。

对发现的涉及其他部门职权的违法违纪线索，应当及时移送。涉嫌犯罪的，应当移送司法机关追究刑事责任。

第二十五条 各级发展改革部门对项目的行政处罚信息，应当通过在线平台进行归集，并通过在线平台和"信用中国"网站向社会公开。

对在项目事中事后监管中形成的项目异常名录和失信企业名单，应当通过在线平台与全国信用信息平台共享，通过"信用中国"网站向社会公开，并实施联合惩戒。

第二十六条 各级发展改革部门应当与规划、环保、国土、建设、安全生产等主管部门建立健全协同监管和联合执法机制，参加本级人民政府开展的综合执法工作，提高监管执法效率。

第二十七条 各级发展改革部门应当建立健全项目事中事后监管责任制和责任追究制，通过约谈、挂牌督办、上收核准权限等措施，督促下级发展改革部门落实工作责任。

第五章 法律责任

第二十八条 本办法第九条、第十七条所称的警告，均指《行政处罚法》规定的行政处罚罚种，各级发展改革部门应当依照法定程序和要求实施。

第二十九条 核准机关对未按规定办理核准手续的项目，未按照核准的建设地点、建设规模、建设内容等进行建设的项目，处以罚款的情形和幅度依照《企业投资项目核准和备案管理条例》第十八条执行。

第三十条 备案机关对未依法备案的项目，建设与备案信息不符的项目，处以罚款的情形和幅度依照《企业投资项目核准和备案管理条例》第十九条执行。

第三十一条 对属于产业政策禁止投资建设的项目，处以罚款的情形和幅度依照《企业投资项目核准和备案管理条例》第二十条执行。

第三十二条 违反本办法规定,但能够积极配合调查、认真整改纠正、主动消除或者减轻危害后果的,可以在法定幅度内减轻处罚。

第六章 附 则

第三十三条 外商投资项目事中事后监督管理另有规定的,从其规定。

第三十四条 事业单位、社会团体等非企业组织在境内投资建设的项目事中事后监督管理适用本办法,但通过预算安排的项目除外。

第三十五条 本办法由国家发展和改革委员会负责解释。

第三十六条 本办法自2018年2月4日起实施。

长江三峡水利枢纽过闸船舶安全检查暂行办法

(2018年1月11日交通运输部令2018年第1号公布 自2018年6月1日起施行 国法备字[2018000339])

第一章 总 则

第一条 为了加强和规范长江三峡水利枢纽过闸船舶安全检查工作,保障过闸船舶和长江三峡水利枢纽水域安全,根据《长江三峡水利枢纽安全保卫条例》《内河交通安全管理条例》等行政法规,制定本办法。

第二条 长江三峡水利枢纽过闸船舶的安全检查适用本办法(以下简称过闸安检)。

第三条 交通运输部长江航务管理局(以下简称长航局)负责长江三峡水利枢纽过闸安检监督管理工作。

交通运输部海事局指导长江三峡水利枢纽过闸安检业务工作。

长江三峡通航管理局(以下简称三峡局)具体实施长江三峡水利枢纽过闸安检工作。

第二章 过闸船舶安全自查

第四条 过闸船舶所有人、经营人、管理人应当遵守法律、行政法规、规章,落实安全生产主体责任,建立并落实过闸船舶安全保卫制度和安全自查制度。

第五条 过闸船舶应当在本航次接受过闸安检前完成安全自查,及时消除安全隐患。

第六条 过闸船舶应当自查并保持船舶和船员证书、文书齐全、有效。

第七条 过闸船舶应当自查下列设施设备已经按照标准配置到位并处于正常状态:

(一)机电和应急设备,主要包括:主机、辅机、操舵装置、应急电源、应急操舵装置等;

(二)航行和通信设备,主要包括:甚高频(VHF)电话、船舶自动识别系统(AIS)、卫星导航系统、雷达、罗经、长江电子航道图系统等;

(三)消防设施设备,主要包括:火灾自动报警系统、固定灭火系统等消防设施,移动灭火器材,消防应急照明、船舶防火控制图和消防安全标志、疏散指示标志;

(四)救生设备,主要包括:救生艇筏、救生器材等。

第八条 过闸船舶应当自查配员情况,确保满足船舶最低安全配员要求。

第九条 过闸船舶应当自查所载货物已经合理配载和有效系固,不得运输交通运输部规定禁止过闸的危险物品。

第十条 过闸船舶应当向三峡局申报过闸方式及时间、始发港、目的港、船舶主尺度、吃水等信息,并自查申报信息与实际情况是否一致,是否符合长航局规定的过闸申报要求。

载运危险物品的过闸船舶还应当申报危险物品装载情况。

第十一条 过闸船舶应当自查已经建立安全管理和消防安全责任制度,已经制定相关操作规程、应急预案并开展检查和演练;未擅自改变船舶防火分区,船员已经掌握船舶应变部署表内容。

第十二条 过闸船舶应当自查是否依法对船员、乘客及货物进行安全检查和登记。

第十三条 从事客运的过闸船舶应当自查已经向旅客宣传过闸安全及应急逃生注意事项,疏散通道和安全出口畅通。

第十四条 载运危险物品的过闸船舶还应当自查装载情况,确保满足隔离、运输及过闸等规定要求,已经随船携带本航次所载危险物品清单和化学品安全技术说明书,没有除核定船员和押运人员外的其他人员随船。

第十五条 过闸船舶应当如实、准确、完整填写安全自查记录表,经船长签字确认后随船备查。

第三章　过闸安检组织实施

第十六条　过闸船舶应当在进入三峡枢纽水域安全保卫管制区之前向三峡局申请过闸安检。

船舶申请过闸安检应当提供以下材料：

（一）安全自查记录表；

（二）船舶和船员证书、文书；

（三）船员、乘客及货物登记表。

载运危险物品的船舶还应当提供危险物品清单和化学品安全技术说明书。

第十七条　三峡局在收到船舶过闸安检申请后，应当安排船舶到指定的安检区接受安检。

过闸船舶在安检区不得进行烧焊等明火作业，载运危险物品的船舶不得进行洗舱、驱气等容易引发火灾、爆炸事故的作业。

第十八条　安检人员应当检查以下内容：

（一）过闸船舶是否自查并按照要求填写安全自查记录表；

（二）过闸船舶和船员证书、文书是否齐全、有效；

（三）过闸船舶主尺度、吃水和舷伸物、水下附属装置是否符合过闸安全要求；

（四）过闸船舶载运的货物种类和数量是否符合有关规定；

（五）过闸船舶的申报信息是否符合相关过闸申报要求；

（六）船员、乘客及货物登记表是否符合要求。

对载运危险物品的过闸船舶，安检人员还应当检查以下内容：

（一）是否有除核定船员和押运人员以外的其他人员随船；

（二）过闸船舶涉嫌谎报、瞒报危险物品的，应当核查实际所载危险物品与所提供清单是否一致；

（三）载运易燃易爆危险物品的，应当检查火星熄灭器和舱面水雾系统是否按照标准配置并处于正常工作状态。

第十九条　安检人员在实施过闸安检时不得少于2人，应出示工作证件，并全程视频记录过闸安检过程。安检结束后，安检人员应当填写过闸安检记录表并签字确认。

视频记录和安检记录表应当保存不少于1年。

第二十条　过闸船舶在接受过闸安检时，船长或者其指派的人员应当予以配合，如实回答询问，按照要求提供有关证书、文书，操作和测试船舶设施设备。

第二十一条 三峡局应当根据安检情况作出安检合格或者不合格的书面决定，并及时向过闸船舶反馈。在作出过闸安检不合格的书面决定前，应当充分听取过闸船舶的陈述和申辩。

第二十二条 过闸船舶有下列情形之一的，三峡局应当作出安检不合格的决定，并不予安排过闸：

（一）不能提供安全自查记录表或者填写不完整、不规范；

（二）载运交通运输部规定禁止过闸的危险物品；

（三）船舶和船员证书、文书无效或者不齐全；

（四）船舶主尺度、吃水和舷伸物、水下附属装置不符合过闸安全要求；

（五）过闸船舶的申报信息与实际情况不一致；

（六）不能提供船员、乘客及货物登记表；

（七）载运危险物品的过闸船舶有除核定船员和押运人员以外的其他人员随船，或者实际所载危险物品与清单不一致，或者不能提供危险物品清单和化学品安全技术说明书；

（八）载运易燃易爆危险物品船舶的火星熄灭器或者舱面水雾系统未按照标准配置或者不能正常工作。

第二十三条 过闸安检不合格的船舶应当在收到过闸安检决定后立即驶离安检区，按照要求整改后重新申请过闸安检。

安检不合格的船舶，不得进入三峡局指定的安检合格区。

第二十四条 安检合格的船舶应当在安检合格区等待过闸，禁止与未经过闸安检的船舶或者过闸安检不合格的船舶相互靠泊。

第二十五条 三峡局应当配备必要的安检人员、装备和设施，按照本办法规定的过闸安检内容，结合船舶安检申请时间和实际到闸时间，合理安排过闸船舶安检顺序。

第二十六条 三峡局应当建立过闸安检与过闸船舶远程调度相衔接的工作制度，并充分利用信息化手段组织安检工作，保证过闸安检质量和效率。

第四章　监督责任

第二十七条 长航局应当制定过闸安检工作监督检查计划，对三峡局过闸安检工作实施监督检查。

第二十八条 任何单位和个人发现过闸安检过程中有违法违规行为的，

可以向长航局、三峡局举报。

长航局、三峡局应当公开举报电话、信箱或者电子邮件地址,依法受理并负责调查对过闸安检工作违法违规行为的举报。

举报属实的,对安检人员应当立即调离岗位,并依据有关规定进行处理。

第二十九条 违反本办法规定,由三峡局依据《长江三峡水利枢纽安全保卫条例》等法规予以处罚。

第五章 附 则

第三十条 本办法所称过闸船舶,是指拟通过三峡船闸、升船机等长江三峡水利枢纽通航建筑物的船舶。

第三十一条 过闸船舶安全自查记录表样式、过闸安检记录表、船员、乘客及货物登记表样式由长航局根据本办法制定。

第三十二条 葛洲坝水利枢纽过闸船舶安全检查参照本办法执行。

下行连续通过三峡水利枢纽和葛洲坝水利枢纽的过闸船舶,原则上在三峡水利枢纽上游水域接受一次过闸安检;上行连续通过葛洲坝水利枢纽和三峡水利枢纽的过闸船舶,原则上在葛洲坝水利枢纽下游水域接受一次过闸安检。必要时,三峡局可以在三峡水利枢纽和葛洲坝水利枢纽之间水域对安检合格的船舶进行复检。

第三十三条 本办法自2018年6月1日起施行。

拖拉机和联合收割机驾驶证管理规定

(2018年1月15日农业部令2018年第1号公布 自2018年6月1日起施行 国法备字[2018000340])

第一章 总 则

第一条 为了规范拖拉机和联合收割机驾驶证(以下简称驾驶证)的申领和使用,根据《中华人民共和国农业机械化促进法》、《中华人民共和国道路交通安全法》和《农业机械安全监督管理条例》、《中华人民共和国道路交通安全法实施条例》等有关法律、行政法规,制定本规定。

第二条 本规定所称驾驶证是指驾驶拖拉机、联合收割机所需持有的证件。

第三条 县级人民政府农业机械化主管部门负责本行政区域内拖拉机和联合收割机驾驶证的管理,其所属的农机安全监理机构(以下简称农机监理机构)承担驾驶证申请受理、考试、发证等具体工作。

县级以上人民政府农业机械化主管部门及其所属的农机监理机构负责驾驶证业务工作的指导、检查和监督。

第四条 农机监理机构办理驾驶证业务,应当遵循公开、公正、便民、高效原则。

农机监理机构在办理驾驶证业务时,对材料齐全并符合规定的,应当按期办结。对材料不全或者不符合规定的,应当一次告知申请人需要补正的全部内容。对不予受理的,应当书面告知不予受理的理由。

第五条 农机监理机构应当在办理业务的场所公示驾驶证申领的条件、依据、程序、期限、收费标准、需要提交的全部资料的目录和申请表示范文本等内容,并在相关网站发布信息,便于群众查阅有关规定,下载、使用有关表格。

第六条 农机监理机构应当使用计算机管理系统办理业务,完整、准确记录和存储申请受理、科目考试、驾驶证核发等全过程以及经办人员等信息。计算机管理系统的数据库标准由农业部制定。

第二章 申 请

第七条 驾驶拖拉机、联合收割机,应当申请考取驾驶证。

第八条 拖拉机、联合收割机驾驶人员准予驾驶的机型分为:

(一)轮式拖拉机,代号为G1;

(二)手扶拖拉机,代号为K1;

(三)履带拖拉机,代号为L;

(四)轮式拖拉机运输机组,代号为G2(准予驾驶轮式拖拉机);

(五)手扶拖拉机运输机组,代号为K2(准予驾驶手扶拖拉机);

(六)轮式联合收割机,代号为R;

(七)履带式联合收割机,代号为S。

第九条 申请驾驶证,应当符合下列条件:

(一)年龄:18周岁以上,70周岁以下;

(二)身高:不低于150厘米;

(三)视力:两眼裸视力或者矫正视力达到对数视力表4.9以上;

(四)辨色力:无红绿色盲;

（五）听力：两耳分别距音叉50厘米能辨别声源方向；

（六）上肢：双手拇指健全，每只手其他手指必须有3指健全，肢体和手指运动功能正常；

（七）下肢：运动功能正常，下肢不等长度不得大于5厘米；

（八）躯干、颈部：无运动功能障碍。

第十条 有下列情形之一的，不得申领驾驶证：

（一）有器质性心脏病、癫痫、美尼尔氏症、眩晕症、癔病、震颤麻痹、精神病、痴呆以及影响肢体活动的神经系统疾病等妨碍安全驾驶疾病的；

（二）3年内有吸食、注射毒品行为或者解除强制隔离戒毒措施未满3年，或者长期服用依赖性精神药品成瘾尚未戒除的；

（三）吊销驾驶证未满2年的；

（四）驾驶许可依法被撤销未满3年的；

（五）醉酒驾驶依法被吊销驾驶证未满5年的；

（六）饮酒后或醉酒驾驶造成重大事故被吊销驾驶证的；

（七）造成事故后逃逸被吊销驾驶证的；

（八）法律、行政法规规定的其他情形。

第十一条 申领驾驶证，按照下列规定向农机监理机构提出申请：

（一）在户籍所在地居住的，应当在户籍所在地提出申请；

（二）在户籍所在地以外居住的，可以在居住地提出申请；

（三）境外人员，应当在居住地提出申请。

第十二条 初次申领驾驶证的，应当填写申请表，提交以下材料：

（一）申请人身份证明；

（二）身体条件证明。

第十三条 申请增加准驾机型的，应当向驾驶证核发地或居住地农机监理机构提出申请，填写申请表，提交驾驶证和本规定第十二条规定的材料。

第十四条 农机监理机构办理驾驶证业务，应当依法审核申请人提交的资料，对符合条件的，按照规定程序和期限办理驾驶证。

申领驾驶证的，应当向农机监理机构提交规定的有关资料，如实申告规定事项。

第三章 考 试

第十五条 符合驾驶证申请条件的，农机监理机构应当受理并在20日内安排考试。

农机监理机构应当提供网络或电话等预约考试的方式。

第十六条 驾驶考试科目分为:

(一)科目一:理论知识考试;

(二)科目二:场地驾驶技能考试;

(三)科目三:田间作业技能考试;

(四)科目四:道路驾驶技能考试。

考试内容与合格标准由农业部制定。

第十七条 申请人应当在科目一考试合格后2年内完成科目二、科目三、科目四考试。未在2年内完成考试的,已考试合格的科目成绩作废。

第十八条 每个科目考试1次,考试不合格的,可以当场补考1次。补考仍不合格的,申请人可以预约后再次补考,每次预约考试次数不超过2次。

第十九条 各科目考试结果应当场公布,并出示成绩单。成绩单由考试员和申请人共同签名。考试不合格的,应当说明不合格原因。

第二十条 申请人在考试过程中有舞弊行为的,取消本次考试资格,已经通过考试的其他科目成绩无效。

第二十一条 申请人全部科目考试合格后,应当在2个工作日内核发驾驶证。准予增加准驾机型的,应当收回原驾驶证。

第二十二条 从事考试工作的人员,应当持有省级农机监理机构核发的考试员证件,认真履行考试职责,严格遵守考试工作纪律。

第四章 使 用

第二十三条 驾驶证记载和签注以下内容:

(一)驾驶人信息:姓名、性别、出生日期、国籍、住址、身份证明号码(驾驶证号码)、照片;

(二)农机监理机构签注内容:初次领证日期、准驾机型代号、有效期限、核发机关印章、档案编号、副页签注期满换证时间。

第二十四条 驾驶证有效期为6年。驾驶人驾驶拖拉机、联合收割机时,应当随身携带。

驾驶人应当于驾驶证有效期满前3个月内,向驾驶证核发地或居住地农机监理机构申请换证。申请换证时应当填写申请表,提交以下材料:

(一)驾驶人身份证明;

(二)驾驶证;

(三)身体条件证明。

第二十五条 驾驶人户籍迁出原农机监理机构管辖区的，应当向迁入地农机监理机构申请换证；驾驶人在驾驶证核发地农机监理机构管辖区以外居住的，可以向居住地农机监理机构申请换证。申请换证时应当填写申请表，提交驾驶人身份证明和驾驶证。

第二十六条 驾驶证记载的驾驶人信息发生变化的或驾驶证损毁无法辨认的，驾驶人应当及时到驾驶证核发地或居住地农机监理机构申请换证。申请换证时应当填写申请表，提交驾驶人身份证明和驾驶证。

第二十七条 符合本规定第二十四条、第二十五条、第二十六条换证条件的，农机监理机构应当在 2 个工作日内换发驾驶证，并收回原驾驶证。

第二十八条 驾驶证遗失的，驾驶人应当向驾驶证核发地或居住地农机监理机构申请补发。申请时应当填写申请表，提交驾驶人身份证明。

符合规定的，农机监理机构应当在 2 个工作日内补发驾驶证，原驾驶证作废。

驾驶证被依法扣押、扣留或者暂扣期间，驾驶人不得申请补证。

第二十九条 拖拉机运输机组驾驶人在一个记分周期内累计达到 12 分的，农机监理机构在接到公安部门通报后，应当通知驾驶人在 15 日内接受道路交通安全法律法规和相关知识的教育。驾驶人接受教育后，农机监理机构应当在 20 日内对其进行科目一考试。

驾驶人在一个记分周期内两次以上达到 12 分的，农机监理机构还应当在科目一考试合格后的 10 日内对其进行科目四考试。

第三十条 驾驶人具有下列情形之一的，其驾驶证失效，应当注销：

(一) 申请注销的；

(二) 身体条件或其他原因不适合继续驾驶的；

(三) 丧失民事行为能力，监护人提出注销申请的；

(四) 死亡的；

(五) 超过驾驶证有效期 1 年以上未换证的；

(六) 年龄在 70 周岁以上的；

(七) 驾驶证依法被吊销或者驾驶许可依法被撤销的。

有前款情形之一，未收回驾驶证的，应当公告驾驶证作废。

有第一款第(五)项情形，被注销驾驶证未超过 2 年的，驾驶人参加科目一考试合格后，可以申请恢复驾驶资格，办理期满换证。

第五章 其他规定

第三十一条 驾驶人可以委托代理人办理换证、补证、注销业务。代理人办理相关业务时,除规定材料外,还应当提交代理人身份证明、经申请人签字的委托书。

第三十二条 驾驶证的式样、规格与中华人民共和国公共安全行业标准《中华人民共和国机动车驾驶证件》一致,按照农业行业标准《中华人民共和国拖拉机和联合收割机驾驶证》执行。相关表格式样由农业部制定。

第三十三条 申请人以隐瞒、欺骗等不正当手段取得驾驶证的,应当撤销驾驶许可,并收回驾驶证。

农机安全监理人员违反规定办理驾驶证申领和使用业务的,按照国家有关规定给予处分;构成犯罪的,依法追究刑事责任。

第六章 附 则

第三十四条 本规定下列用语的含义:

(一)身份证明是指:《居民身份证》或者《临时居民身份证》。在户籍地以外居住的,身份证明还包括公安部门核发的居住证明。

住址是指:申请人提交的身份证明上记载的住址。

现役军人、港澳台居民、华侨、外国人等的身份证明和住址,参照公安部门有关规定执行。

(二)身体条件证明是指:乡镇或社区以上医疗机构出具的包含本规定第九条指定项目的有关身体条件证明。身体条件证明自出具之日起6个月内有效。

第三十五条 本规定自2018年6月1日起施行。2004年9月21日公布、2010年11月26日修订的《拖拉机驾驶证申领和使用规定》和2006年11月2日公布、2010年11月26日修订的《联合收割机及驾驶人安全监理规定》同时废止。

拖拉机和联合收割机登记规定

(2018年1月15日农业部令2018年第2号公布 自2018年6月1日起施行 国法备字[2018000341])

第一章 总 则

第一条 为了规范拖拉机和联合收割机登记,根据《中华人民共和国农业机械化促进法》、《中华人民共和国道路交通安全法》和《农业机械安全监督管理条例》、《中华人民共和国道路交通安全法实施条例》等有关法律、行政法规,制定本规定。

第二条 本规定所称登记,是指依法对拖拉机和联合收割机进行的登记。包括注册登记、变更登记、转移登记、抵押登记和注销登记。

拖拉机包括轮式拖拉机、手扶拖拉机、履带拖拉机、轮式拖拉机运输机组、手扶拖拉机运输机组。

联合收割机包括轮式联合收割机、履带式联合收割机。

第三条 县级人民政府农业机械化主管部门负责本行政区域内拖拉机和联合收割机的登记管理,其所属的农机安全监理机构(以下简称农机监理机构)承担具体工作。

县级以上人民政府农业机械化主管部门及其所属的农机监理机构负责拖拉机和联合收割机登记业务工作的指导、检查和监督。

第四条 农机监理机构办理拖拉机、联合收割机登记业务,应当遵循公开、公正、便民、高效原则。

农机监理机构在办理业务时,对材料齐全并符合规定的,应当按期办结。对材料不全或者不符合规定的,应当一次告知申请人需要补正的全部内容。对不予受理的,应当书面告知不予受理的理由。

第五条 农机监理机构应当在业务办理场所公示业务办理条件、依据、程序、期限、收费标准、需要提交的材料和申请表示范文本等内容,并在相关网站发布信息,便于群众查阅、下载和使用。

第六条 农机监理机构应当使用计算机管理系统办理登记业务,完整、准确记录和存储登记内容、办理过程以及经办人员等信息,打印行驶证和登记证书。计算机管理系统的数据库标准由农业部制定。

第二章　注册登记

第七条 初次申领拖拉机、联合收割机号牌、行驶证的,应当在申请注册登记前,对拖拉机、联合收割机进行安全技术检验,取得安全技术检验合格证明。

依法通过农机推广鉴定的机型,其新机在出厂时经检验获得出厂合格证明的,出厂一年内免予安全技术检验,拖拉机运输机组除外。

第八条 拖拉机、联合收割机所有人应当向居住地的农机监理机构申请注册登记,填写申请表,交验拖拉机、联合收割机,提交以下材料:

（一）所有人身份证明；

（二）拖拉机、联合收割机来历证明；

（三）出厂合格证明或进口凭证；

（四）拖拉机运输机组交通事故责任强制保险凭证；

（五）安全技术检验合格证明（免检产品除外）。

农机监理机构应当自受理之日起2个工作日内，确认拖拉机、联合收割机的类型、品牌、型号名称、机身颜色、发动机号码、底盘号/机架号、挂车架号码，核对发动机号码和拖拉机、联合收割机底盘号/机架号、挂车架号码的拓印膜，审查提交的证明、凭证；对符合条件的，核发登记证书、号牌、行驶证和检验合格标志。登记证书由所有人自愿申领。

第九条 办理注册登记，应当登记下列内容：

（一）拖拉机、联合收割机号牌号码、登记证书编号；

（二）所有人的姓名或者单位名称、身份证明名称与号码、住址、联系电话和邮政编码；

（三）拖拉机、联合收割机的类型、生产企业名称、品牌、型号名称、发动机号码、底盘号/机架号、挂车架号码、生产日期、机身颜色；

（四）拖拉机、联合收割机的有关技术数据；

（五）拖拉机、联合收割机的获得方式；

（六）拖拉机、联合收割机来历证明的名称、编号；

（七）拖拉机运输机组交通事故责任强制保险的日期和保险公司的名称；

（八）注册登记的日期；

（九）法律、行政法规规定登记的其他事项。

拖拉机、联合收割机登记后，对其来历证明、出厂合格证明应当签注已登记标志，收存来历证明、出厂合格证明原件和身份证明复印件。

第十条 有下列情形之一的，不予办理注册登记：

（一）所有人提交的证明、凭证无效；

（二）来历证明被涂改，或者来历证明记载的所有人与身份证明不符；

（三）所有人提交的证明、凭证与拖拉机、联合收割机不符；

（四）拖拉机、联合收割机不符合国家安全技术强制标准；

（五）拖拉机、联合收割机达到国家规定的强制报废标准；

（六）属于被盗抢、扣押、查封的拖拉机和联合收割机；

（七）其他不符合法律、行政法规规定的情形。

第三章　变更登记

第十一条　有下列情形之一的,所有人应当向登记地农机监理机构申请变更登记:

(一)改变机身颜色、更换机身(底盘)或者挂车的;

(二)更换发动机的;

(三)因质量有问题,更换整机的;

(四)所有人居住地在本行政区域内迁移、所有人姓名(单位名称)变更的。

第十二条　申请变更登记的,应当填写申请表,提交下列材料:

(一)所有人身份证明;

(二)行驶证;

(三)更换整机、发动机、机身(底盘)或挂车需要提供法定证明、凭证;

(四)安全技术检验合格证明。

农机监理机构应当自受理之日起 2 个工作日内查验相关证明,准予变更的,收回原行驶证,重新核发行驶证。

第十三条　拖拉机、联合收割机所有人居住地迁出农机监理机构管辖区域的,应当向登记地农机监理机构申请变更登记,提交行驶证和身份证明。

农机监理机构应当自受理之日起 2 个工作日内核发临时行驶号牌,收回原号牌、行驶证,将档案密封交所有人。

所有人应当携带档案,于 3 个月内到迁入地农机监理机构申请转入,提交身份证明、登记证书和档案,交验拖拉机、联合收割机。

迁入地农机监理机构应当自受理之日起 2 个工作日内,查验拖拉机、联合收割机,收存档案,核发号牌、行驶证。

第十四条　办理变更登记,应当分别登记下列内容:

(一)变更后的机身颜色;

(二)变更后的发动机号码;

(三)变更后的底盘号/机架号、挂车架号码;

(四)发动机、机身(底盘)或者挂车来历证明的名称、编号;

(五)发动机、机身(底盘)或者挂车出厂合格证明或者进口凭证编号、生产日期、注册登记日期;

(六)变更后的所有人姓名或者单位名称;

(七)需要办理档案转出的,登记转入地农机监理机构的名称;

（八）变更登记的日期。

第四章　转移登记

第十五条　拖拉机、联合收割机所有权发生转移的，应当向登记地的农机监理机构申请转移登记，填写申请表，交验拖拉机、联合收割机，提交以下材料：

（一）所有人身份证明；

（二）所有权转移的证明、凭证；

（三）行驶证、登记证书。

农机监理机构应当自受理之日起2个工作日内办理转移手续。转移后的拖拉机、联合收割机所有人居住地在原登记地农机监理机构管辖区内的，收回原行驶证，核发新行驶证；转移后的拖拉机、联合收割机所有人居住地不在原登记地农机监理机构管辖区内的，按照本规定第十三条办理。

第十六条　办理转移登记，应当登记下列内容：

（一）转移后的拖拉机、联合收割机所有人的姓名或者单位名称、身份证明名称与号码、住址、联系电话和邮政编码；

（二）拖拉机、联合收割机获得方式；

（三）拖拉机、联合收割机来历证明的名称、编号；

（四）转移登记的日期；

（五）改变拖拉机、联合收割机号牌号码的，登记拖拉机、联合收割机号牌号码；

（六）转移后的拖拉机、联合收割机所有人居住地不在原登记地农机监理机构管辖区内的，登记转入地农机监理机构的名称。

第十七条　有下列情形之一的，不予办理转移登记：

（一）有本规定第十条规定情形；

（二）拖拉机、联合收割机与该机的档案记载的内容不一致；

（三）在抵押期间；

（四）拖拉机、联合收割机或者拖拉机、联合收割机档案被人民法院、人民检察院、行政执法部门依法查封、扣押；

（五）拖拉机、联合收割机涉及未处理完毕的道路交通违法行为、农机安全违法行为或者道路交通事故、农机事故。

第十八条　被司法机关和行政执法部门依法没收并拍卖，或者被仲裁机构依法仲裁裁决，或者被人民法院调解、裁定、判决拖拉机、联合收割机所有权转移时，原所有人未向转移后的所有人提供行驶证的，转移后的所有人在办理转移登记时，应当提交司法机关出具的《协助执行通知书》或者行政执法部门出具的未取得行驶证的证明。农机监理机构应当公告原行驶证作废，并在办理所有权转移登记的同时，发放拖拉机、联合收割机行驶证。

第五章　抵押登记

第十九条　申请抵押登记的，由拖拉机、联合收割机所有人（抵押人）和抵押权人共同申请，填写申请表，提交下列证明、凭证：

（一）抵押人和抵押权人身份证明；

（二）拖拉机、联合收割机登记证书；

（三）抵押人和抵押权人依法订立的主合同和抵押合同。

农机监理机构应当自受理之日起 1 日内，在拖拉机、联合收割机登记证书上记载抵押登记内容。

第二十条　农机监理机构办理抵押登记，应当登记下列内容：

（一）抵押权人的姓名或者单位名称、身份证明名称与号码、住址、联系电话和邮政编码；

（二）抵押担保债权的数额；

（三）主合同和抵押合同号码；

（四）抵押登记的日期。

第二十一条　申请注销抵押的，应当由抵押人与抵押权人共同申请，填写申请表，提交以下证明、凭证：

（一）抵押人和抵押权人身份证明；

（二）拖拉机、联合收割机登记证书。

农机监理机构应当自受理之日起 1 日内，在农机监理信息系统注销抵押内容和注销抵押的日期。

第二十二条　抵押登记内容和注销抵押日期应当允许公众查询。

第六章　注销登记

第二十三条　有下列情形之一的，应当向登记地的农机监理机构申请注销登记，填写申请表，提交身份证明，并交回号牌、行驶证、登记证书：

（一）报废的；

（二）灭失的；

（三）所有人因其他原因申请注销的。

农机监理机构应当自受理之日起1日内办理注销登记，收回号牌、行驶证和登记证书。无法收回的，由农机监理机构公告作废。

第七章 其他规定

第二十四条 拖拉机、联合收割机号牌、行驶证、登记证书灭失、丢失或者损毁申请补领、换领的，所有人应当向登记地农机监理机构提出申请，提交身份证明和相关证明材料。

经审查，属于补发、换发号牌的，农机监理机构应当自受理之日起15日内办理；属于补发、换发行驶证、登记证书的，自受理之日起1日内办理。

办理补发、换发号牌期间，应当给所有人核发临时行驶号牌。

补发、换发号牌、行驶证、登记证书后，应当收回未灭失、丢失或者损坏的号牌、行驶证、登记证书。

第二十五条 未注册登记的拖拉机、联合收割机需要驶出本行政区域的，所有人应当申请临时行驶号牌，提交以下证明、凭证：

（一）所有人身份证明；

（二）拖拉机、联合收割机来历证明；

（三）出厂合格证明或进口凭证；

（四）拖拉机运输机组须提交交通事故责任强制保险凭证。

农机监理机构应当自受理之日起1日内，核发临时行驶号牌。临时行驶号牌有效期最长为3个月。

第二十六条 拖拉机、联合收割机所有人发现登记内容有错误的，应当及时到农机监理机构申请更正。农机监理机构应当自受理之日起2个工作日内予以确认并更正。

第二十七条 已注册登记的拖拉机、联合收割机被盗抢，所有人应当在向公安机关报案的同时，向登记地农机监理机构申请封存档案。农机监理机构应当受理申请，在计算机管理系统内记录被盗抢信息，封存档案，停止办理该拖拉机、联合收割机的各项登记。被盗抢拖拉机、联合收割机发还后，所有人应当向登记地农机监理机构申请解除封存，农机监理机构应当受理申请，恢复办理各项登记。

在被盗抢期间，发动机号码、底盘号/机架号、挂车架号码或者机身颜色被改变的，农机监理机构应当凭有关技术鉴定证明办理变更。

第二十八条 登记的拖拉机、联合收割机应当每年进行1次安全检验。

第二十九条　拖拉机、联合收割机所有人可以委托代理人代理申请各项登记和相关业务,但申请补发登记证书的除外。代理人办理相关业务时,应当提交代理人身份证明、经申请人签字的委托书。

第三十条　申请人以隐瞒、欺骗等不正当手段办理登记的,应当撤销登记,并收回相关证件和号牌。

农机安全监理人员违反规定为拖拉机、联合收割机办理登记的,按照国家有关规定给予处分;构成犯罪的,依法追究刑事责任。

第八章　附　　则

第三十一条　行驶证的式样、规格按照农业行业标准《中华人民共和国拖拉机和联合收割机行驶证》执行。拖拉机、联合收割机号牌、临时行驶号牌、登记证书、检验合格标志和相关登记表格的式样、规格,由农业部制定。

第三十二条　本规定下列用语的含义:

(一)拖拉机、联合收割机所有人是指拥有拖拉机、联合收割机所有权的个人或者单位。

(二)身份证明是指:

1. 机关、事业单位、企业和社会团体的身份证明,是指标注有"统一社会信用代码"的注册登记证(照)。上述单位已注销、撤销或者破产的,已注销的企业单位的身份证明,是工商行政管理部门出具的注销证明;已撤销的机关、事业单位的身份证明,是上级主管机关出具的有关证明;已破产的企业单位的身份证明,是依法成立的财产清算机构出具的有关证明;

2. 居民的身份证明,是指《居民身份证》或者《居民户口簿》。在户籍所在地以外居住的,其身份证明还包括公安机关核发的居住证明。

(三)住址是指:

1. 单位的住址为其主要办事机构所在地的地址;

2. 个人的住址为其身份证明记载的地址。在户籍所在地以外居住的是公安机关核发的居住证明记载的地址。

(四)获得方式是指:购买、继承、赠予、中奖、协议抵偿债务、资产重组、资产整体买卖、调拨,人民法院调解、裁定、判决,仲裁机构仲裁裁决等。

(五)来历证明是指:

1. 在国内购买的拖拉机、联合收割机,其来历证明是销售发票;销售发票遗失的由销售商或所有人所在组织出具证明;在国外购买的拖拉机、联合收割机,其来历证明是该机销售单位开具的销售发票和其翻译文本;

2. 人民法院调解、裁定或者判决所有权转移的拖拉机、联合收割机，其来历证明是人民法院出具的已经生效的调解书、裁定书或者判决书以及相应的《协助执行通知书》；

3. 仲裁机构仲裁裁决所有权转移的拖拉机、联合收割机，其来历证明是仲裁裁决书和人民法院出具的《协助执行通知书》；

4. 继承、赠予、中奖和协议抵偿债务的拖拉机、联合收割机，其来历证明是继承、赠予、中奖和协议抵偿债务的相关文书；

5. 经公安机关破案发还的被盗抢且已向原所有人理赔完毕的拖拉机、联合收割机，其来历证明是保险公司出具的《权益转让证明书》；

6. 更换发动机、机身(底盘)、挂车的来历证明，是生产、销售单位开具的发票或者修理单位开具的发票；

7. 其它能够证明合法来历的书面证明。

第三十三条 本规定自 2018 年 6 月 1 日起施行。2004 年 9 月 21 日公布、2010 年 11 月 26 日修订的《拖拉机登记规定》和 2006 年 11 月 2 日公布、2010 年 11 月 26 日修订的《联合收割机及驾驶人安全监理规定》同时废止。

司法解释

最高人民法院关于审理海洋自然资源与生态环境损害赔偿纠纷案件若干问题的规定

（2017年11月20日最高人民法院审判委员会第1727次会议通过　2017年12月29日最高人民法院公告公布　自2018年1月15日起施行　法释〔2017〕23号）

为正确审理海洋自然资源与生态环境损害赔偿纠纷案件，根据《中华人民共和国海洋环境保护法》《中华人民共和国民事诉讼法》《中华人民共和国海事诉讼特别程序法》等法律的规定，结合审判实践，制定本规定。

第一条　人民法院审理为请求赔偿海洋环境保护法第八十九条第二款规定的海洋自然资源与生态环境损害而提起的诉讼，适用本规定。

第二条　在海上或者沿海陆域内从事活动，对中华人民共和国管辖海域内海洋自然资源与生态环境造成损害，由此提起的海洋自然资源与生态环境损害赔偿诉讼，由损害行为发生地、损害结果地或者采取预防措施地海事法院管辖。

第三条　海洋环境保护法第五条规定的行使海洋环境监督管理权的机关，根据其职能分工提起海洋自然资源与生态环境损害赔偿诉讼，人民法院应予受理。

第四条　人民法院受理海洋自然资源与生态环境损害赔偿诉讼，应当在立案之日起五日内公告案件受理情况。

人民法院在审理中发现可能存在下列情形之一的，可以书面告知其他依法行使海洋环境监督管理权的机关：

（一）同一损害涉及不同区域或者不同部门；

（二）不同损害应由其他依法行使海洋环境监督管理权的机关索赔。

本规定所称不同损害，包括海洋自然资源与生态环境损害中不同种类和同种类但可以明确区分属不同机关索赔范围的损害。

第五条　在人民法院依照本规定第四条的规定发布公告之日起三十日

内，或者书面告知之日起七日内，对同一损害有权提起诉讼的其他机关申请参加诉讼，经审查符合法定条件的，人民法院应当将其列为共同原告；逾期申请的，人民法院不予准许。裁判生效后另行起诉的，人民法院参照《最高人民法院关于审理环境民事公益诉讼案件适用法律若干问题的解释》第二十八条的规定处理。

对于不同损害，可以由各依法行使海洋环境监督管理权的机关分别提起诉讼；索赔人共同起诉或者在规定期限内申请参加诉讼的，人民法院依照民事诉讼法第五十二条第一款的规定决定是否按共同诉讼进行审理。

第六条 依法行使海洋环境监督管理权的机关请求造成海洋自然资源与生态环境损害的责任者承担停止侵害、排除妨碍、消除危险、恢复原状、赔礼道歉、赔偿损失等民事责任的，人民法院应当根据诉讼请求以及具体案情，合理判定责任者承担民事责任。

第七条 海洋自然资源与生态环境损失赔偿范围包括：

(一)预防措施费用，即为减轻或者防止海洋环境污染、生态恶化、自然资源减少所采取合理应急处置措施而发生的费用；

(二)恢复费用，即采取或者将要采取措施恢复或者部分恢复受损害海洋自然资源与生态环境功能所需费用；

(三)恢复期间损失，即受损害的海洋自然资源与生态环境功能部分或者完全恢复前的海洋自然资源损失、生态环境服务功能损失；

(四)调查评估费用，即调查、勘查、监测污染区域和评估污染等损害风险与实际损害所发生的费用。

第八条 恢复费用，限于现实修复实际发生和未来修复必然发生的合理费用，包括制定和实施修复方案和监测、监管产生的费用。

未来修复必然发生的合理费用和恢复期间损失，可以根据有资格的鉴定评估机构依据法律法规、国家主管部门颁布的鉴定评估技术规范作出的鉴定意见予以确定，但当事人有相反证据足以反驳的除外。

预防措施费用和调查评估费用，以实际发生和未来必然发生的合理费用计算。

责任者已经采取合理预防、恢复措施，其主张相应减少损失赔偿数额的，人民法院应予支持。

第九条 依照本规定第八条的规定难以确定恢复费用和恢复期间损失的，人民法院可以根据责任者因损害行为所获得的收益或者所减少支付的污染防治费用，合理确定损失赔偿数额。

前款规定的收益或者费用无法认定的，可以参照政府部门相关统计资料或者其他证据所证明的同区域同类生产经营者同期平均收入、同期平均污染防治费用，合理酌定。

第十条 人民法院判决责任者赔偿海洋自然资源与生态环境损失的，可以一并写明依法行使海洋环境监督管理权的机关受领赔款后向国库账户交纳。

发生法律效力的裁判需要采取强制执行措施的，应当移送执行。

第十一条 海洋自然资源与生态环境损害赔偿诉讼当事人达成调解协议或者自行达成和解协议的，人民法院依照《最高人民法院关于审理环境民事公益诉讼案件适用法律若干问题的解释》第二十五条的规定处理。

第十二条 人民法院审理海洋自然资源与生态环境损害赔偿纠纷案件，本规定没有规定的，适用《最高人民法院关于审理环境侵权责任纠纷案件适用法律若干问题的解释》《最高人民法院关于审理环境民事公益诉讼案件适用法律若干问题的解释》等相关司法解释的规定。

在海上或者沿海陆域内从事活动，对中华人民共和国管辖海域内海洋自然资源与生态环境形成损害威胁，人民法院审理由此引起的赔偿纠纷案件，参照适用本规定。

人民法院审理因船舶引起的海洋自然资源与生态环境损害赔偿纠纷案件，法律、行政法规、司法解释另有特别规定的，依照其规定。

第十三条 本规定自2018年1月15日起施行，人民法院尚未审结的一审、二审案件适用本规定；本规定施行前已经作出生效裁判的案件，本规定施行后依法再审的，不适用本规定。

本规定施行后，最高人民法院以前颁布的司法解释与本规定不一致的，以本规定为准。

最高人民法院关于审理涉及夫妻债务纠纷案件适用法律有关问题的解释

（2018年1月8日最高人民法院审判委员会第1731次会议通过　2018年1月16日最高人民法院公告公布　自2018年1月18日起施行　法释［2018］2号）

为正确审理涉及夫妻债务纠纷案件，平等保护各方当事人合法权益，根据《中华人民共和国民法总则》《中华人民共和国婚姻法》《中华人民共和国合同法》《中华人民共和国民事诉讼法》等法律规定，制定本解释。

第一条 夫妻双方共同签字或者夫妻一方事后追认等共同意思表示所负的债务，应当认定为夫妻共同债务。

第二条 夫妻一方在婚姻关系存续期间以个人名义为家庭日常生活需要所负的债务，债权人以属于夫妻共同债务为由主张权利的，人民法院应予支持。

第三条 夫妻一方在婚姻关系存续期间以个人名义超出家庭日常生活需要所负的债务，债权人以属于夫妻共同债务为由主张权利的，人民法院不予支持，但债权人能够证明该债务用于夫妻共同生活、共同生产经营或者基于夫妻双方共同意思表示的除外。

第四条 本解释自2018年1月18日起施行。

本解释施行后，最高人民法院此前作出的相关司法解释与本解释相抵触的，以本解释为准。

附：

2018年1月份报国务院备案并予以登记的地方性法规、自治条例、单行条例和地方政府规章目录

地方性法规

法规名称	公布日期	备案登记编号
北京市人民代表大会常务委员会讨论、决定重大事项的规定	2017年12月1日	国法备字［2018000094］
北京市人民代表大会常务委员会关于修改《北京市烟花爆竹安全管理规定》的决定	2017年12月1日	国法备字［2018000095］
河北省中医条例	2017年12月1日	国法备字［2018000096］
河北省地方金融监督管理条例	2017年12月1日	国法备字［2018000097］
河北省优化营商环境条例	2017年12月1日	国法备字［2018000098］
河北省人民代表大会常务委员会关于提高地方立法质量的若干规定(修订)	2017年12月1日	国法备字［2018000099］
河北省人民代表大会常务委员会关于废止《河北省减少污染物排放条例》和《河北省著名商标认定和保护条例》的决定	2017年12月1日	国法备字［2018000100］
河北省人民代表大会常务委员会关于环境保护税应税大气污染物和水污染物适用税额的决定	2017年12月5日	国法备字［2018000101］
石家庄市城市供水用水管理条例	2017年12月7日	国法备字［2018000102］
石家庄市各级人民代表大会常务委员会规范性文件备案审查条例	2017年12月4日	国法备字［2018000103］

续表

法规名称	公布日期	备案登记编号
清东陵保护管理办法(修订)	2017 年 12 月 4 日	国法备字［2018000104］
唐山市人民代表大会常务委员会关于废止《唐山市暂住人口管理条例》的决定	2017 年 12 月 4 日	国法备字［2018000105］
邯郸市市政设施条例	2017 年 12 月 6 日	国法备字［2018000106］
太原市电动自行车管理条例	2017 年 12 月 4 日	国法备字［2018000107］
太原市文明行为促进条例	2017 年 12 月 4 日	国法备字［2018000108］
太原市人民代表大会常务委员会关于修改《太原市晋祠保护条例》等五部地方性法规的决定	2017 年 12 月 4 日	国法备字［2018000109］
太原市建筑废弃物管理条例	2017 年 12 月 4 日	国法备字［2018000110］
大同市人民代表大会常务委员会关于修改《大同市散装水泥和预拌混凝土管理条例》的决定	2017 年 12 月 12 日	国法备字［2018000111］
忻州市电动车管理条例	2017 年 12 月 20 日	国法备字［2018000112］
忻州市五台山风景名胜区条例	2017 年 12 月 20 日	国法备字［2018000113］
晋中市电梯安全条例	2017 年 12 月 19 日	国法备字［2018000114］
晋城市公共交通条例	2017 年 12 月 12 日	国法备字［2018000115］
吕梁市扬尘污染防治条例	2017 年 12 月 14 日	国法备字［2018000116］
临汾市旅游资源保护和开发办法	2017 年 12 月 28 日	国法备字［2018000117］

续表

法规名称	公布日期	备案登记编号
临汾市燃煤污染防治规定	2017 年 12 月 28 日	国法备字［2018000118］
鄂尔多斯市城市园林绿化条例	2017 年 12 月 13 日	国法备字［2018000119］
巴彦淖尔市乌梁素海自治区级湿地水禽自然保护区条例	2017 年 11 月 29 日	国法备字［2018000120］
辽宁省生活饮用水卫生监督管理条例	2017 年 11 月 30 日	国法备字［2018000121］
辽宁省物业管理条例	2017 年 11 月 30 日	国法备字［2018000122］
辽宁省环境保护条例	2017 年 12 月 30 日	国法备字［2018000123］
辽宁省机构和编制管理条例	2017 年 11 月 30 日	国法备字［2018000124］
辽宁省志愿服务条例	2017 年 11 月 30 日	国法备字［2018000125］
本溪市人参产业发展条例	2017 年 12 月 16 日	国法备字［2018000126］
辽阳市文明行为促进条例	2017 年 12 月 20 日	国法备字［2018000127］
辽阳市烟花爆竹销售燃放管理条例	2017 年 12 月 20 日	国法备字［2018000128］
黑龙江省水土保持条例	2017 年 12 月 27 日	国法备字［2018000129］
哈尔滨市人大常委会关于修改《哈尔滨市城市出租汽车客运管理条例》的决定	2017 年 12 月 28 日	国法备字［2018000130］
哈尔滨市电梯安全管理条例	2017 年 12 月 29 日	国法备字［2018000131］
哈尔滨市城市道路限制交通若干规定	2017 年 12 月 29 日	国法备字［2018000132］

续表

法规名称	公布日期	备案登记编号
上海市高等教育促进条例	2017 年 12 月 28 日	国法备字［2018000133］
上海市人民代表大会常务委员会关于修改本市部分地方性法规的决定	2017 年 12 月 28 日	国法备字［2018000134］
江苏省人民代表大会常务委员会关于修改《江苏省邮政条例》的决定	2017 年 12 月 2 日	国法备字［2018000135］
中国(浙江)自由贸易试验区条例	2017 年 12 月 27 日	国法备字［2018000147］
杭州市人民代表大会常务委员会关于修改《杭州市城乡规划条例》和《杭州市机动车驾驶员培训管理条例》的决定	2017 年 12 月 8 日	国法备字［2018000136］
宁波市人民代表大会常务委员会关于修改《宁波市韭山列岛海洋生态自然保护区条例》的决定	2017 年 12 月 16 日	国法备字［2018000137］
宁波市城市绿化条例(修订)	2017 年 12 月 18 日	国法备字［2018000138］
宁波市荣誉市民条例	2017 年 12 月 16 日	国法备字［2018000139］
温州市城市绿化条例	2017 年 12 月 6 日	国法备字［2018000140］
温州市危险住宅处置规定	2017 年 12 月 6 日	国法备字［2018000141］
衢州市信安湖保护条例	2017 年 12 月 14 日	国法备字［2018000142］
衢州市城市绿化条例	2017 年 12 月 14 日	国法备字［2018000143］
舟山市文明行为促进条例	2017 年 12 月 18 日	国法备字［2018000144］
台州市电梯安全管理规定	2017 年 12 月 15 日	国法备字［2018000145］

续表

法规名称	公布日期	备案登记编号
丽水市饮用水水源保护条例	2017 年 12 月 18 日	国法备字［2018000146］
安徽省人大常委会关于修改《安徽省人民代表大会常务委员会组成人员守则》的决定	2017 年 11 月 17 日	国法备字［2018000077］
安徽省人大常委会关于修改和废止部分地方性法规的决定	2017 年 11 月 17 日	国法备字［2018000078］
安徽省非税收入管理条例	2017 年 11 月 20 日	国法备字［2018000079］
安徽省环境保护条例(修订)	2017 年 11 月 20 日	国法备字［2018000080］
安徽省司法鉴定管理条例	2017 年 11 月 20 日	国法备字［2018000081］
淮北市绿化条例	2017 年 11 月 28 日	国法备字［2018000082］
亳州国家历史文化名城保护条例	2017 年 12 月 12 日	国法备字［2018000083］
阜阳市城市排水与污水处理条例	2017 年 12 月 4 日	国法备字［2018000084］
淮南市寿州古城保护条例	2017 年 11 月 30 日	国法备字［2018000085］
淮南市公园管理条例	2017 年 11 月 30 日	国法备字［2018000086］
淮南市人大常委会关于废止《淮南市煤炭市场管理条例》等三件地方性法规的决定	2017 年 11 月 30 日	国法备字［2018000087］
六安市饮用水水源环境保护条例	2017 年 11 月 20 日	国法备字［2018000088］
芜湖市城市管理条例	2017 年 12 月 1 日	国法备字［2018000089］
芜湖市建筑垃圾管理条例	2017 年 12 月 1 日	国法备字［2018000090］

续表

法规名称	公布日期	备案登记编号
蚌埠市城市管理执法条例	2017 年 12 月 26 日	国法备字［2018000148］
黄山市徽州古建筑保护条例	2017 年 12 月 28 日	国法备字［2018000149］
南昌市历史文化名城保护条例	2017 年 12 月 5 日	国法备字［2018000150］
九江市城市市容管理条例	2017 年 12 月 7 日	国法备字［2018000151］
赣州市城市管理条例	2017 年 12 月 6 日	国法备字［2018000152］
上饶市城市管理条例	2017 年 12 月 15 日	国法备字［2018000153］
吉安市城市市容和环境卫生管理条例	2017 年 12 月 5 日	国法备字［2018000154］
山东省促进科技成果转化条例(修订)	2017 年 12 月 1 日	国法备字［2018000196］
山东省禁毒条例	2017 年 12 月 1 日	国法备字［2018000198］
山东省全民健身条例	2017 年 12 月 1 日	国法备字［2018000200］
山东省人民代表大会常务委员会关于山东省应税大气污染物水污染物具体适用税额和同一排放口征收环境保护税的应税污染物项目数的决定	2017 年 12 月 1 日	国法备字［2018000203］
山东省企业技术改造条例	2017 年 12 月 1 日	国法备字［2018000207］
山东省青岛西海岸新区条例	2017 年 12 月 1 日	国法备字［2018000210］
济南市山体保护办法	2017 年 12 月 1 日	国法备字［2018000212］

续表

法规名称	公布日期	备案登记编号
青岛市市容和环境卫生管理条例	2017 年 12 月 1 日	国法备字［2018000214］
青岛市突发事件应对条例	2017 年 12 月 1 日	国法备字［2018000215］
青岛市人大常委会关于修改《青岛市古树名木保护管理办法》等十二件地方性法规的决定	2017 年 12 月 1 日	国法备字［2018000217］
淄博市房地产开发经营管理条例	2017 年 12 月 1 日	国法备字［2018000218］
枣庄市山体保护条例	2017 年 12 月 4 日	国法备字［2018000219］
东营市城乡规划条例	2017 年 12 月 5 日	国法备字［2018000221］
东营市人大常委会关于修改《山东黄河三角洲国家级自然保护区条例》的决定	2017 年 12 月 5 日	国法备字［2018000223］
济宁市烟花爆竹燃放管理条例	2017 年 12 月 4 日	国法备字［2018000224］
莱芜市既有多层住宅增设电梯规定	2017 年 12 月 1 日	国法备字［2018000226］
莱芜市文物保护与利用条例	2017 年 12 月 1 日	国法备字［2018000227］
滨州市渤海老区革命遗址遗迹保护条例	2017 年 12 月 1 日	国法备字［2018000229］
菏泽市供热条例	2017 年 12 月 2 日	国法备字［2018000232］
河南省大气污染防治条例	2017 年 12 月 8 日	国法备字［2018000251］
河南省食品小作坊、小经营店和小摊点管理条例	2017 年 12 月 4 日	国法备字［2018000252］
河南省扶贫开发条例	2017 年 12 月 4 日	国法备字［2018000253］

续表

法规名称	公布日期	备案登记编号
河南省职业培训条例	2017 年 12 月 4 日	国法备字［2018000254］
河南省节约能源条例	2017 年 12 月 4 日	国法备字［2018000255］
河南省见义勇为人员奖励和保障条例	2017 年 12 月 4 日	国法备字［2018000256］
河南省人民代表大会常务委员会关于环境保护税我省适用税额和应税污染物项目数的决定	2017 年 12 月 4 日	国法备字［2018000257］
宜昌市黄柏河流域保护条例	2017 年 12 月 14 日	国法备字［2018000155］
襄阳市农村生活垃圾治理条例	2017 年 12 月 20 日	国法备字［2018000156］
武汉市禁止生产销售使用含磷洗涤用品规定	2017 年 12 月 29 日	国法备字［2018000364］
武汉市未成年人保护条例	2017 年 12 月 31 日	国法备字［2018000365］
湖南省水上交通安全条例	2017 年 11 月 30 日	国法备字［2018000075］
湖南省森林公园条例	2017 年 11 月 30 日	国法备字［2018000076］
湖南省饮用水水源保护条例	2017 年 11 月 30 日	国法备字［2018000244］
岳阳市城市规划区山体水体保护条例	2017 年 12 月 26 日	国法备字［2018000157］
永州市城市市容和环境卫生管理条例	2017 年 12 月 12 日	国法备字［2018000158］
湘西土家族苗族自治州浦市历史文化名镇保护管理条例	2017 年 12 月 12 日	国法备字［2018000159］
衡阳市城市市容和环境卫生管理条例	2017 年 12 月 20 日	国法备字［2018000248］

续表

法规名称	公布日期	备案登记编号
广东省人民代表大会常务委员会关于修改《广东省安全生产条例》的决定	2017 年 11 月 30 日	国法备字［2018000160］
梅州市客家围龙屋保护条例	2017 年 12 月 21 日	国法备字［2018000161］
佛山市扬尘污染防治条例	2017 年 12 月 4 日	国法备字［2018000241］
广州市湿地保护规定	2017 年 12 月 18 日	国法备字［2018000258］
汕头经济特区政府投资项目管理条例	2017 年 12 月 29 日	国法备字［2018000306］
汕头经济特区征地补偿条例	2017 年 12 月 29 日	国法备字［2018000307］
桂林市城市市容和环境卫生管理条例	2017 年 12 月 19 日	国法备字［2018000163］
防城港市城市市容和环境卫生管理条例	2017 年 12 月 12 日	国法备字［2018000164］
百色市澄碧河水库水质保护条例	2017 年 12 月 14 日	国法备字［2018000165］
百色市农贸市场管理条例	2017 年 12 月 14 日	国法备字［2018000166］
来宾市忻城土司文化遗产保护条例	2017 年 12 月 12 日	国法备字［2018000167］
海南省人大常委会关于修改《海南省红树林保护规定》等八件法规的决定	2017 年 11 月 30 日	国法备字［2018000093］
四川省散装水泥管理条例	2017 年 3 月 29 日	国法备字［2018000169］
内江市甜城湖保护条例	2017 年 12 月 15 日	国法备字［2018000170］
宜宾市翠屏山保护条例	2017 年 12 月 6 日	国法备字［2018000171］

续表

法规名称	公布日期	备案登记编号
攀枝花市城市绿化条例	2017 年 12 月 5 日	国法备字［2018000172］
巴中市城市道路交通秩序管理条例	2017 年 12 月 5 日	国法备字［2018000173］
巴中市红军文物保护条例	2017 年 12 月 5 日	国法备字［2018000174］
达州市传统村落保护与利用条例	2017 年 12 月 4 日	国法备字［2018000175］
眉山市集中式饮用水水源地保护条例	2017 年 12 月 12 日	国法备字［2018000176］
临沧市南汀河保护管理条例	2017 年 12 月 26 日	国法备字［2018000177］
霍尔果斯经济开发区条例	2017 年 11 月 29 日	国法备字［2018000178］
吐鲁番市林木保护管理条例	2017 年 6 月 12 日	国法备字［2018000179］

自治县的单行条例

条例名称	公布日期	备案登记编号
连南瑶族自治县民族文化遗产保护条例	2018 年 1 月 15 日	国法备字［2018000162］

地方政府规章

规章名称	公布日期	备案登记编号
河北省人民政府关于废止和修改部分省政府规章的决定	2017 年 12 月 31 日	国法备字［2018000180］

续表

规章名称	公布日期	备案登记编号
河北省自然灾害救助办法	2017 年 12 月 21 日	国法备字［2018000259］
河北省地图管理办法	2017 年 12 月 30 日	国法备字［2018000260］
石家庄市人民政府关于废止 22 件政府规章的决定	2018 年 1 月 4 日	国法备字［2018000181］
廊坊市烟花爆竹安全管理办法	2017 年 12 月 28 日	国法备字［2018000182］
张家口市流动人口登记服务管理规定	2017 年 12 月 29 日	国法备字［2018000183］
张家口市居住证实施办法	2017 年 12 月 29 日	国法备字［2018000184］
内蒙古自治区人民政府关于废止部分政府规章的决定	2017 年 12 月 13 日	国法备字［2018000261］
内蒙古自治区石油和化工建设工程质量监督管理办法	2017 年 12 月 13 日	国法备字［2018000262］
辽宁省人民政府关于修改《辽宁省建设项目安全设施监督管理办法》的决定	2017 年 12 月 20 日	国法备字［2018000185］
辽宁省社会组织管理办法	2017 年 12 月 20 日	国法备字［2018000186］
辽宁省水路运输管理规定	2017 年 12 月 20 日	国法备字［2018000187］
辽宁省规范行政审批中介服务办法	2017 年 12 月 20 日	国法备字［2018000188］
辽宁省工伤保险实施办法	2017 年 12 月 20 日	国法备字［2018000189］
辽宁省知识产权保护办法	2017 年 12 月 20 日	国法备字［2018000190］
辽阳市渔政管理暂行办法	2017 年 12 月 26 日	国法备字［2018000263］

续表

规章名称	公布日期	备案登记编号
吉林省教育督导规定	2017 年 12 月 24 日	国法备字［2018000191］
吉林市人民政府关于废止和修改部分政府规章的决定	2017 年 12 月 29 日	国法备字［2018000264］
黑龙江省人民政府关于下放一批省级行政许可事项的决定	2018 年 1 月 2 日	国法备字［2018000265］
黑龙江省人民政府关于废止和修改《黑龙江省乡镇船舶和渡口安全管理办法》等 31 部省政府规章的决定	2018 年 1 月 4 日	国法备字［2018000266］
齐齐哈尔市农村消防规定	2018 年 1 月 28 日	国法备字［2018000192］
齐齐哈尔市人民政府关于修改齐齐哈尔市散装水泥管理办法等 11 部政府规章的决定	2017 年 12 月 28 日	国法备字［2018000193］
大庆市人民政府规章制定办法	2017 年 12 月 21 日	国法备字［2018000194］
绥化市政府规章制定办法	2017 年 12 月 28 日	国法备字［2018000267］
上海市市场监督管理投诉举报处理程序规定	2017 年 12 月 21 日	国法备字［2018000195］
上海市人民政府关于废止《上海市散装水泥管理办法》等 10 件市政府规章的决定	2018 年 1 月 4 日	国法备字［2018000197］
上海市人民政府关于对《上海市延安东路隧道专营管理办法》等 5 件市政府规章宣布失效的决定	2018 年 1 月 4 日	国法备字［2018000199］
上海市人民政府关于修改《上海市公墓管理办法》等 9 件市政府规章的决定	2018 年 1 月 4 日	国法备字［2018000308］
苏州市江南水乡古镇保护办法	2018 年 1 月 3 日	国法备字［2018000268］
徐州市计税价格认定办法	2017 年 12 月 26 日	国法备字［2018000201］

续表

规章名称	公布日期	备案登记编号
《泰州市房屋安全管理条例》实施细则	2017 年 12 月 19 日	国法备字［2018000269］
浙江省体育赛事管理办法	2017 年 12 月 15 日	国法备字［2018000202］
杭州市人民政府关于修改《杭州市城市绿化管理条例实施细则》等 3 件市政府规章部分条款的决定	2017 年 12 月 14 日	国法备字［2018000270］
宁波市人民政府关于修改和废止部分政府规章的决定	2017 年 12 月 21 日	国法备字［2018000271］
湖州市人民政府规章制定程序规定	2017 年 12 月 12 日	国法备字［2018000204］
安徽省人民政府关于废止部分规章的决定	2017 年 12 月 1 日	国法备字［2018000072］
安徽省互联网政务服务办法	2017 年 12 月 1 日	国法备字［2018000073］
安徽省人民政府关于修改部分规章的决定	2017 年 12 月 1 日	国法备字［2018000074］
安徽省消防安全责任制规定	2017 年 12 月 21 日	国法备字［2018000205］
安徽省税收保障办法	2017 年 12 月 21 日	国法备字［2018000206］
合肥市人民政府关于废止《合肥市机关事业单位工作人员基本养老保险规定》的决定	2018 年 1 月 5 日	国法备字［2018000272］
合肥市推进依法行政办法	2018 年 1 月 5 日	国法备字［2018000309］
淮南市人民政府关于废止部分规章的决定	2017 年 12 月 13 日	国法备字［2018000208］
宿州市新汴河风景区管理办法	2017 年 12 月 28 日	国法备字［2018000357］
蚌埠市行政程序规定	2017 年 12 月 6 日	国法备字［2018000091］

续表

规章名称	公布日期	备案登记编号
阜阳市人民政府规章制定程序规定	2017 年 12 月 28 日	国法备字［2018000209］
阜阳市房屋建筑和市政基础设施工程质量管理办法	2017 年 12 月 28 日	国法备字［2018000211］
安庆市政府规章制定程序规定	2018 年 1 月 8 日	国法备字［2018000358］
滁州市城镇排水管理办法	2017 年 12 月 26 日	国法备字［2018000273］
福建省食品安全信息追溯管理办法	2017 年 12 月 29 日	国法备字［2018000213］
江西省货物运输车辆超限超载治理办法	2017 年 12 月 26 日	国法备字［2018000274］
江西省地理信息数据管理办法	2017 年 12 月 26 日	国法备字［2018000275］
山东省自然灾害救助办法	2017 年 12 月 4 日	国法备字［2018000071］
济南市人民政府关于公布政府规章清理结果的决定	2017 年 12 月 30 日	国法备字［2018000276］
淄博市人民政府关于修改和废止《淄博市禁止乱贴乱画乱挂规定》等 14 件市政府规章的决定	2017 年 12 月 29 日	国法备字［2018000277］
淄博市快递网点管理办法	2017 年 12 月 29 日	国法备字［2018000278］
淄博市煤炭安全生产管理办法	2017 年 12 月 29 日	国法备字［2018000279］
东营市城市绿化管理办法	2017 年 12 月 28 日	国法备字［2018000280］
烟台市煤炭清洁利用管理办法	2017 年 12 月 30 日	国法备字［2018000281］
烟台市地下空间国有建设用地使用权管理办法	2017 年 12 月 29 日	国法备字［2018000282］

续表

规章名称	公布日期	备案登记编号
威海市公共体育服务办法	2017 年 12 月 22 日	国法备字〔2018000283〕
临沂市城市停车设施管理办法	2017 年 12 月 29 日	国法备字〔2018000284〕
菏泽市政府规章制定程序规定	2017 年 12 月 11 日	国法备字〔2018000285〕
日照市城乡消防水源设施管理规定	2018 年 1 月 18 日	国法备字〔2018000356〕
鄂州市建筑垃圾管理办法	2018 年 1 月 8 日	国法备字〔2018000216〕
鄂州市污水处理管理暂行办法	2018 年 1 月 8 日	国法备字〔2018000220〕
恩施土家族苗族自治州城市规划管理技术规定	2017 年 12 月 23 日	国法备字〔2018000310〕
湖南省省重点建设项目管理规定	2017 年 12 月 26 日	国法备字〔2018000222〕
湖南省电梯安全监督管理办法	2017 年 12 月 11 日	国法备字〔2018000286〕
湖南省基本医疗保险监督管理办法	2017 年 12 月 28 日	国法备字〔2018000311〕
湖南省生产经营单位安全生产主体责任规定	2017 年 12 月 28 日	国法备字〔2018000312〕
湖南省人民政府关于废止和修改部分省人民政府规章的决定	2017 年 12 月 28 日	国法备字〔2018000313〕
长沙市人民政府拟定地方性法规草案和制定规章办法	2017 年 12 月 20 日	国法备字〔2018000287〕
城头山遗址保护办法	2017 年 12 月 29 日	国法备字〔2018000288〕
广东省出租汽车经营管理办法	2017 年 12 月 22 日	国法备字〔2018000289〕

续表

规章名称	公布日期	备案登记编号
广州市人口与计划生育服务和管理规定	2017 年 12 月 15 日	国法备字［2018000290］
广州市民用运输机场管理办法	2017 年 12 月 19 日	国法备字［2018000291］
广州市人民政府关于将一批市级行政职权事项调整由区实施的决定	2017 年 12 月 29 日	国法备字［2018000292］
珠海经济特区公安机关警务辅助人员管理办法	2018 年 1 月 9 日	国法备字［2018000225］
汕头经济特区行政机关规范性文件管理规定	2018 年 1 月 5 日	国法备字［2018000228］
广东湛江红树林国家级自然保护区管理办法	2017 年 12 月 26 日	国法备字［2018000314］
湛江市专职消防队建设管理规定	2018 年 1 月 2 日	国法备字［2018000315］
潮州市古城区消防安全管理办法	2017 年 12 月 27 日	国法备字［2018000293］
肇庆市消防安全管理规定	2017 年 12 月 25 日	国法备字［2018000230］
云浮市城市公园和广场管理办法	2017 年 12 月 31 日	国法备字［2018000231］
广西壮族自治区消防水源管理规定	2017 年 12 月 27 日	国法备字［2018000233］
广西壮族自治区乡村医生从业管理办法	2018 年 1 月 2 日	国法备字［2018000234］
广西壮族自治区退役士兵安置办法	2018 年 1 月 2 日	国法备字［2018000235］
广西壮族自治区行政规范性文件制定程序规定	2018 年 1 月 10 日	国法备字［2018000294］
南宁市人民政府关于废止部分规章的决定	2017 年 12 月 30 日	国法备字［2018000316］

续表

规章名称	公布日期	备案登记编号
南宁市人民政府关于修改《南宁市已购公有住房上市出售管理办法》的决定	2017 年 12 月 29 日	国法备字［2018000317］
南宁市公共租赁住房保障办法	2017 年 12 月 30 日	国法备字［2018000318］
桂林市人民政府规章立法后评估办法	2017 年 12 月 8 日	国法备字［2018000295］
海南省消防安全责任制规定	2017 年 12 月 13 日	国法备字［2018000070］
三亚市洗涤业管理规定	2018 年 1 月 15 日	国法备字［2018000319］
重庆市人民政府关于废止《重庆市主城区路桥通行费征收管理办法》等政府规章的决定	2017 年 12 月 21 日	国法备字［2018000296］
四川省行政规范性文件管理办法	2018 年 1 月 2 日	国法备字［2018000236］
四川省人民政府关于修改《四川省机动车驾驶员培训管理办法》的决定	2018 年 1 月 9 日	国法备字［2018000237］
四川省人民政府关于修改《四川省粮食流通管理条例实施办法》的决定	2018 年 1 月 12 日	国法备字［2018000238］
成都市检查井盖管理办法	2017 年 12 月 29 日	国法备字［2018000297］
贵州省行政执法监督办法	2017 年 12 月 13 日	国法备字［2018000298］
贵州省消防设施管理规定	2017 年 12 月 13 日	国法备字［2018000299］
贵州省政府立法第三方起草和评估办法	2017 年 12 月 27 日	国法备字［2018000320］
贵阳市新建小区污水处理设施建设维护管理办法	2018 年 1 月 4 日	国法备字［2018000321］
贵阳市政府数据共享开放实施办法	2018 年 1 月 12 日	国法备字［2018000322］

续表

规章名称	公布日期	备案登记编号
西藏自治区人民政府关于废止部分政府规章的决定	2018 年 1 月 12 日	国法备字［2018000353］
西藏自治区人民政府关于修改部分政府规章的决定	2018 年 1 月 12 日	国法备字［2018000354］
拉萨市建设领域支付民工工资保障办法	2018 年 1 月 17 日	国法备字［2018000355］
陕西省经营性服务价格管理办法	2017 年 12 月 21 日	国法备字［2018000300］
陕西省实施女职工劳动保护特别规定	2018 年 1 月 12 日	国法备字［2018000323］
西安市人民政府关于修改和废止部分政府规章的决定	2017 年 12 月 26 日	国法备字［2018000239］
西安市旅游市场监督管理办法	2018 年 1 月 17 日	国法备字［2018000324］
甘肃省消防安全责任制实施办法	2018 年 1 月 9 日	国法备字［2018000325］
甘肃省消防安全信用信息管理规定	2018 年 1 月 9 日	国法备字［2018000326］
天水市烟花爆竹安全管理办法	2017 年 12 月 15 日	国法备字［2018000301］
酒泉市人民政府拟定地方性法规草案和制定政府规章程序规定	2017 年 12 月 26 日	国法备字［2018000302］
甘南州行政规范性文件管理办法	2017 年 12 月 19 日	国法备字［2018000240］
青海省人民政府关于修改和废止部分省政府规章的决定	2017 年 12 月 11 日	国法备字［2018000242］
青海省非物质文化遗产保护办法	2017 年 12 月 14 日	国法备字［2018000243］
西宁市绿色建筑管理办法	2017 年 12 月 8 日	国法备字［2018000303］

续表

规章名称	公布日期	备案登记编号
海东市人民政府规章制定办法	2017 年 12 月 29 日	国法备字［2018000304］
海北藏族自治州民族团结进步条例实施办法	2017 年 12 月 29 日	国法备字［2018000245］
宁夏回族自治区实施《农田水利条例》办法	2017 年 12 月 21 日	国法备字［2018000246］
宁夏回族自治区自然灾害救助办法	2017 年 12 月 21 日	国法备字［2018000247］
宁夏回族自治区安全生产风险管控与安全生产事故隐患排查治理办法	2018 年 1 月 4 日	国法备字［2018000249］
宁夏回族自治区安全生产行政责任规定	2018 年 1 月 4 日	国法备字［2018000250］
银川市人民政府关于保留修改废止市人民政府规章的决定	2017 年 12 月 9 日	国法备字［2018000305］

图书在版编目(CIP)数据

中华人民共和国新法规汇编．2018 年．第 2 辑：总第 252 辑/国务院法制办公室编．—北京：中国法制出版社，2018.3

ISBN 978-7-5093-9311-6

Ⅰ.①中… Ⅱ.①国… Ⅲ.①法规-汇编-中国-2018 Ⅳ.①D920.9

中国版本图书馆 CIP 数据核字(2018)第 041173 号

中华人民共和国新法规汇编

ZHONGHUA RENMIN GONGHEGUO XIN FAGUI HUIBIAN

(2018 年第 2 辑)

编者/国务院法制办公室

经销/新华书店

印刷/三河市紫恒印装有限公司

开本/850 毫米×1168 毫米 32 开　　印张/14.75 字数/391 千

版次/2018 年 3 月第 1 版　　2018 年 3 月第 1 次印刷

中国法制出版社出版

书号 ISBN 978-7-5093-9311-6　　定价：18.00 元

北京西单横二条 2 号

邮政编码 100031　　传真：66031119

网址：http://www.zgfzs.com　　**编辑部电话：66066621**

市场营销部电话：66033393　　**邮购部电话：66033288**

(如有印装质量问题，请与本社编务印务管理部联系调换。电话：010-66032926)